GUINNESS WORLD RECORDS 2019

올해 기네스북은 '제작자'에게서 영감을 받았다(126~147쪽 참조). 그중 토마스는 놀라운 코스프레 의상을 직접 설계하고 만드는 '프라임' 제작자라 할 수 있다. 아래의 오토봇은 토마스가 2017년 10월 뉴욕 코믹콘에서 첫선을 보였다.

제작자를 만나다

올해 기네스북은 '익스트림 코스튬'의 토마스 드페트릴로(미국)로 시작한다. 토마스는 그의 최신 작품인 트랜스포머의 오토봇, 범블비로 신기록을 달성했다. 이 의상은 '날개'까지 높이가 2.89m, 더듬이(안테나)까지 높이가 2.66m로 **혼자 입고 움직일 수 있는 가장 큰 코스프레 의상**이다. 하지만 《기네스 세계기록 2019》에 실린 '제작자를 만나다'에는 범블비 외에도 멋진 작품이 넘쳐난다.

목차 Contents

'제작자를 만나다'를 포함한 10가지 챕터에는 놀라운 기록에 관한 숨겨진 이야기가 자세히 담겨 있다. 그중 '역사를 쓰다' 부분에서는 8개의 상징적인 구조물을 놀랍게도 레고 블록으로 재현해 기념했다.

각각의 챕터는 색으로 분류된다.

페이지 위에 있는 인포그래픽은 짧은 정보들이 한눈에 들어오도록 담았다.

더 자세히 알고 싶은가? '집중 조명' 페이지에서는 한 가지 주제에 관한 지식을 심도 있게 다룬다. 풀 컬러 사진과 화려한 그림도 있다.

제작자를 만나다! 이곳에서는 가장 인상적인 기록에 관한 숨겨진 이야기를 만날 수 있다. 인터뷰를 통해 신기록 보유자가 어디에서 영감을 받아 기네스 세계기록에 도전하게 됐는지, 도전을 어떻게 계획했는지 전한다.

페이지 하단의 가로줄에는 하나의 주제에 관련된 기록이 나열돼 있다.

기네스 세계기록에는 1,000장 이상의 사진이 실린다!

'100%'로 표시된 사진은 실물과 크기가 같다.

역사를 쓰다

올해 기네스 세계기록은 '제작자를 만나다'를 통해
자신만의 작품을 설계하고 만든, 혹은 기존 물건
을 기발하게 개조한 아마추어 및 취미가 발명인
사람들을 소개한다. 또 '역사를 쓰다' 챕터에서
는 기록적인 건물들을 레고로 만들어 재조명
했다. 이 자체로도 큰 의미가 있지만, 그중
어떤 레고는 또 다른 신기록을
세우기도 했다. 이렇게 레고
로 만들어보면 그 구조물들
이 얼마나 대단한지 깨닫게
된다. 입이 떡 벌어질
만한 레고 작품을 감상하다 보
면 당신도 새로운 영감을 얻
게 될지 모른다.

목차

알리 징을 소개합니다!

기네스 세계기록의 새로운 친구 알리 징을 만나
보자! 알리의 모험은 기네스의 어린이 웹사이트
(guinnessworldrecords.com/kids)와 팝잼 채널을 통해 볼
수 있으며, 기네스 세계기록 라이브! 행사에서 직
접 만날 수도 있다. 신기록에 도전하는 당신
옆에 알리가 세계의 놀랍고 뛰어난 기록을
수집하기 위해 나타날 수도 있으니 놀라지
말길 바란다. 자, 이제 "징을 만나러 가자!"

편집자의 편지 Editor's Letter

기네스 세계기록 최신판에 오신 걸 환영합니다!
올해에도 약 4만 개에 달하는 신청서에서 추려낸 최신 기록들이 가득합니다.
물론 전통적으로 사랑받은 기록들도 포함해서 말이죠.

올해로 65주년을 맞은 기네스북의 특별 주제는 '제작자를 만나다'이다. 이 새로운 주제는 모두가 대단하든 그렇지 않든 무언가를 만들고, 고치고, 재활용하길 바라는 마음에서 선정됐다. 기네스 세계기록을 만드는 사람들의 불문율은 독창성과 팀워크, 그리고 참여와 협동정신이기에 2019년 기네스북에 꼭 맞는 주제다.

우리는 이런 제작자 정신을 더욱 빛나게 해줄 사람으로 TV 스타이자 **가장 빠른 화장실, 정원 창고, 소파 기록**을 보유한 에드 차이나를 선정했다. **126~**

147쪽에는 에드가 좋아하는 10개의 발명품과 최신 프로젝트인 친환경 전기 아이스크림 밴이 소개되어 있다. 과연 그의 밴은 어떻게 **세상에서 가장 빠른 전기 아이스크림 밴**이 될 수 있었을까? 에드의 '제작자를 만나다' 특별 구성 챕터에서 확인해보자.

또 '제작자 주제'는 다른 형식으로도 이어진다. '역사를 쓰다' 페이지에는 역사상 기술적으로 가장 놀라운 구조물 8가지가 포스터 형식으로 들어가 있다. 자유의 여신상(**가장 무거운 조각**

상, **10~11쪽**)부터 새턴 V 로켓(**가장 큰 로켓, 78~79쪽**)까지 다양하다. 모두 레고로 다시 제작해 여러분이 집에서 같은 모델을 직접 만들며 이 엄청난 비행선과 구조물의 디자인을 이해하고 배울 수 있도록 했다.
(**가장 큰 레고** 세트인 7,541피스의 스타워즈 밀레니엄 팔콘도 포함돼 있다. 기네스 세계기록은 할 일이 많다!)

가장 높은 곳에서 한 축구 시합

2017년 6월 24일 두 여자 축구팀이 탄자니아에 있는 킬리만자로 산 5,714m에 올랐다. 미국, 독일, 영국 출신이 한 팀을 이뤄 스웨덴, 사우디아라비아, 타이 등에서 온 선수와 나란히 화산재 경기장으로 들어섰다. 고산병과 싸우면서 볼캐노 FC와 글래시어 FC는 격전 끝에 0 대 0 무승부를 이뤘다.

가장 많은 사람이 모여 비질을 한 기록(한 장소)

2018년 4월 26일 5,159명의 학생과 선생님이 노르웨이 오슬로 시청 앞에 모여 비질을 했다. 이 행사는 깨끗하고 친환경적인 도시를 위한 단체 '오슬로 루스켄'의 40주년을 기념해 진행됐다.

최장기간 바다 스쿠버 다이빙(냉수)

젬 카라바이(터키)는 2018년 4월 23~24일 터키 차낙칼레에 있는 해양공원의 차가운 바다에서 30시간 20분 동안 스쿠버 다이빙을 했다. 이 기록은 잠수하는 동안 물의 온도가 15도 이하로 계속 유지돼야 인정된다. 그의 5번째 기네스 기록이다(왼쪽 사진 참조).

주먹 쥐고 팔굽혀펴기 많이 하기(1분)

보디빌더 안드레이 로브코프(러시아)는 2017년 3월 25일 모스크바의 피트니스 클럽에서 1분 동안 주먹 쥐고 팔굽혀펴기를 107번 했다. 이전 기록보다 6번 많은데 이 도전은 기네스 세계기록을 다수 보유한 알렉산더 두브로빈과 여러 전문가가 심사했다.

지난 12개월간 기네스 기록 관리팀은 기록 보유자가 되고 싶은 사람들에게 매일 100통이 넘는, 총 3만 8,205통의 신청서를 받았다! 하지만 이 중 3,178건만 신기록으로 인정돼 성공률은 고작 8%에 불과했다. 당신이 여기에 포함됐다면 축하한다! 기네스 세계기록 증서를 벽에 걸어둘 자격을 가진 세계 인구의 0.0054%뿐인 엘리트 그룹에 속하게 된 것이다.

최단시간 사이클 팀 유럽 횡단(호카 곶에서 우파까지)

2017년 헬미 엘사이드(이집트), 마스 몰러, 크리스터 스코그, 토니 두베리, 페르-앤더스 리솔라스(모두 스웨덴)의 사이클 팀이 자페아를 위한 자선활동으로 5월 21일 러시아 우파 기차역에서 출발해 6월 9일 포르투갈 호카 곶 등대에 도착했다(29일 5시간 25분).

'제작자 주제'는 뒷부분에 '집에서 따라 해보세요'로도 이어진다. **242~247쪽**에는 집에서 물건을 만들어 기네스 세계기록에 오를 수 있는 새로운 5가지 방법이 나온다. 진짜 기록에 도전해도 되고, 재미로 해봐도 된다. 어쨌든 당신도 세계기록 도전자가 될 수 있다. 행운을 빈다!

이렇게 다양하게 구성된 제작자 편에서 알 수 있듯 기네스 관계자와 심판관들은 최신 트렌드나 패션, 기술을 꾸준히 살피고 있다. 덕분에 피젯 스피너에 관한 기록(**176쪽**)도 수록돼 있고 (우리는 이것에 관한 신청서만 983건이나 받았다!), 슬라임(**152쪽**), 가상현실(**156~157쪽**), 드론(**172~173쪽**), 코스프레(**1쪽**) 기록도 나온다. 이 주제들은 10년 전만 해도 존재하지도 않았다!

하지만 우리는 일단 기록이 준비되면, 심사하러 간다.

가장 긴 쿠키/비스킷 줄

유지류 브랜드 투르야오(터키)가 2018년 5월 8일 터키 이스탄불에 1,916개의 쿠키로 줄을 만들었다. 쿠키의 수는 회사가 창립된 연도와 같다. 이 쿠키 줄은 회사의 이니셜과 같은 T 모양으로, 총 길이는 153.28m였다.

가장 큰 바클라바(터키 과자)

2018년 3월 22일 터키 앙카라 미식 회담에 마도, 타스파콘, 앙카라 주(모두 터키)가 모여 겹겹이 쌓은 필로-페이스트리 디저트를 513kg이나 만들었다. 셰프 팀은 7.5×2.5m 크기의 접시에 약 1만 1,800조각의 바클라바를 올렸다.

UEFA 챔피언스 리그에 가장 많은 팀으로 출전한 선수

즐라탄 이브라히모비치(스웨덴)는 2017년 11월 22일 맨체스터 유나이티드 소속으로 UEFA 챔피언스 리그 FC 바젤과의 경기에 나섰다. 그는 2002년 9월 17일 아약스(네덜란드)로 데뷔했고 유벤투스, 인터밀란(돌 다 이탈리아), 바르셀로나(스페인), AC 밀란(이탈리아), 파리 생제르맹(프랑스) 소속으로 경기에 120번 출전해 48골을 넣었다.

농구공 2개 드리블하며 마라톤 최고 기록

마르티 메다르(에스토니아)는 2017년 9월 10일 에스토니아에서 열린 탈린 마라톤에 참가해 농구공 2개를 드리블하며 3시간 54분 16초 만에 완주했다. 그는 진흙길 등 다양한 지형을 지나며 공을 드리블했다. 메다르는 **농구공 1개 드리블하며 마라톤하기** 최고 기록도 가지고 있었으나, 현재 라파엘 이그리시아누(독일, 3시간 25초)가 경신했다.

그리고 그 가운데 더 소수의 사람만 이 책의 페이지를 장식하는 행복을 누렸다. 여기에는 오직 3,500개 정도의 기록만 수록되기 때문에 우리는 편집에 심혈을 기울인다.

어떤 기록을 넣고 뺄지 결정하기는 언제나 어렵다. 책을 기획할 때 편집자들은 경이롭고, 괴상하며, 흥미로운, 또 새롭고, 공유하고 싶은 기록을 선정한다. 물론 독자들이 우주 탐험부터 스포츠 기록까지 모두 볼 수 있도록 가능한 넓은 범위의 주제를 다룬다.

디자인도 완전히 새로워졌다. 폴 디콘과 55 디자인 팀의 노력 덕분이다. 정규 기록이 수록된 페이지부터 하나의 기록을 세세하게 다루는 집중 조명 페이지(**72~73쪽의 공룡**과 **192~193쪽의 마인크래프트** 등), 그리고 딱히 분류하기 어려운 전반적인 기록들까지 모두 신경 써서 만들었다. 참고로 말하면, 폴이 가장 좋아한 기록은 '역사를 쓰다' 섹션의 **가장 큰 버킷 굴착기(148~149쪽)**다. 이는 독특한 디자인과 함께 **가장 큰 레고 테크닉 세트**로도 기록됐다.

공 하나가 마이코 아츠 팀이 제작한 신기록 GBC를 모두 완주하려면 총 40분이 걸린다. 심지어 농구 골대를 통과하는 단계도 있다.

최대 규모 그레이트 볼 콘트랩션

그레이트 볼 콘트랩션(GBC)은 작은 플라스틱 공이 레고 블록으로 된 구조물을 연달아 통과하게 만든 장치다. 2018년 2월 17일 덴마크 코펜하겐에서 벤 용크만(네덜란드), 클라우스 한센, 라세 델레런, 브라이언 소홀름 라센, 엘리나 드미트로바(모두 덴마크)로 이루어진 팀 '마이코 아츠'가 259단계의 GBC를 제작했다.

최장거리 쌍둥이 자동차 드리프트 (물 사용)

2017년 12월 11일 미국 사우스캐롤라이나 주 그리어에서 레이싱 선수 요한 슈바르츠(덴마크, 아래 사진 왼쪽)와 맷 멀린스(미국, 아래 사진 오른쪽), 북미 BMW가 함께 자동차로 코너 미끄러지듯 빠져나오기인 '드리프트'를 79.26km나 선보였다. 시간 절약을 위해 드리프트 중간에 연료를 채우는 묘기도 나왔다(큰 사진). 이 도전은 슈바르츠의 **8시간 자동차 드리프트 최장거리 기록**(374.17km)과 함께 시행됐다.

가장 큰 시력 검사표

안경사 루이스 닐슨(덴마크)은 2017년 5월 19일 덴마크 코펜하겐의 광장에 23.07m² 크기의 스넬렌 시력 검사표를 걸었다. 운전자들의 시력이 교통안전 증진에 중요하다는 사실을 알리기 위해 진행된 행사였다. 시력 검사표의 크기는 전문 토지 측량사가 측정했다.

마지막으로, 당신이 기록을 세웠는데 책에 실리지 않았다면 **guinnessworldrecords.com**이나 우리의 소셜미디어에 방문하자. 기네스의 디지털 팀은 페이스북, 트위터(@GWR), 인스타그램, 팝잼으로 새로운 기록들을 기꺼이 공유하고 있다. 또 신청서를 작성하기 위해 우리 웹사이트에 들러야 한다면 기록이나 새로운 소식, 영상, 갤러리, 자료 등도 둘러보자. 아직 0.0054% 안에 들지 못했지만 도전을 원한다면 꼭 시간을 내

최대 규모 칵테일 시음 행사

2017년 11월 18일 러시아 모스크바에서 열린 와일드 터키 재즈 페스티벌에서 354명이 3가지 클래식 칵테일을 시음했다. 칵테일은 전문가가 만든 올드 패션드, 맨해튼, 민트 줄렙이었다. 각각의 칵테일에는 3가지 이상의 재료가 들어가야 기록으로 인정된다.

기네스 사진 팀은 어디서도 본 적 없는 사진을 수백 장이나 직접 촬영했다. 전 세계를 누비며 세상에서 가장 놀라운 사진을 찍어 책에 실었는데, 제일 마음에 드는 사진은 **가장 큰 탈 수 있는 헥사포드**(146~147쪽), **신체 개조를 많이 한 사람**(87쪽), **발끝으로 슬랙라인 10m 빨리 가기**(114쪽), **가장 큰 물총**(144~145쪽)이라고 한다. 그밖에도 이 책에는 1,000장이 넘는 신기록 이미지가 실렸다.

서 방문하길 권한다. 신청은 간단하고, 우리는 언제나 신기록에 관한 아이디어에 관심을 기울이고 있다. 당신이 기록 보유자가 된다는 보장은 없지만, 중요한 건 노력과 도전이다.
행운을 빈다!

편집장
크레이그 글렌데이

가장 큰 치즈케이크

2017년 9월 23일 러시아의 도시 스타브로폴의 240주년을 기념해 치즈베리 컴퍼니(러시아)가 4,240kg짜리 생일 치즈케이크를 만들었다. 이 거대 디저트는 제작에 24시간이 걸렸는데 '만들기, 식히기, 모양 잡기, 장식하기'의 4단계를 거쳤다. 완성된 케이크는 시의 광장에 전시됐다(사진).

최고령 토크쇼 진행자(현존)

월터 빙엄(이스라엘, 1924년 1월 5일생)은 2018년 5월 1일 94세 116일의 나이로 이스라엘 뉴스 토크 라디오에서 《더 월터 빙엄 파일》을 진행했다. 2차 세계 대전 참전용사인 빙엄은 언론인이자 배우로, 영화 〈해리 포터〉에도 출연했다. 영국에서 활동하다 2004년 이스라엘로 건너가 방송 경력을 이어가고 있다.

기네스 세계기록의 날 GWR Day

매년 11월 기네스 세계기록의 날이 되면 많은 사람이 다양한 종목의 기록 도전에 나선다. 놀랍고 대단한 사람들이 있는가 하면, 신기한 괴짜들도 많다. 그중 하이라이트만 여기 모았다. **핵앤슬래시 비디오게임 최장시간 마라톤 플레이**부터(24시간 25분, 2017년 독일의 피어 브레서와 지미 스메스) **1분 동안 가사만 보고 퀸의 노래 제목 맞히기**(17곡, 2017년 영국의 버니 키스)까지 다양한 기록들이 수록돼 있다.

당신도 도전할 종목이 있는가?《기네스 세계기록》의 한 자리를 차지하고 싶다면 먼저 웹사이트 guinnessworld-records.com을 방문하자. 세계기록 보유자가 되기 위한 더 많은 정보는 이 책 242쪽에 나와 있다.

▲ 가장 큰 채식주의 케이크
테레사 린드그렌(스웨덴)이 2017년 11월 3일 스웨덴 스톡홀름에서 콘서트용 그랜드피아노의 무게와 맞먹는 462.4kg의 비건(완전 채식) 케이크를 만들었다. 채식주의와 건강한 식습관의 중요성을 알리기 위해서였다.

▲ 제트엔진 슈트 입고 기록한 최고 속도
영국의 리처드 브라우닝은 아이언맨의 슈트에서 영감을 받아 하늘을 날 수 있는 슈트를 제작해 2017 기네스 세계기록의 날에 선보였다. 96쪽으로 날아가 그의 놀라운 발명품을 자세히 살펴보자.

▼ 가장 큰 훌라후프 돌리기
유야 야마다(일본)는 2017년 11월 9일 일본 가나가와 현 요코하마에서 지름 5.14m(둘레 16.17m)의 훌라후프를 연속으로 6번 돌리는 데 성공했다. 기네스 심판관 카오루 이시카와(사진 오른쪽)가 훌라후프를 들고 있다(아래 사진은 세리머니 모습).

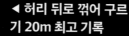

▼ 컵 171개로 피라미드 빨리 세우기
'빠른 손' 제임스 아크라만(영국)은 2017년 11월 9일 영국 런던에서 59초10 만에 컵 171개로 피라미드 쌓기를 성공하면서 같은 해 1월 3일에 자신이 세운 1분 26초9의 기록을 가볍게 깨버렸다. 아크라만의 도전은 페이스북으로 생방송됐다.

◀ 허리 뒤로 꺾어 구르기 20m 최고 기록
리우텅(중국)은 2017년 11월 6일 중국의 수도 베이징에 있는 NUO 호텔에서 허리를 뒤로 꺾어 구르기로 20m를 15초54 만에 주파했다. 이 기록은 두 다리를 바닥에 대고 엎드려 있다가 허리를 뒤로 완전히 꺾어 구르기를 해야 한다.

여러 곳에서 동시 컵 쌓기 최다
인원은 62만 2,809명이다. 2016년 11월 17일 세계컵쌓기협회(WSSA, 미국) 창립 11주년 기념 행사에서 기록됐다.

◀ **대사로 스타워즈 캐릭터 알아맞히기**(1분)

2017년 11월 9일 네이션 탠슬리는 영국 런던에서 1분 동안 인용 대사만 보고 스타워즈 캐릭터 16명을 구분해냈다. 기네스 편집장 크레이그 글렌데이가 낸 20개 문제 중 4개만 틀렸다.

▲ **단체로 100m를 끌어당긴 가장 무거운 비행기**

2017년 11월 9일 두바이 경찰 팀(UAE)이 UAE 두바이 국제공항에서 무게 302.68톤의 보잉 747 비행기를 100m 끄는 데 성공했다. 2분 38초가 걸린 이 도전은 두바이에서 시행한 30일간의 건강 행사 '두바이 피트니스 챌린지'의 일부로 진행됐다.

▲ **사과 깨무는 소리 크게 내기!**

펠릭스 미셸(독일)은 사과 깨무는 소리 내기에서 약 84.6데시벨을 기록했다. 도전은 2017년 11월 7일 독일 쾰른에서 진행된 〈이렇게 하면 된다〉 무대에서 이뤄졌다. 소리 측정 마이크는 그와 2.5m 떨어진 곳의 지상 1.5m 높이에 설치됐다.

▶ **백플립하며 입으로 불 뿜기**(1분)

2017년 11월 9일, 호주의 에이든 말라카리아는 1분 동안 연속으로 백플립을 하며 입으로 불 뿜기에 10번이나 성공했다. 도전은 호주 뉴사우스웨일스 주 시드니에 있는 스튜디오10에서 진행됐다. 에이든은 첫 도전에서 기록을 세우는 데 성공했다.

◀ **공중에 매달려 훌라후프 많이 돌리기**

마라와 이브라힘(호주)은 2016년 11월 17일 할리우드 에어리얼 아츠에서 공중에 매달린 채 훌라후프 50개를 허리로 돌렸다. 이 도전은 페이스북으로 생방송됐다. 기네스 세계기록의 훌라후프 종목은 훌라후프가 최소 3회 이상 360도 회전해야 인정된다.

▲ **가장 높은 골대에 성공시킨 슛**(농구)

묘기 농구단 '할렘 글로브트로터스' 팀의 코리 '선더' 로(미국)는 15.26m 높이의 골대에 슛을 넣는 데 성공했다. 로는 2017년 11월 5일 미국 유타 주 솔트레이크시티 캐피털빌딩 밖에서 골대에 뒤돌아 던진 이 묘기 슛으로 기네스 세계기록 4개(단독)를 보유하게 됐다. 모두 '기네스 세계기록의 날'에 작성됐다.

▼ **눈에서 눈으로 축구공 굴리기**(1분)

일본의 유우키 요시나가는 2017년 11월 6일 일본 도쿄 도 네리마에서 한쪽 눈 위에서 다른 쪽 눈 위로 축구공 굴리기를 60초 동안 189번이나 성공시켰다.

1개월 전 유우키는 **1분 동안 어깨로 축구공 트래핑 많이 하기** 세계기록도 달성했다(230회).

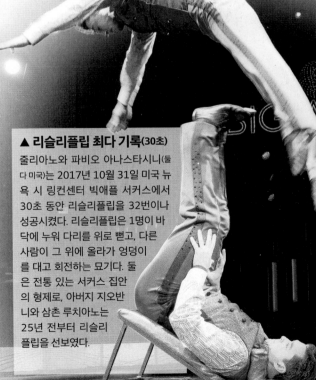

▲ **리슬리플립 최다 기록**(30초)

줄리아노와 파비오 아나스타시니(둘 다 미국)는 2017년 10월 31일 미국 뉴욕 시 링컨센터 빅애플 서커스에서 30초 동안 리슬리플립을 32번이나 성공시켰다. 리슬리플립은 1명이 바닥에 누워 다리를 위로 뻗고, 다른 사람이 그 위에 올라가 엉덩이를 대고 회전하는 묘기다. 둘은 전통 있는 서커스 집안의 형제로, 아버지 지오반니와 삼촌 루치아노는 25년 전부터 리슬리플립을 선보였다.

자유의 여신상 STATUE OF LIBERTY

자유의 여신상이 들고 있는 횃불은 1886년 10월 28일부터 미국 뉴욕 시 항구를 환히 비추기 시작했다. 자유와 민주주의 강력한 상징으로 20세기 미국에서 새롭게 삶을 시작하고자 하는 이주민들에게 큰 힘이 됐다. 하지만 이 기념비적인 작품은 대서양 반대편 수천 킬로미터 떨어진 프랑스에서 기획되고 설계되고 만들어져 미국으로 건너왔다.

조각상의 원래 이름은 '세상을 밝히는 자유'다. 조각가 프레데릭 오귀스트 바르톨디[프랑스]가 미국의 독립을 축하하기 위해 만들었다. 바르톨디는 1871년 미국을 방문했을 때 뉴욕 항의 베들로스 섬[현 리버티 섬]을 '미국의 관문'으로 보고 자신의 작품이 설 곳으로 선택했다. 바르톨디는 뛰어난 건축가이자 공학자인 구스타브 에펠[프랑스]의 도움을 받아 15년 동안 프랑스에서 자유의 여신상을 만든 뒤 배에 실어 미국으로 옮겼다. 완성된 조각상의 총 무게는 2만 7,156톤으로 가장 무거운 조각상으로 기록됐다.

조각상이 든 상자

조각상은 1884년 프랑스 파리에서 완성된 뒤 350조각으로 나뉘어 프랑스의 구축함 이제흐 호를 타고 1885년 6월 17일 뉴욕에 도착했다. 이 상자들은 조각상 반출에 개봉하지 않은 채 그대로 있었다. 1886년 10월 28일, 마침내 뉴욕 항 베들로스 섬에서 상자가 개봉됐고, 여신의 영광스러운 얼굴이 세상에 드러났다. 얼굴의 길이만 5.18m 정도이고, 코는 1.37m 정도다.

1986년, 구리 횃불은 24k 도금으로 교체됐다.

왕관의 7갈래는 세계의 7대양과 대륙을 상징한다.

조각상이 들고 있는 명판에는 미국의 독립선언문을 발표한 날짜[1776년 7월 4일]가 로마 숫자로 적혀 있다.

횃불을 들고 있는 팔의 길이는 12.8m다.

전망대

자유의 여신상의 왕관 부분은 전망대로 때 있으며, 땅에서 나는 25개의 보석을 상징하는 25개의 창문으로 둘러싸여 있다. 관람객들은 전망대로 가려면 메인 로비에서 계단 377개를 올라야 한다. 입장권은 하루에 365장만 판매하며, 반드시 미리 예매해야 한다. 조각상의 횃불 부분도 원래 대중에게 공개했으나, 1916년 블랙 톰 부두 폭발 사건으로 조각상이 파손된 이후 지금까지 지단에 있다.

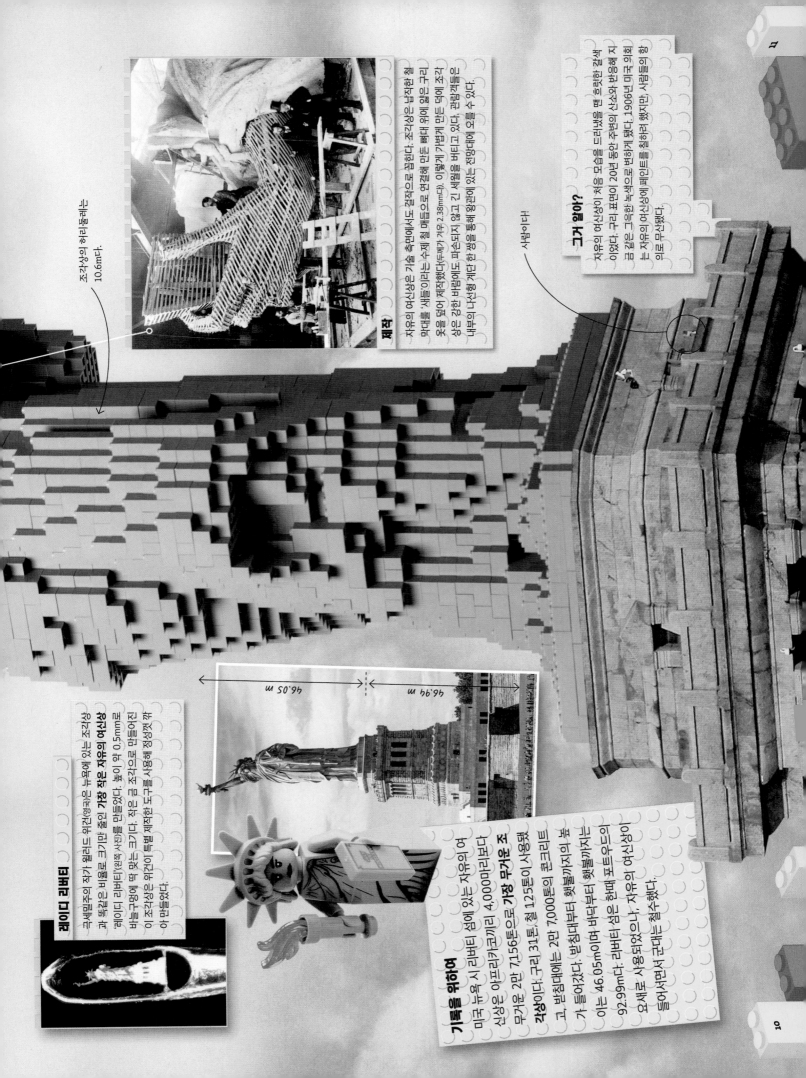

조각상의 허리둘레는 10.6m다.

제작

자유의 여신상은 가슴 측면에서도 걸작으로 꼽힌다. 조각상은 납작한 철 막대를 셰들로이라는 수제 철 매듭으로 연결해 만든 뼈대 위에 얇은 구리 옷을 덮어 제작했다(두께가 겨우 2.38mm다). 이렇게 가볍게 만든 덕에 조각상은 강한 바람에도 파손되지 않고 긴 세월을 바티고 있다. 관람객들은 내부의 나선형 계단을 통해 횃불을 들고 있는 전망대에 오를 수 있다.

그거 알아?

자유의 여신상이 처음 모습을 드러냈을 땐 흐릿한 갈색 이었다. 구리 표면이 20년 동안 주변의 산소와 반응해 지금 같은 그 유명한 녹색으로 변하게 됐다. 1906년 미국 의회는 자유의 여신상에 페인트를 칠하려 했지만, 사람들의 항의로 무산됐다.

사람이다

46.05 m · 94.94 m

레이디 리버티

국제밀주의 작가 윌러드 와츠는 위쪽(영국?)부근 누욕에 있는 조각상과 똑같은 비율로 크기만 줄인 가장 작은 자유의 여신상 '레이디 리버티'(원쪽 사진)를 만들었다. 높이 약 0.5mm로 바늘구멍에 딱 맞는 크기다. 작은 금 조각으로 만들어진 이 조각상은 위건이 특별 제작한 도구를 사용해 정성껏 깎아 만들었다.

기록을 위하여

미국 뉴욕 시 리버티 섬에 있는 자유의 여신상은 아프리카코끼리 4,000마리보다 무거운 2만 7,156톤으로 가장 무거운 조각상이다. 구리 31톤, 철 125톤이 사용됐고, 받침대에는 2만 7,000톤의 콘크리트가 들어갔다. 받침대부터 횃불까지의 높이는 46.05m이며 바닥부터 횃불유드의 92.99m다. 리버티 섬은 한때 포트우드의 요새로 사용되었으나, 자유의 여신상이 오세트 군대는 철수했다.

태양계에서 가장 큰 고기압권

태양계에서 가장 큰 행성인 목성에서는 거대한 붉은 점 현상인 대적점을 볼 수 있다. 대적점은 크기가 항상 변하는데 최대 길이가 4만km, 폭이 1만 4,000km에 이른다. 이 엄청난 기압의 폭풍 속에 있는 구름은 주변 구름보다 8km 이상 고도가 높다. 반시계방향으로 회전하는 폭풍은 그 크기가 지구보다 3배 이상 커지기도 한다.

오른쪽에 보이는 검은 점은 목성의 달 중에서 3번째로 큰 달(위성) 이오(Io)의 그림자다. 비록 지면상으로는 보이지 않지만 이오의 표면에는 거대한 화산 폭발 기둥이 존재하며, 이곳은 **태양계에서 가장 활발한 화산 활동 지역**이다. 이오의 격렬한 지질 활동은 목성과 이오, 아래에 보이는 또 다른 달 유로파(4번째로 큰 위성)의 상호작용으로 일어난다.

보이저 1호가 1979년 3월 3일 근접 비행으로 찍은 사진 16장을 합쳐놓은 장면이다. 보이저호는 현재 **인류가 만든 물체 중 지구에서 가장 멀리 떨어져 있는데**, 2018년 5월 기준으로 210억km 거리에 있다.

먼 우주 Deep Space

우주에서 가장 큰 구조체

허큘리스 북쪽왕관자리 장성은 반대편까지 거리가 100억 광년인 엄청난 크기의 구조체다. 2013년 11월 5일 천문학자들이 스위프트 감마선 폭발 임무를 이용해 발견하고 그 존재를 발표했다.

가장 큰 은하는 IC 1101이다. 아벨 2029 은하단의 중심에 있으며, 중심의 지름이 560만 광년에 달해 우리 은하보다 약 50배나 크다. 광 출력은 태양의 2조 배다.

가장 큰 빈 공간

자이언트 보이드(빈 공간)로 알려진 AR-Lp 36은 사냥개자리 안에 있는, 이상할 정도로 은하의 수가 적은 거대한 공간이다. 1988년에 러시아 니즈니 아르키즈에 있는 스페셜 천체물리학 관측소에서 이 공간을 측정해보니 지름이 10억~13억 광년 정도였다. 그런데 2013년에 '우리 은하는 더 큰 보이드의 일부일지 모른다'는 가설이 제기됐다. KBC 보이드로 알려진 이 공간은 지름이 20억 광년이다.

맨눈으로 관측 가능한 가장 멀리 떨어진 물체(역대)

2008년 3월 19일 협정세계시 6시 12분 스위프트 인공위성이 75억 광년 먼 은하의 감마선 폭발을 감지했다. GRB 080319B로 알려진 이 폭발은 실시등급이 5.8까지 치솟아 지구에서 30초 정도 맨눈으로 관측할 수 있었다(실시등급: 지구 관측자가 보는 별의 상대적 밝기).

가장 빠르게 접근하는 은하

처녀자리 은하단에 있는 5200만 광년 떨어진 렌티큘러(렌즈 모양) 은하 M86은 우리 은하에 초속 419km로 접근 중이다. 우주가 팽창하는 방향의 반대, 지구 방향으로 움직이고 있다.

가장 긴 은하 제트

2007년 12월 천문학자들은 활동은하 CGCG 049-033의 중심부에 위치한 거대 블랙홀에서 에너지 제트가 방출되고 있다고 발표했다. 150만 광년 길이의 고에너지 제트는 근처 은하에 직격으로 향하고 있었다. 이 제트 선의 불길에 닿는 행성은 대기가 이온화돼 모든 생명체가 멸종한다.

가장 무거운 블랙홀

퀘이사 S5 0014+81의 중심에 있는 거대 질량 블랙홀은 무게가 태양 질량의 약 400억 배에 달한다. 우리 은하 중심부 질량의 약 1만 배 정도 되는 무게다. 이는 2009년 천문학자들이 나사의 '스위프트' 감마선 우주망원경을 사용해 퀘이사의 광도를 기반으로 산출해낸 값이다.

은하계에서 가장 추운 장소

먼지와 가스 구름으로 구성된, 지구에

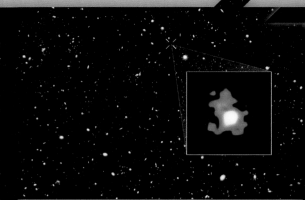

우주에서 가장 동떨어진 물체

허블 우주망원경이 134억 년 전 GN-z11(위쪽 작은 사진) 은하가 만든 빛을 관측했다. GN-z11은 우주의 팽창으로 현재 지구에서 약 320억 광년 떨어진 위치에 있다. 이 은하는 11.1의 적색 이동(멀리 있는 천체에서 오는 빛의 스펙트럼이 붉은 쪽으로 이동하는 현상)을 보인다.

서 5000광년 떨어진 부메랑 성운은 기온이 절대영도(-273.15도)보다 약간 높은 -272도다.

우주에서 가장 낮은 소리

페르세우스 은하단의 중심부에 있는 거대 블랙홀에서 자연적으로 발생하는 소리는 가온 다(middle C.)보다 57옥타브 낮은 B 플랫이다. 인간이 감지할 수 있는 소리보다 1,000조 배 이상 낮은 음이다.

맨눈으로 관측 가능한 가장 멀리 떨어진 물체

우리 은하단의 안드로메다 나선은하 M31은 지구에서 250만 광년 거리에 있다. 2007년 1월 발표에 따르면 안드로메다는 5배 정도 더 크다고 한다. 은하의 중심을 선회하는 별들의 거리가 최소 50만 광년 이상인 사실을 발견하며 기존 예상이 수정됐다.

밝은 빛

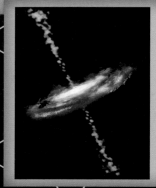

◀ 가장 밝은 활동 은하

활동 은하들은 가운데 부분이 밝은 빛을 띠며 전자기파 스펙트럼으로 에너지를 방출한다. 중심에는 거대 블랙홀이 있는데, 주변 물질을 빨아들여 이온화된 가스 제트를 빛의 속도로 내뿜는다. 제트가 지구로 향할 때 은하가 훨씬 밝게 보이는데, 바로 '블레이저' 현상이다.

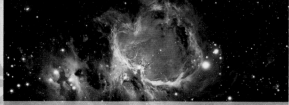

▲ 가장 밝은 성운

가스 및 먼지 구름이 광활하게 퍼진 형태의 오리온성운은 실시등급이 4 정도다. 별자리의 '검(sword)' 부분에서 산란하는 빛은 맨눈으로 관측할 수 있다.

하늘에서 가장 밝은 퀘이사

퀘이사는 멀리 떨어진 은하의 중심에 있는 거대 블랙홀의 에너지에 의해 그 주위를 소용돌이치며 도는 발광체를 말한다. 퀘이사 3C 273은 실시등급 12.9로 일반 망원경으로도 충분히 볼 수 있을 만큼 밝다. 처녀자리는 지구에서 무려 25억 광년이나 떨어져 있지만, 인류가 최초로 발견한 퀘이사다.

가장 가까운 밝은 행성상성운

나사 성운(NGC 7293)은 지구에서 약 700광년 거리에 있다. 죽어가는 별의 외부가 우주로 천천히 퍼지며 형성된 성운이다. 행성상성운들은 주로 구형으로, 처음에는 새로 생긴 행성으로 여겨졌다. 나사성운은 지구에서 태양을 뺀 가장 가까운 별보다 100배 정도 먼 거리에 있다.

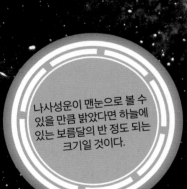

나사성운이 맨눈으로 볼 수 있을 만큼 밝았다면 하늘에 있는 보름달의 반 정도 되는 크기일 것이다.

가장 가까운 활동 은하

타원형의 거대한 은하 켄타우루스 A는 지구에서 '겨우' 1100만 광년 거리에 있다. 활동 은하들은 강한 방사선을 방출하는 작고 밝은 중심부를 가지고 있는데, 거대 블랙홀에 삼켜진 별이나 다른 물질들이 조각나 형성하는 것으로 추정된다.

▶ 가장 밝은 산개 성단

묘성으로 알려진 플레이아데스(M45)의 별 6개는 빛 공해가 심한 도심에서도 맨눈으로 볼 수 있을 만큼 밝다. 황소자리에 위치한 이 성단에는 별이 약 500개나 포함돼 있다. 이 중 밝은 별들은 그들이 형성되고 남은 성운들에 아직도 둘러싸여 있다.

가장 밝은 초신성

서기 1006년 4월에 발견된 베타 루피 별의 인근에 있는 초신성 SN 1006은 2년 동안 광도 7.5를 기록했다. 이 거대한 우주 폭발은 맨눈으로 볼 수 있을 만큼 밝고 시리우스보다 1,500배 밝아 **지구에서 보이는 가장 밝은 별**이었다.
이 초신성은 7000광년 거리에 있다.

◀ 가장 밝은 초신성 잔해

황소자리에 있는 게성운(M1)은 광도가 8.4다. 큰 질량의 별이 형성한 성운으로, 이 별의 초신성 폭발은 서기 1054년 중국 천문학자들에게 관측됐다. 23일 동안 대낮에도 맨눈으로 보일 정도로 밝았다고 한다.

별 Stars

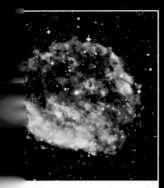

가장 작은 별
중성자별들은 지름이 겨우 10~30km 정도이지만, 질량은 태양의 3배나 된다. 태양의 평균 지름은 1,390만 473km다. 초신성의 중심핵이 붕괴할 때 중성자 압력이 증가하여 탄생한 중성자별은 우주에서 **밀도가 가장 높은 별**로, 중성자별의 티끌 하나가 지구의 고층 건물과 맞먹는 질량을 가진다.

가장 흔한 별
지금까지 가장 많이 발견된 별은 '적색 왜성'으로 우리 주변에 있는 별들 중 약 80%를 차지한다. 질량이 태양의 40%를 넘지 않고, 가장 밝은 별의 광도가 태양과 비교해 겨우 10%인 약한 별들이다. 연료가 아주 천천히 타고 있어 수명은 최소 100억 년이다.

행성을 가진 가장 큰 별
2011년 10월 미국 텍사스 주 맥도널드 천문대에서 천문학자들이 호비-에버리 망원경을 사용해 지구에서 540파섹* 떨어진 큰곰자리 별 HD96127을 공전하는 행성을 발견했다(HD96127은 K2 유형의 적색 거성으로 반지름이 태양의 35배나 된다). 이 행성은 질량이 목성의 4배, 지구의 1,271배다.
*우주공간의 거리를 나타내는 단위: 3.259광년(光年)

은하계에서 가장 오래된 별
지구에서 190광년 떨어진 별 HD140283은 빅뱅 직후인 138억 년 전에 생성됐다고 한다. 우주는 생성될 당시 대부분 수소로 이루어지고 헬륨이 일부 섞여 있었다. 그러다 다른 화학원소들이 나타나 별의 핵을 형성했다. HD140283에 금속이 거의 없는 점으로 미루어볼 때 HD140283은 초창기 우주가 생겨날 당시 순수에 가까운 수소와 헬륨으로 이루어진 가스구름에서 형성된 별로 추정된다.
행성을 만드는 가장 오래된 별은 BP파이시스와 TYCHO 4144 3292로 두 별 모두 약 4억 살 정도 됐다. 천문학자들은 2008년 1월 이 별들의 주위를 맴도는 원반 형태의 먼지구름을 발견했다. 이 원반은 별의 행성을 만드는 기반이 되는데, 대체로 최근에 생긴 별들 주변에서 관찰된다. 하지만 이 두 별은 다른 별이나 초기 단계의 행성을 삼킨 뒤 별의 물질을 내뿜어 원반을 형성한 것으로 추정된다.

은하계에서 가장 빠른 별
미국 매사추세츠 주 케임브리지의 하버드-스미소니언 천체물리학센터는 2005년 2월 8일 시속 240만km 이상으로 움직이는 별을 발견했다. SDSS J090745.0+24507으로 명명된 이 별은 약 8000만 년 전 은하계의 중심부에서 생겨나 거대 블랙홀을 만나면서 가속된 상태로 보인다.
하늘에서 가장 빠르게 움직이는 별은 1년에 1만 357.704밀리초각(1,000분의 1초)으로 이동하는 바너드별이다. 원근법으로 따지면 '1분각'은 60분의 1도다. 바너드별은 170년 후면 하늘에서 보름달 지름만큼의 거리를 움직이게 된다. 이렇게 하늘에서 별의 위치가 변하는 현상을 '고유운동'이라고 한다.

가장 큰 별
방패자리 UY스쿠티는 태양보다 반지름이 1,708배 크다고 한다. 지름은 약 22억 7,651만 1,200km 정도로 추정되지만, 오차범위가 태양 반경의 +/- 192배로 매우 커 정확한 값은 아니다. UY스쿠티와 태양을 비교한 그림이 바로 위에 있다.

별이 가장 많은 항성계
별이 가장 많은 단일 항성계에는 6개의 별이 있다. 이 중 가장 잘 알려진 항성계는 카스토르로 이 별자리에서 2번째로 밝은 별이 바로 쌍둥이자리다. 멀리서 보면 카스토르는 하나의 독립체로 보이지만, 사실 3쌍의 별로 이루어져 있다.

가장 납작한 별
우리 은하계에서 가장 타원형에 가까운 별은 남쪽의 아케르나르다. 칠레 아타카마에 있는 유럽남방천문대(천문학 기구) 소속 파라날 천문대에서 VLT 간섭계로 관찰한 결과, 이 별은 엄청난 속도로 회전해 별의 수평 방향 지름이 수직 방향 지름보다 50% 이상 크다고 한다.

은하계에서 가장 밝은 별
울프-레이에별은 생긴 지 얼마 안 된 별로 아주 밝고 뜨겁게 빛나고 있다. WR25는 지구에서 7500광년 떨어진 용골자리 성운 내 트럼플러16 성단에 위치한 울프-레이에별(사진 가운데)이다. 주변에 다른 별들이 많아 WR25의 정확한 광도는 측정하기 힘들지만, 태양보다 약 630만 배 이상 밝다고 한다.

가장 흔한 별의 유형
천문학자들은 모건-키넌 시스템으로 별을 분류한다. 별을 표면온도에 따라 가장 뜨거운(O) 단계부터 가장 차가운(M) 단계까지 구분하는 방식으로 온도와 밝기에 따라 더 세분되어 있다. 가장 뜨거운 별은 가장 밝고 또 가장 크지만 차가운 별들에 비해 수가 매우 적으며 상대적으로 수명도 짧다. M등급으로 분류되는 별들과 적색왜성들은 수명이 약 2000억 년 정도지만, O등급의 별들은 '겨우' 000만 년 정도다.

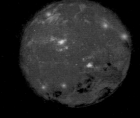

▲ O등급
우리의 태양보다 10만 배 정도 뜨거운 별(3만 켈빈)로, 희귀한 편이다.

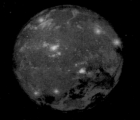

▲ B등급
수명이 약 1억 년으로 표면온도는 1만 5,000켈빈에 달한다.

▲ A등급
온도가 1만 켈빈 정도, 질량은 우리 태양의 2배 정도다.

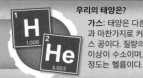

우리의 태양은?

가스: 태양은 다른 별들과 마찬가지로 커다란 가스 공이다. 질량의 70% 이상이 수소이며, 27% 정도는 헬륨이다.

지름: 지름 139만 473km인 태양은 지구보다 109배 정도 크다. 질량은 아래 참조.

온도: 태양 중심 핵의 온도는 1,500만 도다. 이에 비해 표면 온도는 '겨우' 5,537도다.

자전: 태양은 적도(약 27일) 부근이 극지방보다 빨리 자전한다(약 36일).

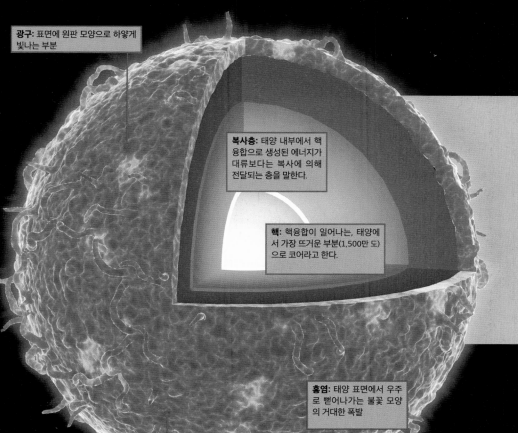

광구: 표면에 원판 모양으로 하얗게 빛나는 부분

복사층: 태양 내부에서 핵융합으로 생성된 에너지가 대류보다는 복사에 의해 전달되는 층을 말한다.

핵: 핵융합이 일어나는, 태양에서 가장 뜨거운 부분(1,500만 도)으로 코어라고 한다.

홍염: 태양 표면에서 우주로 뻗어나가는 불꽃 모양의 거대한 폭발

흑점: 태양 표면의 차가운 점들. 이곳의 온도는 약 5,537도로 상대적 온도차로 어둡게 보인다.

가장 가까운 별

태양은 지구에서 '겨우' 1억 4,960만 km 떨어져 있는, 천문학적으로 가까운 별이다. 다음으로 가까운 별은 프록시마 켄타우리로 4.2광년, 약 40조km 거리에 있다. 별을 분류하는 분광학의 선구자 안젤로 세키 신부(이탈리아, 1818~1878)는 '태양은 많은 별 중 하나이며, 태양계도 유일하지 않다'는 결론을 처음으로 내렸다.

태양의 질량은 지구의 약 33만 3,000배로 태양계 전체 질량의 99%를 차지한다. 태양은 강한 중력으로 행성들이 그 주위를 벗어나지 못하고 공전하게 한다.

▲ F등급
표면온도는 7,400켈빈 이상, 수명은 약 30억 년이다.

▲ G등급
우리 태양이 속하는 등급으로, 온도는 6,000켈빈 정도다.

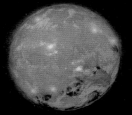

▲ K등급
표면온도 5,000켈빈, 수명은 200억 년 이상이다.

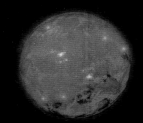

▲ M등급
가장 흔한 별이며, 온도는 3,000켈빈 정도로 가장 차가운 등급이다.

행성 Planets

최초의 발견

천문학자 윌리엄 허셜은 1781년 3월 13일 영국 배스의 자기 집 정원에서 '별'을 하나 발견했는데, 이 별은 훗날 천왕성으로 불렸다. 금성, 화성, 목성, 토성은 모두 하늘에서 밝게 빛나는 편이라 고대인도 쉽게 발견했다. 천왕성은 그전에도 발견되긴 했지만, 행성으로 명확히 분류되진 않았다.

가장 뜨거운

금성은 평균 온도가 섭씨 462~480도로, 표면 온도는 납을 녹일 정도로 뜨겁다. 대기는 독성 물질로 이루어져 있으며, **태양계에서 가장 강한 산성비**가 내린다. 즉 지표면 48~58km 상공에 떠 있는 구름에서 순수한 황산이 비로 내린다. 금성은 이렇게 극한 환경이라, 표면 탐사가 매우 어렵다.

가장 빠른

수성은 평균 시속 17만 2,248km로 궤도를 돈다. 지구보다 거의 2배 빠르다. 수성은 **태양에서 가장 가까운 행성**으로 평균 5,790만km 떨어진 거리에서 주기 87.9686일로 공전하고 있다.

가장 낮은 밀도

토성의 평균 밀도는 고작 물의 0.71배에 불과하다. 이 행성은 우주에서 가장 가벼운 2가지 물질인 수소와 헬륨으로 대부분 이루어져 있다. **밀도가 가장 높은 행성**은 지구다. 평균 밀도가 물의 5.517배다.

가장 많이 기울어진

천왕성은 자전축이 97.86도 기울어진 채 궤도를 공전하고 있다. 지구의 자전축 기울기는 23.45도. 한 가설에 의하면, 천왕성은 태양계가 형성될 때 다른 행성과 부딪혀 지금처럼 기울어졌다고 한다. 자전축이 심하게 기울어진 영향으로 천왕성의 양쪽 극지방은 번갈아가며 태양을 직면하게 된다. 공전 주기가 84년이라 한 극지방이 42년간 태양을 바라보다 42년은 완전한 어둠에 가려진다. **태양계에서 가장 긴 어둠-빛 주기를 가진 행성**이다.

가장 강한 자기장

목성은 내부에 액화된 금속성 수소가 있어 자기장이 지구의 1만 9,000배에 달한다. 이 자기장은 행성의 구름 위에서 우주로 수백만 km를 더 뻗어나가 지구에서도 맨눈으로 볼 수 있다. 목성의 자기장은 달보다 1,700배 정도 더 멀리 있지만, 보름달보다 2배 정도 크게 보인다.

하루가 가장 긴 행성

지구는 23시간 56분 4초마다 자전하지만, 금성은 자전축을 한 번 도는 데 지구 시간으로 243.16일이 걸린다. 하지만 금성은 태양과 거리가 가까워 공전하는 데 '지구 시간'으로 224.7일밖에 안 걸린다. 즉 금성에서 1년은 하루보다 짧은 셈이다.

지구에서 가장 밝은 별

천문학에서 '광도'는 지구의 밤하늘에 보이는 물체의 밝기를 뜻하며, 숫자가 낮을수록 더 밝게 빛나는 것을 의미한다. 금성의 최대 광도는 4.4다. 행성의 대기 중에 황산비를 내리는 구름이 있는데 그 구름의 빛 반사율이 높기 때문이다(오른쪽 참조).

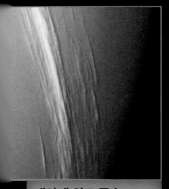

태양계 최고 풍속

나사(NASA)의 보이저 2호가 1989년 측정한 결과에 따르면, 해왕성에서 부는 바람의 속도는 시속 2,400km 정도다. 보이저 호의 정찰기는 얼어 있는 메탈 결정 구름(사진)과 시계방향으로 도는 폭풍의 모습을 촬영하는 데 성공했다.

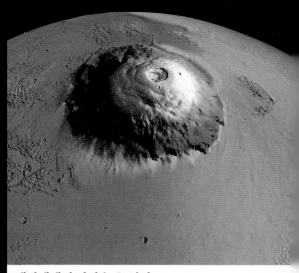

가장 큰 핵

수성은 행성의 크기가 작은 편이지만 가장 큰 핵을 가지고 있다. 수성의 금속 핵은 지름이 약 1,800km로 행성 부피의 42%, 반지름의 85%에 달한다. 이렇게 커다란 핵과 상대적으로 얇은 지각은, 생성될 당시 큰 충격을 받아 외부가 떨어져 나갔기 때문으로 추측된다.

태양계에서 가장 높은 화산

화성에 우뚝 솟은 올림푸스 몬스 화산은 높이가 25km로 에베레스트보다 3배 정도 높고, 지름은 높이보다 20배 정도 넓은 '방패 화산'이다. 수천 개의 분화구에서 용암이 쏟아져 나와 지금의 형태가 됐다. **태양계에서 가장 높은 산**이기도 하다.

천체(天體)	◉ 공전주기	☀ 태양과의 거리	🄺 무게(×1024kg)	⊖ 지름	🌡 온도

▲ 수성
- ◉ 87.9일
- ☀ 5,790만km
- 🄺 0.330
- ⊖ 4,879km
- 🌡 167도

▲ 금성
- ◉ 224.7일
- ☀ 1억 820만km
- 🄺 4.87
- ⊖ 12,104km
- 🌡 480도

▲ 지구
- ◉ 365.2일
- ☀ 1억 4,960만km
- 🄺 5.97
- ⊖ 12,756km
- 🌡 15도

▲ 화성
- ◉ 687일
- ☀ 2억 2,790만 km
- 🄺 0.642
- ⊖ 6,792km
- 🌡 -65도

태양계에서 가장 큰 고리

가스 행성인 토성을 감싸고 있는 고리는 그 무게가 지구에 있는
에베레스트의 3,000만 배에 달하는 4×10^{19}kg이다. 이 고리는 작은 암석과
얼음, 먼지로 이루어져 있다. 토성 주위를 돌던 작은 위성이 혜성에 부딪혀
파괴된 잔해로 보인다. 목성, 천왕성, 해왕성도 고리를 가지고 있지만
토성의 고리만큼 크지 않다.

토성의 고리는
천천히 무너져 행성으로
떨어지고 있다. 일부 과학자
들은 약 1억 년쯤 뒤면 이
고리가 완전히 사라질
거라고 말한다.

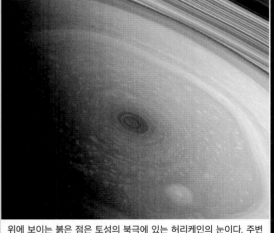

위에 보이는 붉은 점은 토성의 북극에 있는 허리케인의 눈이다. 주변
에 제트 기류를 따라 구름이 흐르고 있는데, **태양계에서 가장 큰 육각
형** 모양을 하고 있다.
2009년에는 토성의 대기 상층부에 **최장기간 번개 폭풍**이 불었다.
8개월 이상 지속된 이 폭풍은 지름이 수천km였고, 지구보다 1만 배
정도 강한 전기 섬광이 관측됐다.

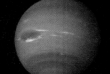

▲ 목성	▲ 토성	▲ 천왕성	▲ 해왕성
☉ 4,331일(11.8년)	☉ 10,747일(29.4년)	☉ 30,589일(84년)	☉ 59,800일(164.8년)
☀ 7억 7,860만km	☀ 14억 3,350만km	☀ 28억 7,250만km	☀ 44억 9,510만km
㎏ 1,898	㎏ 568	㎏ 86.8	㎏ 102
⊖ 142,984km	⊖ 120,536km	⊖ 51,118km	⊖ 49,528km
🌡 -110도	🌡 -140도	🌡 -195도	🌡 -200도

위성Moons

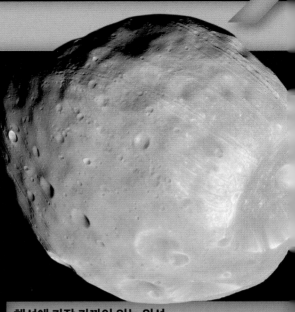

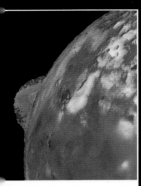

태양계에서 제일 강력한 화산

목성의 위성 이오(Io)에 있는 로키 파테라는 지구의 모든 활화산을 합친 것보다 더 뜨겁다. 위 사진은 이오의 화산이 폭발하는 모습이다. 칼데라의 넓이가 1만km² 이상이며, 용암이 수시로 뿜어져 나온다.

지구
달의 **가장 어린 암석**은 32억 년 전에 생겨났다. 달 표면의 어두운 바다에서 생긴 현무암의 일종으로, 지구에서 가장 오래된 암석과 연대가 다르다.

화성
태양계에서 내부가 암석으로 된 행성 중 지구와 화성만 위성을 가지고 있다. 화성은 2개가 있는데 포보스(오른쪽 참조)와 데이모스로, **암석 행성 중 가장 위성이 많다.**

토성
토성의 위성 야누스와 에피메테우스는 궤도 간 거리가 약 50km로 **가장 가까이 있는 두 위성**이다. 이 위성들은 4년마다 1만km까지 가까워져 서로의 공전 궤도만 바꾼다.
토성의 위성 타이탄에는 **가장 큰 메탄 바다** 크라켄 해가 있다. 지름 1,170km, 넓이 40만km²로 지구의 카스피 해보다 크다.
나사와 유럽우주국(ESA)의 공동 우주선 카시니-하위헌스 호가 2004년 12월 31일 토성의 위성 이아페투스를 관측한 결과에 따르면, 이곳에는 길이가 최소 1,300km인 산맥이 있다. 표면에서의 높이가 20km로, **태양계에서 가장 높은 산릉**이다. 이아페투스의 지름은 1,400km다.

목성
목성의 4대 위성 중 하나인 이오(왼쪽 참조)는 평균 밀도가 3.53g/cm³로, **밀도가 가장 높은 위성**이다. 지구의 달이 3.346g/cm³로, 2번째로 밀도가 높다. 2001년 8월 6일 나사의 갈릴레오 우주 비행선이 이오에 접근 비행했다. 그리고 몇 달 뒤 과학자들은 이 우주선이 500km 높이의 화산 기둥 위를 지나고 있었다는 사실을 깨달았다. 이는 태양계 안에서 목격된 가장 높은 화산 분출이었다.
목성의 얼음 위성 유로파는 **태양계에 있는 고체 덩어리 중 표면이 가장 매끄럽다.** 겨우 수백 m 높이의 산 외에는 표면에 큰 굴곡이 없다. 이오의 강력한 화산 활동(왼쪽 위 참조)에 간섭하는 조석력이 유로파에도 영향을 끼치고 있다. 표면은 충돌로 생긴 크레이터가 매우 드문데, 지질학적 나이가 매우 어리다는 걸 보여준다.
반대로, 갈릴레이 위성의 바깥쪽에 있는 칼리스토는 **그레이터가 가장 많은 위성**이다. 이 고대 유물의 표면은 충돌로 생긴 크레이터가 뒤덮고 있다.

해왕성
보이저 2호는 1989년 해왕성과 그 위성 트리톤을 지나며 질소 가스와 눈이 뿜어져 나오는 얼음 화산의 모습을 카메라에 담았다. **가장 높은 질소 간헐온천**으로, 높이 8km다. 표면 바로 아래에 있는 질소 얼음에 태양이 비춰 생기는 현상이다.
지름 2,706km의 트리톤은 **가장 큰 역행 위성**이다(해왕성이 태양을 공전하는 방향과 위성이 해왕성을 공전하는 방향이 반대다). 태양계에서 7번째로 큰 위성이기도 하다.

태양계에서 가장 높은 절벽

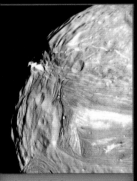

1986년 나사 보이저 2호의 정찰기가 천왕성 및 그 위성들과 마주쳤다. 지름 472km의 작은 위성 미란다에는 높이가 약 20km나 되는 절벽이 있었다. 베로나 절벽으로 불리게 된 이곳은 미국 애리조나 주 그랜드캐니언보다 10배 이상 높다. 절벽 표면의 흰 물질은 얼음일 확률이 높다.

행성에 가장 가까이 있는 위성

화성의 작은 위성 포보스는 화성의 핵에서 9,378km, 표면에서 5,981km 떨어져 있다. 이 작고 불규칙한 감자 모양의 위성은 크기가 27×22×18km다. 표면이 어둡고 먼지투성이 크레이터로 뒤덮여 있다. 수백만 년 전 화성의 중력에 의해 납치당한 것으로 보인다.

무질서하게 선회하는 가장 큰 물체

토성의 불규칙적으로 생긴 위성인 히페리온은 크기 410×260×220km이며, 규칙이라고는 찾아볼 수 없는 선회 방향으로 유명하다. 이 위성은 토성 주변을 무작위로 휘젓고 다닌다. 소행성 4179 토타티스, 명왕성의 위성 닉스, 히드라, 커베로스, 스틱스 또한 불규칙하게 선회한다.

태양계에 있는 위성

위성이란 행성의 인력에 의해 그 주변을 선회하는 자연적으로 발생한 천체를 말한다. 태양계에서는 수성과 화성을 제외한 모든 행성이 위성을 가지고 있다. 목성은 69개로 **위성이 가장 많은 행성**이며, 아직도 새로운 위성이 발견된다. 2016년 4월 나사는 지구의 '작은 달' 2016 HO₃를 발견했다. 이 위성은 1,450만km 거리에서 지구와 비슷한 궤도로 태양을 돈다. 나사 지구근접천체 (NEO)연구센터의 폴 쇼다스는 "2016 HO₃는 우리 행성 주위를 돌고 있고, 지구와 함께 태양 주위를 공전하므로 준위성으로 불러야 한다"고 말했다. 위성에 관한 더 많은 정보는 뒤에 나온다.

▼ 지구(1)
달은 지구를 도는 데 27일이 걸리며, 자전도 똑같다. (이런 현상을 '동주기 자전'이라 한다.) 그래서 지구를 바라보는 면이 항상 같다. 반대쪽은 '어두운 면'으로 불린다. 사실 달의 모든 면은 태양을 바라보는 시간이 일정하기에 이 표현은 옳지 않다.

▼ 화성(2)
화성의 위성 포보스와 데이모스는 그리스 신화에 나오는 전쟁의 신 아레스(마르스)의 두 아들의 이름이다. 이 두 위성은 1877년 미국 천문학자 아사프 홀이 발견했다.

▼ 수성(0)

▼ 금성(0)

위성의 구성

암석: 위성은 보통 고체이며 대개 암석으로 되어 있다. 먼지나 가스가 뭉친 덩어리처럼 보인다.

대기: 목성과 토성의 몇몇 위성에는 얇은 대기층이 존재한다.

화산 활동: 달의 표면에는 고대에 용암이 흘러나와 생긴 자국이 있다. 목성의 이오는 화산 활동이 매우 활발하다(20쪽 참조).

고리: 카시니-하위헌스 호의 정찰기는 토성의 2번째로 큰 위성 레아가 고리를 가지고 있다는 증거를 찾아냈다.

> 달에는 대기가 거의 없다. 그래서 회전에 따라 태양이 비추는 곳과 비추지 않는 곳의 온도 차이가 극명하다. 달 표면의 온도는 섭씨 -156~121도까지 변한다.

행성 크기 대비 가장 큰 위성

지구의 달은 지름 3,474km로 지구 지름의 0.27배다. 이 자연 위성은 태양계 위성 중 3번째로 크며, 지구 외에 인간의 발이 닿은 우주 유일의 장소다. 주요 학설에 따르면, 46억 년 전 지구에 화성 크기의 행성이 부딪혀 많은 잔해가 생겼는데 이 조각들이 한데 뭉쳐 지금의 달이 됐다고 한다.

태양계에서 가장 큰 위성

지름 5,262.4km의 목성 위성인 가니메데는 지구의 달보다 2배 정도 무겁다. 그리고 태양계에서 대기가 없는 물체 중 가장 크다.

▼ 목성(69)

목성의 위성 중 가장 큰 이오, 칼리스토, 가니메데, 유로파는 1610년 갈릴레이가 발견해 '갈릴레오 위성'으로 불린다.

▼ 토성(62)

토성의 고리는 '셰퍼드 문스(천왕성의 위성 코딜리아와 오필리아)'로 알려진 위성들의 중력에 일부 영향을 받아 생겨났다.

▼ 천왕성(27)

천왕성의 위성은 대부분 셰익스피어의 작품에서 이름을 따왔다. 큰 위성에 속하는 오베론과 티타니아는 1787년에 발견됐다.

▼ 해왕성(14)

천문학자 제러드 카이퍼는 1949년 해왕성의 3번째 큰 위성 네러이드를 발견했다. 하지만 2번째 큰 프로테우스는 너무 어두워 망원경으로 찾기 힘들었다.

나사 60년 60 Years of NASA

2018년에 창설 60주년을 맞은 나사(NASA, 1958년 창설)는 2019년이면 처음 인류를 달에 보낸 지 50년째가 된다. 여기서는 나사가 달성한 이 2가지 기념비적인 업적과 함께 다른 주요 업적들도 살펴본다.

나사의 휘장

'미트볼'이라는 친근한 별명을 가진 나사의 휘장은 제임스 모다렐리가 1959년 조직의 목표를 시각화해 만들었다. 파란색 바탕은 별이 있는 우주를, 빨간색 화살은 항공학을, 'NASA'라는 글자 주위를 돌고 있는 궤도는 우주여행 장면을 상징한다.

1950년대 미국과 소련이 벌인 '우주 경쟁'은 양국의 기술력 발전에 박차를 가하는 결과를 낳았다. 1957년 10월 4일 소련이 **최초의 인공위성** 스푸트니크 1호를 발사하자 미국의 대통령과 의회는 1958년 10월 1일 '지구 대기의 안팎에서 발생하는 비행과 관련한 문제를 포함한 제반 연구조사를 위한 기구'로 미국항공우주국(NASA)을 발족한다.

그사이 소련은 **최초의 유인 우주선 발사** 성공이라는 또 다른 업적을 세운다(우주비행사 유리 가가린이 1961년 4월 12일 보스토크 1호로 성공). 몇 달 뒤 앨런 B 셰퍼드(미국)는 미국인 최초로 우주에 간 **우주에서 가장 짧게 머문**(15분 28초) 사람이 된다. 존 F 케네디 대통령은 1961년 5월 25일 "미국은 10년 안에 달에 사람을 보내고 다시 안전하게 지구로 복귀시키는 임무를 이뤄낼 것입니다"라고 말하며 나사에 새로운 자극을 안겨줬다. 1962년 존 H 글렌 주니어는 지구 궤도에 오른 최초의 미국 우주비행사가 됐고, 1965년 6월 3일 에드워드 H 화이트 주니어는 미국 우주비행사 최초로 우주유영에 성공한다. 나사는 1969년 7월 마침내 암스트롱과 알드린이 달에 발을 디디며 케네디 대통령의 선언을 실제로 이뤄낸다.

미국의 아폴로 프로그램에는 6번째 임무부터 1972년 마지막으로 달에 착륙한 임무까지 254억 달러가 소요됐다. 하지만 이게 끝이 아니었다. 나사는 1972년과 1973년 목성과 토성을 조사하기 위해 파이어니어 10호와 11호를 발사했다. 그리고 1977년에는 보이저 1호와 2호를 거대한 4개의

우주비행 관제 센터

미국 텍사스 주 휴스턴의 존슨우주센터 안에 있는 이 유명한 관제탑은 나사의 우주비행선에 연락을 하고 몇 가지 조종을 하는 허브다. FCR-1으로도 알려진 이곳은 1965년 세워졌다.

스카이랩

1973년 5월 14일 발사된 나사의 우주정거장 스카이랩에는 **우주에서 가장 큰 여압 공간**이 있다. 이 원통형 구조물 안의 작업장은 238.3m³ 로, 이 중 173m³ 에서 우주비행사들이 활동할 수 있었다.

외행성인 목성, 토성, 천왕성, 해왕성을 향해 발사했다. 이 두 기는 지금까지 나사와 통신이 되는, **가장 내구성이 좋은 핵동력 행성 간 우주선**이다. 1981년 4월 12일 최초의 우주왕복선(STS-1)이 발사됐고, 1983년 6월 18일 7번째 미션에서 샐리 K 라이드가 우주에 방문한 최초의 미국 여자 우주비행사가 됐다.

오늘날, 인류의 우주비행은 철저한 계획에 따라 이루어진다. 나사는 우리가 태양계 먼 곳이나 더 먼 곳까지 여행할 수 있게 해줄 기술을 시험하기 위해 먼저 우주비행사들을 오리온 비행선을 이용해 달로 보낼 계획이다. 나사의 소저너(최초의 화성 탐사 로봇)는 1997년 화성의 표면을 밟았다. 하지만 이제 나사는 2030년대까지 그곳에 인간을 보내는 임무를 성공시킬 생각이다. 앞으로 우주를 지켜보자.

나사 신입 대원들의 셀피

2015년 12월부터 진행된 나사의 '우주비행사 그룹 22' 모집에 **최다 우주비행사 지원서가 제출됐다**(1만 8,300명). 위는 2017년 6월 7일 발표된 최종 선발자 12명의 사진이다.

나사 타임라인

◀ 1969년: 인간이 도달한 최고 속도

토머스 스태포드, 유진 서난, 존 영이 탑승한 아폴로 10 사령선의 속도가 1969년 5월 26일 시속 3만 9,937km에 도달했다. 사령선이 지구에 복귀하던 중 기록된 속도다.

▲ 1976년: 최초로 성공한 화성 착륙선

1976년 7월 20일 협정세계시(UTC) 오전 11시 53분, 바이킹 1호가 '붉은 행성'에 터치다운했다. 이 비유동 착륙선에는 카메라와 연구 장비, 로봇 팔이 실려 있었다. 소련의 마스 3호가 5년 앞선 1971년 12월 2일 먼저 화성에 도달했지만 임무에는 실패했다.

1977년: 최초로 태양계를 벗어난 비행선 발사

1977년 8월 20일과 9월 5일, 보이저 1호와 보이저 2호가 발사됐다. 보이저 1호는 **최초로 목성의 고리를 관측했고**(1979년 3월 5일) 보이저 2호는 **최초로 천왕성**(1986년 1월 24일)**과 해왕성**(1989년 8월 25일)**을 근접 비행**했다. 2012년 8월 25일경 보이저 1호는 태양계 밖 우주에 진입했다.

아폴로 11 임무에 참여한 우주비행사들의 모습이다. 왼쪽부터 중령 닐 암스트롱, 사령선의 파일럿 마이클 콜린스, 달 착륙선의 파일럿 버즈 올드린이다.

최초로 달에 착륙하다

1969년 7월 20일 EDT 22시 56분 15초, 나사의 우주비행사 닐 암스트롱과 버즈 올드린(둘 다 미국)이 달에 최초로 발을 디딘 인류가 됐다. 이들은 동료인 마이클 콜린스(미국)가 사령선을 타고 궤도에 머문 2시간 30분 동안 달의 표면을 탐사했다. 이 사진은 올드린이 달착륙선 이글 옆에 서 있는 모습을 암스트롱이 촬영한 것으로, 올드린의 헬멧에 암스트롱의 모습이 비친다.

1969년 올드린, 암스트롱, 콜린스를 태운 새턴 V 로켓이 달을 향해 발사되는 역사적인 장면이다. 새턴 V는 1967~1973년 총 13대가 발사됐다. 새턴 V 관련 기록은 78~79쪽에 있다.

◀ 1981년: 최초로 재사용된 우주비행선
'컬럼비아' 우주왕복선은 1981년 4월 12일 처음 비행했다. 그리고 2011년까지 135번 사용됐는데, 우주비행사 수송부터 보급품 공급까지 다양한 목적으로 활용됐다. **가장 큰 인공위성**인 국제우주정거장(ISS)을 건설하는 데도 중심역할을 했다.

◀ 1998년: 최대 규모 우주정거장
1998년 11월 1번째 부품인 자랴 모듈이 발사되며 국제우주정거장 건설이 시작됐다. 길이 109m, 무게 41만 9,455kg이다. 내부 여압 공간은 916m³로 보잉 747과 비슷하지만, 사람이 거주할 수 있는 공간은 반도 안 된다.

지구 근접 천체 Near-Earth Objects

지구에 일어난 가장 큰 충돌

대부분의 천문학자는 약 45억 년 전 어린 지구에 화성 크기의 행성이 부딪혔다고 믿는다. 그리고 이 대재앙이 남긴 잔해들이 지구 궤도를 떠돌다 자체 인력으로 뭉쳐 달이 됐다고 한다.

지구에 있는 가장 큰 크레이터는 남아프리카 요하네스버그 인근의 브레드포트 크레이터로, 지름이 300km에 달한다. 약 20억 년 전 지구에 소행성 혹은 혜성이 충돌해 생겼으며, 지금은 그 흔적이 많이 침식된 상태다.

주기가 가장 짧은 혜성

엥케 혜성은 궤도를 한 번 도는 데 1,198일이 걸린다. 핼리 혜성 이후 처음 발견한 주기 혜성으로 1786년에 기록됐다. 엥케 혜성의 주기는 요한 프란츠 엥케가 1819년에 계산했다.

관측된 가장 큰 코마

코마는 혜성의 머리 부분을 감싸고 있는 구름 모양의 물질이다. 1811년 대혜성을 감싸고 있던 코마는 지름이 200만km였다.

가장 큰 혜성

1977년 11월 1일 발견된 지름 182km의 켄타우로스 2060 카이론은 처음엔 태양계의 10번째 행성으로 보고됐다. 그리고 소행성으로 분류되기도 했는데, 이 거대 혜성은 태양에 12억 7,300만km 이상은 접근하지 않는다.

지구에 가장 근접한 혜성

1999년 6월 12일, 아주 작은 혜성인 P/1999 J6가 지구로부터 179만 5,169km 떨어진 거리를 스쳐 지나갔다. 달보다 겨우 4.7배 먼 거리였다.

태양계에서 가장 어두운 물체

태양계에서 빛 반사율이 가장 낮은 물체는 보렐리 혜성으로, 2001년 9월 22일 무인 우주선 '딥 스페이스 1호'가 혜성의 중심을 촬영했다. 어두운 먼지에 덮인 보렐리 혜성은 받는 태양 빛의 3% 미만만 반사한다.

측정된 가장 긴 혜성 꼬리

하쿠다케 혜성의 꼬리는 지구에서 태양까지 거리의 3배가 넘는 5억 7,000만km로 측정됐다. 이는 영국 임페리얼 칼리지 런던의 제레인트 존스가 1999년 9월 13일 나사와 ESA(유럽우주기구)가 공동으로 추진한 우주선 율리시스가 보낸 정보를 조합해 알아냈다.

트로이 소행성군이 가장 많은 행성

트로이 소행성군은 행성과 함께 태양을 공전하는 소행성 무리다. 2017년 11월 9일까지 목성의 궤도에서 6,703개, 해왕성은 17개, 화성은 9개, 지구와 천왕성은 각각 1개씩 발견됐다.

기록된 태양계의 가장 큰 충돌

1994년 7월 16~22일, 목성에 슈메이커-레비 9 혜성의 20개 이상 파편이 충돌했다. 가장 큰 충격은 파편 G가 일으켰는데, 지구에 존재하는 모든 핵미사일을 합한 것의 1,000배인 600만 메가톤의 TNT가 폭발하는 에너지를 방출했다. 이 혜성은 1993년 3월 캘리포니아주 팔로마 천문대에서 데이비드 레비와 캐럴린, 유진 슈메이커(아래 사진)가 발견했다.

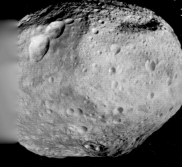

가장 최근에 관측된 대혜성

로버트 맥넛(호주, 영국 출생)이 2006년에 처음 발견한 맥넛 혜성(C/2006 P1으로도 알려짐)은 2007년 1월 12일 밝게 빛나며 하늘에 최대 35도 길이의 꼬리를 남겼다. 밤하늘을 아름답게 장식하는 대혜성은 1577년과 1811년(왼쪽 참조) 관측된 기록이 대표적이다.

가장 멀리에서 관측된 혜성

2003년 9월 3일, 칠레에 있는 유럽남방천문대의 파라날 천문대는 태양에서 42억km 거리에 있는 핼리 혜성의 이미지를 공개했다. 사진에 나온 핼리 혜성은 맨눈으로 식별할 수 있는 가장 희미한 물체보다 약 10억 배 더 흐릿한, 광도 28.2의 희미한 점으로 나타나 있었다.

주기를 발견한 1번째 혜성으로, 1705년 에드먼드 핼리가 주기를 계산했다.

가장 큰 운석

1920년 나미비아 그루트폰테인 인근 호바 웨스트에서 길이 2.7m, 폭 2.4m, 무게 59톤의 운석 덩어리가 발견됐다. 납작한 모양의 이 운석은 대부분 철로 이루어져 있다. 1955년 기념품 사냥꾼들에 의한 훼손(위 작은 사진 참조)을 막기 위해 국가기념물로 지정했다.

놀라운 소행성

◀ 가장 밝은 소행성

1807년 3월 29일 발견된 4베스타는 맨눈으로 볼 수 있는 유일한 소행성이다. 표면이 밝고 지름이 크다(576km). 지구에 1억 7,700만km까지 접근한다.

최초로 발견한 지구 근접 소행성(NEA)

천문학자 칼 구스타프 비트(독일)와 오귀스트 샤를로이스(프랑스)는 1898년 433번 소행성 에로스를 각자 발견했다. 다른 어떤 행성 및 소행성보다 지구에 가깝게 접근하는 신기한 궤도를 가져 '지구 근접' 소행성 지위를 부여했다.

◀ 가장 큰 금속 소행성

태양의 주요 소행성대에 위치한 16프시케는 크기가 대략 279×232×189km다. 레이더로 관측한 결과 약 90%가 철로 이루어져 있다. 나사는 이를 미래에 채굴 가능한 소행성 중 하나로 본다.

4가지 소행성 궤도

아모르
지구 근접 소행성 중 지구 궤도보다 크고 화성 궤도보다 작은 궤도의 소행성 1221 아모르에서 나온 명칭.

아폴로
지구 궤도보다 궤도장반경이 크고, 지구 궤도를 가로지른다. 소행성 1862아폴로에서 파생된 명칭.

아텐
지구 궤도보다 궤도장반경이 작고, 지구 궤도를 가로지른다. 소행성 2062아텐에서 파생된 명칭.

아티라
지구 궤도에 완전히 들어올 정도의 궤도를 가진다. 소행성 163693아티라에서 파생된 명칭.

가장 빠른 유성우

매년 11월 15~20일경 일어나는 사자자리 유성우는 지구 대기에 초속 71km 정도의 속도로 진입해 고도 155km 정도에서 속도가 빨라지기 시작한다. 유성우란 유성이 비처럼 무더기로 쏟아져 내리는 듯 보이는 현상이다. 사자자리 유성우의 속도가 빠른 이유는 모혜성 55P/템펠-터틀이 지구와 정반대로 돌고 있기 때문이다. 그 영향으로 유성의 작은 입자들이 지구에 거의 수직으로 떨어지며 엄청난 속도를 낸다.

55P/템펠-터틀의 궤도

지구 · 화성 · 목성 · 토성 · 천왕성

사자자리는 1833년 11월 12일 서반구에 엄청난 유성우를 뿌린 뒤 이름이 생겼다. 당시 9시간 동안 약 24만 개의 별똥별이 떨어졌다고 한다.

소행성이 가장 많이 모인 곳

화성과 목성 사이의 주요 소행성대에는 지름 1km 미만의 소행성이 약 70만~170만 개 모여 있다. 이 소행성대의 총질량은 달의 4% 수준이며, 가장 큰 소행성 4개가 전체 질량의 반 정도를 차지한다.

◀ 위성이 있는 최초의 소행성

목성을 향하던 나사의 우주선 '갈릴레오'는 1993년 소행성 이다(왼쪽 참조)와 마주쳤다. 1994년 2월 17일, 갈릴레오가 촬영한 이미지를 살펴보니 이다는 가장 긴 면의 지름이 53.6km였고, 위성도 가지고 있었다(아래). 다틸크라는 이름의 이 위성은 크기가 1.6×1.4×1.2km였으며, 20시간마다 이다를 선회했다.

꼬리가 가장 많은 소행성

2013년 9월 10일 허블우주망원경이 혜성처럼 뚜렷한 꼬리를 6개나 가진 소행성 P/2013 P5를 발견했다. 지름이 약 480m이고, 바위로 이루어져 있었다. 태양 복사로 생긴 꼬리는 소행성이 강하게 회전하며 길게 뻗어나갔다.

우주 전반 Round-Up

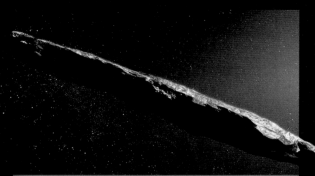

우주에서 가장 강한 자성체

마그네타는 1,000억 테슬라 이상의 엄청나게 강력한 자기장이 있는 중성자별을 뜻한다. 단순히 비교하면, 지구의 자기장은 50마이크로테슬라 정도다. 이론적으로 지름 20km 정도의 마그네타가 지구와 달의 중간 지점에 있으면 신용카드를 못 쓰게 된다.

최초의 외계 소행성

천문학자 로버트 웨릭(캐나다)은 2017년 10월 19일 하와이 할레아칼라 천문대에서 판-스타스 망원경으로 한 물체를 발견했다. 가장 긴 면은 400m 정도였지만 폭은 약 40m에 불과했다. '오무아무아'라고 이름 지어진 이 소행성은 비정상적으로 가늘고 긴 형태로, 태양계 밖에서 왔지만 약 2만 년 뒤 다시 떠날 것으로 추정된다.

지구에서 가장 가까운 블랙홀

우리가 사는 행성에서 가장 가까운 블랙홀은 A0620-00이다. 쌍성계로 질량이 낮은 K등급 별과 항성 블랙홀로 이루어져 있다. 지구에서 약 3000광년 거리의 외뿔소자리에 있다.

최초의 백색왜성 펄서

영국의 워릭대학교 팀은 2017년 1월 23일 지구에서 380광년 떨어진 전갈자리 AR을 조사해 발표했다. 이 쌍성계는 백색왜성 펄서와 그 근처를 도는 차가운 별로 구성돼 있다. 백색왜성은 2분마다 자전했는데, 마치 등대의 등불처럼 돌 때마다 방사광선을 방출한다.

녹음된 가장 오래 전 별이 낸 소리

영국 버밍엄대학의 과학자들은 2016년 6월 우리 은하계의 M4 성단에 있는 별의 130억 년 전 진동 소리를 측정했다고 발표했다. 나사의 케플러/K2 임무 데이터에 '우주지진학'을 적용해 별의 진동과 내부의 낮은 소리를 기록했다. 이를 통해 과학자들은 빅뱅이 있고 '겨우' 8억 년 뒤에 별들의 핵에서 발생한 소리를 감지했다.
빅뱅 직후의 우주는 **역대 가장 높은 온도**로 극한까지 뜨겁고, 크기가 극소했으며, 밀도도 극한까지 높았다고 한다.

가장 멀리 있는 거대 블랙홀

2017년 12월 6일 천문학 팀이 적색편이 7.5인 은하의 중심부에서 태양보다 약 8억 배 큰 블랙홀을 발견했다. 적색편이 수치는, 관측된 퀘이사에서 나오는 빛이 빅뱅 후 '겨우' 6억 9000만 년에 발산된 것임을 뜻한다. 우주가 탄생한 직후 어떻게 이토록 큰 물체가 생기게 됐는지는 아직 밝혀지지 않았다.

우리 은하계에서 가장 가까운 은하

2003년 발견된 큰개자리 왜소은하는 우리 은하계의 중심에서 '겨우' 4만 2000광년 거리에 있다. 지구에서 봤을 때 우리 나선은하의 수평면 아래에 있어 발견하기 매우 힘들었다. 현재는 산산이 조각나 은하계 중력으로 흡수되고 있다.

가장 오래 지속되는 초신성

2014년 9월, 5억 900만 광년 떨어진 왜소은하에서 폭발하고 있는 별, 슈퍼노바 iPTF14hls가 발견됐다. 이 별은 약 100일 뒤 사라질 것으로 보였다. 하지만 몇 달 뒤 다시 밝아졌다. iPTF14hls는 1954년에도 폭발했으나 사라지지 않고 살아남은 기록이 있었다. 이 초신성은 3년이 더 지난 2017년 12월 현재 같은 상태를 유지하고 있다. 이렇게 독특한 '맥동적 쌍불안정형 초신성'(별의 외부가 폭발해도 핵이 남는 사례)이 발견된 건 이번이 처음이다.

별을 돌고 있다. 케플러-90은, 현재 행성 8개로 모든 행성계 중 가장 많은 행성을 가진 우리 태양계와 동률을 이뤘다.
지금까지 알려진 행성을 가진 3,700개의 별 중 우리 태양계만큼 행성이 많은 행성계는 발견되지 않았다. 태양계는 **지름이 가장 큰 행성계**로 15조km에 달한다.

최초로 관측된 중성자별 충돌

2017년 8월 17일 미국 기반의 레이저 간섭계 중력파 관측소(LIGO)의 과학자들과 유럽 기반의 버고 연구단이 1억 3000만 광년 거리에서 발생한 중력파를 감지했다. 이 시공의 잔물결은 감마선 폭발 뒤 나타나는 현상으로, 2개의 중성자별이 함께 나선형으로 돌다가 충돌해 발생한 감마선 폭발에서 비롯됐다. 이 현상에는 GW170817이라는 명칭이 붙었다.

가장 큰 행성계

2017년 12월 14일 나사와 구글은 케플러 우주선이 2545광년 거리에 있는 별 케플러-90을 선회하는 행성 케플러-90i를 발견했다고 발표했다. 이 새로운 행성은 다른 7개의 행성과 함께

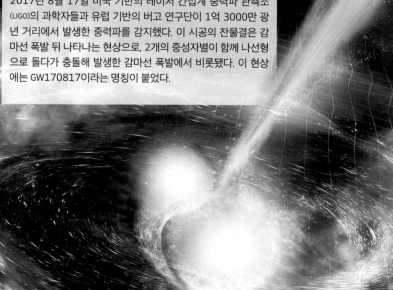

지구에서 가장 먼 곳에서 녹음된 소리

인간이 만든 물체 중 지구에서 가장 멀리 있는 물체인 나사의 우주선 보이저 1호는 2013년 5월 성간 공간의 이온화된 가스와 플라스마가 밀집된 지역에서 어떤 소리를 기록했다. 비록 우주에는 산소가 없지만 가스와 플라스마가 있어 진동을 소리로 감지할 수 있다. 보이저 1호가 이 진동을 녹음해 우주비행 관제센터로 보냈는데, 플라스마의 밀도가 높은 곳에서 녹음해 톤이 고조되어 있었다. 관제센터는 2012년 10~11월, 2013년 4~5월에 보이저 1호가 태양에서 190억km 거리에 있을 때 녹음한 소리를 2회 수신했다.

모체 항성에 비해 가장 큰 행성

2017년 10월 31일 국제천문학 팀이 600광년 거리의 별 NGTS-1을 선회하는 행성을 발견했다. 이 태양계 밖 외계 행성 NGTS-1b는 '뜨거운 목성'(복사열을 많이 받아 온도가 높은 행성)으로 분류된다. 반지름이 목성의 3분의 1 정도인 이 거대 가스 혹성은 별과 거리가 가까워 공전 주기가 지구시간 기준으로 겨우 2.6일 정도다.

가장 많은 행성을 잡아먹은 모성(母星)

미국 프린스턴대학의 천문학자들은 2017년 10월 12일 쌍성 HD 240430, HD 240429에서 이상한 점을 발견했다. 이 중 '크로노스' 별의 외기권에는 실리콘과 마그네슘, 철, 기타 금속이 많이 포함돼 있었다. 이 물질들은 별이 자신을 선회하던 지구 정도 크기의 암석 행성 15개를 먹어치워 나타난 현상이다.

가장 작은 궤도 로켓

SS-520-5는 높이 9.54m, 지름 52cm에 무게는 2,600kg이다. 이 자그마한 로켓은 2018년 2월 3일 일본 표준시 오후 2시 03분 일본 가고시마 현 우치노우라 우주공간관측소에서 발사됐다. 여기에는 TRICOM-1R이라는 3kg짜리 큐브샛 위성이 실려 있었는데, 저(低)지구 궤도에 진입한 뒤 '타스키'로 개명됐다. SS-520-5는 발사된 지 4분 30초도 지나지 않아 궤도에 도달했다.

가장 강력한 이온 추진기

미국 오하이오 주 클리블랜드에 있는 나사의 글렌연구센터와 미시간대학의 과학자들이 2017년 7월과 8월 X3 홀 추진기를 실험했다. 이 시스템은 엔진에서 (자기장을 이용해) 이온화된 원자의 흐름을 고속으로 가속해 추진력을 만든다. 실험에서 X3는 102kW의 힘으로 5.4뉴턴의 추진력을 기록했다. 이온 추진기는 화학로켓보다 연료 효율이 훨씬 뛰어나 장거리 우주여행에 사용될 가능성이 있다.

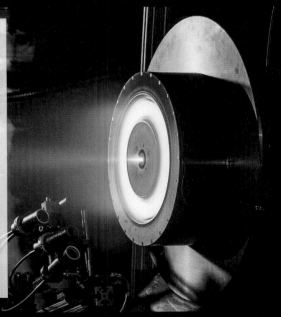

처음 발견한 고리가 있는 해왕성 바깥 천체

2017년 10월 11일 국제천문학 팀이 고리로 둘러싸인 왜소행성 하우메아를 발견했다. 하우메아는 2017년 1월 21일 (불가사의한) 어떤 별 앞을 지났는데, 유럽 천문대 10곳이 이날 망원경을 동원해 왜소행성의 크기와 모양을 측정했다. 이 과정에서 이 작고 먼 물체에 고리가 있다는 사실을 발견했다. 태양에서 지구까지 거리의 50배 정도 먼 곳에 있는 하우메아는 1번 공전하는 데 284년이 걸린다. '럭비공' 모양으로, 긴 면의 지름이 약 2,320km다.

가장 큰 원시 수소 구름

2000년에 발견된 LAB-1은 리만 알파 블롭으로 불리는 천문학 물체다. 지구에서 약 115억 광년 거리에 있는 LAB-1은 지름이 약 30만 광년인, 아직 은하로 합쳐지지 않은 수소가스 구름이다. 이 블롭은 팽창 중인데, 내부에 형성된 은하들에서 나오는 빛 때문인 것으로 보인다. 이 물체는 너무 먼 곳에 있어, 현재 우주 나이의 15% 정도였을 당시의 모습을 지금 우리가 보고 있다.

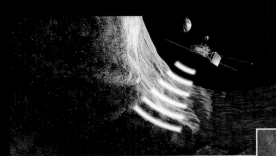

달의 가장 큰 동굴

일본우주항공연구개발기구(JAXA)는 2017년 10월 18일 그들의 달 궤도 비행선 셀레네(혹은 카구야)가 달 표면 마리어스 힐 지역에서 거대한 동굴을 발견했다고 전했다. 입구의 지름은 약 50m로, 동굴은 달 표면에서 50m 아래에 있었다. 셀레네의 달 레이더 음파기로 조사해보니 동굴은 약 100m 폭에 50km 길이로 이어졌다.
이곳은 미래 인류의 달 기지에 활용될 수 있다.

가장 큰 분화 얼음 기둥

카시니 우주선은 2005년 토성의 위성 엔셀라두스에서 물과 얼음이 505km 이상 우주까지 치솟는 모습을 기록했다. 2017년 2월 테드 스트릭(미국)은 한참 전인 1980년 11월 13일 보이저 1호가 토성을 지나며 같은 현상을 기록한 이미지가 있다고 발표했다.

에펠 탑 EIFFEL TOWER

세상에서 가장 유명한 랜드마크 중 하나인 에펠 탑은 프랑스의 수도 파리의 하늘을 찌르고 있다. 이 탑은 구스타브 에펠과 동료들이 1889년 파리 만국박람회를 위해 지었으며, 격자무늬 철골 구조에 얹는 높이로 디자인은 물론 기술면에서도 걸작으로 꼽힌다. 1889년 3월 처음 공개된 에펠 탑은 당시 인간이 만든 구조물 중 가장 높았으며, 40년간 그 기록을 유지했다.

에펠 탑의 기반 공사는 1887년 1월 28일 시작됐다. 1만 8,038개의 금속 부품은 파리 아래에 있는 구스타브 에펠의 공장에서 제작해 건설한 장인 마르스 광장으로 옮겨졌으며, 에펠 탑은 건설에 2년이 안 걸린 끝에 1889년 3월 완공됐다.

저명한 작가들과 예술가들은 300m 높이의 거대한 탑을 가리켜 "가장 큰 철골 구조물"이 도시 경관을 망친다"며 항의했다. 하지만 오늘날 에펠 탑은 매년 700만 명, 지금까지 약 3억 명 이상이 방문한 명물이 됐다.

만국박람회

이 '철의 여인' 디자인은 100개 이상의 경쟁작들을 물리치고 1889년 파리 만국박람회의 입구에 세워질 건물로 선정됐다. 박람회는 바스티유 감옥 탈환과 프랑스혁명 100주년을 기념하기 위해 열렸다.

꼭대기 층

탑의 꼭대기 근처 276m 높이에 전망대가 마련돼 있어 파리의 전경을 마음껏 감상할 수 있다. 구스타브 에펠은 이곳에 자신의 사무실을 뒀는데, 미국의 발명가 토머스 에디슨 같은 손님들이 방문하기도 했다.

최초의 설계

구스타브 에펠(인물 사진 왼쪽)의 이름을 따왔지만, 사실 에펠 탑은 그가 디자인하지 않았다. 이 4개의 기둥을 가진 철탑 모양의 격자 구조물은 에펠의 회사에서 일하던 구조공학자 모리스 쾨슐랭(사진 오른쪽과 에밀 누게에의 아이디어였다. 왼쪽 그림이 쾨슐랭의 초기 도안이며, 오른쪽에 유명한 건축물인 노트르담 성당과 자유의 여신상을 그려 탑의 크기와 비교해놨다(10~11쪽 참조). 에펠과 쾨슐랭은 미국의 상징적인 구조물인 자유의 여신상도 함께 만들었다. 에펠 탑은 그후 3년 뒤 완공됐다.

무선 전송을 하는 안테나

탑은 원래 60톤의 적갈색 페인트로 칠해졌다.

1층에서 꼭대기까지 계단이 1,665개 있다.

탑의 무게는 약 1만 100톤이다.

기록을 위하여

1889년 3월 31일 완공된 에펠 탑은 당시 인류가 만든 가장 큰 구조물이었다. 높이 300m로 1950년대 24m 높이의 안테나가 추가됐지만, 대개 안테나는 구조물의 높이를 측정할 때 제외한다. 에펠 탑은 1930년 미국 뉴욕 시에 크라이슬러 빌딩(319m)이 완공되기 전까지 세계에서 가장 높은 건물이었다.

탑의 4개 기둥은 정확히 동·서·남·북을 향하고 있다.

그거 알아!?

에펠 탑은 그 안에 식당과 양품점들이 있어 더 많은 방문객을 끌어들인다. 섬자어 <르 피가로> 신문은 2층에 인쇄기를 설치해 여행자들을 위한 신문을 매일 인쇄한다. 관광객들은 이 신문에 자신의 이름을 넣어 에펠 탑 방문을 기념할 수 있다.

엘리베이터

탑승 칸이 유리로 된 수압식 승강기는 에펠 탑이 대중에 공개된 지 하루 뒤인 1889년 3월 26일부터 상용화됐다. 동력 장치가 승강기를 올리는 방식이다. 당시 설치된 2대의 엘리베이터가 지금까지 사용되고 있어 뛰어난 내구성을 보여준다. 엘리베이터들은 1년에 지구를 2바퀴 반 정도 도는 거리인 10만 3,000km 이상을 오르내린다.

행성 지구 Planet Earth

1999년 12월 18일 발사된 나사(NASA)의 인공위성 테라(Terra)가 촬영한 사진이다. 과학자들은 테라가 센서로 모니터한 자료로 행성의 기후 변화를 살핀다. 이런 임무를 수행하는 '지구 관측 시스템' 인공위성은 여러 대이지만 그 중 테라가 가장 유명하다.

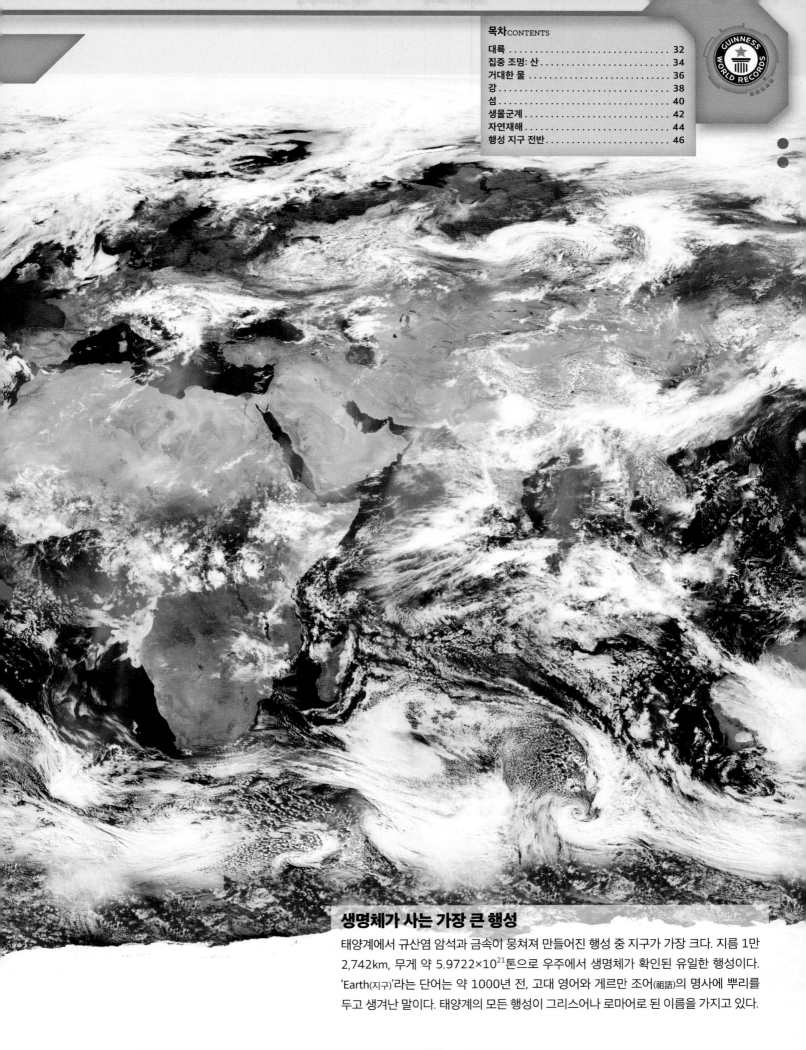

생명체가 사는 가장 큰 행성

태양계에서 규산염 암석과 금속이 뭉쳐져 만들어진 행성 중 지구가 가장 크다. 지름 1만 2,742km, 무게 약 5.9722×10^{21}톤으로 우주에서 생명체가 확인된 유일한 행성이다. 'Earth(지구)'라는 단어는 약 1000년 전, 고대 영어와 게르만 조어(祖語)의 명사에 뿌리를 두고 생겨난 말이다. 태양계의 모든 행성이 그리스어나 로마어로 된 이름을 가지고 있다.

대륙 Continents

가장 먼저 생긴 대륙
36억 년~28억 년 전, 지구상에는 하나의 거대한 대륙만 존재했다는 지질학적 증거가 있다. 발바라(Vaalbara)라고 일컬어지는 초대륙으로, 크기는 오늘날의 어떤 대륙보다 작았다. 남아프리카의 카프발 대륙괴와 호주 북서 지역의 필바라 대륙괴가 발바라의 흔적이다.

인류가 가장 오래 살아온 대륙
현대 인류, 호모 사피엔스는 20만 년 전 동아프리카에서 처음 출현한 것으로 오랫동안 알려져왔다. 하지만 2017년 모로코의 제벨 이르후드 유적지에서 약 31만 5000년 전에 살았던 인간의 얼굴 및 턱뼈 유골이 발견됐다. 이는 호모 사피엔스가 이전 가설보다 10만 년 먼저 아프리카에 살았음을 의미한다.

가장 높은 대륙
영국 남극자연환경연구소에 따르면, 빙붕을 제외한 남극의 평균 고도는 OSU91A 지오이드(평온한 상태의 평균 해수면을 육지 부분까지 연장한 곡면)보다 2,194m 높다. 남극의 가장 높은 곳은 빈슨 산괴로 해발 4,897m다

국가가 가장 많은 대륙
아프리카에는 국제적으로 주권을 인정받은 국가가 54개 자리 잡고 있다. 가장 최근에는 2011년 7월 9일 서사하라가 독립을 선언하는 일이 있었다. 하지만 2018년까지 UN의 승인을 얻지 못한 상태로, 서사하라가 아프리카연합에 속하는지에 관한 논란이 남아 있다.
남극은 **국가가 가장 적은 대륙**으로, 남위 60도 아래로는 토박이 인구 및 국가가 없다. 여러 나라가 일부 지역에서 소유권을 주장하지만 1959년 만들어진 남극조약에 따르면 남극은 평화로운 과학 조사를 위해 개방된 대륙이므로 군사적 행동이 불가능하다.

가장 작은 대륙
호주는 서쪽에서부터 동쪽까지의 최대 폭이 4,042km이며, 넓이는 761만 7,930km^{2}에 달한다. 가장 작은 대륙이면서 동시에 브라질, 미국, 중국, 캐나다, 러시아에 이어 6번째로 큰 나라다.

가장 평평한 대륙 땅덩어리
호주의 평균 고도는 외부 섬을 제외하면 겨우 해발 330m다. 본 대륙에 큰 산맥이 별로 없어 고도가 낮다. 호주 본토의 가장 높은 지점은 코지우스코 산 정상으로 해발 2,228m다.

계절별 인구 변화가 가장 심한 대륙
남극은 겨울에는 약 1,000명이 거주하고 여름에는 5,000명이 거주해 연간 인구 변화가 5배에 달한다. 이곳 연구소에서 일하는 과학자들 대부분은 남극의 혹독한 겨울을 피해 여름에만 상주해서 일하고 있다.

지각이 가장 두꺼운 대륙
지각(地殼)은 암석권 중 차갑고 단단한, 가장 바깥에 있는 층을 말한다. 중국에 위치한 히말라야 산맥은 지각의 두께가 약 40~75km로 두께 변동이 심하지만 가장 두껍다.
가장 얇은 지각은 두께가 6km로, 태평양 일부 지역에서 발견된다.

가장 큰 대륙
아시아는 총넓이가 4,457만 9,000km^{2}로 아프리카 대륙의 3,022만 1,532km^{2}보다 앞선다. 아시아 대륙에는 국제적으로 주권을 인정받은 49개의 나라가 자리 잡고 있으며, 44억 명 이상이 살고 있어 **인구가 가장 많은 대륙**이기도 하다. 아프리카에는 54개 주권국가가 있다.

가장 넓은 면적이 물에 잠겨 있는 대륙
뉴질랜드는 질랜디아 대륙 중에서 높은 부분을 말한다. 총넓이가 약 490만km^{2}인 질랜디아는 대륙의 94%가 뉴질랜드 연안의 물속에 잠겨 있다. 지질학자들은 2017년에 질랜디아도 대륙으로 구분될 요건을 갖추었다고 주장했다.

가장 큰 별개의 땅덩어리
아프리카와 유라시아 대륙은 넓이가 8,498만 532km^{2}인, 하나로 이어진 땅덩어리다. 아프로유라시아로도 불리며, 때로는 '세계의 섬'이라고도 한다. 전 세계 인구의 약 85%가 이곳에 살고 있다.

움직이는 세상

대륙을 광활하고 고정된 땅덩어리로 생각하기 쉽지만, 사실 우리의 발밑 세상은 끊임없이 움직이고 있다.
암석권(대륙권)으로 알려진 지구의 단단한 표면은 텍토닉 플레이트(tectonic plate), 즉 판상(板狀)을 이루어 수백만 년 동안 천천히 움직여왔다. 이런 과정을 통해 판들은 계속해서 모습을 바꾸어가며 지금 우리가 알고 있는 세계를 형성했다.

가장 큰 판상

이름	면적
태평양판(오른쪽 참조)	103,300,000km^2
북아메리카판	75,900,000km^2
유라시아판	67,800,000km^2
아프리카판	61,300,000km^2
남극판	60,900,000km^2

자료: WorldAtlas.com, 2017년 11월 9일 기준

▶ 가장 빠르게 움직이는 대륙
지구 맨틀의 대류(對流)로 인해 모든 대륙판은 지속적으로 움직이고 있다. 그리고 판 2개가 만나는 지점에서는 한쪽이 다른 대륙판의 밑으로 들어가는 '섭입' 현상이 일어난다. 사모아 인근 통가 판(microplate)은 태평양판 밑으로 매년 24cm씩 들어가고 있다.

지구상에서 **가장 크고 가장 인구가 많은 대륙**은 아시아로 (옆페이지 참조), 세계 인구의 약 3분의 2가 살고 있다.

역대 가장 큰 대륙

2억 9900만~2억 7300만 년 전에는 지금의 모든 대륙이 하나로 뭉쳐 있던 '초대륙' 판게아(그리스어로 '모든 땅'을 뜻한다)가 존재했다. 판게아는 약 2억 년 전 천천히 쪼개져 각각의 판을 이루었고, 결국 오늘날 같은 모습이 됐다. 아프리카와 남아메리카의 해안선이 딱 맞아떨어지는 모습만 봐도 판게아가 존재했음을 분명히 알 수 있다.

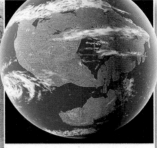

2억 5000만 년 후 미래의 지구 모습을 보여주는 컴퓨터그래픽 이미지다. 새로운 초대륙 판게아 울티마가 가운데 인도 대양을 품은 채 형성돼 있다.

대륙 이동설을 처음 주장한 사람은 벨기에 지도 제작자 아브라함 오르텔리우스(1527~1598)로 아프리카와 남아메리카가 붙어 있었다고 주장했다. 이 가설은 20세기 후반에야 학계의 주요 학설로 받아들여졌다.

판게아는 약 2억 년 전 분열이 시작됐다. 대륙들 사이 균열이 생긴 자리에 북대서양이 자리잡았고, 우리가 오늘날 알고 있는 세계의 모습으로 천천히 변해갔다.

가장 천천히 이동하는 판

유라시아 판은 유럽 대륙 대부분과 서쪽으로 대서양 중앙해령까지다. 이 판은 매년 2.1cm의 속도로 이동한다. 유라시아 판과 북아메리카 판은 아이슬란드 화산 활동으로 분리되었다. 2010년 에이야프야틀라이외쿠틀(아이슬란드에서 6번째로 큰 빙하)에서 일어난 대형 화산폭발이 최근의 대표적인 지질 활동이다.

▶ 가장 큰 대륙 충돌

인도 아대륙은 약 4000만~5000만 년 전 유럽 대륙과 충돌하기 시작했다. 히말라야 산맥을 만들어낸 이 충돌은 지금도 길이 2,900km 지역에서 진행 중이다. 판게아(위쪽 참조)가 분열된 뒤 남부 초대륙 곤드와나에 포함돼 있던 인도 아대륙은 현재 아프리카 동부 연안에서 떨어져 나와 테티스 해를 가로질러 북쪽으로 향했다. 그 후 초대륙 로라시아와 충돌해 표면의 광활한 지역이 밀려 올라가며 히말라야를 형성했다.

가장 큰 판

태평양 판의 넓이는 1억 300만 km² 정도다. 하와이 제도 인근에서 측정해보니 태평양 판은 북아메리카를 향해 북서쪽으로 매년 약 7cm씩 이동하고 있었다. **가장 느린 속도로 이동하는** 유라시아 판보다 3배 빠르다 (왼쪽 참조).

산 Mountains

하늘을 향해 당당하게 뻗은 산맥들을 보고 있으면 자연의 아름다움에 숨이 막힐 지경이다. 우뚝 솟은 봉우리의 높이를 측정하는 일도 쉽지 않은데, 생각보다 많은 사람이 에베레스트를 정복하기 위해 도전한다는 사실이 놀라울 뿐….

세계에서 가장 큰 산이 에베레스트라는 건 잘못 알려진 사실이다. **가장 높은 산**(오른쪽 아래 참조)이긴 하지만, 이는 해수면부터 (해발) 꼭대기까지의 높이를 기준으로 했을 때를 말한다. 물론 해발 고도가 일반적인 산의 높이 기준이긴 하다. 에베레스트를 해수면부터 출발해 오를 때만 수직 높이가 우리가 아는 8,848m가 된다(참고로, **에베레스트를 해수면부터 오른 최초의 사람**은 팀 매카트니-스네이프(호주)로, 1990년 벵골 만에서 시작해 3개월에 거쳐 등반했다).

하지만 에베레스트는 히말라야 고원 위에 있는 산이다(이 유명한 산맥은 약 5000만 년 전부터 인도 판과 유라시아 판이 충돌해 형성되기 시작했다). 가장 잘 알려진 남쪽 루트를 통해 정상에 오르는 사람들은 대개 해발 약 5,364m 지점에 있는 베이스캠프에서 시작한다. 봉우리까지 '겨우' 3,484m만 오르면 된다. 물론 이것도 대단한 업적이며, 여기에 관한 모험은 122~123쪽에 더 나와 있다.

미국 하와이에 위치한 마우나케아는 봉우리까지 고작 해발 4,205m 지만 사실 이 산은 바다 밑에서부터 시작한다(아래 그림 1). 만약 높이를 해저부터 꼭대기까지로 측정하면 무려 1만 205m에 이른다.

지구에서 가장 위대한 산들이 모인 곳

인도 아대륙과 티베트 고원을 가르는 히말라야 산맥에는 전 세계 해발 7,315m가 넘는 봉우리 109개 중 96개(1969년 측정 기준)가 있으며 8,000m를 넘는 봉 14개 중 10개를 품고 있다. '히말라야'는 산스크리트어 발음 표기로 '눈이 머무는 곳'이라는 뜻이다.

가장 높은 빙하

네팔에서 시작하는 쿰부 빙하는 에베레스트 봉우리와 눕체-로체 산릉 사이에 위치한 웨스턴 쿰 빙하를 근간으로 한다. 빙하의 꼭대기는 해발 약 7,600m 고도에 있으며, 남서쪽으로 17km 이어진 뒤 사라진다.

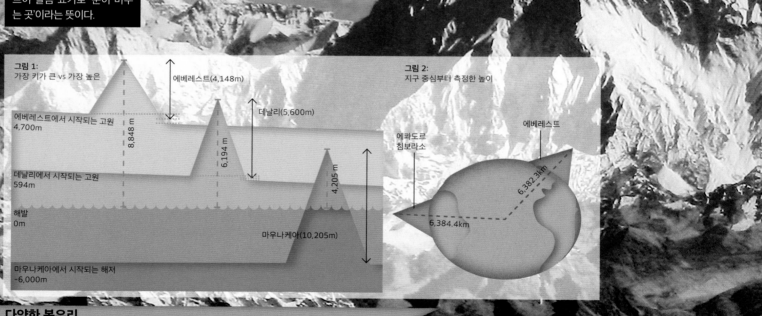

그림 1:
가장 키가 큰 vs 가장 높은

에베레스트(4,148m)

데날리(5,600m)

에베레스트에서 시작되는 고원 4,700m

8,848m

6,194m

4,205m

데날리에서 시작되는 고원 594m

해발 0m

마우나케아(10,205m)

마우나케아에서 시작되는 해저 -6,000m

그림 2:
지구 중심부터 측정한 높이

에콰도르 침보라소

에베레스트

6,382.3km

6,384.4km

다양한 봉우리

가장 높은 극지방의 산

그린란드 왓킨스 산맥에 있는 군비오른 산은 봉우리가 해발 3,694m로 북극권 북부에 있는 산 중 가장 높다. 누나탁(nunatak) 형태의 산으로, 바위 봉우리가 빙하 혹은 설원에 완전히 둘러싸여 있다. 이곳 정상은 1935년 8월 16일 처음 사람의 발길이 닿았다.

◄ 키가 가장 큰 산

미국 하와이에 있는 마우나케아(하얀 산)는 하와이안 트로프(하와이 섬을 둘러싼 움푹 팬 지형)의 해저부터 산의 정상까지가 1만 205m로 측정된다. 마우나케아는 키가 가장 큰 산이지만 해발 높이는 겨우 4,205m로 가장 높은 산은 아니다(위쪽 참조).

가장 높은 고원

브라질과 베네수엘라 국경에 위치한 로라이마 산은 2,810m 높이의 사암(沙巖) 고원이다. 혹독한 주변 환경 탓에 산에 사는 식물 중 3분의 1이 이곳에만 사는 희귀종이다. 로라이마 산은 아서 코난 도일 경의 《더 로스트 월드(The Lost World)》에 영감을 준 것으로 알려져 있다.

반면, 에베레스트의 '높이'는 시작점에서 평균 4,148m로 측정된다(네팔 쪽은 4,200m, 티베트 쪽은 5,200m다). 이런 기준에서 봤을 때 **세계에서 가장 키가 큰 산은 마우나케아다**. 매킨리 산으로도 알려진 알래스카의 데날리 산 역시 시작점에서 측정한 높이로 따지면 에베레스트보다 키가 크다. 해발 6,190m지만, 산이 시작하는 경사진 고원부터 정상까지 측정한 평균 높이는 5,500m다.

조금 더 복잡하지만, 지구의 모양까지 고려해 산의 높이를 따지면 어떻게 될까? 에콰도르를 지나는 적도 1도 아래에 위치한 눈 덮인 침보라소 산은 정상까지 높이가 해발 6,268m다. 딱히 높은 산도 아니고, 심지어 안데스 산맥의 봉우리만 따져도 가장 높지 않다. 하지만 지구는 완벽한 구(球) 형태가 아니다. 지구의 중심에서 에콰도르에 이르는 반지름 거리는 에베레스트가 위치한 위도의 반지름보다 길다(옆 페이지 그림 2). 이런 이유로 침보라소 산의 정상은 지구의 중심에서 가장 먼 곳에 있는 봉우리가 된다. 정확히 따지면, 침보라소 정상은 지구의 중심에서 거리가 6,384.4km로, 봉우리까지 6,382.3km인 에베레스트보다 2,100m 멀다.

하지만 이런 기록들도 수만 년 전의 산들과 비교하면 또 변하기 마련이다. 그렇기 때문에 이런저런 의미들을 굳이 부여하지 않으면 에베레스트가 지구에서 가장 '높은' 봉우리라는 영광을 차지한다.

가장 빠르게 자라는 산

파키스탄의 낭가파르바트 산은 매년 7mm씩 높아지고 있다. 이 산은 4000만~5000만 년 전 인도와 유럽 대륙의 충돌로 생겨난 히말라야 고원의 일부다(33쪽 참조). 비록 히말라야가 매년 조금씩 자라고 있지만(왼쪽 참조) 지진이나 눈사태, 얼음의 융해로 인한 침식으로 실제 자라는 폭은 크지 않다.

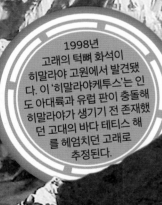

1998년 고래의 턱뼈 화석이 히말라야 고원에서 발견됐다. 이 '히말라야케투스'는 인도 아대륙과 유럽 판이 충돌해 히말라야가 생기기 전 존재했던 고대의 바다 테티스 해를 헤엄치던 고래로 추정된다.

가장 높은 산

세계에서 가장 높은 에베레스트의 정상은 티베트와 네팔의 국경에 8,848m 높이까지 치솟아 있다. 원래는 피크 XV로 알려져 있었지만, 1865년 영국의 인도 측량국장 조지 에버레스트 경(1790~1866)의 이름을 따 현재처럼 바뀌었다. 에베레스트의 공식 높이는 1955년에 측정됐는데, 네팔 정부는 2017년 GPS 수신기를 이용해 산의 높이를 재는 새로운 계획을 발표했다.

◀ 인간이 등반하지 않은 가장 높은 산

부탄에 있는 해발 7,570m의 강카르 푼섬은 세계에서 40번째로 높다. 1994년 국가에서 등반을 일부 제한하기 전인 1980년대에 등정 시도가 있었지만 성공하지 못했다. 2003년 이후에는 부탄에서 종교적인 이유로 산행을 금지했다.

▲ 가장 높은 수직 절벽

캐나다 북부 누나부트 준주의 배핀 섬에 위치한 토르 산의 화강암 봉우리는 서쪽 면이 수직 1,250m의 절벽으로 이루어져 있다. 평균 각도가 105도로, 암벽 등반가들 사이에서 인기가 높다.

가장 많이 바다에 잠겨 있는 산

아조레스 제도(포르투갈)에 있는 피쿠 산은 파도치는 수면 밑 해저에 6,096m가 잠겨 있다. 물 위로 드러난 부분은 2,350m로 바닥부터 정상까지 높이가 8,446m다. 에베레스트보다 아주 약간 작다.

거대한 물 Bodies Of Water

바다의 가장 깊은 곳

괌의 남서부 태평양 300km 아래에 위치한 챌린저 해연(海淵)은 전 세계 해양에서 가장 깊은 곳이다. 최근 연구에 따르면 챌린저 해연의 바닥은 해수면과 1만 994m 떨어져 있다.

챌린저 해연은 **인간이 도달한 대양 중에서 가장 깊은 곳**이기도 하다. 스위스 해양학자 자크 피카르와 미국 해군 장교 돈 월시 중위가 1960년 1월 23일 심해 잠수정 트리에스테를 타고 내려갔는데, 이들이 도달한 챌린저 해연의 해저는 깊이가 1만 911m인 곳이었다.

가장 긴 피오르

그린란드 동부에 위치한 노르드베스트 피오르는 바다에서 내륙으로 313km 길이로 뻗어 있다. 피오르는 빙식곡이 침수되면서 생성된 좁고 안쪽 측면이 가파른 지형이다.

가장 깊은 호수

바이칼 호는 러시아 시베리아 남동부 지구대에 위치한 담수호다. 평균 폭은 48km이지만 길이는 636km에 이른다. 호수 안에 있는 알혼 크레비스는 1974년 구소련 해군 수로학회 팀에서 측정한 결과 깊이가 1,637m였다.

이 범상치 않은 깊이로 바이칼 호는 **담수를 가장 많이 담고 있는 호수**가 되었다. 바이칼 호의 면적은 세계에서 겨우 7번째로 넓지만 물의 양은 2만 3,000km³에 이른다.

가장 넓은 면적의 정온 수역

북대서양 한가운데에 있는 사르가소 해는 넓이가 620만km²에 달하는, 세계에서 가장 넓은 정온 수역(파도가 거의 없는 수역)이다. 이 지역은 북대서양 환류라고 불리는 해류의 영향으로 형성됐으며, 모자반류 해초가 표면을 뒤덮고 있다.

사르가소 해의 반대편인 북대서양 중심부는 **대양 중 쓰레기가 가장 많이 모인 장소**라는 불명예스러운 별명을 가지고 있다. 텍사스 크기의 정온 수역에는 바닷물 km²당 5.114kg의 플라스틱 쓰레기가 있다.

지구에서 가장 평평한 지역

심해저 평원은 대양의 가장 깊은 곳에 넓게 펼쳐져 있는 평탄한 지형을 말한다. 해저의 약 40%를 차지하는데 이런 평탄함은 침전물이 5km 이상 쌓이면서 생겼다. 해저 2.78km² 면적 내 높이의 차이가 1.5m 미만인 지역이 심해저 평원이다.

가장 깊은 블루홀

블루홀은 바닷가 얕은 수면에 생긴 싱크홀로, 석회암 기반의 대지가 수직으로 천천히 부식되며 생긴 통로다. 가장 깊은 블루홀은 남중국해 파라셀 군도에 있는 룽둥(龍洞. 용의 동굴)이다. 현지인들은 이곳을 '남중국해의 눈'이라고 부른다. 2016년 산샤 산호보호항로연구소(중국)가 실시한 조사에 따르면 이 블루홀은 깊이가 300.89m로, 에펠 탑이 완전히 잠길 수 있을 만큼 깊다.

> 조사 팀은 수심 측정 센서가 달린 무선 탐사 장치(위 사진)에 작은 촬영 장치를 연결해 촬영, 연구 결과의 신빙성을 높였다.

가장 넓은 호수

사방이 땅으로 둘러싸인 가장 넓은 수역은 중앙아시아에 있는 카스피 해다. 넓이는 37만 1,000km²이며, 남에서 북으로 길이가 1,199km다.

하지만 카스피 해는 물이 짜서 호수라고 할 수 없다. 논란이 생길 만한 요소다. **세상에서 가장 큰 담수 호수**로 세분화하면 미국과 캐나다 국경에 위치한 슈피리어 호가 8만 2,414km²로 가장 넓다.

가장 얕은 바다

아조프 해(흑해의 북부 지역으로 대부분 땅으로 둘러싸여 있다)는 가장 깊은 지점이 겨우 14m이며, 평균 깊이는 고작 7m 정도다. 세계에서 **가장 큰 여객선**인 MS 하모니오브더시즈는 선체가 해수면 아래 9.3m까지 내려가기 때문에, 아조프 해에 들어가면 좌초하게 된다.

가장 넓은 대양

태평양은 지구 표면의 약 1억 5,280만km²를 뒤덮고 있으며, 이는 전 세계 대양의 약 절반에 이르는 크기다. 하지만 지각의 이동으로 그 크기가 줄어들고 있어서(1년에 약 2~3cm 감소) 아주 먼 미래에는 크기가 점차 늘어나는 대서양과 순위가 바뀔 수 있다.

가장 작은 대양은 1,390만km² 넓이의 북극해다. 이곳은 평균 깊이가 3,657m로 **가장 얕은 대양**이기도 하다.

호수의 순위

핵폭발로 생겨난 가장 큰 호수

1965년 1월 15일 소련은 현재 카자흐스탄 북동부에 위치한 차간 강에서 140킬로톤의 핵무기를 설치, 폭파했다. 이 실험의 영향으로 강이 막혀 호수가 형성됐다. 차간 호는 현재 방사능에 심각하게 오염된 물 약 10만m³를 보유한 것으로 알려져 있다.

◀ 가장 짠 호수

에티오피아의 다나킬 사막에 있는 가웃테일 호는 무게당 소금 함량이 43.4%로, 사해보다 염도가 약 2배 높고, 세계 대양(3.5%)의 평균 염도보다 12배 이상 높다. **가장 덜 짠 바다**는 발트 해로 일부 만에서 측정한 염도는 무게당 0.6~0.8%로 아주 낮지만, 북해에 가까워질수록 3.3%에 근접하게 된다.

가장 큰 화산호(火山湖)

인도네시아 수마트라 섬에 있는 토바 호는 약 7만 5000년 전 인류를 멸종 직전까지 몰아넣은 초대형 화산 폭발이 일어난 곳이다. 당시 폭발로 생긴 분화구에 물이 고이며 형성된 토바 호는 면적이 100×30km 정도이며, 가장 깊은 곳의 수심은 505m다.

가장 오염된 호수

러시아 첼랴빈스크 주의 카라차이 호는 1951~1970년대 중반까지 핵폐기물을 버리는 장소로 사용됐다. 1968년에는 가뭄으로 호수 바닥의 3.4m 두께의 폐기물 층이 드러나며 수천 명의 주민이 방사능 먼지에 노출되는 위험을 겪었다. 지금 이 호수는 콘크리트로 덮여 있지만 위험성은 여전하다.

태평양
161,760,000km²
44.7%

대서양
85,133,000km²
23.5%

인도양
70,560,000km²
19.5%

남극해
21,960,000km²
6.1%

북극해
15,558,000km²
4.3%

가장 큰 수역

남극의 만년설은 바다나 호수로 분류되지는 않지만, 많은 양의 물이 고여 있다. 이곳에 있는 담수의 양은 약 2,692만km³로, 지구에 있는 담수의 70%에 달한다. 이 수역 안에는 또 다른 수역이 존재한다. 보스토크 호는 **가장 큰 빙저 호수**(빙하 아래 호수)로 남극 동부 빙상의 3,700~4,200m 아래에 자리잡고 있으며 면적은 약 1만 5,000km², 깊이는 최소 100m다.

거대 빙하

2017년 7월 약 5,800km² 규모의 빙하가 남극 라르센 C 빙붕(남극대륙의 라르센 빙붕 중에서 가장 큰 빙붕)에서 분리됐다(위쪽 사진). 하지만 **역대 가장 큰 빙하**는 따로 있다. 2000년 3월 로스 빙붕에서 분리된 B-15 빙하로, 면적이 1만 1,000km²였다.

1956년 미 해군 전함 USS 글레이셔호는 남극해에서 약 3만 1,000km² 크기의 빙하를 목격했다. 사실이라면 역대 가장 큰 빙하로 기록됐겠지만, 당시에는 이를 증명할 인공위성이 없었다.

가장 큰 간헐 호수

간헐 호수는 좁은 지역에 비가 집중적으로 많이 내리며 형성되는 수역이다. 가장 큰 간헐 호수는 호주의 에어 호로, 평소에는 소금으로 뒤덮여 있다가 비가 많이 내리면 호수가 된다. 1974년에는 8,020km² 면적의 대지가 일시적으로 6m 깊이의 내륙해로 바뀌기도 했다.

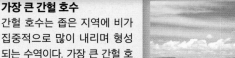

◀ 가장 큰 사막 호수

케냐 찰비 사막의 외곽에 위치한 투르카나 호는 표면적이 6,405km²이며, 평균 깊이는 30.2m다. 오모 강, 터크웰 강, 케리오 강에서 물이 흘러들지만, 관개 사업으로 그 양이 줄어들 위험에 처해 있다. 투르카나 호는 물이 흘러나가는 강이나 하천이 없어서 증발 외에는 물 손실이 없다.

▲ 가장 큰 핑크 호수

락 로즈(핑크 호수)로 더 잘 알려진 레트바 호는 면적이 1.5×5km로 세네갈 다카르 인근에 있다. 이 색은 '두날리엘라 살리나'라는 미생물의 보호색인데, 이 미생물은 염도가 높은 물에서 번성하는 특징이 있다.

강 Rivers

가장 높은 곳에 있는 강

티베트의 앙시 빙하 기슭에서 시작되는 아로장포 강은 해발 6,020m 높이에서 흐른다. 물이 지속적으로 흐르는 강 중에서 발원지가 가장 높은 곳에 있다. 티베트 고원(칭창 고원) 동부를 따라 흐르며 인도에 접어들기 전에 해발 3,000m 높이로 내려가면서 브라마푸트라 강으로 불린다.

가장 깊은 강

아프리카 대륙 중앙부에서 4,700km를 흐르는 콩고 강은 물의 양 기준 세계에서 2번째로 크다(위 오른쪽 참조). 일부 지역에서는 깊이가 220m 정도 되는데, 아마존 강의 가장 깊은 지점보다 2배 더 깊다.

가장 넓은 강 유역

강의 유역, 즉 배수유역은 비(혹은 눈이 녹은 물)가 내리면서 유출된 물이 모여 흐르드는 지역을 말한다. 그래서 유역이 가장 넓은 강이 **가장 큰 강**이 된다(오른쪽 참조). 아마존 유역은 그 넓이가 704만 5,000km²에 이르는데 브라질, 페루, 볼리비아, 콜롬비아, 에콰도르, 가이아나, 수리남, 베네수엘라의 일부 지역이 포함되어 있다.

가장 큰 삼각주

삼각주는 침전물이 많은 강의 하류에 여러 갈래로 나뉜 작은 강과 섬, 습지들이 부채꼴 모양을 이루는 현상을 말한다. 가장 큰 삼각주는 방글라데시에 있으며, 2개의 거대한 강인 갠지스 강과 브라마푸트라 강이 만나 갠지스-브라마푸트라 삼각주를 이룬다. 방글라데시 동부부터 인도 서벵골 주에 이르는 이곳은 면적이 7만 5,000km²에 달한다. 조수간만의 차이가 큰 바다로 뻗은 큰 강들은 바다와 만나는 지점에 삼각주 대신 하구 퇴적지를 형성한다. 이곳에서는 바닷물과 만나기 때문에 강에서도 조수의 차이가 조금 생긴다. **가장 긴 강의 하구**는 러시아 북부 오브 강(Ob)에 있다. 하구는 길이 885km, 폭 80km다.

빙하 안에 있는 가장 큰 강

남극의 얼음 속을 위성으로 연구한 결과 그 아래에 거대한 강물이 흐른다는 사실을 발견했다. 이곳에는 영국 템스 강물의 약 4분의 3에 달하는 1.8km³의 물이 16개월 이상 흘렀는데, 이는 빙하 표면의 해발고도에 영향을 끼칠 만한 정도였다. 이 연구는 유니버시티칼리지 런던과 브리스톨대학교(둘 다 영국)가 실시했다.

가장 낮은 곳에 흐르는 강

하류 지역이 해수면보다 약 430m 낮은 요르단 강은 **고도가 가장 낮은 수역**인 사해로 흐르드는 유일한 강이다. 내륙유역(건조한 지역에서 증발량이 많아 하천수가 바다까지 도달하지 못하고 도중에 소멸해버리는 유역)으로 알려진 사해는 물이 대양으로 흘러나가는 길이 없다. 더운 기후로 인해 요르단 강에서 흐르드는 물이 증발해버리기 때문이다.

한 국가 안에 있는 가장 긴 배수유역

길이가 6,300km에 달하는 양쯔 강은 아시아에서 제일 긴 강이며, 세계에서 3번째로 길다. 이렇게 강이 긴데 특이하게도 강 전체와 모든 배수유역이 중국이라는 한 국가 안에 있다.

중국에서 2번째로 긴 황허 강은 특이한 기록을 가지고 있다. 1887년 9월 황허에서 일어난 엄청난 홍수로 약 90만 명이 목숨을 잃게 되면서 **홍수로 인한 최다 인명 피해**와 동시에 **자연재해로 인한 최다 인명 피해**를 기록했다. 그 후 1931년에 더 심각한 홍수가 또 일어났지만.

가장 큰 강(유량 기준)

아마존 강은 초당 20만m³의 물을 대서양으로 흘려보내는데, 이는 제네바 호를 5일이면 가득 채울 만한 양이다. 강물의 양이 최고치에 달할 때면 초당 34만m³ 이상으로 늘어나기도 한다. 아마존 강의 유량은 나일 강보다 60배나 많다.

아마존 강은 유역이 세계에서 **가장 크다**(왼쪽 맨 위 참조). 범람하지 않을 때도 강 본류의 폭이 11km 이상이어서 세계에서 **가장 넓은 강**이다(하구 쪽 폭이 아니다. 강의 어귀와 삼각주는 훨씬 넓다).

이 재앙에 관한 신빙성 있는 기록은 남아 있지 않다. '중국의 슬픔'이라는 별명이 생길 정도로 무시무시했던 강이 20세기를 지나오며 대대적인 관개 사업을 거쳐 **말라버린 가장 긴 강**이라는 불명예까지 얻게 됐다. 매년 몇 개월 동안 강의 지류가 토사로 막히는데, 그 길이가 바다까지 약 400km에 달한다.

땅속에 흐르는 가장 긴 강

2007년 3월 동굴 다이버 스티브 보가츠(영국)와 로비 슈타이너(독일)가 멕시코 유카탄 반도의 땅속을 153km나 흐르는 강을 찾았다고 발표했다. 이 강은 굽이와 꺾임이 매우 심해 시작점과 끝나는 지점의 직선거리가 고작 10km다.

찌따룸 강 오염의 주원인은 현지의 직물 산업과 관련이 있다. 염색과 제조 과정에서 사용된 화학약품과 중금속을 이 강에 버리기 때문이다.

가장 오염된 강(현재)

인도네시아 자카르타의 동쪽 산업지역을 통과하는 찌따룸 강의 오염 수준은 세계 최고다. 2013년 연구에 따르면, 이 강은 안전치보다 1,000배 많은 납을 함유하고 있으며 생활폐기물과 배설물도 엄청나다.

경이로운 폭포

낙하면이 가장 넓은 폭포

빅토리아 폭포(모시 오아 툰야 폭포)는 세계에서 가장 높거나 폭이 가장 넓지는 않지만 낙하면이 가장 넓다(오른쪽 사진). 이곳을 통해 넓게 떨어져 내린 잠베지 강물은 갈지자형의 협곡을 이룬다. 빅토리아 폭포는 폭 1,708m에 높이는 108m로, 물이 떨어지는 면적이 약 18만 4,400m²나 된다.

◀ 연간 가장 많은 양의 물이 흐르는 폭포

콩고 강(위 왼쪽 참조)의 잉가 폭포군은 콩고민주공화국의 수도 킨샤사에서 280km 떨어진 지점에 있다. 세계폭포데이터베이스에 따르면 잉가 폭포에는 매초 2만 5,768m³의 물이 흐른다. 이 중에서 가장 큰 단일 폭포의 높이는 21m이다.

역대 가장 큰 폭포

2만 2000년 전 마지막 빙하기에 약 600m 높이의 얼음 댐이 생기면서 현재 미국 몬태나 지역에 있는 클라크포크 강을 막았고 2,000km³ 정도의 물을 가진 미줄라 빙하호수가 생겨났다. 이후 40회에 걸쳐 기온이 상승하면서 댐이 무너졌고, 48시간 만에 괴수 같은 물의 장막이 현재의 워싱턴과 오리건을 가르며 호수에서 빠져나갔다. 그렇게 높이 115m, 폭 5.6km의 거대한 폭포에서 흘러넘친 급류가 태평양을 향해 돌진했다(미줄라 대홍수).

물이 범람한 흔적은 시애틀 서부 수로 암반 용암지대에 남았고, 대홍수 이후 현재까지도 물이 흐르지 않는다.

나일 강 6,695km

아마존 강 6,400km

양쯔 강 6,300km

세상에서 가장 긴 강에 대해서는 논란이 많다. 일부 전문가들은 아마존 강이 6,992km로 가장 길다고 생각한다.

가장 긴 강

나일 강은 이집트에 있는 삼각주부터 부룬디에 있는 가장 먼 상류까지의 거리가 6,695km다. 이는 미국 뉴욕에서부터 핀란드 헬싱키를 잇는 직선거리와 맞먹는다. 나일 강은 탄자니아, 우간다, 르완다, 부룬디, 남수단, 수단 및 이집트 등 북동 아프리카 11개국을 지나 지중해로 흘러 들어간다. 그 엄청난 길이와 광활한 유역에도 불구하고 흐르는 물의 양은 아마존 강의 1.5% 정도에 불과하다(옆 페이지 오른쪽 상단 참조).

나일 강은 주요 지류가 둘로 나뉘는데, 청(靑)나일(에티오피아 타나 호에서 시작, 하늘색)과 그보다 긴 백(白)나일(아프리카 중부 빅토리아 호에서 시작, 노란색)이다.

◀ 가장 넓은 폭포

라오스 메콩 강에 있는 코네 폭포는 평균 폭이 총 1만 783m로, 미국과 캐나다 국경에 위치한 나이아가라 폭포보다 약 8배 넓다. 코네 폭포는 여러 개의 급류와 폭포로 이루어져 있으며, 가장 높은 폭포는 21m다. 사이사이 작은 섬들과 물 밖으로 노출된 암석들이 있다.

가장 높은 폭포(총합)

투겔라 폭포는 남아프리카 로열 나탈 국립공원의 투겔라 강 수원지 인근에 있다. 이 폭포는 드라켄즈버그 산맥의 고원에서 시작해 5회에 걸쳐 948m 떨어진다. 줄루어 '투겔라(Thukela)'를 발음대로 쓴 폭포 이름에는 '아주 놀라운'이란 의미가 있다. 강이 급경사를 만나 갑자기 떨어지는 모습을 표현하는 말이다.

◀ 가장 높은 폭포(단일)

대개 베네수엘라 동부에 있는 앙헬 폭포를 물이 계속 흐르는 폭포 중 가장 높다고 말한다. 1949년 조사에 따르면, 이 폭포의 총 높이는 979m다. 여기에 있는 **세계에서 가장 높은 단일 폭포**(왼쪽 사진)는 아우얀테푸이라는 이름의 탁상형 지대(테푸이)에서 807m를 낙하한다.

섬 Islands

사람이 사는 가장 외딴 섬

트리스탄다쿠냐 섬(아래 지구본 그림 A)은 남대서양 남서쪽 세인트헬레나에서 2,435km 떨어져 있다. 트리스탄의 거주민들은 1961년 화산 활동으로 모두 대피했으나 1963년 11월 198명이 돌아왔다. 이 섬의 넓이는 98km²다.

가장 외딴 섬

탐험가 장 밥티스트 부베 드 로지에가 1739년 1월 1일 남대서양에서 부베 섬을 발견했다(위 지구본 그림 B 지점). 노르웨이에 속한 이 무인도는 가장 가까운 유인도 트리스탄다쿠냐에서 약 2,600km 떨어진 곳에 있다.

가장 큰 대륙도(continental island, 大陸島)

호주는 섬으로 분류해야 할지 대륙으로 분류해야 할지에 대한 엇갈린 견해들이 있다(32쪽 참조). 사실 호주는 세계에서 가장 큰 대륙도로 봐야 한다. 다른 지각판과 구분되는 판 위에 있으며, 호주에만 서식하는 독특한 식물군과 동물상이 진화해왔다. 총넓이는 761만 7,930km²로, **가장 큰 섬** 그린란드보다 3배 이상 크다.

가장 큰 모래섬

프레이저 섬은 호주 퀸즐랜드 주 연안을 따라 120km를 뻗어 있으며 총넓이는 1,840km²다. 광활한 모래 침전물로 형성된 이 섬은 높이가 해발 240m에 이른다.

가장 큰 무인섬

데번 섬은 북극권에 있는 캐나다 군도의 일부로, 배핀 섬(세계에서 5번째로 큰 섬)의 북쪽에 자리잡고 있다. 넓이는 5만 5,247km²다. 섬의 3분의 1은 얼음으로 뒤덮여 있고, 나머지는 빙하가 녹은 도랑과 호수로 이루어져 매우 척박하다.

가장 오래된 섬

인도양에 있는 마다가스카르는 8000만~1억 년 전 인도 아대륙에서 떨어져 나와 섬이 됐다. 넓이는 58만 7,041km²로 세계에서 4번째로 큰 섬이다.

가장 큰 융기환초 섬

융기환초 섬은 해저에 고리 모양으로 배열돼 있던 산호초 지형이 지각의 변화로 솟아난 경우를 말한다. 가장 큰 융기환초 섬은 태평양 남서쪽 프랑스 뉴칼레도니아에 속한 리푸 섬이다. 넓이 1,207km²로 3개의 섬으로 이루어진 로열티 군도 중 가장 많은 인구가 사는데, 2014년에는 약 9,000명이 거주했다.

섬이 가장 많은 환초

인도양 몰디브에 있는 후바두 환초는 총넓이는 약 2,900km²로 범위 내에 255개 섬이 자리잡고 있다.

가장 긴 평행사도(平行砂島)

평행사도는 연안에 파도와 조수의 영향으로 좁고 평행하게 발달된 섬을 말한다. 파드리 섬은 멕시코 걸프 만부터 미국 텍사스 연안까지 걸쳐 있으며 길이가 약 182km다.

호수 안에 있는 가장 높은 섬

2개의 화산 폭발로(마데라스 산, 콘셉시온 산) 형성된 오메테페 섬은 중앙아메리카 중부 니카라과의 니카라과 호수에 있다. 이 섬은 해발 1,610m까지 솟아 있어 호수 안에 있는 섬 중 지구상에서 가장 높다.

가장 낮은 섬

에티오피아 아프레라 예추 호수에 있는

섬이 가장 많은 군도

발트 해 핀란드 영해에 있는 아키펠라고 해에는 약 4만 개의 섬이 존재한다. 여기에는 스웨덴 어를 쓰는 핀란드의 자치령 올란드 제도가 포함돼 있다. 이곳의 다도해는 '후빙기 지각의 반동' 현상으로 마지막 빙하기 이후 수면 위로 조금씩 상승하고 있다.

아프레라 디셋 섬은 해수면보다 103m 아래에 있다.

해발 고도가 가장 낮은 섬에 있는 호수는 도미니카공화국 남부 지구대에 위치한 엔리퀼로 호로 해수면보다 약 46m 아래 있다.

가장 높은 섬은 티베트 오르바 코 호수에 있으며 해발 5,209m다.

가장 큰 섬

호주를 제외한 세계에서 가장 큰 섬(왼쪽 위 참조)은 그린란드로 넓이는 약 217만 5,600km²다. 섬 대부분이 북극권 북쪽에 있어 약 3km 두께의 영구적 얼음(빙원)으로 덮여 있다. 해안선에는 수백 개의 피오르드 지형이 형성돼 있다.

호수 섬 안의 호수 섬

호수 섬은 퇴적, 지진, 화산 활동, 해안선 부식 등 다양한 이유로 형성된다. 하지만 호수 섬 안에 또 호수가 생기고 그 안에 섬까지 또 있다면 문제가 복잡해지기 시작한다! 이렇게 기묘하고 믿기 어려운 큰 호수들과 그 안의 섬들에 대해 알아보자(그림은 실제 비율과는 다르다).

가장 큰 섬

그린란드(오른쪽 위 참조)는 넓이가 217만 5,600km²로 미국 텍사스보다 3배 이상 크다. 인구는 5만 6,000명으로 세계 233개국 중 207번째다.

가장 큰 호수

유럽 남동부와 아시아 대륙의 경계에 위치한 카스피 해는 세계에서 가장 큰, 사방이 땅으로 둘러싸인 수역이다. 카스피 해의 해안 길이는 7,000km이며 넓이는 37만 1,000km²다.

호수 안에 있는 가장 큰 섬

캐나다 휴런 호에 있는 매니툴린 섬은 넓이가 2,766km²다. 세계에서 174번째 큰 섬으로 큰 강이 4개나 흐르며, 담수호도 108개나 있다. 일부 호수에는 그 안에 섬이 또 있다.

섬 안에 있는 가장 큰 호수

캐나다 누나부트 준주의 배핀 섬 안에 있는 담수호 네틸링 호는 넓이가 5,542km²다. 1년 중 상당 기간 얼어 있으며, 고리무늬물범과 3종의 물고기가 살고 있다.

아이슬란드 산악 지방에 숨겨져 있는 랑기시오르 호는 19세기 말에 정식으로 발견됐다. 길이 20km, 폭은 겨우 2km인 모습을 본 따 지은 이름은 '긴 바다'라는 의미다.

화산 분출로 생긴 가장 큰 섬

넓이 10만 3,000km²인 아이슬란드는 7000만 년 전 북대서양 아래 위치한 유라시아 판과 북아메리카 판이 만나는 대서양 중앙해령에서 화산이 폭발하면서 생겨났다. 지표면에 쏟아져 나온 용암이 식으면서 섬을 형성한 것이다. 아이슬란드에는 35개의 활화산이 있는데, 이 중 '성난 자매들'로 유명한 헤클라 화산과 카틀라 화산이 가장 무섭게 타오르고 있다.

가장 어린 섬

아이슬란드 남부 해안에 위치한 쉬르트세이 섬은 1963년 11월 14일 해저 화산이 수면으로 솟아나며 새롭게 생겨났다. 쉬르트세이 섬은 1967년에 넓이가 약 2.7km²까지 늘어났지만, 침식으로 점차 줄어들고 있다.

섬 안 호수에 있는 가장 큰 섬

인도네시아 수마트라 섬의 토바 호에 있는 사모서 섬은 넓이가 630km²다. 화산섬으로 약 7만 5000년 전 초화산(supervolcano)이 폭발하며 생겼다.

호수 섬에 있는 가장 큰 호수

세계에서 가장 큰 호수 섬인 캐나다 매니툴린 섬(왼쪽 페이지 참조) 안에 있는 마니토우 호는 넓이가 106km²다. 마니토우 호 안에도 많은 섬이 있다.

호수 섬의 안에 있는 가장 큰 섬

트레저 섬(혹은 민데모야 섬)은 길이 1.4km, 넓이 0.4km²다. 캐나다 휴런 호 안 매니툴린 섬의 민데모야 호 안에 있다.

섬 안의 호수 섬에 있는 가장 큰 호수

캐나다 북부 배핀 섬의 네틸링 호에는 이름 없는 1.5km² 넓이의 섬이 있다. 네틸링 호는 캐나다에서 11번째로 큰 호수다.

섬 안의 호수 섬에 있는 가장 큰 섬

캐나다 빅토리아 섬의 호수 안에 있는 섬에 또 호수가 있고, 또 그 안에 0.016km²의 작은 섬이 있다. 인공위성으로 크기를 확인해 섬의 지위를 부여했다.

생물군계 Biomes

가장 큰 생물군계
원양생태계는 해안에서 먼 외양과 해저를 포함하며, 부피는 13억 km³ 정도다. 이 거대 생물군계에는 고래나 대왕오징어 같은 지구에서 가장 큰 동물이 많이 포함돼 있다.

가장 큰 고산생물군계
티벳 고산 초원 지대는 넓이가 약 87만 5,000km²다. 고산생물군계는 고도 약 3,048m에서 시작해 설선(고산의 만년설이 시작하는 부분)까지 이어진다. 이곳은 환경이 척박해 냉혈동물은 살지 못한다. 바람이 심하고 날씨가 추워 식물도 땅에 가깝게 자란다.

가장 큰 사막
매년 50mm 정도의 강수량을 보이는 남극 대륙은 지리학적인 관점에서 보면 사막으로 정의할 수 있다. 이 극지 대륙은 1,400만km² 넓이다.

가장 큰 더운 사막은 북아프리카에 있는 사하라로 동쪽에서 서쪽까지 5,150km를 뻗어 있으며 넓이는 910만km²에 이른다.

가장 큰 온대낙엽수림 생물군계
온대낙엽수림은 연간 강수량이 평균 76~152cm 정도이며, 매년 낙엽이 지는 숲이다. 북아메리카 샌프란시스코 만부터 알래스카 만의 코디액까지 이어진 태평양 연안이 총넓이 1,787만 3,700km²로 가장 크다.

맹그로브가 가장 많은 국가
미국의 과학자 스튜어트 해밀턴과 대니얼 케이시에 따르면 맹그로브가 가장 많은 국가는 인도네시아다. 2014년 생태계 데이터베이스를 분석하고 계산한 결과 인도네시아의 맹그로브 생물군계는 넓이 4만 2,278km²로, 전 세계 맹그로브의 25.79%를 차지했다.

가장 큰 온실
영국 콘월 주 세인트오스텔 인근 에덴 프로젝트(옆 페이지 참조)에는 2개의 거대 돔으로 덮인 생물군계가 있다. 습윤열대생물군계는 바닥 넓이 2만 5,390m², 총부피 41만 5,730m³에 달한다. 난온대생물군계는 바닥 넓이 6,540m², 부피 8만 5,620m³에 이른다.

가장 깊은 냉수공
1983년 멕시코 만에서 처음 발견된 냉수공은 해저에서 분출되는 메탄과 황화물이 풍부한 유동체로 대양의 바닥에 형성된 생물군계다. 가장 깊은 해수공은 태평양 일본 연안의 일본 해구로 7,434m 깊이에 있다.

가장 오래된 육지생물군계
현재 지구의 우림들은 최소 100만 년 전에 형성됐다. 지구에 있는 숲은 약 1만 년 전에 끝난 마지막 빙하기에 얼음으로 대부분 덮였지만, 적도 부근의 숲은 그대로 보전됐다.

가장 어린 생물군계
북극 툰드라는 고작 1만 년 전에 형성됐다. 북극을 둘러싼 나무가 없고 바람이 부는 지역으로 러시아와 캐나다의 북부 해안, 그린란드 일부가 포함된다. 여기에는 북극곰, 여우, 늑대, 설치류와 순록 등 48종의 동물이 산다.

가장 깊은 곳에 있는 해양생물군계
대양의 해구를 포함한 초심해대(超深海帶)는 수심 6,000m 정도부터 시작된다. 이 지역은 들어오는 햇빛이 적고 기압이 986.9 이상인 환경이 특징이다. 이 깊이에 서식하는 동물 대부분은 생물 발광을 광원으로 사용하도록 진화했다.

타이가에 서식하는 동물로는 엘크, 사슴, 곰, 울버린, 토끼, 다람쥐 등이 있다. 곤충은 약 3만 2,000종에 달한다.

가장 큰 육지생물군계
'타이가'('숲'을 뜻하는 러시아어)는 1,660만km² 넓이의 북부 침엽수림을 뜻한다. 북극 툰드라 생물군계의 남부를 감싸고 있으며 아메리카, 러시아 그리고 아시아 북부를 광활하게 덮고 있다. 세계 숲 넓이의 3분의 1을 차지하는 타이가는 사막, 툰드라, 초원 등 모든 형태의 생물군계보다 규모가 크다.

생물군계

'생물군계'는 특정 환경에 적응해 사는 동식물들의 공동체를 뜻한다. 육지생물군계는 기온과 강수량으로 정의하는 반면, 해양생물군계는 민물과 바닷물로 나눈다. 학술적으로는 더 세세하게 나누지만 여기에서는 주요 분류만 다뤄봤다.

▲ 해양
가장 큰 생물군계(위 참조). 하구 퇴적지, 산호초, 대양을 포함해 지구 표면의 약 70%나 된다.

▲ 민물
강, 호수, 연못 등 나트륨 함량이 적은 물에 형성된 생물군계. 지구의 약 20%를 차지한다.

▲ 온대초원
미국의 대초원과 아르헨티나 팜파스처럼 풀과 허브, 꽃이 자라는 평지나 구릉에 형성된다.

▲ 사바나
건기와 우기가 있는 초원이다. 적도 근처에 있다.

에덴 프로젝트
식물: 4,500종
13만 5,000개체

기온: 습윤열대생물군계
18~35도

방문객: 2016년 개장
이후 100만 명 방문

높이: 열대생물군계 돔을
2층 버스와 비교하면
높이는 11배, 길이는
24배.

생물 다양성이 가장 뛰어난 생물군계

지구에 사는 생물 종 중 50~75%가 집중돼 있는 우림은 현재 가장 큰 다양성을 보이는 생물군계다. 우림은 육지의 약 6~7%를 차지한다.

가장 큰 열대우림은 남아메리카 9개국에 뻗어 있는 아마존으로, 넓이는 기준에 따라 다르지만 624~656만 km² 정도다. 80% 이상이 우림으로 된 아마존 생물군계에는 화려한 동물 종이 총집합해 있다(아래 참조).

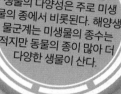

육지생물군계에 사는 생물의 다양성은 주로 미생물의 종에서 비롯된다. 해양생물군계는 미생물의 종수는 적지만 동물의 종이 많아 더 다양한 생물이 산다.

아마존 동물

포유류
짖는원숭이, 거미원숭이, 타마린원숭이, 꼬리감는원숭이 등 많은 원숭이 종이 산다.

조류
컬뻘부리새는 아마존 분지 남서부에 서식한다.

양서류
아마존 분지 연못 옆 나무에 걸터앉아 있는 야행성 마나우스 가는다리청개구리의 모습.

파충류
노란점아마존강거북이는 아마존 강 지류에서 목격된다.

곤충
가시난악마여치는 아마존 분지에만 사는 육식 곤충이다.

▲ 온대림
4계절이 구분되는 습한 삼림 지역. 거대 낙엽수가 많다.

▲ 툰드라
아주 적은 강수량과 낮은 기온, 부족한 토양 양분과 생물의 짧은 성장 시기가 특징이다.

▲ 열대우림
지구의 6~7%에 불과하지만, 식물과 동물 대부분이 산다. 지구 산소의 약 40%를 만든다.

▲ 타이가/북부 한대수림
한랭 기후의 광활한 수림 지역. 활엽수보다는 소나무 등 침엽수가 많다.

▲ 사막
지구의 10%를 차지한다. 기온보다는 연간 강수량이 250mm 이하인 곳으로 정의된다.

자연재해 Natural Disasters

가장 강력한 지진

1960년 5월 22일 발생한 칠레 지진은 진도 9.5를 기록했다. 이 지진으로 칠레에서 2,000명 이상이 사망하고 3,000명 정도가 부상을 입었으며 약 200만 명이 집을 잃었다. 이때 발생한 쓰나미가 하와이, 일본, 미국 연안에 큰 피해를 줘 200명 정도가 사망했다.

치명적인 호수

익사를 빼고 가장 많은 생명을 앗아간 호수는 중앙아프리카 카메룬의 니오스 호다. 1986년 8월 21일 이곳에서 자연적으로 발생한 탄산가스로 1,600~1,800명과 셀 수 없이 많은 동물이 목숨을 잃었다.

가장 많은 사망자를 낸…

낙뢰(직접)

1975년 12월 23일 로디지아 동부(현재 짐바브웨)에 번개가 쳐 21명이 사망했다. 이 끔찍한 기록은 2017년 5월 세계기상기구(WMO)가 인정했다.

WMO가 1994년 11월 2일 공개한 기록에 따르면, **가장 많은 사망자를 기록한 낙뢰(간접)**는 469명의 생명을 앗아갔다. 이집트 드론카에 뇌우가 불어닥치면서 항공유와 경유가 든 기차 트레일러 3대가 벼락에 맞아 불이 났고, 차량 아래에 있던 철로가 홍수로 무너지며 불붙은 연료가 마을로 흘러 들어갔다.
가장 많은 사망자를 기록한 항공기 낙뢰 사고는 1971년 12월 24일 페루 항공사 란사의 508 여객기가 벼락에 맞아 아마존 우림으로 추락한 사고로, 91명이 죽었다.

우박을 동반한 폭풍

WMO는 2017년 5월 토네이도, 열대 저기압, 낙뢰, 우박을 동반한 폭풍 등에 직간접적으로 목숨을 잃은 사람 수를 조사해 공개했다. 이 보고에 따르면 1888년 4월 30일 인도 우타르 프라데시 주 모라다바드 인근에서 발생한 우박을 동반한 폭풍으로 246명이 목숨을 잃었다.

토네이도

1989년 4월 26일 방글라데시 마니쿠간지의 마을 2곳이 토네이도에 쓸려갔다. WMO에 따르면 이 잔혹한 폭풍은 1.6km의 폭으로 지나가며 1,300명에 달하는 사망자와 1만 2,000명의 부상자, 8만 명 정도의 이재민을 낳았다.

▲ 근래 사상자가 가장 많았던 지진

2010년 1월 12일 동부표준시 오후 4시 53분, 카리브 해에 있는 아이티의 수도 포르토프랭스 서쪽 약 25km 지점을 진앙으로 진도 7의 지진이 발생했다.
아이티 정부는 사망자 수를 31만 6,000명으로 발표했는데 9만 7,294채의 집이 무너져 130만 명의 난민이 발생한 것에 비하면 예상보다 사망자가 약 10만 명 정도 적다.

가장 많은 사망자가 발생한 쓰나미

2004년 12월 26일 인도양 해저에서 발생한 진도 9의 쓰나미가 인도네시아 연안을 덮쳤다. 이 쓰나미는 인도양 9개국 연안을 침수시켰다. 2005년 1월 20일 기준 22만 6,000명이 비명횡사했다.

눈보라

1972년 2월 3~9일 이란의 시골에 불어닥친 눈보라가 3m 이상의 눈을 내리며 4년 묵은 가뭄을 끝냈다. 이 눈보라로 약 4,000명이 사망한 것으로 추정된다.

화산 분출

1815년 4월 5~10일 인도네시아 숨바와 섬에 있는 탐보라 화산이 분출해 최소 7만 1,000명이 사망했다.

열대 저기압

WMO의 2017년 5월 연구에 따르면 '그레이트 볼라 사이클론'(파키스탄 동부로 향함)으로 1970년 11월 12~13일 약 30만 명이 목숨을 잃었다. 벵골 만 연안의 갯벌과 섬들을 휩쓸고 가장 많은 사상자를 냈다.

지진(역대)

1556년 2월 2일 중국의 산시 성과 허난 성에서 발생한 지진으로 약 83만 명이 사망했다.

가장 큰 피해를 준 열대성 저기압

물가상승을 고려하지 않은 재산 피해로 따졌을 때 가장 큰 피해를 준 사이클론은 허리케인 하비와 카트리나다. 2017년 8월 26일 대륙을 강습한 하비(옆 큰 사진)는 텍사스 중심을 휘저으며 큰 홍수를 일으켰다. 국립해양대기관리처(NOAA)의 2018년 1월 23일 자료에 따르면, 2017년 말까지 이로 인한 보험손실액이 1,250억 달러라고 한다.
카트리나(작은 사진)는 2005년 8월 29일 상륙해 시간당 280km의 풍속으로 미시시피, 루이지애나, 앨라배마를 황폐화했다. NOAA는 피해액을 약 1,250억 달러로 추정했는데, 2017년 미국 소비자물가지수로 환산하면 1,613억 달러로 **가장 큰 피해를 준 사이클론(물가상승 고려)**에 올랐다.

자연재해 복구 비용

▲ 가장 큰 피해를 준 착빙성 폭풍(아이스 스톰)

캐나다 퀘벡과 온타리오, 미국 뉴잉글랜드 북부에 1998년 불어닥친 '북아메리카 얼음폭풍'은 12.7cm의 땅에 닿자마자 어는 비를 내렸다. 피해금액은 44억 달러가 넘는 것으로 추정된다.

▶ 자연재해 피해가 가장 컸던 해

2012년 3월 31일자 〈이코노미스트〉의 자료와 보험회사 스위스 리의 추정에 따르면, 2011년 전 세계 자연재해로 인한 손실액이 3,620억 달러에 이른다. 이 중 3월 11일 발생한 최악의 자연재해 도호쿠 지진은 **역대 피해금액이 가장 큰 단일 자연재해(옆 페이지 참조)**로 기록됐다. 2011년 자연재해로 사망한 사람 중 3분의 2가 일본에서 발생한 지진과 그 여파로 목숨을 잃었다. 2011년 전 가장 피해가 심했던 해는 2005년으로 피해금액을 따지면 2,250억 달러였다.
오른쪽 사진은 2011년 7월 20일 소말리아 갈카요 인근의 할라보카드 난민 정착지에서 물을 나르는 소녀의 모습이다. 동아프리카는 가뭄으로 기근과 피난이 증가하고 있다.

통계 작업이 마무리된 2016년도까지의 자료에 의하면 아이티가 인구 10만 명 기준 자연재해로 인한 사망자가 가장 많다.
* 상위 5개국은 오른쪽과 같다.

 아이티 **5.52**   피지 **5.12**   에콰도르 **4.19**   북한 **2.42**   짐바브웨 **1.72**

*자료: 재난역학연구소(CRED)의 '연간 자연재해 보고서 2016: 수치와 추세'

진도 9.1의 도호쿠 지진은 일본을 강타한 가장 강력한 지진이며, 1900년 이후 현대적인 측정 방식으로 기록된 4번째로 강한 지진이다.

가장 피해가 큰 자연재해

〈이코노미스트〉에 따르면 2011년 3월 11일 일본 도호쿠 태평양 연안을 강타한 지진과 쓰나미로 2,100억 달러의 손실이 발생했다고 한다. 하지만 이 중 보험 처리된 부분은 360억 달러뿐이었다.

◀ 한 남자가 산산이 조각난 자기 집 앞에서 발길을 돌리고 있다. 이곳은 쓰나미에 모든 게 휩쓸려간 일본 북부 미야기 현 케센누마 시다. 도쿄 북쪽 400km 지점이다.

▶ 미야기 현 나토리 시의 시민들이 지진이 발생한 재해 현장을 자전거로 돌고 있다. 이 사진은 재해가 일어나고 9일 뒤의 모습이다.

최악의 피해를 기록한 화재
1906년 4월 18일 미국 캘리포니아 주 샌프란시스코에서 발생한 지진으로 화재가 발생해 약 3억 5,000만 달러, 2018년 금액으로 92억 2,000만 달러의 손해가 났다. 진도 7.8을 기록한 이 지진으로 도시의 80%가 붕괴했고 약 3,000명이 목숨을 잃었다.

◀ 최악의 피해를 기록한 우박을 동반한 폭풍
1984년 7월 독일 뮌헨을 강타한 우박폭풍으로 약 7만 가구의 집, 나무, 빌딩, 자동차가 파괴돼 5억 달러의 보험 배상금이 발생했다. 보험에 들지 않은 건물과 공공재산까지 포함하면 경제적 손실은 10억 달러 이상이었다.

가장 큰 피해를 기록한 눈보라
1993년 3월 11~14일 미국 동부 연안 전체에 엄청난 겨울폭풍이 닥쳐 총 55억 달러의 피해를 일으켰다. 한 기상학자는 300명 정도가 사망한 이 폭풍을 '눈보라의 심장과 허리케인의 영혼을 가졌다'라고 표현했다.

행성 지구 전반 Round-Up

가장 긴 동굴

미국 켄터키 주에 있는 매머드 동굴(맨 위 사진)은 석회암 동굴이 약 640km 이어져 있다. 이곳은 그린 강과 그 지류의 풍화작용으로 약 2500만 년에 걸쳐 형성됐다.

2018년 1월에는 멕시코 유카탄 반도의 시스테마 삭 악툰 동굴(길이 264km)과 도스 오호스 동굴(길이 84km)이 서로 연결된 사실을 발견했다. 이 수중 복합 동굴(위 사진)은 총 347km 길이로 **탐험된 가장 긴 수중 동굴**이다. 이 동굴은 둘 중 더 긴 곳의 이름을 따르기로 했다.

금이 자연 상태로 가장 많이 저장된 곳

세계의 대양에는 약 2,000만 톤의 금이 저장돼 있다. 이는 전 세계 국내총생산(GDP)의 10배에 이르는 가치다. 하지만 바닷물 1리터에 든 금의 양은 130억 분의 1그램 정도에 불과하며, 현재는 금을 추출하려면 그보다 더 큰 돈을 들여야 한다. 과학이 이 문제를 해결할 때까지 바닷속 금은 자연 상태로 저장돼 있을 것으로 보인다.

산호초가 가장 많이 죽은 현상

1998년 대양 기온 문제로 산호초의 16%가 백화 현상으로 죽었다. 수온이 30도 이상이 되면 공생 조류들이 떠나 산호초가 하얗게 변하고 결국 산호들은 골격만 남게 된다. 1998년 엘니뇨 현상(태평양의 수온이 상당히 올라갔다)이 이 결과를 초래한 것으로 보인다.

기록된 가장 더웠던 해

기록된 가장 더운 해는 2016년이다. 1961~1990년의 기온을 참고로 세계기상기구(WMO)가 정한 기준치보다 0.83도 높았다. WMO의 이 통계는 2017년 1월 18일에 공개됐다.

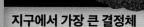

지구에서 가장 큰 결정체

지구의 내핵은 대부분 철로 된 구체로, 지름은 2,442km 정도다. 5,000~6,000도로 매우 뜨거운 상태이지만 지구 내부의 엄청난 압력으로 액체보다는 고체에 가깝다. 지질학자들은 다양한 방향에서 내핵을 통과한 지진파를 연구, 이 거대한 철 구체가 실질적으로 하나의 결정체라는 결론에 도달했다. 크기는 달의 4분의 3 정도, 무게는 1×10^{20}톤이다.

지구상에 기록된 가장 높은 기온

WMO는 2012년 9월 13일 리비아 엘 아지자의 최고 기록 온도인 58도가 부정확한 측정으로 효력이 없다고 발표했다. 이 기온이 측정된 지 정확히 90년 만의 일이다. 현재 공식적인 최고 기록은 1913년 7월 10일 미국 캘리포니아 주 데스밸리 그린란드 랜치에서 측정된 56.7도다.

한편, 러시아가 남극 연구소에서 1983년 남반구 겨울에 측정한 최저 기온은 -89.2도로 계절 평균보다 54도 낮았다. 이는 **지구상에서 기록된 가장 낮은 기온**이다.

무지개는 1곳에서 최대 4개까지 관측되는데 사진으로 확인된 것만 3,520번이다.

최장시간 관측된 무지개

2017년 11월 30일 대만 양밍 산에 무지개가 8시간 58분 동안 떠 있었다. 중국문화대학(대만)의 관측소에서 대기과학부 팀이 관측했다. 몬순 계절풍이 바다에서 수증기를 몰고 와 일어난 현상으로 보인다.

이 동굴 벽에 있는 천청석 수정은 최대 길이 46cm, 최고 무게 136kg이다.

것으로 보인다. 온통자바-마니히키-히쿠랑기 용암대지는 생성 연대와 구성물질이 비슷하다. 부피 8,000만 km³의 이 현무암질 마그마는 지구 표면의 1% 정도를 뒤덮고 있다.

최대 규모 토네이도
미국 기상청이 2013년 5월 31일 미국 오클라호마 주 엘 리노에서 도플러 레이더로 측정한 토네이도의 지름이 4.18km에 달했다.

가장 강력했던 폭우
짧은 시간에 내린 비의 양을 정확하게 측정하기는 매우 어렵다. 하지만 1970년 11월 26일 카리브 해 과들루프 바스테르에서 1분 만에 38.1mm의 비가 내린 기록이 역대 가장 강력했던 폭우로 여겨진다.

48시간 최대 강수량
1995년 6월 15~16일 인도 체라푼지에 2,493mm의 비가 내린 사실을 WMO가 확인했다(맨 위 사진). 체라푼지는 인도 북동부 메갈라야에 위치한 고지대 마을이다. 해발 1,313m로 연간 강수량이 높은 편이지만, 48시간 만에 이렇게 많은 비가 내린 건 처음으로 역대 최고 기록이다.
2007년 2월 24~27일 아프리카 남동부의 레위니옹 섬(위 사진)에는 다 큰 기린의 키와 맞먹는 4,936mm의 비가 내렸다! 4일간 내린 이 비는 WMO가 인정한 96시간 최대 강수량이다.

최대 규모 지오드
1897년 미국 오하이오 주 풋-인-베이에 있는 하이네만 양조장의 주인이 소유지에 우물을 파려다 땅속 12.1m 깊이에서 '수정 동굴'을 발견했다. 이 동굴은 스트론튬 황산염(SrSO4), 즉 천청석으로 이루어진 단일 지오드(정동석)다. 가장 넓은 곳은 지름이 약 10.7m, 높이는 3m 정도다.

최장기간 용암 분출
그리스 식민지 개척자들의 기록에 의하면, 이탈리아 티레니아 연안에 있는 스트롬볼리 화산섬은 최소 7세기부터 용암이 지속적으로 분출돼왔다. 스트롬볼리는 평소 가스와 용암이 정기적으로(대개 몇 시간 간격) 부드럽게 폭발해 '지중해의 등대'라는 별명을 얻었다.

최대 규모 대양 용암대지
지구 역사를 살펴보면, 화산 마그마(표면 아래 용해된 암석)가 엄청난 규모로 분출돼 행성의 많은 부분을 뒤덮은 시절이 있었다. 인류 역사에서 이런 장면이 목격된 적은 없지만, 대양에 거대한 용암대지가 형성된 증거가 남아 있다. 태평양 남서부에 위치한 '온통자바 고원(OJT)'은 약 1억 2000만 년 전에 형성됐으며, 9000만 년 정도 전에도 상대적으로 작은 화산 폭발이 있었다. 남서 태평양에는 2개의 용암대지가 더 있는데, 마니히키와 히쿠랑기로 OJT가 솟아 형성한 대양분지에서 갈라져 나온

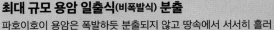

최대 규모 용암 일출식(비폭발식) 분출
파호이호이 용암은 폭발하듯 분출되지 않고 땅속에서 서서히 흘러나오는 용암을 말한다. 하와이의 킬라우에아 산에서 나오는 용암이 좋은 예로, 1983년부터 지속적으로 흘러나오고 있다. 하지만 그 양은 선사시대에 비하면 미미한 수준이다. 약 6480만 년 전 인도 안드라프라데시 주 마하발레슈와르와 라자문드리를 잇는 지역에 분출된 파호이호이 용암은 양이 9,300km³에 달했다. 이는 현재 킬라우에아 산에서 분출된 용암 양의 역대 기록보다 약 3,000~4,000배 많다.

라이트 형제와 플라이어 호

지금 눈앞에 보이는 'LEGO®-fied' 비행기는 라이트 형제의 플라이어(Wright Flyer) 호*를 작게 만든 모형으로 부품과 구성이 실제와 거의 똑같다. 오빌, 윌버 라이트 형제는 1892년 오하이오 주 데이턴에 자전거 가게를 열고 자전거를 고치거나 판매하면서 기술을 꾸준히 연마했다. 또 독일의 오토 릴리엔탈의 글라이더 같은 유인 비행에 관한 최신 정보도 공부했다.

라이트 형제는 새의 날개를 관찰하며 비행기 날개 조종을 구상했다. 훗날 이 방법은 선체의 방향을 반대로 돌리는 '날개 비틀림(기하학적 비틀림)' 특허를 받게 된다. 1902년 말, 형제는 파일럿이 공중에서 방향을 조종할 수 있는 방향타가 설치된 글라이더를 만들었다. 이듬해에는 새로운 설계의 플라이어 1호기를 만들었는데, 직접 제작한 가솔린 엔진과 프로펠러를 연결한 자전거 체인 소켓이 설치돼 있었다. 1903년 12월 14일 윌버가 처음 파일럿으로 탑승해 비행을 시도했지만 실패했다. 하지만 12월 17일 오전 10시 35분, 노스캐롤라이나 주 킬데빌 힐스에서 오빌이 비행기를 타고 12초 동안 36.5m를 나는 데 성공했다. 그후 90분 동안 3번의 시험 비행이 이어졌고, 마지막 시도에 윌버가 59초 동안 259.7m를 비행했다.

플라이어 호의 총길이는 6.6m다.

승강타

비행기 앞부분에 '상하 요동'을 조종하는 2개의 작은 날개가 있다. 파일럿이 승강타 레버를 뒤로 당기면 기체가 위로 상승한다(아래 참조).

날개는 모슬린(속이 거의 비치는 고운 면직물)으로 돼 있어 공기역학적 효율을 높였다.

자전거 와이어로 버팀대를 보강했다.

기록을 위하여

최초의 동력 비행은 1903년 12월 17일 오전 10시 35분 미국 노스캐롤라이나 주 키티호크의 킬데빌 힐스 인근에서 최초의 동력 비행에 성공했다. 오빌이 9kw(12마력)의 동력 기계 플라이어 1호기를 타고 36.5m를 날았다. 그는 고도 2.4~3.6m에서 12초 동안 대기속도 시속 48km, 대지속도 시속 10.9km를 유지했다. 오빌과 그의 형제 윌버가 만든 플라이어 1호기는 현재 미국 워싱턴 DC 스미스소니언협회의 미국국립항공우주박물관에 전시돼 있다.

승강타 레버

파일럿은 비행기에 설치된 받침대에 비행 방향으로 곧게 엎드려 승강타에 연결된 레버를 당기고 밀면서 고도를 조종했다. 또 자리를 옮겨 날개 끝과 방향타를 조종할 수도 있었다. 이렇게 비행기에 '기울임'과 '비틀림' 기술을 적용, 공중에서 비행 방향을 전환할 수 있었다.

*미니 피겨와 비행기는 실제와 다릅니다.

날개

12.2m 길이의 날개 한 쌍은 무명 모슬린 2겹으로 싸여 있었다. 엔진의 무게를 상쇄하기 위해 오른쪽 날개가 10cm 더 길었으며, 파일럿은 엔진의 반대쪽에 앉아 균형을 맞췄다. 라이트 형제는 날개 바깥쪽에 설치한 줄을 당겨 방향을 조종했는데, 이는 '날개 비틀림' 시스템의 시초가 됐다.

비행기의 뼈대는 가문비나무로 만들었다.

엔진과 자전거 체인

라이트 형제가 비행기에 맞는 자동차 엔진을 찾지 못하자 형제가 운영하는 자전거 가게의 종업원 찰리 테일러가 가벼운 가솔린 엔진을 만들었다. 플라이어 호에 장착된 이 엔진은 자전거 체인 소켓을 사용해 수제 프로펠러와 연결했다.

추진력을 제공하는 가문비나무 합판 프로펠러는 윌버가 설계하고 직접 깎아 만들었다. 프로펠러는 반대 방향으로도 회전하는데, 공중에서 안정성을 높여준다.

날개 총넓이: 47.4m²

날개 사이를 받치고 있는 뼈대의 길이는 1.8m다.

프로펠러

2.6m 길이의 프로펠러 날개는 가문비나무를 깎아 만들었다. 날개는 회전축 근처의 폭이 5cm이지만 끝으로 가면 20.3cm로 넓어진다. 프로펠러는 350rpm(분당 회전수)으로 역학 에너지의 66%를 추진력으로 바꿨다. '이중 반전 프로펠러'로 반대 방향으로 돌릴 수도 있다.

그거 알아?

1878년, 어린 오빌과 윌버 라이트 형제는 아버지에게 헬리콥터 장난감을 선물로 받았다. 프랑스의 항공 개척자 알폰스 페노의 설계를 본떠 종이와 대나무 코르크로 만들어진 장난감이었다. 고무밴드가 연결돼 헬리콥터의 회전자가 돌아갔다. 형제는 이 선물이 작동하는 모습에 푹 빠졌고, 항공학에 대한 열정을 높이는 계기가 됐다.

살아 있는 지구 Living Planet

위대한 곤충 건축가

호주 동부에는 높이 6m, 둘레 30.5m의 흰개미집이 있다. 생각보다 복잡한 구조로 다락, 창고, 육아실 그리고 곤충이들의 키우는 정원까지 마련돼 있다(아래 초록 원 안의 정보 참조). 별집 형태의 방에 환기구까지 달려 있어 여왕개미의 방과 육아실은 늘 일정 온도로 유지된다. 이 거대한 기둥 모양의 흰개미집은 병정개미들이 모래나 흙에 자신들의 침을 섞어 만든다.

흰개미집은 중앙에 굴뚝이 있고 벽이 다공성이라 공기가 잘 통한다. 낮에 따뜻해진 공기가 위쪽 구멍을 통해 외부의 새로운 흙을 따라 시원하고 신선한 공기가 유입된다. 밤에는 반대로 둥지 환경을 안락하게 유지시킨다. 이 순환 과정이 둥지 환경을 안락하게 유지시킨다.

100%

흰개미집은 얇은 벽을 사이에 두고 다양한 용도의 공간으로 나뉜다.
여기에는 포식자가 들어오지 못하게 막아놓은 '방'부터 곰팡이를 재배하는 '정
원'까지 있다. 흰개미들은 곰팡이를 기우는데, 곰팡이는 개미의 주식인 나무나
잎을 씹어 부패를 돕고 필요한 영양소를 제공한다. 정원도 흰개미
집이 복잡한 환기 시설 덕에 온도가 일정하게 유지된다.

식물 Plants

가장 큰 육식 식물
2011년 3월 26일 보르네오 섬에서 41cm 높이의 거대 벌레잡이통풀이 발견됐다. 이 식물은 유동체가 가득한 함정에 떨어진 곤충을 소화해 양분으로 쓰는데, 간혹 개구리나 도마뱀 같은 작은 척추동물도 잡힌다.

가장 큰 꽃
라플레시아 아르놀디는 꽃의 지름이 91cm, 무게는 11kg이나 된다. 동남아시아가 원산지로 잎이나 줄기, 뿌리가 없이 정글에 있는 덩굴에 기생해 꽃을 피워 번식한다.

최초의 육지 식물
쿡소니아는 약 4억 2500만 년 전인 실루리아 중기에 처음 모습을 드러냈다. 잎이 거의 없고 줄기에 꽃과 뿌리가 있는 간단한 구조의 식물이었다.
최초의 진짜 나무는 중국 저장 성에서 발견된 은행나무(징코 빌로바)로 약 1억 600만 년 전 쥐라기 시대에 처음 모습을 드러냈다.

가장 깊은 곳에 있는 식물
1984년 10월 바하마 산살바도르 섬 인근 바다 밑 269m에서 조류가 발견됐다. 고동색의 이 식물은 바닷물에 태양 빛이 99.9995% 가려진 환경에서도 살아 있었다.

가장 희귀한 식물
존 메들리 우드가 1895년 남아프리카 콰줄루나탈 주 은고야 숲에서 야자나무처럼 생긴 가시잎소철나무(엔케팔라르토스 우디)를 발견했다. 이때 찾은 단 하나의 개체가 이 종을 야생에서 찾은 유일한 사례다. 오래 전 멸종된 이 식물은 원래 품종을 복제한 개체들만 식물원에 남아 있다.

가장 작은 현화식물(속씨식물)
좀개구리밥의 일종인 수생식물 워터밀은 길이 1mm, 폭 3mm 이하다. 이 식물은 아주 미세한 크기의 꽃을 피워 **가장 작은 열매를** 맺는다. 열매는 무게 약 70마이크로그램에 길이는 0.25mm다.

가장 악취가 심한 식물
일명 '시체꽃'이라 불리는 아모르포팔루스 티타눔(혹은 타이탄 아룸)이 내뿜는 고기 썩는 것 같은 악취는 0.8km 밖에서도 느껴질 정도다.
　이 식물은 **가장 큰 알줄기**도 가지고 있다. 양분을 저장하는 땅속줄기(알줄기)는 모양이 둥근 편이다. 가장 큰 개체는 무게가 153.9kg이나 됐다.

가장 큰 균류
미국 오리건 주 동부 블루 산의 멜휴어 국유림에 있는 뽕나무버섯속의 꿀버섯은 축구장 1,220개와 맞먹는 890헥타르를 뒤덮고 있다.

키가 가장 큰 나무
레드우드와 유칼립투스는 2종 모두 113m 이상 자란 기록이 있다.
현존하는 가장 키가 큰 나무는 미국 캘리포니아 주 레드우드 국립공원에 있는 레드우드 '히페리온'으로 2009년 측정한 키가 115.85m였다.

가장 외딴곳에 있는 나무
뉴질랜드 남섬 남쪽의 캠벨 섬에 전 총독이 심은 가문비나무속 수목은 그곳에서 100년을 혼자 자랐다. 가장 가까운 동종의 나무는 222km 떨어진 오클랜드 섬에 있다.

가장 육중한 유기체
미국 유타 주 워새치 산맥에 있는 '판도'라고 불리는 미국사시나무 숲은 하나의 근계에서 나온 나무들이 43헥타르를 뒤덮고 있다. 이 넓이는 **사방이 육지로 둘러싸인 가장 작은 국가** 바티칸과 맞먹는다. 이곳의 나무들은 하나의 유기체처럼 동시에 단풍이 든다.

가장 큰 꽃나무
미국 캘리포니아 주 시에라마드레에 있는 등나무는 1994년 측정 당시 0.4헥타르 면적에 무게 220톤, 줄기는 152m까지 뻗어 있었다. 1892년에 심긴 이 무거운 등나무는 5주 정도의 개화기에 약 150만 송이의 꽃을 피운다.

빠르고 느리게 자라는 식물

◀ 가장 빠르게 자라는 나무
참오동나무는 첫해에 6m까지 자랄 수 있다. 이는 3주에 30cm씩 자라는 꼴이다. 중국 중부와 서부가 원산지로 미국에도 퍼져 있다.
이 커다란 나무는 광합성을 할 때 다른 나무들보다 3~4배 많은 산소를 생성한다.

가장 느리게 자란 나무
155년 동안 캐나다 그레이트 호 절벽에 있는 멀구슬나무 한 개체는 골프티 2개의 길이에도 못 미치는 10.2cm만 자랐다. 이 나무는 155년 동안 총무게 17g, 연평균 0.11g만 늘어 측정하기도 미안한 수준이었다.

▶ 가장 빠르게 자라는 식물
대나무속 식물 45종 중 일부는 매일 91cm씩, 1시간 평균 3.7cm나 자란다. 대나무는 보통 줄기의 지름이 최대치인 상태로 땅에서 솟아 한 번의 성장기(3~4개월)에 최대 높이까지 자란다. 대나무는 이름에 '나무'가 들어가지만 여러해살이 식물이다.

식물이란?
광합성: 식물은 엽록소로 불리는 녹색 화합물로 태양 에너지를 흡수해 영양분을 만든다.

식물세포: 세포핵이 세포막으로 둘러싸여 있다. 진핵세포라고도 부른다.

뿌리: 식물은 뿌리를 이용해 땅에 자리잡는다. 움직이기 힘든 구조로 되어 있다.

당: 식물은 광합성으로 만든 영양분(왼쪽 참조)을 당이나 녹말의 형태로 저장한다.

반얀나무는 거꾸로 자라기로 유명하다. 가지에 있는 씨가 덩굴을 땅으로 뻗어 나무의 범위를 점점 넓힌다.

둘레가 가장 긴 나무

인도 안드라프라데시 주 아난타푸르에 있는 반얀나무 벵골보리수 '띰맘마 마리마누'는 가지가 뻗어 있는 범위의 둘레가 846m로, **가장 높은 빌딩**인 부르즈 할리파의 높이보다 길다. 수령 550년 이상으로 추정되는 이 나무는 사당이 따로 마련돼 있어 출산을 기원하는 사람들이 찾아와 기도를 올린다.

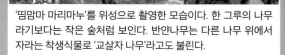

'띰맘마 마리마누'를 위성으로 촬영한 모습이다. 한 그루의 나무라기보다는 작은 숲처럼 보인다. 반얀나무는 다른 나무 위에서 자라는 착생식물로 '교살자 나무'라고도 불린다.

▲ 가장 빨리 자라는 해양식물
태평양 해안 바위에서 자라는 자이언트 켈프는 1시간에 1.4cm, 하루에 34cm까지 자란다. 한 개체는 60m까지 자란 기록도 있다. 자이언트 켈프는 **가장 빨리 자라는 해초**다.

가장 느리게 꽃이 피는 식물
1870년 볼리비아 산에서 발견된 거대 파인애플과 식물, '안데스의 여왕' 푸야 라이몬디는 자란 지 80~150년이 되어야 꽃송이가 생긴다. 일임식물로 일생에 단 한 번 꽃이 피고 열매를 맺는다.

▶ 가장 빨리 자라는 현화식물
1978년 7월 영국 실리 제도 트레스코 수도원에 심은 유카종 식물이 14일 동안 3.63m 자라 1일 평균 25.4cm의 성장 속도를 기록했다. 검상잎유카로 알려진 이 식물은 미국 캘리포니아 주 남부와 일부 멕시코에서 자란다.

육상 포유류 Mammals – Terrestrial

이빨이 가장 많은 육상동물

남아메리카에 사는 왕아르마딜로는 개미나 흰개미를 주식으로 하며, 이빨이 보통 100개 이상 난다. 대부분 포유류는 이가 빠지면 새로 나지 않는데 피그미바위왈라비, 은색 두더지쥐, 그리고 매너티(바다소목 동물)는 이빨이 계속 난다.

눈이 가장 큰 포유류

세상에서 가장 작은 영장류인 필리핀안경원숭이는 필리핀과 수마트라 섬, 보르네오 섬의 숲에 서식한다.
크고 앞으로 튀어나온 눈은 지름이 16mm로, 사람으로 치면 자몽 크기의 눈을 가진 셈이다. 안경원숭이의 몸길이는 85~160mm다.

최초의 포유류

1991년 미국 뉴멕시코 주에 있는 2억 2500만 년 전 바위에서 포유류인 아데로바시레우스 크롬프토니의 두개골 일부가 발견됐다. 현대의 나무두더지와 비슷한 모습이었다.

가장 큰 선사시대 육상포유류

3500만 년 전 유럽과 서아시아를 배회하던 인드리코테리움은 목이 길고 뿔이 없는 코뿔소(리노케로스)의 일종이다. 몸길이는 영국 런던의 2층 버스와 비슷한 11.27m였고, 혹이 난 어깨의 높이는 5.41m로 건물 2층 높이였다. 선사시대에는 아르마딜로와 심지어 캥거루 같은 설치류에게도 뿔이 있었는데, 인드리코테리움에게는 뿔이 없었다.

가장 키가 큰 포유류

다 자란 기린의 키는 보통 4.6~5.5m다. 건조한 사바나 지역과 사하라 사막 이남의 아프리카 삼림지대에서 서식하는 기린은 가장 큰 반추동물(되새김질하는 동물)이다.

단거리 달리기가 가장 빠른 육상포유류

치타는 평지에서 짧은 거리를 최대 시속 100km로 달릴 수 있다. 주로 아프리카 남부와 동부에서 발견되며, 이란을 포함한 일부 아시아에도 서식한다.
장거리를 가장 빨리 달리는 육상포유류는 가지뿔영양이다. 유제류(소·말처럼 발굽이 있는 동물)로 북미와 멕시코 일부 지역에 살며, 시속 56km 속도로 6km 거리를 달릴 수 있다.
가장 느린 포유류는 남아메리카 열대지역에 서식하는 세발가락나무늘보다. 대지에서의 평균 속도는 분당 1.8~2.4m이지만 나무 위에서는 분당 4.6m까지 속도를 낼 수 있다.

가장 희귀한 포유류

한때 자바코뿔소는 동남아시아에 흔하게 분포했다. 그러나 현재는 인도네시아 우중쿨론 국립공원에 있는 60마리 정도가 전부다.

가장 뿔이 많은 포유류

희귀한 야곱양의 수컷과 암컷은 보통 2개나 4개의 뿔이 자라지만 6개가 자라는 경우도 흔하다. 뿔 4개가 자라는 양들은 보통 한 쌍이 머리 위로 60cm 이상 자라고 다른 한 쌍은 옆으로 자란다. 이 뿔 많은 양은 미국과 영국에 서식한다.

둥지를 만드는 가장 큰 동물

다 큰 수컷 서부고릴라는 키 1.7~1.8m, 무게 136~227kg이며, 초목지역 땅바닥에 매일 둥지를 새로 만든다. 이 둥지는 지름 1.5m의 둥근 형태로 **가장 큰 포유류 둥지**다.

가장 새로운 유인원

인도네시아 수마트라 섬 북서부에 서식하는 타파눌리 오랑우탄은 2017년 11월 2일 새로운 종으로 명명됐다. 저명한 인류학자 콜린 그로브스 교수가 세상을 떠나기 전 마지막으로 이름을 붙인 포유류다. 그로브스 교수가 사망하기 한 달 전인 2017년 12월 28일, 학자들은 그를 기리기 위해 새로 발견한 종에 '그로브스'라는 이름을 붙였다. 이 '그로브스 난쟁이여우원숭이'는 2018년 1월 29일 기준 **가장 최근에 발견된 포유류**로 마다가스카르 남동부에 서식한다.

행동권이 가장 넓은 육상동물

북극곰은 1년 동안 벨기에와 비슷한 넓이인 3만km²를 떠돌아다닌다. 노르웨이 북극연구소가 2005년 8월 발표한 연구에 따르면, 북극곰 암컷 한 마리는 스피츠버겐 제도부터 에드게외위아 섬까지 74km를 헤엄쳐 갔다고 한다. '행동권'은 동물이 먹고 자고 교류하는 지역 범위를 말한다.

포유류 모임

▼ 가장 많은 포유류 집단

검은꼬리프레리도그는 미국 서부와 멕시코 북부지역에 서식한다. 1901년 발견된 프레리도그 집단은 크로아티아보다 넓은 6만 1,400km²의 지대에 4억 마리가 무리를 이뤘다.

대형 포유류 최대 서식지

북방물개는 주로 세인트조지 섬과 세인트폴 섬에 사는데, 두 곳의 넓이를 합하면 194.5km²에 이른다.
1950년대에는 250만 마리가 서식했으나 과도한 사냥으로 개체수가 줄어 지금은 100만 마리에 약간 못 미친다.

가장 멀리 이주하는 육상동물

가장 먼 거리를 이주하는 육상동물은 호저순록으로 알려진 그랜트 순록이다.
이 육상동물은 매년 거주지역에서 4,800km를 이동해 겨울을 난다. 미국 알래스카 주와 캐나다 유콘 준주에 서식한다.

도시에 있는 가장 큰 박쥐 군락

국제박쥐보존회에 따르면, 미국 텍사스 주 오스틴에 위치한 앤 W 리처드 콩그레스 애비뉴 브리지에는 여름마다 멕시코자유꼬리박쥐 75만~150만 마리가 거처를 마련한다. 이 박쥐 무리는 다리 도로 밑 콘크리트 구조물 사이에 서식한다.

가장 큰 육상포유류

다 큰 아프리카코끼리는 보통 어깨까지의 높이가 3~3.7m이며 무게는 4~7톤에 이른다.
어른 수컷 아프리카코끼리의 뇌는 무게가 5.4kg으로 **육상포유류 중 뇌가 가장 무겁다.** 고래 중 가장 큰 개체들만 코끼리보다 뇌가 크다.

아프리카코끼리는 아시아코끼리보다 귀가 크다. 아프리카코끼리는 암컷과 수컷 모두 상아가 나지만, 아시아코끼리 암컷은 상아가 없다. 사실 아시아코끼리가 아프리카코끼리보다 멸종된 매머드와 더 가까운 종이다.

가장 작은 포유류

키티돼지코박쥐는 호박벌보다 크기가 작다. 머리부터 몸통까지 길이가 29~33mm, 날개 길이 130~145mm, 무게 1.7~2g이다. 이 작은 박쥐는 태국 남서부 깐짜나부리 주 쾌노이 강의 석회동굴 일부와 미얀마에서 발견된다.

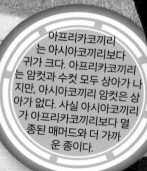

100%

◀ 최대 규모 포유류 무리

매년 10월이면 아프리카 잠비아 카산카 국립공원 내 습지림 1헥타르 면적에 볏짚색과 일박쥐 500만~1,000만 마리가 모여든다. 많은 박쥐가 매일 나무에 거꾸로 매달려 자다 보니 종종 가지가 무게를 이기지 못하고 부러지곤 한다. 게다가 이 자세는 물수리 같은 포식자들의 공격을 피하기도 힘들다.

▲ 최대 규모 포유류 떼(역대)

19세기 아프리카 남부 평원에는 스프링복 수백만 마리가 모여 살았다. 1849년에는 스프링복 한 무리가 남아프리카 웨스턴케이프 주 보퍼트웨스트로 3일 내내 이주하는 모습이 목격되기도 했다.

수생/반수생 포유류 Mammals – Aquatic/Semi-aquatic

엄니가 가장 긴 바다코끼리

바다코끼리는 평균 50cm 길이의 엄니(크고 날카롭게 발달한 포유류의 이빨)를 가지고 있다. 하지만 1997년 미국 알래스카 주 브리스틀 만에서 발견된 한 개체는 오른쪽 엄니의 길이가 96.202cm였고, 왼쪽은 그보다 2.54cm 짧았다.

가장 오래 산 포유류

2007년 이누피아트 에스키모들이 미국 알래스카 연안에서 고래 사냥을 하다가 북극고래 4마리를 낚아 올렸다. 그중 한 마리는 목 부근 지방층에 19세기 후반에 사용하던 작살이 꽂혀 있었다. 그 고래의 크기는 15m로 80~100세쯤 됐을 때 목에 작살이 꽂힌 것으로 추측됐다. 과학자들은 이를 근거로 2007년 당시 이 개체의 나이를 211세 정도로 추정했다.

가장 깊게 잠수한 포유류

2013년 해양과학자들이 미국 캘리포니아 남부 연안에서 3개월에 걸쳐 민부리고래 3마리를 연구했다. 위성에 연결된 태그를 부착해 고래들이 잠수하는 습성을 기록했는데, 가장 깊이 내려간 기록은 프랑스 파리 에펠 탑 높이의 9배 이상인 2,992m였다.
같은 연구에서 **포유류 최장시간 잠수 기록**도 나왔는데, 2시간 17분 30초 동안 물속에서 나오지 않았다.

가장 작은 수생포유류

아메리카물뒤쥐는 전체 몸길이가 고작 130~170mm인데, 이 중 꼬리가 57~89mm나 된다. 무게는 8~18g이다. 다 큰 수컷이 암컷보다 크다. 몸이 가벼워 물에 들어가면 물위로 계속 뜨기 때문에 헤엄쳐 잠수해야 한다. 미국 알래스카와 캐나다 산악지역의 계곡이나 호수에 서식한다.

가장 작은 기각류

기각류(왼쪽 아래 상자 참조)에는 육식 수생포유류인 바다표범과 바다코끼리도 포함된다. 가장 작은 기각류는 갈라파고스물개다. 성체 암컷의 평균 길이는 1.2m, 무게는 27kg이다. 보통 수컷이 훨씬 큰데 평균 길이 1.5m, 무게 64kg 정도다.

가장 위험한 기각류

표범물개는 확실한 이유 없이 인간을 공격하는 유일한 바다표범 종이다. 빙하의 갈라진 틈에서 올라와 사람의 다리를 물려고 쫓아온 사례가 여러 번 기록됐다.

가장 큰 기각류

34종의 기각류(포유류 중 다리가 지느러미처럼 생긴 동물류) 중 아남극 섬들에 서식하는 남방코끼리물범이 덩치가 가장 크다. 부풀어 있는 코끝부터 쭉 뻗은 꼬리지느러미까지 평균 길이가 5m에 달한다. 둘레는 최대 3.7m, 무게는 3,500kg까지 나간다.

털이 가장 빽빽한 포유류

해달은 털이 가장 많은 옆구리와 엉덩이를 기준으로 cm²당 40만 개의 털이 있다. 해달은 지방이 없어 방수 털에 의지해 체온을 유지하기 때문이다. 해달은 전 세계에 분포해 있지만 대부분 미국 알래스카 연안에 서식한다.

역대 가장 큰 수달

고생물학자들의 말에 따르면 에티오피아 곰수달은 무게가 200kg 정도였다고 한다. 약 530만~260만 년 전 선신세에 살았던 이 수달은 에티오피아 아파르 계곡에서 두개골 일부 화석이 발견됐다.

가장 희귀한 민물포유류

인도네시아 수마트라 남부 파가르 알람에서 상처 입은 수마트라갯첨서(땃쥐목 땃쥐과) 1마리가 발견돼 1921년 학계에 정식으로 보고되고 명명됐다. 하지만 그 후 살아 있는 개체가 목격된 기록은 없다.

가장 멀리 이주하는 포유류

혹등고래는 적도 근처 따뜻한 물에서 새끼를 낳고 8,200km 이상을 이주해 먹이가 풍부한 북극이나 남극지역에서 생활한다.

가장 빠른 해양동물

1958년 10월 12일 한 범고래가 그레이하운드가 질주하는 평균 속도의 4분의 3 정도인 시속 55.5km를 기록했다. 까치돌고래도 짧은 거리를 비슷한 속도로 헤엄친 기록이 있다.

푸른 거물

▶ 가장 큰 포유류

무게를 기준으로 지구상에서 **가장 큰 동물**은 다 자랐을 때의 무게가 160톤이나 되는 대왕고래다. 성체의 평균 길이는 24m이지만, 1947년 3월 20일 남극해에서 잡힌 한 개체는 길이 27.6m, 무게 190톤을 기록했다. 대왕고래의 동맥은 농구공이 통과할 수 있을 정도로 넓다. **혀도 가장 무거운**데, 무게가 약 4톤으로 다 자란 아프리카코끼리 혹은 갓 태어난 대왕고래 새끼와 비슷하다.

등에 작은 지느러미가 있다. 종마다 다르다.

살집이 있는 꼬리를 저어 몸을 앞으로 나가게 한다. 꼬리 모양이 조금씩 달라 꼬리로 개체를 구분하기도 한다.

대왕고래의 몸은 물속에서는 어두운 푸른색을 띠지만, 수면에서는 푸른 회색빛을 띤다.

가장 큰 민물포유류

하마는 보통 무게가 1,300~1,500kg 정도지만
3,630kg까지 나가는 개체도 있다. 수컷은 평생에
걸쳐 크기와 무게가 점점 늘어나는 반면, 암컷은
25세 무렵 성장이 멈춘다. 하마는 사하라 사막
남쪽 아프리카의 강과 호수, 습지에 서식하며,
밤에만 풀을 뜯기 위해 물 밖으로 나온다.

하마는 민물포유류 중
가장 크게 입이 벌어진다.
턱이 150도까지 벌어지는데,
45도를 벌릴 수 있는 인간보다
100도 이상 입을 크게 벌린다.
턱관절이 두개골의 뒤쪽에
있기 때문이다.

'히포포타무스(하마)'는 '강의 말'을 뜻하는 고대 그리스어에서 비
롯됐다. 이 거대한 생명체는 뜨거운 태양을 피해 매일 16시간을
물에서 지낸다. 그리고 엄청난 무게에도 불구하고 움직임은 굼
뜨지 않다. 하마는 육지에서 시속 30km의 속도로 달릴 수 있다.
둥글둥글한 생김새로 온순해 보이지만 매년 수백 명이 하마에
게 목숨을 잃는다.

머리 위에는 2개의 분수 구멍이 있어 고래
가 수면으로 올라왔을 때 호흡할 수 있다.

3~4m에 이르는 지느러미는
아랫면이 하얀색이다.

고래의 위턱에는 케라틴(가죽이나 털, 머리카락, 손톱을 형성하는 단백질)으로 된
수염이 나 있다. 고래는 이 수염을 이용해 물속의 작은 크릴새우를 걸러 먹는다.

가장 큰 심장

대왕고래는 동물 중에서 가장 큰
심장을 가지고 있다. 어떤 개체의
심장은 소형 자동차보다도 큰데,
무게가 젖소 1마리와 비슷하다
(680kg). 대동맥은 어른이 기어
들어 갈 수 있을 정도로 넓으
며 8,520리터의 혈액을
내뿜는다(인간은 4.5리터).

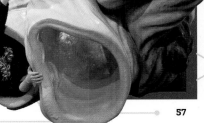

새 Birds

100%

최초의 새

가장 오래된 조류의 화석은 2억 2000만 년 전의 것으로 미국 텍사스에서 두개골 조각이 2개 발견됐다. 프로토아비스 텍센시스로 명명된 이 꿩 크기의 생물은 1억 5300만 년 전 독일 쥐라기 퇴적층에서 발견되어 가장 오래된 조류로 알려진, 까마귀 크기의 날짐승 아르카이옵테릭스 리토그라피카(시조새)보다 수백만 년 더 전에 살았던 새로 추정되면서 논란이 일었다. 하지만 프로토아비스가 진짜 조류로 받아들여질지는 확실하지 않다. 현재 화석이 남아 있는 가장 오래 전 **최초로 하늘을 날았던 새**는 아르카이옵테릭스다.

역대 가장 큰 새

약 1000년 전 멸종한 마다가스카르의 아이피오르니스 막시무스(코끼리새)가 역대 가장 큰 새다. 이 새는 주금류(走禽類, 날지 못하는 새)로 3~3.3m의 키에 무게는 약 500kg이나 나갔다. 아이피오르니스는 **역대 가장 큰 알**을 낳았는데, 길이가 33cm였다. 액체 형태의 내용물은 8.5ℓ에 달했는데 이는 타조 알 7개, 달걀 183개, 벌새 알 1만 2,000개와 맞먹는 양이다!
현존하는 가장 큰 새는 북아메리카 타조. 이 주금류 새의 수컷은 키 2.74m에 무게는 156.5kg까지 나간다.

가장 멀리 이동하는 새

북극제비갈매기는 다른 어떤 종의 새들보다 멀리 이동한다. 북극권 북부에서 새끼를 낳고 겨울이면 남극으로 남하했다가 다시 돌아오길 반복한다. 약 8만 467km 거리를 여행한다.
반대로, **가장 짧은 거리를 이동하는 새**는 북아메리카의 더스키그루즈(푸른들꿩)다. 겨울에는 산악 지형의 솔숲에 서식하다가 봄이 오면 새싹과 작물의 씨를 먹기 위해 고작 300m 아래 낙엽수림으로 이동해 생활한다.

가장 오래 비행하는 새

검은등제비갈매기는 어린 시절 땅에 있는 둥지를 떠나 3~10년 정도 비행하며 성장한다. 성체가 되기 전까지 간혹 물 위에서 쉬다가 어른이 되면 땅으로 돌아와 새끼를 낳는다.

가장 냄새가 심한 새

콜롬비아 열대 우림에 서식하는 호아친은 독특한 외모를 가진 새다. 꿩, 뻐꾸기, 부채머리새 등과 함께 분류되며, 심지어 자신의 종들로만 분류되기도 한다. 호아친은 몸에서 소의 거름과 같은 냄새가 난다. 초식성으로 나뭇잎을 먹는데, 소와 비슷한 소화기관의 전장(前腸, 척추동물의 소화관 최전방)에서 나뭇잎이 발효되면서 나는 냄새로 추정된다(이런 형태의 소화기관을 가진 새는 흔치 않다).

가장 많은 독을 품고 있는 새

파푸아뉴기니의 두건 피토휘는 독을 가진 몇 안 되는 새다. 1990년 과학자들은 이 새의 깃털과 피부에 신경을 마비시키는 강력한 독인 호모바트라코톡신이 있다는 사실을 발견했다.

가장 큰 벌새

자이언트벌새는 해당 속(屬)에 포함된 유일한 종(種)으로 무게는 18~24g이다. 깃털 빛깔은 화려하지 않으며 크기는 유럽의 찌르레기나 북아메리카의 홍관조와 비슷하다 남아메리카 서부 극단 및 안데스 산맥의 양쪽에 서식한다.

가장 작은 새

쿠바 유스 섬에 사는 벌새의 수컷은 길이가 57mm로 골프 티(티샷할 때 공을 올려놓는 못처럼 생긴 장비)보다 약간 크다. 심지어 길이의 반 이상을 꼬리와 부리가 차지하고 있다. 이 종의 수컷은 1.6g으로 놀이용 카드 한 장보다 가볍다. 암컷은 약간 더 크다.

100%

새가 가장 깊이 잠수한 기록

공식적으로 기록된, 새의 가장 깊은 잠수 기록은 534m로 남극 로스 해 쿨먼 섬에서 29kg의 황제펭귄이 세웠다. 스크립스해양대학의 제럴드 쿠이먼 교수(미국)가 1993년 11월 측정했다. 쿠이먼 교수는 5종의 새가 잠수하는 모습을 약 1만 6,000회 기록했는데, 가장 긴 잠수 기록은 15.8분이었다.

> 펠리컨은 턱밑 물주머니에 한 번에 11ℓ의 물을 담을 수 있다. 물고기를 물과 함께 입에 담은 뒤 물은 버리고 물고기만 삼킨다. 날이 더우면 물주머니를 사용해 체온을 떨어뜨리기도 한다.

부리가 가장 긴 새

오스트레일리아사다새(펠리컨의 일종, 왼쪽 참조)는 부리가 34~47cm로 조류 중 가장 크다. 끝이 갈고리처럼 휘었고, 구애 기간에는 밑에 달린 주머니의 색이 변한다. 어미 새의 몸 빛깔은 흰색이다. **몸의 크기에 비해 부리가 가장 긴 새**는 칼부리벌새다. 부리의 길이가 10.2cm로, 꼬리를 뺀 몸의 전체 길이보다 길다.

새의 속도

▶ 가장 느리게 나는 새

아메리카우드콕과 유라시안우드콕(멧도요)은 고작 시속 8km의 속도로 비행한다. 이는 구애 기간 중 갑자기 날갯짓을 멈추고 낙하하는 구간을 뺀 속도를 측정한 값이다.

▼ 가장 빠르게 헤엄치는 새

젠투펭귄은 시속 36km의 속도로 헤엄칠 수 있다. 참고로, 우사인 볼트가 2008 베이징 올림픽 **100m 달리기에서 최고** 기록을 세울 당시 평균 속도는 시속 37km를 살짝 넘었다.

▼ 비행 가능한 새 중 가장 빨리 달리는 새

크로드러너는 미국 남서부에 서식하며 주로 땅에 집을 짓고 산다. 짧은 거리를 시속 42km에 주파하기도 한다.

20cm
가장 큰 새알이면서
새의 크기에 비해 가
장 작은 알의 크기
(타조)

14cm
가장 큰 오리알
(흰 베이징종오리)

12cm
새의 크기에 비해
가장 큰 알(갈색키위)

100%

5.3cm
벌새 알의 실물 크기

1cm
가장 작은 새알
(버베인 벌새)

날 수 있는 새 중 가장 무거운 새

남아프리카와 동아프리카에 서식하는 아프리카큰느시는 1936년 학계에 보고된 가장 큰 표본의 무게가 18.1kg 이상이었다. H T 글린이 남아프리카에서 사냥했으며, 나중에 영국 런던 영국박물관에 머리와 목을 기증했다.

선사시대 하늘을 날던 가장 큰 새는 독수리 비슷한 아르젠타비스로, 600만~800만 년 전에 살았다. 양 날개 길이가 6m 이상, 무게는 약 80kg이었다.

가장 높이 나는 새

1973년 11월 29일 상아해안 아비장 상공 1만 1,300m를 비행하던 항공기에 루펠독수리가 충돌했다. 미국자연사박물관이 남아 있던 깃털을 확보해 충돌한 새의 종을 식별했는데, 루펠독수리가 6,100m 이상으로 나는 경우는 매우 드물다.

현존하는 가장 큰 맹금류

안데스 산맥과 남아메리카 서부해안에 서식하는 안데스콘도르는 날개 길이는 3.2m다. 수컷이 암컷보다 무거운데 15kg까지 나간다.

◀ **비행이 불가능한 새 중 가장 빨리 달리는 새**
강력한 다리를 가진 타조는 최대 시속 72km로 달릴 수 있다. 대부분의 조류와 다르게 타조는 날지 못하는 주금류다.

▶ **수평 비행이 가장 빠른 새**
2004년 프랑스와 영국의 과학자들은 위성 태그가 부착된 회색머리 앨버트로스가 대지 속도 시속 127km로 8시간 이상 비행한 사실을 보고했다. 이 새는 사우스조지아 버드아일랜드에 있는 둥지로 돌아가는 길이었다.

▶ **가장 빠르게 다이빙하는 새**
매는 물에 뛰어들 때 순간 종단(終端) 속도가 시속 300km까지 나오는 **가장 빠른 동물**이다. 2005년 켄 프랭클린(미국)이 키우던 매 '플라이트풀'은 약 4.8km 상공에서 비행기를 타고 가다가 다이빙했는데, 이때 속도가 시속 389.46km였다.

파충류 Reptiles

가장 빠른 파충류

장수거북은 평소에는 시속 1.8~10.08km로 헤엄치지만 가장 빠를 땐 시속 35.28km까지 나온다.

육지에 사는 가장 빠른 파충류는 코스타리카 가시꼬리이구아나로, 한 개체는 시속 34.6km까지 기록했다. 이는 미국 워싱턴대학의 레이먼드 휴이 교수와 UC 버클리대학의 연구진들이 진행한 실험에서 수집된 정보로, 특별히 제작된 도마뱀 달리기 트랙을 사용했다.

가장 빠른 육지뱀은 블랙맘바(코브라의 일종)로 아프리카 남동부 열대지역에 서식한다. 이 뱀은 평지에서 짧은 거리를 달릴 때 시속 16~19km까지 속도를 낼 수 있다.

가장 작은 파충류

3종의 파충류가 기록을 차지했다. 브루케시아 미니마, 브루케시아 미크라, 브루케시아 투버쿨라타의 성체 수컷들이다. 카멜레온의 일종으로 이 3종은 다 자라도 코끝에서 항문까지 길이가 1.4cm 정도다. 암컷은 수컷보다 크지만 3cm를 초과하지 않는다.

가장 오래된 파충류 화석

캐나다 펀디 만에 있는 길이 15km의 조긴스 화석 절벽층에는 3억 5400만~2억 9000만 년 전 석탄기에 살았던 생명체들의 모습이 다양하게 담겨 있다. 여기에는 약 3억 1500만 년 전에 살았던 지구상에서 가장 오래된 파충류 화석인 힐로노무스를 포함해 148종의 화석이 있다.

최초의 수상 파충류는 메소사우루스로 페름기 초기(2억 9800만~2억 7200만 년 전)에 현재 남아프리카와 남아메리카 지역의 담수에서 서식했다. 길이는 최대 2m를 넘지 않았으며, 턱이 길쭉했고, 이빨은 바늘처럼 뾰족했다. 꼬리와 발에는 지느러미가 있었던 것으로 추정된다. 대륙 이동을 지지하는 증거 화석이다.

최초로 하늘을 난 파충류는 코엘루로사우라부스로 페름기 말기에 해당하는 2억 5500만 년 전 로핑기에 서식했다. 길이는 대략 40cm였고, 외형은 도마뱀을 닮았다. 하지만 몸이 길고 납작했으며, 양쪽 끝에 뻗은 뼈대 사이로 얇은 피부막이 있어 글라이더처럼 활공하기에 적합했다.

눈이 가장 큰 파충류

고생물학자들이 현존하는 화석을 연구해 알아낸 눈이 가장 큰 파충류는 어룡(魚龍) 템노돈토사우루스로 안구의 지름이 30cm가 넘었다. 이 파충류는 쥐라기 초기(2억~1억 7500만 년 전) 오늘날 유럽의 대양 깊은 곳에 살았다.

가장 큰 거북

거북이나 자라 등은 보통 거북목에 속한다. 장수거북은 주둥이 끝에서 꼬리 끝까지 길이가 1.83~2.13m이며, 앞지느러미를 활짝 펴면 그 폭이 2.13m에 달한다. 무게는 914kg 정도다.

가장 긴 도마뱀

파푸아뉴기니에 살며 살바도리 혹은 파푸안 모니터로 불리는 이 날씬한 도마뱀은 길이가 4.75m에 이르며, 꼬리가 몸길이의 약 70%를 차지한다. 이 도마뱀의 기대수명은 대략 15년 정도다.

가장 멀리 이동하는 파충류

2006~2008년 초반까지, 위성 추적장치를 단 장수거북 한 마리가 파푸아의 둥지에서 출발해 인도네시아를 거쳐 미국 오리건 주에 알을 낳으러 갔다. 총 2만 558km를 이동했으며, 이 여정은 647일이 걸려 마무리됐다.

현존하는 가장 큰 사막도마뱀(Skink)

원숭이꼬리도마뱀 혹은 꼬리말기도마뱀으로도 알려진 솔로몬 제도 사막도마뱀은 81cm까지 자라며, 몸길이의 반 이상을 꼬리가 차지한다. 이 상당한 몸집의 도마뱀은 과일이나 채소를 주로 먹는다. 해당 속(屬)의 유일한 종(種)으로 주로 나무 위에서 서식한다.

가장 작은 거북은 반점망토거북 혹은 반점패들로퍼(호모푸스 시그나투스) 종으로 등딱지의 길이가 6~9.6cm다. '패들로퍼'는 나미비아와 남아프리카공화국의 공용어인 아프리칸스어로 '보행자'를 뜻한다.

가장 긴 뱀

동남아시아와 인도네시아, 필리핀에서 발견되는 그물무늬비단뱀은 길이가 보통 6.25m를 넘는 **가장 긴 파충류**다. 지금까지 기록된 가장 큰 뱀은 10m가 넘는다(61쪽 참조).

비늘로 덮인 동물들

◀ 가장 큰 독도마뱀

2009년 과학자들은 코모도왕도마뱀의 아래턱에서 독성 단백질을 내뿜는 한 쌍의 분비샘을 발견했다. 수컷은 평균적으로 2.59m까지 자라고 무게가 79~91kg까지 나가 **가장 큰 도마뱀**으로 기록됐다.

가장 작은 도마뱀은 스패로닥틸러스 파서노피온과 스패로닥틸러스 아리아시로, 코끝에서 항문까지 길이가 평균 1.6cm다.

▼ 가장 긴 독사

인도와 동남아시아에 서식하는 킹코브라는 하마드리아데스라고도 불리며 길이 4m, 무게 6.8kg까지 자란다. 이 중 **가장 긴 독사**는 1937년 4월 말레이시아 포트딕슨 인근에서 포획됐다. 영국 런던동물원에 전시됐는데, 1939년 가을에 측정한 길이가 5.71m였다. **역대 가장 긴 뱀**은 옆 페이지 상단에 나온다.

이 사진은 호주 노던 주 다윈의 악어 동물원 크로코사우르스 코브에서 촬영했다. 방문객들은 '죽음의 케이지'라 불리는 유리관에 들어가 15분 동안 악어를 볼 수 있다.

가장 무거운 파충류

바다악어는 인도와 인도네시아, 뉴기니와 호주 북부를 포함한 태평양, 아시아 열대지역에 서식한다. 수컷은 성인 남자 20명의 무게와 맞먹는 1,200kg까지 자랄 수 있지만, 평균 무게는 408~520kg 정도다. 암컷은 훨씬 작다.

사육 중인 가장 큰 악어(현재)

호주 바다악어인 카시우스는 몸길이가 5.48m다. 현재 호주 그린 섬 마린랜드 악어공원에 살고 있다. 사진은 공원의 설립자 조지 크레이그가 먹이를 주는 모습이다.

▶ 가장 독성이 강한 도마뱀

힐라몬스터(미국독도마뱀)는 미국 남서부와 멕시코 북서부에 서식한다. 쥐의 정맥에 주입하는 독의 강도가 LD50 0.4mg/kg로, 수마트라 스피팅 코브라와 비슷한 독성을 가졌다. 'LD50'이란 '치사량 50%'의 약어로, 실험 동물집단의 50%가 사망한다는 뜻이다. 힐라몬스터는 뱀처럼 독을 먹이의 혈관에 직접 주입하지는 않지만, 물어서 생긴 상처를 통해 독이 서서히 퍼진다. 다행히도 인간은 이 도마뱀에 물려 사망하는 일이 극히 드문데, 물린 상처에 퍼지는 독의 양이 상대적으로 매우 적기 때문이다.

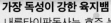

가장 독성이 강한 육지뱀

내륙타이판독사는 호주 뉴사우스웨일스 주와 퀸즐랜드 주 등 남부지역에 주로 서식한다. 한 번의 공격으로 약 60mg의 독을 주입하는데, 무려 어른 50명 혹은 쥐 22만 마리를 한 번에 죽일 수 있는 양이다! 독성은 LD50 0.01~0.03mg/kg이다.

가장 독성이 강한 바다뱀

LD50 0.044mg/kg의 독을 가진 드보이스바다뱀은 세계에서 가장 독성이 강하다. 이 뱀은 호주 동부와 서부 그리고 북부 연안, 뉴칼레도니아, 파푸아뉴기니 주변의 얕은 바닷속 산호초 주변에 서식한다.

61

물고기 Fishes

가장 큰 포식 어류

상어 중에서 가장 난폭한 종인 백상아리는 영화 〈조스〉로 잘 알려진 최상위 포식자다. 다 큰 백상아리는 보통 4.3~4.6m 길이에 무게는 520~770kg이나 나간다. 하지만 환경만 받쳐준다면 6m도 넘게 자랄 수 있다.

가장 깊은 곳에 사는 물고기

뱀장어의 일종인 아비소브로툴라 갈라테아가 푸에르토리코 해구 8,370m 깊이에서 발견됐다. 참고로 **바다의 가장 깊은 지점**은 태평양 마리아나 해구에 있는 챌린저 해연으로, 해수면부터 바닥까지 깊이가 1만 994m다.

반대로 **가장 높은 곳에 사는 물고기**는 티베트 미꾸라지(미꾸리류)로, 히말라야 산맥 고도 5,200m 지점에서 발견된다.

가장 작은 물고기

포토코리너스 스피니셉스는 성적으로 원숙해진 어른 수컷의 길이가 6.2mm에 불과하다. 이 물고기는 아귀의 일종으로 대서양, 태평양, 인도양 그리고 필리핀 해에 서식하면서 기생을 통해 성별의 변화를 거친다. 수컷은 덩치가 큰 암컷의 등이나 배, 옆구리를 물어 한몸이 돼 사실상 자웅동체로 살아간다. **가장 작은 척추동물**이다.

가장 독성이 강한 물고기

독이 있는 생명체들은 먹잇감에 독을 주입해 숨통을 끊는다. 인도-태평양의 열대 수역에 서식하는 스톤피쉬(시난세이아 호리다)는 지금까지 알려진 어떤 어종보다 독성이 강하다. 몸무게 70kg인 사람이 이 물고기의 신경독 25mg이면 죽음에 이른다.

독이 있는 생명체들을 먹거나 단순히 만지는 것만으로도 독이 퍼질 수 있다. **먹을 수 있는 가장 독이 강한 물고기**는 홍해와 인도-태평양 지역에 서식하는 복어다. 난소, 알, 피, 간, 창자 그리고 피부에 테트로도톡신이라는 독이 있는 어종이다. 23.38mg이면 몸무게 70kg인 사람도 죽음에 이를 수 있다.

가장 강한 전기를 뿜는 물고기

전기뱀장어는 1.8m 이상 자라며, 브라질과 기아나의 강에 산다. 전기를 만드는 기관은 2쌍으로 길며, 650볼트의 전압으로 먹잇감을 기절시킨다.

가장 강한 전압을 가진 해양 어종은 지중해 및 대서양 동부 인근에 서식하는 토르페도 노빌리아나다. 이 전기가오리는 220볼트, 1킬로와트의 전기를 방전할 수 있다. 소금물은 담수보다 전기가 잘 흐르기 때문에 전기뱀장어만큼 강한 전기를 만들지 않아도 된다.

눈이 가장 많은 물고기

눈이 6개나 달린 스푸크피시는 태평양 북동부 수심 91~914m 깊이에 서식한다. 몸길이 45cm에 창처럼 뾰족하게 생겼으며, 1쌍의 커다란 눈 말고도 1번째 눈 아래에 제2의 눈으로 알려진 작은 눈 1쌍이 더 있다. 어두운 환경에서 빛을 더 잘 감지하기 위한 구조로 보인다. 제2의 눈 아래에는 3번째 눈이 있는데, 들어오는 빛을 1번째 눈으로 전달하는 역할을 한다.

가장 빠른 물고기

미국 플로리다 주 롱 키 피싱캠프에서 측정한 결과에 따르면, 돛새치는 3초에 91m를 이동할 수 있다. 시속 109km인 셈이다. **가장 빠른 육상 포유동물**인 치타는 짧은 거리를 시속 100km로 달린다.

가장 느린 물고기

해마는 몸이 뻣뻣해 수영 능력이 현저히 떨어진다. 난쟁이해마(히포캄푸스 조스테라이) 같은 작은 종은 아무리 커도 4.2cm를 넘지 못하고, 시속 0.016km 이상의 속도는 절대로 내지 못한다.

해마는 물살을 거스르며 헤엄칠 수 없다. 휩쓸려가지 않으려면 산호나 해초에 꼬리를 감고 버텨야 한다.

물속의 거인

◀ 가장 큰 강늉치고기

'머스컬랜지'로도 불리는 강늉치고기는 캐나다와 미국의 큰 강에 서식한다. 최대 길이 1.8m, 무게 32kg까지도 자라지만 길이 0.71~1.22m, 무게 6.8~16.3kg 정도가 보통이다.

가장 큰 실러캔스(역대)

선사시대 해양 어종인 마우소니아와 메갈로코엘라캔서스 도비에이는 화석으로 추정한 생전 길이가 3.5~4m로 코뿔소의 크기와 비슷했다.

마우소니아는 1억 년보다 더 전 시대에 살았고, 메갈로코엘라캔서스는 그보다 6500만 년 더 전에 살았다.

가장 큰 상어(역대)

카르카로클레스 메갈로돈은 몸길이 약 16m, 입의 크기가 2m에 달했던 것으로 추정된다. 톱니 모양의 이빨은 길이가 15.2cm 이상으로, 현존하는 친척이자 **가장 큰 포식 어류**인 백상아리보다 2배 가까이 컸다. 1600만~260만 년 전 선신세와 중신세에 서식했다.

가장 큰 물고기(역대)

1억 6500만 년 전 살았던 리드시크티스는 길이가 7.92~16.76m 정도였다. 어류는 대부분 뼈가 연골로 이루어져 있어 현재 완전한 화석 표본이 존재하지 않는다. 크기는 추정값이다. 리드시크티스는 플랑크톤을 주로 먹었던 것으로 보인다.

종이 가장 많은 물고기 과(科)
잉엇과가 가장 많다.
약 220개의 속, 2,400종
이상이 포함돼 있다.

생식 능력이 가장 뛰어난
물고기
개복치 암컷은 길이가
1.27mm인 알을 한 번에
3억 개 이상 품는다.

가장 많은 물고기
검정비늘치 속인 브리스틀
마우스가 가장 많다. 이 작은
바닷물고기는 현재 수조 마
리가 있을 것으로 추정된다.

가장 무거운 물고기

고래상어는 모든 어종 중에서 무게가 가장 많이 나가며, 동시에 **가장 큰 물고기**다. 가장 무거운 고래상어에 관한 검증된 기록은 1949년 11월 11일 파키스탄 카라치 인근 바바 섬에서 포획된 개체로 약 21.5톤으로 추정됐다. 가장 긴 개체는 2001년 5월 8일 인도 구자라트 베라발 인근의 아라비아 해에서 발견한 암컷으로 길이가 18.8m로 기록됐다. 고래상어들은 열대 및 아열대 바다에서 플랑크톤을 먹으며 서식한다.

고래상어는 **피부가 가장 두꺼운 동물**이다. 평균 두께가 10~14cm이고 표면이 고무 같은 성질로 되어 있어 보호 및 단열 효과가 있다.

가장 무거운 경골어류

개복치의 한 개체는 무게 2톤, 지느러미 폭(양 지느러미 끝에서 끝까지의 길이) 3m를 기록했다. 이 어종은 모든 대양의 열대와 온대 기후에 서식하며, 동물성 플랑크톤이나 작은 물고기, 조류를 먹는다. 개복치와 산갈치는 경골어류로 상어나 가오리 같은 연골어류와는 다르다.

◀ 가장 큰 민물고기

멸종위기종 메콩대형메기(팡가시아노돈 기가스)는 동남아시아 메콩 강 유역과 태국 차오프라야 강에 주로 서식하며 몸길이 3m, 무게 300kg까지 나간다.

가장 큰 물고기 알

가장 큰 물고기인 고래상어가 가장 큰 알을 낳는 건 어쩌면 당연할지도 모른다. 가장 큰 물고기 알은 크기가 30.5×14×8.9cm로, 미식축구공 크기의 알 속에 35cm의 살아 있는 배아가 들어 있었다. 1953년 6월 29일 멕시코 만에서 새우 어선이 발견했다.

▼ 가장 긴 경골어류

'청어의 왕'으로 알려진 산갈치는 세계 전역에 서식하고 있다. 1885년 무렵에는 미국 메인 주 페마퀴드에서 길이 7.6m, 무게 272kg짜리 개체가 잡혔다. 경골어류는 약 2만 8,000종이 있다. 아래 산갈치는 2013년 미국 캘리포니아 주 남부에서 발견됐다.

연체동물 Molluscs

최초의 두족류
엘레스메로세리단스는 약 5억 년 전인 후기 캄브리아기부터 살았던 모습이 화석으로 남아 있다. 나선형 껍데기의 내부는 여러 개의 방으로 나뉘어 있다. 두족류는 연체동물로 분류하며 오징어, 문어, 갑오징어 그리고 지금은 멸종한 암모나이트와 벨렘나이트 등이 포함된다.

가장 큰 암모나이트
1895년 독일에서 불완전한 상태의 암모나이트인 파라푸조시아 세펜라덴시스 화석이 발견됐다. 지름이 1.95m였지만 완전한 상태였다면 2.55m 정도였을 것으로 추정된다.

가장 장수한 연체동물
뱅거대학교 해양과학대(영국) 연구진들이 2006년 건져 올린 대양백합조개는 507년을 산 것으로 추정된다. 처음 발견했을 당시에 추정한 나이보다 100세가 더 늘어났다. 예전 학자들은 껍데기 겉면에 있는 나이테로 나이를 짐작했으나, 현재는 방사성 탄소연대측정 방식을 사용한다. 이 조개는 자신이 태어난 시기의 중국 왕조에서 이름을 따 '밍(명나라)'이라 불리고 있다.

가장 큰 조개
인도-태평양 산호초에서 발견된 대왕조개(트리타크나기가스)가 현존하는 쌍각연체동물 중 가장 크다. 1956년에 일본 이시가키 섬에서 길이 115cm, 무게 333kg의 개체가 발견됐고 1984년 8월에 과학 실험에 사용됐다.

가장 깊은 곳에 사는 문어
덤보문어(그림포테우티스)는 대양저 4,865m 깊이에 산다. 몸이 부드럽고 젤리 같아 엄청난 수압을 견딜 수 있다.

가장 큰 바다 민달팽이
검은 군소 혹은 캘리포니아 검은 군소로 불리는 민달팽이는 길이 99cm에 무게 14kg까지 자란다.

가장 큰 전복
적(赤)전복은 껍데기가 최대 31cm까지 자란다. 캐나다 브리티시컬럼비아부터 멕시코 바하칼리포르니아의 바닷속까지 바위틈에서 다시마를 먹으며 서식한다.

가장 작은 오징어
지금까지 단 2마리만 발견된 파라테우티스 투니카타는 독일의 남극 원정대가 1901~1903년 채집했다. 2마리 중에서 큰 개체는 다리를 포함해 1.27cm였다.

가장 독성이 강한 연체동물
호주 연안과 동남아시아 일부에서 발견되는 파란고리문어는 신경독을 가지고 있어 물리면 몇 분 안에 사망에 이르기도 한다. 문어 1마리가 성인 10명을 마비시키기에 충분한 독을 품고 있다.

가장 큰 갑오징어
호주참갑오징어(세피아 아파마)는 외투막 50cm, 길이 1m까지 자란다. 무게는 10.5kg 이상 나가기도 한다. 호주 남동부 해안을 따라 서식하며, 수심 100m 아래 산호초와 해초류가 많은 해저를 선호한다.

가장 큰 개오지
대서양사슴개오지(마크로사이프래아 케루스)는 19.05cm까지 자란다. 이 바다고둥은 열대 대서양에 가장 폭넓게 서식하며, 특히 카리브 해에 많다. 다 자라면 껍질이 담갈색을 띠고, 흰색 반점이 눈에 띄게 많아져 이름처럼 어린 사슴과 비슷한 모습이 된다. 반점은 성체가 되어야 생긴다.

가장 큰 달팽이
가장 잘 알려진 복족류는 아프리카대왕달팽이다. 1978년 12월 기록된 가장 큰 개체는 몸을 쭉 폈을 때 코에서 꼬리까지의 길이가 39.3cm, 껍데기는 27.3cm, 무게는 900g이었다. '지 제로니모'라는 이름의 이 달팽이는 1976년 6월 시에라리온에서 채집됐으며, 영국 이스트서식스 주 호브에 사는 크리스토퍼 허드슨이 키웠다.

슈퍼 사이즈 오징어

▶ 가장 무거운 남극하트지느러미오징어
2007년 2월 22일 길이 10m, 무게 450kg의 다 큰 수컷 남극하트지느러미오징어가 남극 로스 해에서 한 어부에게 잡혔다. 이 오징어는 조사를 위해 뉴질랜드로 옮겨졌다. 남극하트지느러미오징어와 친척인 대왕오징어는 거대한 덩치에도 불구하고 찾기가 매우 힘들다. 산 채로 포획되는 일은 거의 없으며, 심지어 촬영하기도 쉽지 않다.

다리 아래 면에는 키틴질로 된 수백 개의 빨판(흡반)이 있다.

1996년, 뉴질랜드 연안에서 잡힌 대왕오징어가 웰링턴에 전시됐다. 2002년 뉴질랜드 연안에서 잡힌 7마리 어린 대왕오징어들은 **산 채로 잡힌 최초의 대왕오징어로 기록**됐다.

오징어는 2개의 긴 촉완을 가지고 있는데, 나머지 다리 8개를 모두 합친 것보다 길다.

다리부는 세 부분으로 나뉜다. 다리, 빨판, 촉완이다.

연체동물
연체동물은 크게 쌍각류(조개, 홍합, 굴), 복족류(달팽이, 민달팽이), 두족류(문어, 오징어, 갑오징어)로 구분된다.

가장 큰 문어

살아 있는 태평양대왕문어(엔테르옥토푸스 도플리니)는 길이 4m, 무게 71kg으로 측정됐다. 하지만 가장 큰 문어는 다리 길이 9.6m, 추정 무게 272kg으로 기록돼 있다. 이 바닷속 거대 괴수는 다른 연체동물이나 물고기, 로브스터 등을 유혹해 먹이로 삼는다. 이때 사용하는 빨판은 하나의 크기가 최대 6.4cm 로 16kg까지 버틸 수 있다.

태평양대왕문어는 북태평양의 차가운 바다와 미국과 캐나다의 서부 연안, 그리고 한국과 일본의 동쪽 연안에 서식한다. 수명은 겨우 4년 정도로, 수컷과 암컷 모두 번식 후 금방 죽는다.

대왕오징어는 눈이 지름 40cm 이상으로, **동물 중 눈이 가장 크다.**

외투강 끝에 달린 지느러미는 오징어의 이동 능력을 돕는다.

오징어는 외투강의 물을 세게 뿜어 그 반동으로 이동한다. 외투강은 오징어의 깔때기처럼 생긴 몸통, 외투막과 내장낭 사이의 빈 곳이다.

갑각류 & 다족류 Crustaceans & Myriapods

가장 풍부한 동물류

요각류와 갑각류는 거의 모든 바다에 산다. 그 안에는 전 세계가 주목하는 동물성 플랑크톤인 크릴새우를 비롯해 1만 2,000종 이상이 포함돼 있다. 모든 개체의 수를 더하면 조 단위에 이른다. 대부분의 요각류는 길이 1mm 이하로 매우 작다.

가장 오래된 육지 동물

버스 기사이자 아마추어 고생물학자 마이크 뉴먼(영국)이 영국 스톤헨이븐 인근에서 1cm 길이의 다족류 화석을 발견했다. 4억 2800년 전 화석으로, 바다가 아닌 육지에서 살았던 최초 생명의 단서로 여겨진다. 2004년 프네우모데스무스 뉴마니로 정식 명명된 이 화석은 호흡 기관이 몸의 외부에 있다.

가장 열에 강한 동물

완보동물은 1mm 정도로 아주 작고 어떤 환경에서도 죽지 않는 동물군으로 섭씨 150도가 넘어도 살 수 있다. 심지어 우주에서도 살아남는다. 이 동물들은 환경이 나빠지면 신진대사를 멈추는 능력이 있다.

가장 깊은 곳에 사는 갑각류

미국의 해양조사선 토마스워싱턴호는 1980년 11월 태평양 서쪽 챌린저 해연(마리아나 해구) 1만 500m 깊이에서 살아 있는 절지동물 갑각류를 채집했다. 새우와 닮은 모습이었다.

최초로 알려진 독성이 있는 갑각류

시발바누스 툴루멘시스는 앞을 보지 못하는 갑각류로 멕시코 유카탄 반도 카리브 해 바닷속 동굴에서 다른 갑각류를 먹으며 산다. 앞발로 먹잇감에 독을 주입하는데, 이 독은 체내 조직을 망가뜨리고 액체화시키는 방울뱀의 독과 유사하다. 시발바누스 툴루멘시스는 액체화된 먹잇감의 조직을 빨아 마신다.

가장 털이 많은 갑각류

태평양 남부 해저의 열수구에 서식하는 예티 로브스터(키와 히르수타)다. 긴 집게발과 상대적으로 짧은 흉지가 있으며, 여기에 길고 부드러운 금발의 강모가 나 있다. 이 머리카락 같은 기관은 박테리아와 뒤얽혀 있다.

최초의 따개비

고생물학자들이 인정하는 최초의 따개비는 프리스칸서마리누스 바네티다. 캐나다 브

가장 빠르게 헤엄치는 갑각류

헨슬로 꽃게(폴리비우스 헨슬로이)는 초속 1.3m로 헤엄칠 수 있다. 심지어 야생 환경에서는 더 빨리 헤엄치는 것으로 보인다.

육지에서 가장 빠르게 움직이는 갑각류는 달랑게과다. 다리의 특정 부위를 마찰해 소리를 내기 때문에 붙여진 이름이다. 이 게들은 초속 4m까지 속도를 낼 수 있다고 알려져 있다.

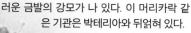

가장 긴 해양 갑각류

거미게 혹은 키다리게로 불리는 이 갑각류는 일본 남동부 연안에 서식한다. 몸의 크기는 보통 25.4×30.5cm이며 양다리 사이의 길이는 2.43~2.74m 정도 된다. 역대 가장 큰 개체는 길이 3.69m로 뱀상어와 비슷했으며, 무게는 18.6kg이었다.

리티시컬럼비아 주 버제스 혈암지대에서 발견된 중기 캄브리아기 동물군의 하나인 이 따개비 화석은 약 5억 900만~4억 9700만 년 전에 살았던 것으로 보인다. 1975년에 발견됐으며, 자루따개비의 일종으로 추정된다.

가장 큰 따개비는 왕도토리따개비(발라누스 누빌루스)로 키가 골프 티의 2배 반 정도인 12.7cm, 너비는 7cm다.

놀라운 다족류

◀ 가장 독성이 강한 지네

다양한 이름을 가진 베트남왕지네는 변형된 앞발을 이용해 독을 주입하는 공격적인 포식자다. 성분 연구자들은 이 독을 '쌈스푸키 독소'라고 부르는데 LD_{50}, 130mg/kg의 치사율을 보인다. 이 지네는 자신보다 15배 큰 동물도 죽일 수 있다.

다리가 가장 많은 동물

지네의 다리는 100개가 넘지 않는다. 노래기는 1,000개를 넘지 않지만 어쨌든 지네보다 많다. 지네는 몸의 마디마다 1쌍의 다리가 있는데, 노래기는 2쌍씩 있다. 노래기는 보통 300쌍의 다리를 가지는데 미국 캘리포니아에 사는 일라크메 플레니페스는 375쌍이 있다.

▼ 가장 큰 노래기

아프리카 자이언트 블랙 밀리페드(아르키스피로스트렙투스 기가스)의 평균 길이는 16~28cm다. 하지만 **가장 큰 노래기 개체**는 짐 클리거(미국)가 기른 '밀리'라는 이름의 성체로 길이 38.7cm, 둘레 6.7cm, 다리는 총 256개였다.

갑각류
대부분 해양 생물인 갑각류에는 로브스터, 게, 따개비, 새우, 쥐며느리 등이 포함돼 있다.

다족류
대부분 육상 생물인 다족류에는 지네와 노래기가 포함돼 있다. 갑각류와 마찬가지로 외골격의 절지동물이다. 몸은 여러 개의 마디로 구성되어 있지만, 내부 조직은 연결돼 있다.

가장 무거운 해양 갑각류

미국 로브스터, 즉 북대서양 로브스터가 바다에 사는 갑각류 중에서 가장 무겁다. 1977년 2월 11일 기록된 한 개체는 부채 모양 꼬리부터 가장 큰 집게발까지의 길이가 1.06m였고, 무게는 달마티안 개의 3분의 2인 20.14kg였다. 캐나다 노바스코샤에서 잡혔다.

가장 작은 갑각류이자 **가장 작은 절지동물**은 스티고탄톨러스 스토키다. 길이가 고작 0.094mm로, 하르팍티쿠스목(갑각류의 일종)의 껍질에 기생한다.

가장 큰 육상 갑각류
가장 무거운 육상 갑각류이기도 한 코코넛크랩은 인도-태평양 열대 섬 및 환초에 서식한다. 평균 무게 2.5kg, 다리 폭은 91cm 정도지만 가장 큰 개체는 무게 4.1kg, 다리 폭 1m 이상으로 기록됐다.

가장 큰 민물 갑각류
태즈메이니아의 작은 냇가에 사는 자이언트가재(아스타콥시스 고울디)는 세계에서 **가장 작은 여성**인 조티 암지(인도)보다 큰 80cm까지 자란다.
무게는 최대 5kg이다. 이 가재는 **가장 큰 담수 무척추동물**이다.

최초의 수륙양용 지네
2016년 5월 스콜로펜드라 카타락타가 학회에서 정식으로 명명됐다. 동남아시아에 서식하는 이 지네는 몸길이가 20cm로 큰 편이며, 독이 있고, 육식이다. 조지 베카로니 박사가 2001년 태국에서 처음 발견했다. 기존에 알려진 지네들과 달리 장어처럼 몸을 물결치듯 움직이며 헤엄을 친다.

가장 종이 많은 다족류
노래기를 포함한 노래기류는 지금까지 학계에 약 1만 2,000종이 보고됐다. 하지만 아직 발견되지 않은 종도 많다. 전 세계 약 1만 5,000~8만 종이 있으리라 추정된다.
노래기는 남극을 제외한 모든 대륙에 있다.

▶ 가장 큰 지네
중앙 및 남아메리카에 서식하는 아마존왕지네는 길이가 26cm다. 페루왕노란발지네로도 알려진 이 다족류는 머리에 달린 변형된 턱을 이용해 작은 쥐나 도마뱀, 개구리 등에게 독을 주입해 잡아먹는다.
가장 작은 지네는 호프만난쟁이지네(난나르루프 호프만)다. 길이 10.3mm, 다리는 41쌍이다.

곤충 & 거미류 Insects & Arachnids

최초의 곤충
데본기 초기인 약 4억 1000만 년 전 살았던 곤충 리니오그나타 히르스티의 머리 부분 화석이 영국 애버딘셔 주 라이니 처트 지층에서 발견됐다.

가장 많은 종을 포함하고 있는 곤충
분류학적으로 볼 때 딱정벌레목에는 딱정벌레를 포함해 현재 살아 있는 곤충의 약 40%가 속해 있다. 대략 35만~40만 종에 이르며, 남극 대륙과 북극, 바닷속을 제외하면 세계 모든 지역에 서식하고 있는 셈이다.

가장 무거운 곤충
적도 아프리카에 사는 골리앗 딱정벌레(풍뎅잇과) 계열의 수컷들은 무게가 70~100g에 이르며, 작은 앞 뿔에서 배끝까지의 길이가 11cm나 된다. 가장 큰 종은 레기우스 장수꽃무지, 칠면조 장수꽃무지, 골리앗 장수꽃무지, 드루리이 장수꽃무지다.
가장 무거운 애벌레는 다 자란 악테온 장수풍뎅이의 애벌레로, 2009년에는 일본에서 228g까지 자란 개체가 기록됐다. 다 큰 암컷 쥐와 비슷한 무게다!

가장 작은 곤충
프틸리우스(혹은 트리코프테리아)과의 깃털날개 딱정벌레들과 '나노셀리니'로 분류되는 종은 길이가 25mm다. 이 작은 종 중 몇은 구멍장이버섯과의 포자관 아래에 산다.
가장 가벼운 곤충은 흡혈줄무늬이 수컷과 기생말벌 카라프락투스 킨투스로, 무게가 겨우 0.005mg이다.

날개 움직임이 가장 빠른 곤충
등에모기과의 작은 깔따구는 날개를 1분에 6만 2,760번, 초당 1,046번이나 휘젓는다! 근육을 0.00045마다 움직이는 셈인데, 역대 측정된 **가장 빠른 근육운동**이다.

가장 파괴적인 곤충
아프리카와 중동, 서아시아에 서식하는 사막메뚜기는 크기가 겨우 4.5~6cm이지만, 매일 자신의 몸무게와 같은 양의 음식을 먹는다. 특정 기후에서 떼로 몰려다니며 지나는 길에 있는 거의 모든 채소를 먹어치운다.

가장 긴 곤충
2017년 8월 대중에 공개된 중국긴대벌레의 한 개체는 다리를 쭉 뻗었을 때 몸길이가 64cm로, 가장 긴 곤충으로 기록됐다. 2014년 현장조사 중 길에서 발견한 전 기록 보유 곤충의 후손으로, 중국 청두의 서중국곤충박물관에서 길렀다.

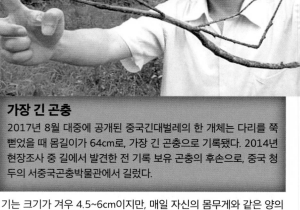

가장 큰 식초전갈
미국 남부와 멕시코 지역에 서식하는 대형 식초전갈 마스티고프로투스 기간테우스는 길이 6cm, 무게 12.4g 이상 자란다. 거미류인 식초전갈은 항문샘에서 나오는 화학물질로 포식자를 퇴치한다.

날개 길이가 가장 긴 수서곤충
수서곤충은 전체 생존 기간 중 전부 또는 일부를 물속에서 생활하는 곤충을 말한다. 2015년 7월 12일 중국 쓰촨성 청두에서 발견한 뱀잠자리는 한쪽 날개 끝에서 반대쪽 끝까지의 길이가 21.6cm였다. 날개가 있는 유시아강의 곤충이다. 수컷은 무시무시한 턱을 가지고 있지만 몸에 비해 지나치게 커 상대적으로 약하다. 주요 방어 수단은 이들이 내뿜는 악취다.

가장 빠른 거미
북아메리카와 중동의 건조한 지역에 서식하는 거미 솔리푸지드(Solpuga)는 시속 16km의 속도로 질주할 수 있다. 낙타 거미 혹은 태양거미로도 불리지만 몸이 머리, 가슴, 배 3부분으로 나뉘어 있어 진짜 거미는 아니다.

육지에서 가장 빠른 곤충
'길앞잡이'라는 이름의 오스트렐리안 타이거 비틀은 달리기 속도가 초속 2.5m로 모든 곤충 중 가장 빠르다. 최고 속도로 달리면 눈에 혼란이 오기 때문에 제대로 앞을 보려면 속도를 늦춰야 한다!

슈퍼 거미

◀ 가장 무거운 거미류
로버트 버스타드와 브라이언 버넷(둘 다 영국)이 기른 두 살 된 골리앗 버드이터(테라포사 블론디)는 테니스공 3개와 무게가 같은 170g이다. 이 헤비급 거미는 수리남 연안 우림과 가이아나, 프랑스령 기아나, 베네수엘라 남부, 브라질 북부에 서식한다.

가장 독성이 강한 거미
시드니 퍼널웹(아트락스 로버스터스) 수컷 거미의 독은 0.2mg/kg이면 인간을 포함한 영장류를 죽일 수 있다. 주로 시드니에 서식하며 뉴사우스웨일스를 비롯한 호주의 습한 지역에 많이 산다. 통나무나 나뭇잎 아래, 혹은 정원에서도 자주 발견된다. 암컷의 독은 훨씬 덜 위험하다.

가장 튼튼한 거미
캘리포니아 트랩도어거미(보드리오키르툼 캘리포니쿰)는 땅에 있는 둥지의 문을 침입자가 열려고 하면 자기 무게의 38배에 달하는 힘으로 막아내기도 한다. 이는 작은 제트 비행기가 당기는 힘을 반대편에 있는 사람 1명이 문고리를 잡고 버텨내는 수준이다.

가장 높은 곳에 사는 거미
1924년 네팔 에베레스트의 6,700m 지점에서 깡충거미과로 분류되는 거미 한 개체가 서식하는 모습이 발견됐다. 이 거미는 1975년이 돼서야 학회에 정식으로 묘사되고 명명됐다. 이 히말라야 깡충거미의 학명 유오프리스 옴니수페르테스는 '무엇보다 높은'이라는 뜻을 가지고 있다.

곤충
곤충의 몸은 머리 부분, 가슴 부분, 배 부분으로
나뉜다. 6개의 다리와 더듬이, 턱과 눈이 있다.
많은 곤충이 날개를 가지고 있다.

거미
거미의 몸은 두흉부(頭胸部)와 배로 나뉜다.
8개의 다리와 더듬이, 협각, 눈이 있다.
거미는 날개가 없다.

GUINNESS WORLD RECORDS

가장 큰 전갈

2차 세계 대전 당시 인도의 한 마을에서
발견된 자이언트포레스트전갈
1마리는 꼬리 끝까지의 길이가
29.2cm로 측정됐다. 인도
남부에서 발견되는 이 전갈은
길이가 보통 18cm 이상이다.

독성이 가장 강한 전갈

북아프리카에서 일어나는 전갈 사고의 80%, 이 중 사망하는 사람
의 90%가 사막전갈에 쏘인 경우다. 이 공격적인 야행성 포식자는
길이 10cm, 무게 15g까지 자란다. 다른 전갈들이 얇은 꼬리를 가
진 것과 다르게 사막전갈은 꼬리가 두껍다.

역대 가장 큰 거미류는
선사시대에 살았던 대형 전갈의
일종인 브론토스코르피오 앙글리
쿠스다. 고생물학자들의 말에 따르
면, 이 전갈의 길이는 최소 90cm
이상이다. 이 책을 쫙 폈을 때 길
이보다 2배 가까이 크다!

자이언트포레스트전갈은 독성이 약해서
사람이 이 전갈에 쏘여 죽었다는 기록은
없다. 큰 덩치로 먹이를 잡기 때문에 굳
이 독이 강하지 않아도 된다.

◀ 다리 폭이 가장 긴 거미

자이언트헌츠맨거미는 한쪽 다
리 끝에서 반대쪽 다리 끝까지
길이가 30cm에 달한다. 라오스
와 동남아시아에 서식하는데,
커다란 덩치에도 불구하고
2001년 동굴에서 발견
되기 전까지 학계에 정
확히 알려지지 않았다.

가장 희귀한 거미

늑대거미는 단 한 번도 개체수
가 30마리를 넘은 적이 없다. 길
이 20mm의 이 거미는 두흉부
가 붉은 갈색으로, 하와이 카우
아이 섬에 있는 일부 동굴에 산
다. 이 지역의 10.5km²에 달하
는 넓이를 용암이 덮고 있다.

▶ 가장 빠른 거미

1970년 영국에서 실시한 실험
에서 자이언트하우스거미가 단
거리를 시속 1.9km의 속도로
주파했다. 유럽과 일부
아시아, 아프리카, 북아메
리카에서 발견되는
이 거미는 자신의 몸
길이보다 33배나 되는 거리를
1초 만에 달린다.

해파리 & 해면동물 Jellyfishes & Sponges

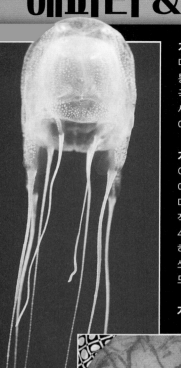

가장 큰 해파리
대부분 해파리는 접시나 종 모양이며 가장자리에 촉수가 나 있다. 몸통 지름은 2~40cm 정도지만, 훨씬 더 큰 종도 있다. 가장 큰 종은 북극자이언트해파리로 북극 북서부에 서식한다. 1870년 미국 매사추세츠 만에 떠밀려 온 한 개체는 몸통 지름 2.28m, 촉수 길이 36.5m에 달했다.

가장 작은 해파리
이루칸지상자해파리에는 약 16종이 포함돼 있다. 대부분 호주 해양에 살며, 특히 퀸즐랜드 연안에 많다. 하지만 일본이나 미국 플로리다, 멀리는 영국 해안에까지 나타나기도 한다. 몸통 지름이 5mm인 작은 종부터 부피 1cm³인 종도 있다. 이루칸지상자해파리는 촉수 4개에, 길이도 겨우 몇 cm 정도다.
하지만 이런 작은 크기에도 불구하고 독성이 아주 강해 간혹 사람이 쏘여 죽기도 한다. 다른 해파리들과 다르게 촉수뿐만 아니라 몸통에도 가시세포가 있다.

가장 큰 상자해파리
플레커맹독해파리는 가장 독이 강하고(왼쪽 아래 참조), 덩치도 가장 큰 상자해파리다. '상자'라고도 불리는 몸통은 지름 30cm까지 자라며, 60개의 촉수는 가장 길게 뻗으면 3m에 달한다. 호주, 특히 퀸즐랜드 연안에 주로 서식하는 플레커맹독해파리는 모든 생명체 중 독성이 가장 강한 편에 속한다.

가장 큰 줄기해파리
어떤 해파리는 줄기가 있는 식물처럼 생겼으며, 이 줄기로 인해 바위 혹은 산호의 표면에 붙어 생활한다. 재닛줄기해파리는 꽃받침 지름이 10cm, 높이가 3cm로 비슷한 종 중 가장 크다. 2003년 처음 발견됐다. 태평양 대양저 열수 분출공에 사는 줄기해파리는 2005년 정식으로 기록됐다. '재닛'이라는 이름은 심해 무척추동물의 새로운 종을 발견하고 보고하는 데 헌신적인 노력을 기울인 미국의 해양생물학자 재닛 보이트 박사의 이름에서 따왔다.

가장 긴 관해파리
관(管)해파리는 강장동물문, 히드로충강에 속한다. 작은 부레관해파리와 매우 닮아 종종 잘못 구분되기도 하지만 분류학적으로 다른 종이다. 관해파리의 가장 긴 종은 자이언트관해파리로, 유럽 대서양과 멕시코 만, 미국 캘리포니아에 산다. 캘리포니아에 있는 몬테레이 만 수족관연구소의 1987년 조사에 따르면, 이 구불구불한 생물 발광(發光) 종은 40m 이상으로도 자랄 수 있다.

가장 독성이 강한 해파리
가장 치명적인 독을 가진 플레커맹독해파리는 주로 호주 북부 연안에서 발견된다. 사람 60명을 죽이기에 충분한 독을 가졌으며, 매년 평균 1명이 이 해파리에 쏘여 사망한다. 쏘이면 구토, 메스꺼움, 설사, 오한, 발한, 통증 등의 증상을 겪다가 사망에 이른다. 위의 작은 사진은 호주 퀸즐랜드 바다에서 상자해파리에게 쏘인 자국이다.

가장 오래 산 해파리
'불멸의 해파리'라고도 불리는 작은보호탑해파리는 지중해와 일본 연안에 서식한다. 이 해파리는 성체가 된 뒤 다치거나 환경이 척박해지면 폴립 형태로 변해 무성생식을 한다. 그렇게 유전자가 같은 개체들이 갈라져 나와 각각 성체로 자란다. 이 과정은 무한으로 반복된다. 사실 이 종은 이름과 달리 진짜 해파리가 아니라 히드로충류에 속한다.

희귀한 해파리
쿠키몬스터(크램바이오네 쿠키)는 굉장히 크고, 분홍색을 띠며, 독성이 있는 해파리로 과학자 알프레드 게인즈버러 메이어(미국)가 1910년 호주 퀸즐랜드 주 쿡타운 인근에서 처음 목격해 보고했다. 2013년 퀸즐랜드 주 선샤인 해안에서 한 마리가 잡혀 다시 알려졌다.

슈퍼 해면동물

◀ 가장 큰 해면동물
만화 〈스펀지 밥〉으로 잘 알려진 해면동물의 종류는 다양하다. 못생긴 통 모양의 해면동물 스페시오스폰지아 베스파리움은 높이 105cm, 지름 91cm 이상 자라며 미국 플로리다 주 카리브 해에서 발견된다. 반면에 가장 작은 해면동물은 리우코솔레니아 블랑카로, 다 자라도 키가 겨우 3mm다.

가장 장수하는 해면동물
스콜리마스트라 조우비니는 육방해면류(몸의 형태를 유지시키는 골편으로 분류)다. 극도로 차가운 물에서 아주 천천히 자라는 종으로, 로스 해에서 발견된 한 개체는 최소 1만 5000년 이상 산 것으로 추정된다. 이 해면동물은 지구상에서 가장 오래 산 동물이다.

▼ 최초로 생물 기원의 층을 만든 동물
고배류(古杯類)는 컵 모양의 기관을 가지고 있으며, 통각산호와 닮았다. 이 종은 최초의 해면동물로 여겨지는데, 물속 10m 깊이에 바이오험(동 형태의 생물 기원 층)을 만들었다. 여기 이 화석은 5억 2500만 년 전 캄브리아기에 생긴 것으로 추정된다.

해파리
이 해양 생명체는 몸통이 접시나 종 모양이며, 대체로 투명하고 먹이를 공격하는 촉수가 있다.

해면동물
원시 무척추동물로 부드럽고 다공성 구조에 상대적으로 단단한 뼈대를 가졌다. 해면으로 물에 있는 공기와 영양소를 걸러낸다.

사자갈기해파리의 촉수 길이는 30.4m 이상으로 대왕고래보다 길다. 8개의 촉수 다발(1다발에 촉수가 150개 이상 나기도 한다)이 입 주변을 감싸고 있다.

가장 무거운 해파리

해파리의 몸은 대부분 부드러운 기관과 물로 이루어져 있는 데다 심장, 피, 뼈, 호흡기관, 뇌 등이 없기에 무게를 정밀하게 재는 건 거의 불가능하다. 하지만 거대한 크기와 부피, 촉수 등을 근거로 산정해봤을 때 사자갈기해파리의 무게는 1톤 이상이다. 이 해파리는 주로 북대서양, 북태평양, 북해, 그리고 호주 남부에서 서식한다.

엄청난 촉수에서 이름을 딴 사자갈기해파리는 거대한 발광(發光) 생물이다. 작은 해파리나 물고기, 동물성 플랑크톤을 주식으로 한다.

▶가장 무거운 해면동물

1909년 바하마 연안에서 둘레 1.83m의 양모 해면이 발견됐다. 원래 무게는 36~41kg 정도였으나 건조 후 몸에 붙은 불순물을 모두 제거하니 5.44kg으로 줄었다. 이 개체는 현재 미국 워싱턴 DC의 국립자연사박물관에 보존돼 있다.

역대 가장 큰 해면체 지역

약 1억 6000만 년 전 중생대 쥐라기 후기, 테티스 해에는 약 7,000km에 거쳐 유리해면, 육방해면류가 불규칙적으로 자리 잡고 있었다. 테티스 해는 대서양과 인도양이 생기기 전 로라시아와 곤드와나 대륙 사이에 있던 바다(현재의 지중해 지역부터 인도네시아 지역에 이르는 좁고 긴 바다)다.

▶최초의 육식성 해면동물

아스베스토플루마 히포게아는 1995년 1월 프랑스 라 시오타 지중해 얕은 바닷속 동굴에서 발견됐다. 최초의 발견자는 프랑스 마르세유의 해양학자들이다. 이 해면동물은 덩굴손처럼 생긴 기관으로 근처를 헤엄치는 갑각류를 몸 쪽으로 잡아끈 뒤 잡아먹는다(오른쪽 사진).

공룡 Dinosaurs

수백만 년 전에 생존했던 공룡은 지구 위를 걸어 다닌 생명체 중에서 가장 큰 생명체였다. 공룡이 얼마나 컸는지는 어떻게 확인할 수 있을까? 화석 조각들을 보고 어떻게 '끔찍한 파충류'들의 크기를 알 수 있는 걸까?

스피노사우루스

가장 큰 육식 공룡, 현존했던 **가장 큰 육상 포식자**는 스피노사우루스일 확률이 높다. 두개골 파편을 분석한 결과 이 생명체는 길이 17m에 무게는 9톤 이상이었던 것으로 보인다.

티라노사우루스 렉스

티라노사우루스 렉스는 가장 큰 공룡은 아니었지만 **무는 힘이 가장 강한 육상 동물**이었다. 어금니로 가장 세게 물었을 때의 힘은 5만 7,000뉴턴으로 추정되는데, 보통 크기의 코끼리에게 깔렸을 때 받는 힘과 같다.

공룡은 우리 행성에서 가장 겉모습이 다양했던 육상 동물이다. 크기만 보자면, 길이 39cm로 **가장 작은 공룡** 미크로랍토르 자오이아누스부터 100톤짜리 거대한 사우로포드(용각류)까지 무게 차이만 10만 대 1에 이른다.

이 선사시대의 맹수들을 처음으로 언급한 **공룡에 대한 최초의 과학적 서술**은 1824년에 있었다. 영국 옥스퍼드셔에서 메갈로사우루스 부클랜드아이의 것으로 확인된 뼈의 잔존물이 발견됐는데, 이때부터 고생물학자들은 이 생물체의 크기를 알아내기 위해 고심하기 시작했다. 화석이 온전한 상태, 혹은 약간만 유실된 채로 발견되면 문제가 없었다. 예를 들어 '수'라고 이름 붙여진 가장 **완벽한 형태로 발견된** 티라노사우루스 렉스는 1990년 미국 사우스다코타에서 생존 당시 골격의 90%가 온전한 상태로 발견됐다. 하지만 많은 공룡, 특히 **가장 긴 공룡**인 암피코일리아스(오른쪽 참조)는 일부 잔존물만 불완전한 상태로 발견됐다.

2,000종이 넘는 비조류성 공룡은 아직 특정 종으로 구분되거나 이름을 갖지 못한 채 뼛조각으로만 알려져 있다. 이런 경우 공룡의 전체 크기는 잔존물이 완전한 유사 종의 크기와 비교해 짐작해야 한다. **가장 무거운 공룡**(옆 페이지 참조)일 가능성이 높은 아르젠티노사우루스는 1990년대 초반 아르헨티나에서 일부 뼈만 발견됐다. 척추 한 마디(목뼈)의 길이가 1.59m로 거대한 초식 공룡(용각류)에 속하는데, 고생물학자들은 전체 크기를 알아내기 위해

디플로도쿠스는 모든 동물 중 가장 긴 꼬리를 가졌다. 길이 14m로 런던의 택시 블랙캡보다 약 3배나 길다!

디플로도쿠스

용각류는 트라이아스기 말에 처음 모습을 드러낸 목이 긴 거대 초식 공룡을 일컫는다. 디플로도쿠스와 브라키오사우루스가 잘 알려져 있다. **가장 긴 공룡**에 관해서는 논란이 있지만 대체로 암피코일리아스를 꼽는다. 추정 길이가 약 60m로 올림픽 수영장보다 길다!

비교적 완전한 화석이 남아 있는 초식 공룡 살타사우루스, 레페토사우루스의 척추뼈와 비교해야 했다. 이 과정을 거쳐 알아낸 아르젠티노사우루스의 최종 무게는 100톤으로 추정된다.

이 연구 방식은 정확할 때도 있지만 간혹 문제가 생기기도 한다. 몽골의 테리지노사우루스를 예로 들면, 발톱이 겉으로 드러난 길이만 91cm에 달한다. 발톱의 크기만 놓고 짐작하면 이 공룡은 몸이 거대해야 한다. 하지만 **발톱이 가장 긴 공룡**으로 기록된 이 공룡은 다른 화석들을 종합해본 결과 발톱만 긴 것으로 밝혀졌다. 이런 경우도 있으니 거대 괴수들의 실제 크기를 유추할 때는 언제나 요모조모 잘 살피고 심사숙고해야 한다.

공룡은 이미 멸종했지만 우리는 계속해서 발견하고 재구성하며, 이 거대한 생명체들이 어떻게 그렇게까지 클 수 있었는지를 이해하는 과정에 있다. 비조류 공룡들은 6500만 년 전에 사라졌지만 여전히 우리에게 강한 호기심을 불러일으키는 것처럼 말이다.

공룡의 방어 전술

▼ 가장 큰 갑옷공룡

큰 동물은 큰 방어막이 필요한데 안킬로사우루스 같은 폭 2.5m의 초식 동물은(몸 길이에 비해 **폭이 가장 넓은 공룡**) 뾰족한 돌기가 달린 방어용 갑옷을 입었으며, 무거운 망치 모양의 꼬리를 휘둘렀다.

돌기가 가장 긴 공룡

쥐라기 중기에 잉글랜드에 살았던 초식 공룡 로리카토사우루스는 꼬리에 길이가 1m나 되는 돌기(뿔)가 나 있었다(꼬리 양쪽으로 돌기가 있어 실제 길이는 2배다). 로리카토사우루스는 이 어마어마한 돌기들을 잠재적 포식자들에게 대항하는 무기로 사용했거나 이성을 유혹하는 데 썼던 것으로 보인다.

▶ 발톱이 가장 긴 공룡

테리지노사우루스(큰낫 파충류)는 쓰임이 분명하지 않지만 방어에 사용했을 것으로 추정되는 긴 발톱이 있었다. 테리지노사우루스 첼로니포르미스의 경우 외부로 드러난 곡선형 발톱의 길이가 91cm에 달한다(반면 티라노사우루스 렉스의 발톱은 '겨우' 20cm다).

아르젠티노사우루스

역대 가장 큰 육상동물은 용각류 공룡인 아르젠티노사우루스 휜쿨렌시스다(그림). 이 목이 길고 꼬리가 긴 네 발 달린 초식 동물은 백악기 후기(9700만~9350만 년 전)에 살았다. 일부에서는 아르젠티노사우루스 휜쿨렌시스의 무게가 124톤에 이른다고 말하지만, 대부분의 고생물학자들은 60~90톤 정도로 추정한다. 다 자란 아프리카코끼리보다 10배 정도 무겁다.

아르젠티노사우루스 휜쿨렌시스는 코끝에서 꼬리 끝까지의 길이가 약 30~40m로, 볼링장보다 2배 정도 길다.

독일 젠켄베르크 자연사박물관은 아르젠티노사우루스의 골격을 복원해 전시하고 있다. 이 공룡의 기록적인 실제 무게는 1994년 하나의 길이가 1.59m에 달하는 거대한 척추뼈를 연구해 알아냈다.

두개골이 가장 두꺼운 공룡
백악기 후기에 살았던 동그란 머리의 초식 동물 파키케팔로사우루스는 두개골의 전체 길이가 65cm였으며, 정수리의 둥근 부분은 두께가 20cm였다. 참고로 인간 남성 두개골은 평균 두께 0.65cm다. 파키케팔로사우루스는 포식자와 대치하는 상황이 되면 박치기로 위기를 모면했으리라 추정된다.

◀ 뿔이 가장 긴 공룡
3종의 각룡인 북아메리카 트리케라톱스(왼쪽), 북아메리카 토로사우루스, 멕시칸 코아후일라 케라톱스는 눈 위에 길이가 1.2m 정도의 뿔이 한 쌍 나 있었다. 이 뿔은 현대 사슴들이 사용하는 가지 모양의 뿔처럼 스스로를 방어하거나 이성을 차지하기 위해 대결하는 데 썼던 것으로 보인다. 각룡류는 **두개골이 가장 큰 공룡**이기도 하다. 미국 오클라호마 주 노먼에 있는 샘노블 자연사박물관에 전시된 펜타케라톱스는 두개골의 높이가 3.2m로, **두개골이 가장 큰 공룡 표본으로** 기록돼 있다.

가장 빠른 공룡
최선의 방어가 도망가는 것이라고 한다면 가장 확실한 방어 전술을 펼치는 공룡은 타조공룡류로 볼 수 있다. 가장 빠른 타조공룡류는 갈리미무스(닭을 닮은 공룡)로 가벼운 몸과 긴 다리, 날씬한 발로 시속 40~60km 속도로 달리는 게 가능하다.

반려동물 Pets

가장 높이 점프한 개
2017년 9월 14일 사만사 발리(미국, 옆 페이지 참조)가 키우는 2세 된 그레이하운드 암컷 '페더'는 미국 메릴랜드 주 프레더릭에서 191.7cm를 점프했다. 페더는 2006년 '신데렐라 메이 어 홀리 그레이'가 세운 172.7cm의 기록을 박살 내 버렸다.

털이 가장 긴 토끼
베티 추(미국)가 키우는 영국 앙고라토끼 '프란체스카'는 2014년 8월 17일 미국 캘리포니아 주 모건 힐에서 털 길이가 36.5cm로 측정됐다. 프란체스카의 몸 여러 군데에 난 털의 길이를 측정한 뒤 평균값으로 기록했다.

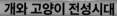

가장 장수한 개(역대)
개의 최고령 기록은 29세 5개월로, 호주 빅토리아 주 로체스터의 레스 홀이 키운 오스트레일리언 캐틀 도그 '블루이'다. 블루이는 1910년에 농장에 들어와 20년 넘게 소와 양들 사이에서 일하다가 1939년 11월 14일에 영원히 잠들었다. **역대 가장 장수한 고양이**는 1967년 8월 3일 태어난 '크림 퍼프'로 놀랍게도 38년 3일을 살다가 2005년 8월 6일에 생을 마감했다!

역대 가장 장수한 토끼
1964년 8월 6일 포획된 야생 토끼 '플롭시'는 호주 태즈메이니아 주 롱퍼드에 있는 L B 워커의 집에서 18년 327일을 더 산 뒤 죽었다. **역대 가장 장수한 기니피그**는 '스노볼'로, 영국 노팅엄셔의 M A 월이 키웠다. 1979년 2월 14일 14세 10개월 2주의 나이로 죽었다.

코에 간식을 가장 많이 쌓은 개
허스키 믹스견 '조지'는 조련사 디마 예레멘코(영국)의 지시에 따라 코에 간식을 29개나 올리고 균형을 잡았다. 기록은 2015년 5월 9일 영국 런던 엑셀에서 열린 '런던 반려동물 쇼' 〈GWR 라이브!〉 무대에서 작성됐다. 조지는 영국 왕립동물학대방지협회의 구조견이다.

가장 긴 인간 터널을 스케이트보드를 타고 지나간 고양이
2017년 2월 9일 벵갈고양이 '부머'는 호주 퀸즐랜드 쿨랑가타에서 13명의 가랑이 사이를 스케이트보드를 타고 지나갔다. 조련사이자 주인인 로버트 돌웨트(미국/호주)의 감독 아래 묘기를 선보였다. **가장 긴 인간 터널을 스케이트보드를 타고 지나간 개**는 5세 불도그 '다이-찬'으로 2017년 9월 17일 일본 도쿄 도 지요다에 마련된 〈교레츠노데키루 호리츠 소단조〉 무대에서 33명의 터널을 지나갔다.

가르랑거리는 소리가 가장 큰 집고양이
2015년 4월 2일 영국 데번 주 토키에 사는 트레이시 웨스트우드(영국)의 고양이 '메를린'이 집에서 가르랑거린 소리가 67.8데시벨을 기록했다. 이는 변기의 물을 내리는 소리와 맞먹는다! **가장 큰 개 짖는 소리**는 오토바이 시동 소리보다 큰 113.1데시벨로 2012년 10월 20일 호주 애들레이드 리밀 공원 '공원에서 멍멍' 행사에서 골든리트리버 찰리가 작성했다.

1분 동안 재주를 가장 많이 부린 돼지
2018년 1월 16일 미국 아이오와 주 뉴턴에서 주인인 던 블리커(미국)의 지시에 따라 미니돼지 '조이'가 13가지 재주(앉아, 뒤로 걸어, 짖어 등)를 부렸다.

키가 가장 큰 당나귀
카라와 필 옐로가 키우는 9세 아메리칸 매머드 잭스톡 '로물루스'는 2013년 2월 8일 미국 텍사스 주 레드 오크에서 키가 172.7cm로 측정됐다. **가장 작은 당나귀**는 지중해 당나귀 브라운 잭 미니어처 '니하이'로, 2011년 7월 26일 미국 플로리다 주 게인즈빌에서 키가 고작 64.2cm로 측정됐다.

고양이 발에 주사위 많이 쌓기
고양이 '비비'가 2017년 6월 18일 앞발에 주사위 10개를 올리고 균형 잡기에 성공했다(사진은 9개). 한 발로 카드 13장 잡고 버티기도 선보였다. 비비의 유튜브 영상은 2018년 2월 9일 기준 3만 7,250뷰를 기록했다. 말레이시아 주인 시우 리안 추이와 산다.

가장 높은 고양이 스크래칭 트리
2017년 12월 2일 미국 오하이오 주 캔필드에 있는 에인절스 동물보호소에서 다이앤 레스(미국)가 제작한 고양이 스크래칭 트리의 높이가 5.93m로 측정됐다. 사와로 선인장에 영감을 받아 파이프 청소도구들로 설계했는데 35개 나뭇가지에 합판, 인조잔디가 덧붙여져 있다.

개와 고양이 전성시대

◀ 살아 있는 가장 키가 큰 개
2016년 9월 13일 영국 에식스 주 레이온에서 측정한 그레이트데인 종의 개 '프레디'의 키는 1.035m였다. 기네스 편집장 글렌데이와 수의사 엠마 노리스가 프레디가 좋아하는 간식을 주며 키를 측정하기까지 하루가 꼬박 걸렸다. 어렸을 때는 13형제 중 가장 작았지만, 지금까지 박살 낸 소파만 26개다! 가장 좋아하는 음식은 구운 통닭이다.

◀ 살아 있는 가장 작은 개
2013년 2월 21일 '밀리'라는 암컷 치와와는 측정 키가 9.65cm였다. 푸에르토리코 도라도의 바네사 셀러러가 주인이다. 2011년 12월 1일에 태어난 밀리는 찻숟가락에 담을 수 있을 정도로 작아 2시간마다 스포이트로 우유를 먹여야 했다. 사진 찍기를 좋아해 카메라를 향해 작은 혀를 내미는 포즈를 취하기도 했다.

줄넘기를 가장 많이 한 개(1분)

보더 콜리와 켈피의 믹스견인 2세 된 암컷 '제로니모'는 2012년 5월 13일 주인 사만사 발리(미국)와 함께 줄넘기를 91번 했다. 뉴욕을 중심으로 공연을 펼치는 사만사는 제로니모를 입양, 더블더치 줄넘기와 프리스비를 함께 즐긴다.

발에 스프링이라도 달린 듯 제시카는 말의 등에 올라타거나 쇼핑 카트를 민다. 또 다른 테리어 종 '제이콥'과 함께 공연한다.

줄넘기를 가장 많이 함께 한 사람과 개(줄넘기 1개 사용, 1분)

레이철 그릴스(영국)와 잭 러셀 테리어 '제시카'는 2016년 12월 1일 영국 데번 주 류다운에서 1분 동안 줄넘기를 59번이나 했다. 제시카와 주인은 정기적으로 동물 공연을 선보이는데 둘은 기존 58번 기록을 뛰어넘기 위해 하루에 15분씩 훈련을 했다. 1번 차이로 기록을 경신한 제시카는 '소시지와 여러 번의 포옹'을 보상으로 받았다.

▶ **가장 작은 집고양이**(생존)

먼치킨 종의 9세 고양이 릴리풋은 2013년 7월 19일 바닥에서 어깨까지 높이가 13.34cm로 측정됐다. 미국 캘리포니아 주 내퍼에서 크리스텔 영이 주인 없는 고양이를 발견해 키운 게릴리풋이다. 2014년 8월에는 내퍼 남부에 발생한 지진에서 살아남기도 했다.

가장 긴 개(역대)

영국 런던에서 크리스 이라클라이즈가 키운 잉글리시 마스티프 종 '아이카마 조르바 오브 라-수사'는 1987년 9월 코부터 꼬리까지 254.4cm로 측정됐다. '조르바'로 알려진 이 개는 1989년 11월 측정한 어깨까지 높이가 94cm, 무게는 달마티안 5마리와 비슷한 155.5kg이나 됐다.

▶ **가장 긴 고양이**(역대)

'스튜이'로 알려진 미메인스 스튜어트 길리건은 2010년 8월 28일 몸길이가 123cm로 측정됐다. 로빈 헨드릭슨과 에릭 브랜즈니스(미국)가 함께 키우는 메인 쿤 종으로, 지역 노인센터에 치료용 고양이로 자주 방문했다. 2013년 1월 세상을 떠났다.

살아 있는 지구 전반 Round-Up

풍선 100개를 가장 빨리 터뜨린 개

2017년 4월 9일, 로렌 크리스마스 스타, 일명 '토비'가 캐나다 앨버타 캘거리에서 28초22 만에 이빨과 발톱으로 풍선 100개를 터뜨렸다. 크리스티 스프링스(캐나다)가 키우는 휘펫 종 수컷인 토비는 자신의 9번째 생일에 기네스 세계기록에 오르며 자축했다.

최초의 현대 개코원숭이

남아공의 명문 위츠대학교 소속 진화연구소는 남아프리카 요하네스버그 인근 말라파에서 약 202만~236만 년 전 서식했던 개코원숭이의 두개골 화석을 발견했다. 이 화석은 현대의 망토 개코원숭이 혹은 망토원숭이와 같은 종으로 추정된다. 진화연구소는 2015년 8월 논문을 정식 발표했다.

가장 최근 발견된 곤충

2017년 생김새가 묘사되고 명명된 아에티오카레누스 부르마니쿠스는 아주 오래전 멸종된 종이며, 아에티오카레누스로 분류되는 유일한 종이기도 하다. 미얀마 후황 계곡에서 찾은 호박 안에서 아주 작은 표본 하나만 발견됐는데, 지금으로부터 약 1억 년 전에 서식했던 곤충이라고 한다. 아에티오카레누스 부르마니쿠스는 머리가 역삼각형으로 E.T. 같은 모습을 하고 있다. 목과 가까운 머리 부분이 좁고, 멀어질수록 넓어진다.

최초의 양육

'양육'이란 새끼가 혼자 힘으로 살아가도록 내버려두지 않고 적극적으로 돌보는 부모의 행동을 의미한다. 2015년 캐나다의 버

제스 혈암지대에서 발견된 새우 및 갑각류의 일종인 왑티아의 암컷 5마리의 화석을 분석한 결과 각각의 껍질 속에서 24개의 알을 발견했다. 알들에는 비교적 큰 태아가 들어 있었다. 알 크기는 최소 2mm로, 길이 80mm인 어미의 40분의 1 정도 크기였다. 이는 K 도태(개체의 생존력을 높이기 위한 자연선택 과정)로 알려진 번식 전략을 최초로 보여준 사례로, 소수의 새끼만 낳아 어느 정도 성장할 때까지 돌본 것이다. 약 5억 800만 년 전 캄브리아기 중기에 살았던 왑티아는 최초로 새끼를 양육한 동물이다.

사육된 최고령 매너티(역대)

1948년 7월 21일생 매너티 '스누티'는 사우스플로리다 박물관의 인기 스타였다. 1949년 이곳에 온 스누티는 100만 이상의 방문객을 불러들였고, 1979년 매너티 카운티의 정식 마스코트로 등극했다. 안타깝게 2017년 7월 23일 69세 2일의 나이로 세상을 떠났다.

가장 큰 탈리아 강

탈리아 강(綱)의 한 종류이자 거대 거름 섭식자인 피로솜은 아주 작은 개별 기관 수천 개가 모인 군체라고 한다. '초개체' 상태로 뭉쳐 있는 이 속이 빈 튜브는 길이 20~30m, 폭 1m 이상이다.

최고의 육식성 박쥐

프랑스 퀘르시 인회암 지역의 화석에서 발견된 선사시대 거대종, 죽음을 먹는 자 네크로만티스 아디캐스터는 약 4000만 년 전에 서식했던 동물이다. 그 옛날부터 지금까지 존재한 모든 박쥐 중 흔치 않은 육식 종이다. 변형된 큰 이빨이 위아래로 있었는데, 고기를 쉽게 뜯을 수 있도록 날카롭게 갈아 사용했다. 이런 열육치(송곳니)는 진짜 육식동물에게만 나는데, 네크로만티스 아디캐스터가 직접 살아 있는 먹이를 잡아먹었는지 죽은 동물을 먹었는지는 아직 확인되지 않았다.

야생 낙타 최대 개체수

매년 약 10%씩 개체수가 증가한 호주의 야생 낙타는 2013년 30만 마리로 추정돼 역대 최고치다. 1840년대 낙타를 수입해 1900년대 초기까지 사막을 건너는 데 사용했는데, 현재의 야생 낙타는 이들의 후손이다.

시베리아 호랑이는 앉은자리에서 캥거루 반 마리와 맞먹는 45kg의 고기를 먹을 수 있다. 하지만 며칠씩 굶는 일도 흔해 먹이가 있을 때 잘 먹어둬야 한다.

가장 희귀한 제비꼬리나비
파크리옵타 조폰 종은 세계자연보전연맹(IUCN)에서 제비꼬리나비 중 유일하게 멸종 위급 종으로 분류하고 있다. 이 암담한 현실은 서식지의 파괴에서 비롯됐다. 지금은 스리랑카 남서부 구릉지대 우림에 정확한 수가 확인되지 않은 소수의 개체만 남아 있다.

가장 희귀한 학
현재 약 3,000마리만 남은 시베리아흰두루미는 세계자연보전연맹에서 멸종 위급 종으로 분류하고 있다. 러시아 동부와 서부 북극 툰드라에 나뉘어 서식하고 있다(서부에 서식하는 개체수는 10마리 정도다). 겨울이면 동부에 사는 두루미들은 중국으로 가지만, 서부에 사는 개체들은 이란으로 간다.

혀가 가장 긴 개(현재)
2016년 8월 25일, 미국 사우스다코타 주 수폴스에 사는 세인트버나드 종 암컷 '모치'의 혀 길이가 18.58cm로 측정됐다. 모치는 2세 때 지금의 주인인 칼라, 크레이그 리케르트(미국)에게 구조됐다. 혀의 길이는 동물병원에서 이빨 치료를 위해 마취한 상태에서 측정했다.

가장 큰 고양잇과 육식동물
시베리아호랑이 수컷은 코에서 꼬리까지의 길이가 보통 3.15m이며, 어깨까지 높이는 99~107cm, 무게는 265kg 정도다. 러시아 동부나 중국 일부 지역, 북한의 자작나무 숲을 떠돌며 사슴이나 무스, 멧돼지, 심지어 곰까지 잡아먹는다! 1930년대에는 20~30마리에 불과했으나, 현재 550마리 이상으로 개체수가 회복됐다.

가장 큰 삼기장류 곤충
편형동물인 리마케팔러스 아레켑타 한 개체는 길이가 60cm로 측정됐다. 삼기장류는 장이 세 가닥으로 갈라져 있다. 가장 깊은 호수인 러시아 바이칼 호 1,637m 깊이에 서식하며 차가운 물에 동사한 물고기를 주로 먹는다.

가장 긴 극락조
검은낫부리극락조 어른 수컷 한 개체는 길이가 110cm로 측정됐다. 이 극락조는 뉴기니 섬 산악림 중간에 서식하는 낫부리새의 일종이다. 다른 극락조들과 마찬가지로 암컷은 수컷보다 작고, 깃털은 평범하다.

가장 작은 극피동물
해양 무척추동물이자 극피동물의 한 종인 프삼모서리아가나바티 해삼은 4mm 이상 자라지 않는다. 인도 안드라프라데시 주 해안에 있는 항구도시 월테어(비자가파트남의 영국 식민시대 명칭) 연안 모래 알갱이들에 섞여 있었지만, 크기가 너무 작아 1968년 5월이 돼서야 학계에 보고됐다. 다른 해삼들과 너무 달라 고유한 단일 속(屬)으로 분류한다.

치명적인 동물
동물이 옮긴 질병으로 사망한 사람의 수로 따져봤을 때 학질모기는 매년 72만 5,000~100만 명의 목숨을 앗아가는 지구상에서 가장 치명적인 동물이다. 이 곤충은 다양한 기생충의 매개체로, 인간의 피를 빨면서 기생충을 옮긴다. 가장 위험한 기생충은 말라리아 병을 일으키는 말라리아원충이다.

야생동물 편
기네스 세계기록 야생동물 편에는 대자연 속 놀라운 동물들의 이야기가 기록돼 있다. 피를 빨아 먹는 박쥐부터 무서운 개구리, 진짜 '앵그리 버드'까지 말이다.

2015년, 에이프릴 굴드는 TV 쇼 <아메리칸 닌자 워리어>에 출연해 '염소와 대화하는 사람'이라는 별명을 얻었다.

인간 띠를 밟고 달린 가장 빠른 염소
2017년 6월 30일, 미국 애리조나 주 길버트에서 '닌자'라는 이름의 염소가 엎드려 있는 사람 25명을 9초40 만에 밟고 달렸다. 닌자의 주인은 전 워터스키 프로 선수인 에이프릴 굴드(미국)다. 그녀는 현재 염소 농장을 운영하며 '염소 요가' 수업을 열어 고난도 동작을 훈련시키고 있다.

새턴 V SATURN V

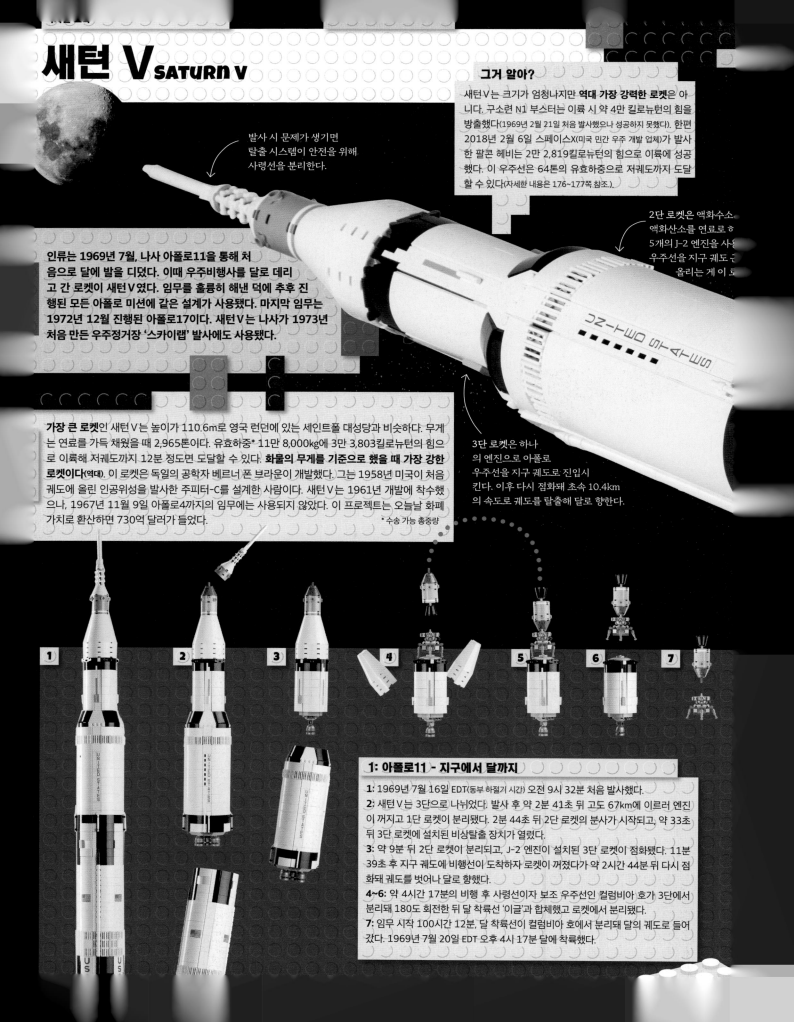

발사 시 문제가 생기면 탈출 시스템이 안전을 위해 사령선을 분리한다.

그거 알아?

새턴 V는 크기가 엄청나지만 **역대 가장 강력한 로켓**은 아니다. 구소련 N1 부스터는 이륙 시 약 4만 킬로뉴턴의 힘을 방출했다(1969년 2월 21일 처음 발사했으나 성공하지 못했다). 한편 2018년 2월 6일 스페이스X(미국 민간 우주 개발 업체)가 발사한 팔콘 헤비는 2만 2,819킬로뉴턴의 힘으로 이륙에 성공했다. 이 우주선은 64톤의 유효하중으로 저궤도까지 도달할 수 있다(자세한 내용은 176~177쪽 참조).

인류는 1969년 7월, 나사 아폴로11을 통해 처음으로 달에 발을 디뎠다. 이때 우주비행사를 달로 데리고 간 로켓이 새턴 V였다. 임무를 훌륭히 해낸 덕에 추후 진행된 모든 아폴로 미션에 같은 설계가 사용됐다. 마지막 임무는 1972년 12월 진행된 아폴로17이다. 새턴 V는 나사가 1973년 처음 만든 우주정거장 '스카이랩' 발사에도 사용됐다.

2단 로켓은 액화수소와 액화산소를 연료로 하는 5개의 J-2 엔진을 사용해 우주선을 지구 궤도로 더 올리는 게 이목표다.

가장 큰 로켓인 새턴 V는 높이가 110.6m로 영국 런던에 있는 세인트폴 대성당과 비슷하다. 무게는 연료를 가득 채웠을 때 2,965톤이다. 유효하중* 11만 8,000kg에 3만 3,803킬로뉴턴의 힘으로 이륙해 저궤도까지 12분 정도면 도달할 수 있다. **화물의 무게를 기준으로 했을 때 가장 강한 로켓이다**(역대). 이 로켓은 독일의 공학자 베르너 폰 브라운이 개발했다. 그는 1958년 미국이 처음 궤도에 올린 인공위성을 발사한 주피터-C를 설계한 사람이다. 새턴 V는 1961년 개발에 착수했으나, 1967년 11월 9일 아폴로4까지의 임무에는 사용되지 않았다. 이 프로젝트는 오늘날 화폐 가치로 환산하면 730억 달러가 들었다.

* 수송 가능 총중량

3단 로켓은 하나의 엔진으로 아폴로 우주선을 지구 궤도로 진입시킨다. 이후 다시 점화돼 초속 10.4km의 속도로 궤도를 탈출해 달로 향한다.

1: 아폴로11 - 지구에서 달까지

1: 1969년 7월 16일 EDT(동부 하절기 시간) 오전 9시 32분 처음 발사했다.

2: 새턴 V는 3단으로 나뉘었다. 발사 후 약 2분 41초 뒤 고도 67km에 이르러 엔진이 꺼지고 1단 로켓이 분리됐다. 2분 44초 뒤 2단 로켓의 분사가 시작되고, 약 33초 뒤 3단 로켓에 설치된 비상탈출 장치가 열렸다.

3: 약 9분 뒤 2단 로켓이 분리되고, J-2 엔진이 설치된 3단 로켓이 점화됐다. 11분 39초 후 지구 궤도에 비행선이 도착하자 로켓이 꺼졌다가 약 2시간 44분 뒤 다시 점화돼 궤도를 벗어나 달로 향했다.

4~6: 약 4시간 17분의 비행 후 사령선이자 보조 우주선인 컬럼비아 호가 3단에서 분리돼 180도 회전한 뒤 달 착륙선 '이글'과 합체했고 로켓에서 분리됐다.

7: 임무 시작 100시간 12분, 달 착륙선이 컬럼비아 호에서 분리돼 달의 궤도로 들어갔다. 1969년 7월 20일 EDT 오후 4시 17분 달에 착륙했다.

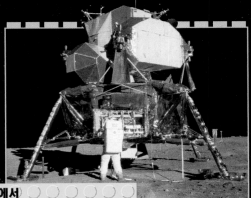

2: 달 위에서

달 착륙선은 두 부분으로 나뉘어 있다. 선원들이 탑승하는 위쪽 상단부는 여압실로 로켓을 사용해 따로 움직일 수 있게 되어 있다. 아래 하단부에는 중앙 로켓과 달 표면 탐사 장치가 설비돼 있다. 우주비행사들은 달 궤도에 있는 사령선이자 보조 우주선인 컬럼비아 호로 복귀할 때는 상단부를 타고 하단부는 달 표면에 두고 왔다.

기록을 위하여

새턴 V의 1단 로켓은 **가장 강력한 단실식 액화연료 로켓 엔진**인 F-1 5개를 사용해 이륙한다. 엔진 하나당 6,770킬로뉴턴의 힘을 발휘한다. 초기 발사 단계는 2분 30초 동안 유지되는데, 이때 등유 연료 77만 리터, 액화산소 120만 4,000리터가 소모된다. 참고로 보잉747 비행기가 이륙하는 데는 3,272리터의 연료가 필요하다.

아폴로11 임무에 쓰인 나사의 상징은 흰머리독수리다. 평화를 나타내는 올리브 가지도 함께 그려져 있다.

1단 로켓은 고도 67km 지점에서 F-1 엔진이 꺼지면서 분리됐다.

3: 집으로

1: 버즈 올드린과 닐 암스트롱이 달에서 실험을 하는 동안 우주비행사 마이클 콜린스는 컬럼비아 호에 머물렀다.
2: 이글 호가 임무 시작 124시간 22분 만에 달 표면에서 이륙했다.
3~4: 약 4시간 뒤 컬럼비아 호와 도킹 후 올드린과 암스트롱이 합류했고, 2시간 뒤 이글 호는 폐기됐다.
5: 지구 진입 직전 컬럼비아 호의 사령선은 보조선을 분리했다(보조선에는 달에서 사용하는 산소, 물, 전기, 로켓이 들어 있었다).
6~7: 사령선이 지구 대기에 진입, 낙하산이 펴지고 태평양에 착륙했다. 1969년 7월 24일 EDT 오후 12시 50분경 임무가 종료됐다.

F-1 엔진 5개 (위쪽 '기록을 위하여' 참조)

    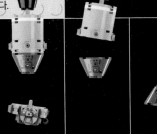

가장 긴 손톱(역대)

2014년 11월 17일 인도 마하라슈트라 주 푸네에서 측정한 쉬리타르 칠랄(인도)의 왼손 손톱의 총길이는 909.6cm였다. 쉬리타르는 학교 선생님에게 영감을 얻어 1952년부터 손톱을 기르기 시작했다. 가장 긴 손톱은 엄지손톱으로 197.8cm다. 직선으로 곧게 펴면 NBA 농구선수 스테판 커리의 키보다 길다.

GUINNESS WORLD RECORDS

쉬리타르의 손톱은 오래되고 깨지기 쉬운 상태라 길이를 정확히 측정하는 데 섬세한 작업이 필요했다. 기네스 세계기록 심판관들은 끈을 이용해 손톱 길이를 재고 그 끈을 수치화하는 방식으로 측정을 진행했다.

가장 무거운 사람 Heaviest Humans

지구상에서 가장 무거운 사람에 관한 이야기는 파란만장하고 비극적이지만 희망을 주기도 한다. 기록 보유자들은 자신의 비대한 몸과 올록볼록한 허리로 끊임없이 불편을 겪고 생명을 위협하는 건강문제로 고생도 했다.

'가장 무거운 인간'은 기록이 자주 바뀌는 분야는 아니다. 자신이 초고도 비만임을 광고하길 바라는 사람이 거의 없기 때문이다. 하지만 간혹 누군가가 그들의 매우 심각한 건강 상태를 걱정해 도움을 주고 싶어 할 때 새롭게 알려지고는 한다.

가장 최근에 **세계에서 가장 무거운 사람**으로 기록된 남자, 후안 페드로 프랑코 살라스의 경우도 마찬가지였다. 후안 페드로는 멕시코 아과스칼리엔테스 주 도심에 살았는데, 2016년 11월 목숨을 부지하기 위해 병원으로 후송되며 세계 곳곳의 매스컴 머리기사를 장식했다. 처음에는 501kg으로 보도되었지만, 사실 그의 몸무게는 594.8kg이었다.

후안 페드로 이전에 **가장 무거운 남자**로 기록된 사람은 멕시코 몬테레이의 마누엘 '미미' 우리베 가사스로, 2006년 1월에 측정한 몸무게가 일반인 평균의 6배가 넘는 560kg이었다. 그는 TV에 출연해 도움을 청했고 비만 전문가들의 지원을 받아 381kg까지 살을 뺐다. 마누엘은 2014년 5월 심장부정맥과 간부전으로 입원해 3주 뒤 48세의 나이로 세상을 떠났다.

최근 기록된 가장 무거운 사람은 마이클 헤브란코(미국, 1953~2013)다. 1999년에는 몸무게가 499kg까지 치솟았으며, 평생 병적인 비만으로 고통받았다. 마이클은 병원에 가기 위해 집의 벽을 제거했으며, 침대에 몸을 눕히기 위해 고래잡이용 슬링을 사용해야 했다. 한편 몸무게가 404kg까지 나갔던 '뚱보 앨버트' T. J. 앨버트 잭슨(미국, 1941~1988)은 305cm의 가슴둘레로 유명했는데, 허리는 294cm, 목둘레는 75cm였다.

역대 가장 뚱뚱한 남자는 존 브라워 미노치(미국, 1941~1983)로 어린 시절부터 비만으로 고통받았다. 그는 1976년 9월 측정 당시 키는 185cm, 몸무게는 442kg이었다. 존은 2년 뒤인 1978년 3월 미국 시애틀 대학병원에 입원했고, 내분비계 의사 로버트 슈와르츠는 그의 몸무게가 635kg을 넘는다고 추정했다. 존의 엄청난 몸무게는 울혈성 심부전에 따르는 수분 축적이 원인이었다. 존을 집

로버트 얼 휴즈
이 거대한 미국인은 **가장 큰 가슴둘레**(315cm)로 기록을 세웠다. 1958년에 사망했다.

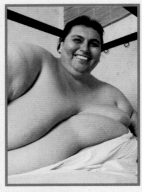

마누엘 우리베
최고 몸무게가 560kg이었던 멕시코의 마누엘은 2006년부터 사망한 2014년까지 **가장 무거운 남자**로 기록됐다.

에서 병원으로 옮기기 위해 12명의 소방관이 특별 제작한 들것을 사용했다. 병원에 도착한 존은 체액으로 흠뻑 젖어 있었고 심장에 통증을 느꼈으며 호흡도 불안정했다. 붙여놓은 2개의 침대에 그를 굴려 눕히는 데 13명이 힘을 합쳐야 했다.
존은 2년 가까이 하루에 1,200칼로리만 섭취하며 몸무게를 216kg까지 뺐다. 하지만 1981년 10월 다시 89kg이 더 쪄 병원에 재입원했다. 1983년 9월 10일, **역대 가장 무거운 남자**의 사망 당시 몸무게는 362kg 이상이었다.

존 브라워 미노치
(1941~1983)
역대 가장 뚱뚱한 남자의 흔하지 않은 사진이다. 그의 몸무게는 성인 남자 7명을 합한 것보다 많은 635kg이었다.

비만율이 높은 나라 (산업화된 국가 중)

국가	대륙	비율(%)
미국	북아메리카	38.2
멕시코	북아메리카	32.4
뉴질랜드	호주	30.7
헝가리	유럽	30
호주	호주	27.9

자료 OECD 비만2017

빌리&베니 맥크레리
가장 뚱뚱한 쌍둥이(남자): 1978년 11월 빌리의 몸무게는 337kg, 베니의 몸무게는 328kg이었다

빌리&베니 맥크레리 형제는 프로레슬링 듀오로 활약하며 유명해졌다. 213cm의 허리둘레를 자랑했는데 빌리는 1979년 오토바이 사고로, 베니는 2001년 심장질환으로 세상을 떠났다.

조금 과한 숙녀들

▶ **현재 가장 뚱뚱한 여자**
파울린 포터(미국)는 2012년 7월 미국 캘리포니아 주 새크라멘토에서 측정한 몸무게가 293.6kg이었다. 어린 시절 잘못된 습관에서 과체중이 비롯됐다고 말하는 파울린은 늘 음식과 함께했다. 그녀는 비만대사 수술(위우회술)을 받은 후 약 68kg을 감량했지만, 여전히 비만과의 전쟁을 치르고 있다.

출산한 가장 뚱뚱한 여자
미국 뉴저지 주의 도나 심슨은 2007년 2월 241kg의 몸무게로 딸 재클린을 출산했다. 그녀의 출산에는 미국 오하이오 주 애크런시티 병원의 의료 전문가 30명이 투입되었다. 딸 재클린은 출생 당시 몸무게가 3.8kg으로 엄마 몸무게의 60분의 1에 불과했다.

역대 가장 무거운 네쌍둥이(출산 당시 무게)
티나 손더스(영국)는 1989년 2월 7일 영국 서리 처시에 있는 성 베드로 병원에서 합계 몸무게 10.4kg의 두 딸과 두 아들을 한번에 출산했다.

역대 가장 무거운 세쌍둥이는 합계 몸무게가 10.9kg으로 1914년 11월 18일 마리 맥더모트(영국)가 출산했다.

여성 비만율이 가장 높은 나라
세계보건기구의 발표에 따르면 2016년 나우루 여성 인구의 63.3%가 임상적 비만으로 나타났다. 다음으로 여성 비만율이 높은 나라는 59.2%의 쿡 제도이며, 58.8%의 팔라우가 뒤를 이었다. 마셜과 투발루가 57.3%, 56.2%로 4위와 5위를 차지했다.

뛰어난 기타 연주자인 후안 페드로는 멕시코 전통 발라드 음악을 즐겨 연주했다. 어머니 마리아 데 헤수스 살라스는 이렇게 말했다. "아들은 꿈비아 춤을 잘 췄고, 여자친구도 두세 명 사귀었어요."

후안 페드로 프랑코 살라스

후안 페드로는 2016년 12월 18일 멕시코 할리스코 주 과달라하라에서 측정한 몸무게가 594.8kg으로 **현재 생존 중인 가장 뚱뚱한 남자**다. 그는 어렸을 때부터 병적인 비만을 겪었고 17세에 몸을 다친 뒤 상태가 악화되었다. 2016년 11월 병원에서 목숨을 부지하기 위한 치료를 시작한 지 7년 만에 32세의 나이로 처음 병상을 나섰다. 그는 2형 당뇨병, 갑상샘 기능 이상, 고혈압, 폐에 물이 차는 병을 앓고 있었다.

2017년 5월에 후안 페드로는 캥거루 2마리의 무게와 맞먹는 170kg을 감량했는데, 비만대사 수술 덕분에 가능했다. 이 수술은 그의 몸무게를 절반까지 줄이는 데 도움을 줄 것으로 보인다.

후안 페드로는 자신의 급격한 몸무게 증가에 대해 이렇게 말했다. "무슨 수를 써도 내 몸은 계속 커져만 갔어요. 매일 다이어트를 했지만 소용없었고 점점 절박해졌죠."

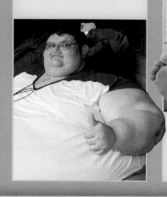

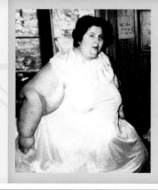

비만대사 수술을 받은 뒤 후안 페드로는 새로운 식단에 맞춰 음식을 먹고 운동도 시작했다. 덕분에 몸무게의 3분의 1을 줄일 수 있었다. 그는 30명의 의료인들의 도움을 받으며 몸무게를 120kg까지 줄이기 위해 여전히 노력하고 있다.

가장 무거운 미스 올림피아 참가자

니콜 배스(미국)는 1997년 국제보디빌딩대회에 참가할 당시 몸무게가 92.5kg이었다. 보디빌더이자 프로레슬러인 배스는 1990년대 말 WWF(현 WWE)에서 활동했으며, 188cm의 키로 **미스 올림피아 역대 최장신 참가자**로도 인정받았다. 그녀는 2017년 2월 세상을 떠났다

◀ 역대 가장 무거운 여성

1987년 1월 로잘리 브래드퍼드(미국)는 몸무게 544kg을 기록했다. 그녀는 같은 해 8월 울혈성 심부전이 악화돼 병원에 실려 갔다. 운동과 식단(손뼉 치기 포함)에 세심히 신경 쓴 결과 로잘리는 1994년 2월 몸무게를 128kg까지 줄이는 데 성공했다. 고등 교육과정으로 돌아간 그녀는 미국 전역을 돌며 살빼기 세미나에 참석했고, 사람들에게 연설을 통해 동기를 부여했다.

로잘리는 체중 관리에 성공했지만 건강문제가 평생 따라다녔다. 2006년 11월 29일 63세의 나이에 체중과 연관된 합병증으로 세상을 떠났다.

가장 무거운 여성 운동선수

스모 선수 샤란 알렉산더(영국)는 2011년 12월 15일 측정한 몸무게가 203.2kg이었다. 40대 초반에 운동을 시작해 스모 월드챔피언십에서 우승하는 모습이 2006년 리얼리티 TV 쇼를 통해 방송되었다. 샤란은 계속 세계대회에 참가해 4개의 금메달을 받고 스모 2번째 계급까지 오르는 업적을 쌓았다.

크기 문제 Size Matters

역대 키가 가장 큰 10대

로버트 워들로(미국, 1918~1940)는 17세 당시 키가 245cm였다. 85쪽에 이 놀라운 남자에 관한 기록이 더 나와 있다.

역대 키가 가장 큰 10대(여자)는 애나 헤이닝 스완(캐나다, 1846~1888)으로 17세 때 키가 241.3cm였다. 애나는 1871년 6월 17일 마틴 반 뷰런 베이츠와 결혼했는데, 남편의 키는 236.22cm였다. 90쪽에 관련 내용이 더 있다.

손이 가장 큰 10대

마수-앤드루 버지(영국, 2001년 12월 28일생)의 오른손 손목부터 중지 끝까지의 길이가 22.5cm, 왼손은 22.2cm다. 2018년 2월 13일 영국 런던에서 16세 47일의 나이로 기록을 측정했다.

마수-앤드루는 **발이 가장 큰 10대다(남자)**. 왼발은 32.95cm, 오른발은 32.85cm다. 영국 신발 치수로 18을 신는다.

가장 작은…

역대 가장 작은 남자

찬드라 바하두 당기(네팔, 1939~2015)는 2012년 2월 26일 네팔 카트만두에서 측정한 키가 54.6cm, 체중은 14.5kg이었다. 나이는 72세라고 주장했다.

역대 가장 작은 여자

파울라인 무스터스(네덜란드, 일명 '파울라인 공주')는 1876년 2월 26일 출생 시 키가 30cm를 겨우 넘었다. 그녀는 1895년 3월 1일 미국 뉴욕에서 폐렴 및 뇌수막염으로 사망했다. 사후 분석에 따르면 사망 시 그녀의 키는 정확히 61cm였다.

키가 가장 큰 부부

선밍밍과 그의 아내 쉬옌(둘 다 중국)은 각각 키가 236.17cm, 187.30cm에 이른다. 2013년 11월 14일 중국 베이징에서 측정한 둘의 키를 합치니 423.47cm였다. 그들은 그해 8월 4일 결혼해 부부가 됐다.

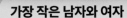

가장 작은 남자와 여자

조티 암지(인도, 위 왼쪽)는 2011년 12월 16일 인도 나그푸르에서 측정한 키가 62.8cm로, 현재 살아 있는 가장 작은 여자다.

현재 살아 있는 가장 작은 남자는 카젠드라 타파 마가르(네팔, 위 오른쪽)로, 2010년 10월 14일 네팔 포카라에 있는 페와 시티 병원에서 측정한 키가 67.08cm였다.

키가 65cm인 매지 베스터(남아공)는 **현재 살아 있는 거동이 불가능한 가장 작은 여자**다. 그녀는 불완전 골형성증(선천적으로 뼈가 약해 쉽게 골절되는 희귀병)을 앓아 휠체어를 반드시 사용해야 한다.

현재 살아 있는 거동이 불가능한 가장 작은 남자는 준리 발라윙(필리핀, 왼쪽)으로 2011년 6월 12일 필리핀 삼보앙가델노르테 주 신당간 보건소에서 측정한 키가 59.93cm였다.

역대 가장 작은 쌍둥이

미국 시민권을 얻은 헝가리 부다페스트 출생의 벨라와 마티우스 마티나는 둘 다 키가 76cm였다. 이 둘은 〈오즈의 마법사〉(미국, 1939)에 출연했는데, 마이크와 이케 로저스 역을 맡았다.

키가 가장 작은 부부

2016년 9월 17일 결혼한 파울로 가브리엘 다 실바 바로스와 카추피아 라이 호시노(둘 다 브라질) 부부는 둘이 합쳐 키가 181.41cm다. 2016년 11월 3일 브라질 상파울로 주 이타페바에서 측정한 파울로의 키는 90.28cm이며, 카추피아는 91.13cm였다.

다리가 가장 긴 여자

러시아의 예카테리나 리시나는 발꿈치부터 엉덩이 위까지 길이가 왼쪽은 132.8cm, 오른쪽은 132.2cm다. **역대 가장 작은 여자**의 키보다 2배 이상 길다. 기록은 2017년 6월 13일 러시아 펜자에서 측정됐다.

또 예카테리나는 **가장 키가 큰 전문 모델**로, 2017년 7월 20일 러시아 라빈스크에서 측정한 키가 205.16cm였다.

크고 작은 이야기

◀ 가장 작은 스턴트맨

키런 샤(영국)는 2003년 10월 20일 측정한 키가 126.3cm다. 키런은 1976부터 많은 블록버스터 영화에 출연했다. 영화 〈반지의 제왕〉 3부작(2001~2003)에서 일라이저 우드(프로도 역)의 스턴트 대역을 맡았고, 최근에는 〈스타워즈〉 3편에 출연했다.

가장 작은 스파이

어른이 되고 나서의 키가 58cm였던 리슈브르(프랑스, 1768~1858)는 키가 가장 작은 스파이로 기록됐다. 프랑스혁명(1789~1799) 당시 귀족에게 첩보원으로 고용된 그는 아기로 변장해 파리 안팎으로 메시지를 전달했다. 식모로 위장한 동료가 리슈부르를 포대기에 싸서 안고 다녔다.

◀ 패럴림픽 최장신 선수(남자)

모르테자 메흐르자드 세라크자니(이란)는 키가 246cm인데 2016년 9월 7~18일 브라질 리우데자네이루에서 열린 패럴림픽에 좌식배구 선수로 출전했다. 그는 성장호르몬이 과잉분비되는 말단비대증을 앓는 것으로 알려져 있다. 이 병은 손과 발이 커지고 이목구비가 두드러지는 증상이 있다.

키가 가장 작은 나라
2016년 7월 26일 발행된 〈라이프〉의 연구에 따르면 평균 키가 가장 작은 나라(여자)는 과테말라로 평균 149.4cm였다. 남자들의 평균 키가 가장 작은 나라는 동티모르로 160cm에 조금 못 미친다.

평균 키
166cm

키가 가장 큰 나라
남자들의 평균 키가 가장 큰 나라는 네덜란드로 무려 182.5cm에 이른다. 여자들의 평균 키가 가장 큰 나라는 라트비아로 168cm가 넘는다. 자료 출처는 왼쪽과 같다.

살아 있는 키가 가장 큰 남자

술탄 코센(터키)은 2011년 2월 8일 터키 앙카라에서 측정한 키가 251cm였다. 그는 2013년 10월 26일 꿈에 그리던 영혼의 동반자를 만나 터키 마르딘에서 결혼식을 올렸다. 신부 머베 디보의 키는 175cm였다. 코센은 **살아 있는 사람 중 가장 큰 손**도 가지고 있는데, 2011년 2월 8일 손목부터 중지 끝까지 길이가 28.5cm로 측정됐다.

살아 있는 키가 가장 큰 여성

2012년 12월 측정 당시 시디카 파르빈(인도)의 키는 최소 222.2cm 이상이었다. 안타깝게도 그녀는 현재 똑바로 설 수 없을 정도로 건강이 악화돼 정확한 키는 알 수 없다. 인도 콜카타의 포르티스병원 의사 데바시스 사하는 그녀가 똑바로 설 수 있다면 키가 최소 233.6cm 이상이 될 것이라고 말했다.

역대 키가 가장 큰 남자

1940년 6월 27일 로버트 퍼싱 워들로(미국, 1918~1940)는 마지막으로 측정한 키가 272cm였다. 그는 의학적인 증거가 남은, 역사상 가장 큰 남자다.
역대 가장 큰 여자는 쩡진롄(중국, 1964~1982)으로 1982년 2월 13일 사망 당시 측정 키가 246.3cm였다.

2018년 1월 26일 이집트 카이로에 있는 고대 기자 피라미드에서 **현재 살아 있는 키가 가장 큰 남자**와 **현재 살아 있는 키가 가장 작은 여자**의 만남이 성사됐다. 두 사람은 이집트 관광홍보위원회에서 국가 유적지에 정식으로 초대해 방문하게 됐다.

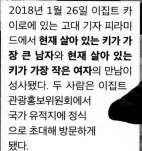

술탄 코센은 머베보다 76cm나 크지만 **키 차이가 가장 많이 나는 부부**는 프랑스의 파비엔과 나탈리 프레토다. 둘의 키 차이는 94.5cm나 된다.

◀ 키가 가장 작은 코미디언

키가 102.5cm인 이만 핫치티(레바논/호주)는 2005년부터 호주와 영국에서 코미디 순회공연을 해왔다. 여동생 리마와 함께 '리마증후군'을 앓는 유일한 사람들로 키가 매우 작지만 비율은 일반인과 같다. 그는 15세 때 호주 클래스크라운 스탠드업 코미디 콘테스트에서 우승하며 커리어를 시작했다.

키가 가장 큰 발레 댄서

2014년 9월 25일 파브리스 칼멜(프랑스)은 미국 일리노이 주 시카고에서 측정한 키가 199.73cm였다. 3세에 발레를 시작한 그는 11세에 파리 오페라 발레학교에 진학했다. 2002년 시카고 조프리 발레단에 입단한 파브리스는 2년 뒤 리드 댄서가 됐다. 그는 지금도 조프리 발레단에서 활약 중이다.

◀ 키가 가장 큰 우주비행사

미국의 전 우주비행사 제임스 웨더비(사진 오른쪽)와 제임스 반 호프턴은 둘 다 키가 193cm였다. 하지만 우주비행사는 궤도에 머물면 무중력 상태에서 키가 약간 커진다. 지구에서는 둘이 키가 같았지만, 우주에서는 14일 머물렀던 웨더비가 7일 머문 반 호프턴보다 더 컸을 것으로 추정된다.

신체 개조 Body Mods

혀에 피어싱이 가장 많은 사람

프란체스코 베카(미국)는 혀에 20개의 피어싱이 있다. 기록은 2017년 1월 5일 미국 뉴저지 주 린드허스트에 있는 피어싱 및 보석 전문 스튜디오 '인비지블셀프'에서 확인됐다.

2012년 2월 17일까지 얼굴에 피어싱이 가장 많은 사람은 악셀 로살레스(아르헨티나)로 총 280개다.

목이 가장 긴 사람

구리 목걸이로 늘린 가장 긴 목은 길이가 40cm라고 한다. 미얀마의 파다웅 족과 카렌니 족의 여성들은 목이 길수록 아름답다고 생각해 목걸이로 늘리는 관습이 있다. 이렇게 늘린 목은 너무 길고 약해져 목걸이를 빼면 머리를 지탱할 수 없게 된다.

가장 길게 늘어나는 귓불

몬테 피어스(미국)는 귓불을 잡아당기면 왼쪽은 12.7cm, 오른쪽은 11.43cm까지 늘어난다. 당기지 않았을 때는 겨우 2.54cm다.

몬테는 귓불로 새총 멀리 쏘기 기록도 가지고 있다. 2008년 2월 16일 스페인 마드리드에서 촬영한 〈로 쇼 데 레코드〉에서 귀를 늘여 새총처럼 만든 뒤 10센트 동전을 3.55m나 날려버렸다.

허리가 가장 가는 사람(현재)

캐시 정(미국)은 평소 허리둘레가 53.34cm(21인치)이지만 코르셋을 입으면 38.1cm(15인치)까지 줄어든다. 빅토리아 시대의 옷을 너무 입고 싶었던 캐시는 38세가 되던 해부터 15.24cm(6인치) 폭의 트레이닝 벨트를 사용해 허리둘레를 66.4cm(26인치)부터 단계적으로 줄여나갔다. 그녀는 가는 허리를 만들기 위한 수술은 전혀 받지 않았다.

얼굴에 플래시터널이 가장 많은 사람

플래시터널은 튜브 모양으로 가운데가 뻥 뚫린 피어싱 액세서리다. 조엘 미글러(독일)는 2014년 11월 27일 독일 바덴뷔르템베르크 주 발스후트에서 얼굴에 있는 바람구멍이 11개로 확인됐다. 액세서리의 크기는 3mm부터 34mm까지 다양하다.

피어싱이 가장 많은 노인(남자)

일명 '앨버트 왕자' 존 린치(영국, 1930년 11월 9일생, 위 오른쪽)는 2008년 10월 17일까지 얼굴과 목 피어싱 151개를 포함해 몸에 총 241개의 구멍이나 있다(런던 해머스미스에서 확인). 그는 은퇴 전까지 30년 동안 은행원이었다.

최초의⋯

최초의 안테나 삽입

영국 출생의 예술가 닐 하비슨은 2004년 자신의 두개골 뒤에 안테나를 설치했다. 그는 태어날 때부터 전색맹으로, 검은색과 흰색 외에는 인지하지 못했다. 눈앞에 부착된 카메라와 연결된 안테나는 색을 빛의 파동으로 인지하고 소리로 바꿔 음파(소리)로 전달한다. 현재는 하비슨이 들을 수 있는 색의 범위가 넓어졌는데, 낮은 음은 어두운 붉은색으로 인지하고 높은 음은 보라색으로 인지한다.

하비슨은 이 '아이보그'를 항상 착용하고 있다. 심지어 여권 사진도 착용한 상태로 찍은, 공식적으로 인정된 최초의 사이보그다.

문신이 가장 많은 남자

서커스 공연자인 럭키 다이아몬드 리치(호주, 뉴질랜드 출생)는 몸에 문신을 1,000시간 이상 새겼으며, 문신이 전체 피부의 200% 이상을 덮고 있다. 그는 처음 화려한 색의 문신으로 바탕을 만든 뒤 검은 잉크로 다시 덮었다. 요즘은 그 위에 하얀 타투를 추가하고 있다.

손가락 자석 삽입

2005년 스티브 하워스(미국)가 최초로 몸속에 자석을 삽입했다. 그는 신체 개조 아티스트 제스 자렐과 애리조나주립대 대학원생 토드 허프먼과 함께 작업을 진행했다. 네오디뮴 자석에 금과 실리콘으로 코팅해 만든 이 보형물은 허프먼의 손가락 피부 속에 장착됐다. 스티브는 자석이 삽입된 손가락으로 작은 금속 물체를 끌어당길 수 있으며, 자기장 주변에 가면 그 손가락이 진동하기도 한다.

신체 개조를 가장 많이 한 부부

빅토르 휴고 페랄타(우루과이)와 아내 가브리엘 페랄타(아르헨티나)는 합쳐서 신체 개조를 84번이나 했다. 기록은 2014년 7월 7일 이탈리아 〈로 쇼 데 레코드〉에서 인증됐다. 50개의 피어싱, 8개의 마이크로더멀 피어싱(몸에 박는 피어싱), 14개의 보형물, 5개의 치아 임플란트, 4개의 귀 확장기, 2개의 귀 볼트, 1개의 갈라진 혀가 있다.

잉크와 바늘로 만든 놀라운 작품

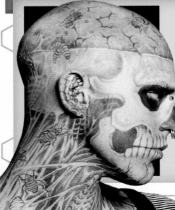

◀ 가장 많은 곤충 문신

'리코'라 불리는 캐나다의 릭 제네스트는 팔과 몸통, 등과 머리에 176개의 곤충 문신이 있다. 기록은 2011년 4월 27일 이탈리아 〈로 쇼 데 레코드〉에서 확인됐다. 가장 많은 뼈 타투도 릭의 몸에 있다. 139개로 같은 날 같은 장소에서 기록으로 인정됐다. 문신들은 그의 뼈를 그대로 본떠 그렸다.

가장 많은 해골 문신

찰스 '척' 햄케는 376개의 해골 문신이 몸 전체에 있다. 이 디자인은 예술작품의 하나로, 배경 그림과 함께 채색까지 되어 있다. 햄케는 타투가 가장 많은 노인(남자)으로 그의 아내 샬럿 구텐버그도 기네스 세계기록을 몇 개 보유하고 있다(옆 페이지 맨 오른쪽 참조).

▶ 같은 이름을 가장 많이 새긴 사람

마크 에반스(영국)는 자신의 피부에 이름 하나를 267번이나 새겼다. 기록은 2017년 1월 25일 영국 렉섬에서 검증됐다. 딸 루시의 출생을 기념해 2명의 문신사에게 1시간 동안 딸의 이름을 등에 새기게 했는데 루시가 태어난 병원에 기부금을 마련하기 위한 행사로 진행됐다.

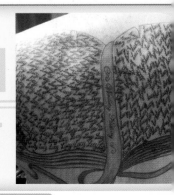

신체 개조란?
타투: 아주 오래된, 몸을 장식하는 방식의 하나. 바늘로 피부를 찔러 잉크로 문양을 새긴다.

이식(임플란트): 피부 아래 보형물을 삽입한다. 보형물 일부가 피부 밖으로 나오게 하는 경피 임플란트가 많다.

피어싱: 몸에 장신구를 매다는 방식이다. 귀걸이와 코걸이, 입술 피어싱은 시작에 불과하다.

스플리팅: 신체를 자르는 방식이다. 혀끝부터 뿌리 쪽으로 갈라 혀를 포크 모양으로 만든다.

GUINNESS WORLD RECORDS

신체 개조를 가장 많이 한 사람

롤프 부크홀츠(독일)는 2012년 12월 16일까지 자신의 신체를 516번이나 개조했다. 그의 몸에는 눈 주위 37개와 입 주변 111개를 포함한 481개의 피어싱 및 2개의 '뿔' 보형물, 혀 스플리팅, 오른손 손가락 끝에 달린 5개의 자석 보형물이 있다. 그리고 피부의 약 90%가 문신으로 덮여 있다. IT 컨설턴트인 롤프의 신체 개조는 약 20년 가까이 진행돼왔다. 첫 피어싱과 첫 문신을 40세인 해 같은 날 시술받았다.

기네스 세계기록이 독점한 롤프의 새로운 사진이다. 그는 지난 2년 동안 4번의 마라톤을 완주했고, 몸무게의 3분의 1 정도가 줄었다.

최다 신체 개조(여자)

마리아 호세 크리스테르나(멕시코)는 신체를 총 49군데나 개조했다. 피부가 대부분 문신으로 덮여 있고, 이마, 가슴, 팔에 보형물을 삽입했으며 눈썹, 입술, 코, 혀, 귓불, 배꼽에 피어싱이 있다. 전직 변호사인 그녀는 타투 전문점을 운영하고 있으며, 네 자녀를 둔 어머니다.

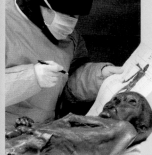

◀ 가장 오래된 타투

1991년 이탈리아 알프스에서 발견된 '외치'라는 이름의 미라에게서 61개의 문신이 발견됐다. 그의 등과 갈비, 종아리와 왼쪽 옆구리에 있는 문신은 피부를 살짝 절개해 숯으로 문질러 새겨졌다. 외치는 약 5300년 전 사망한 것으로 보인다. 등에서 발견된 화살촉으로 보아 살해된 것으로 추정된다.

1가지 만화 캐릭터를 가장 많이 문신한 사람

리 위어(뉴질랜드)의 왼팔에는 호머 심슨의 문신이 41개나 있다. 기록은 2014년 6월 5일 뉴질랜드 오클랜드에서 확인됐다. <심슨 가족>의 열렬한 팬인 그는 호머의 '잭 인 더 박스' 버전, '죽음의 신' 버전, 헐크 버전, 도넛 버전 등 다양한 모습을 타투로 새겼다.

▶ 타투가 가장 많은 여자

2017년 11월 7일 미국 플로리다 주 멜버른에서 샬럿 구텐버그(미국)의 몸 98.75%가 문신으로 덮여 있는 것이 확인됐다. 샬럿은 **타투가 가장 많은 노인** 및 **깃털 타투가 가장 많은 사람**(216개)으로 기네스 세계기록에 이름을 올렸다. 그녀의 몸 중에서 손바닥과 손가락, 얼굴 일부에만 문신이 없다.

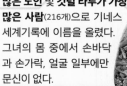

최고령자 Oldest People

현존하는 최고령자 (남자)

일본 홋카이도 아쇼로에 사는 마사조 노나카(일본, 1905년 7월 25일생)는 2018년 5월 3일 기준 나이가 112세 282일이다. 일본에는 현재 100세가 넘는 사람이 6만 7,800명 있다. 마사조는 온천 목욕(가족이 온천 여관을 소유하고 있다)과 단 음식이 장수의 비결이라고 말했다.

여자이면서 현존하는 최고령자 기록은 현재 승인 대기 중이다. 노인학연구그룹(아래 표 참조)에 따르면 치요 미야코(일본, 1901년 5월 2일생)는 2018년 5월 3일 117세 1일로, 이 책의 출간을 앞둔 시점에서 타이틀을 얻기 위한 가장 강력한 도전자라고 한다.

최장기 커리어

자동차 경주 드라이버

앨런 베일리(영국, 1937년 1월 17일생)는 2017년 10월 29일 기준 자동차 경주 선수로 55년 135일을 활동했다. 1962년 6월 16일 영국 실버스톤에서 열린 제10회 '노팅엄 스포츠카 클럽 연간 모터 레이스 미팅'에 오스틴 힐리 차를 타고 첫 경주에 나섰고 그 후 매년 출전했다.

만화가

알 제피(미국)는 1942년 12월 〈조커 코믹스〉에 작품이 처음 실린 이후 2016년 4월호 〈매드〉까지 73년 3개월간 현역으로 활동했다.

항공 기술자

아즈리엘 '알' 블랙먼(미국, 1925년 8월생)은 2017년 7월 17일까지 정확히 75년간 아메리칸항공에서 일했다. 92세 생일을 한 달 앞둔 91세에 그만두었다.

최고령

라디오 토크쇼 진행자(현존)

월터 빙엄(이스라엘, 1924년 1월 5일생)은 2018년 5월 1일 기준 나이가 94세 116일이다. 내셔널 뉴스에서 〈월터스 월드〉를, 뉴스 라디오에서 〈더 월터 빙엄 파일〉을 진행한다. 둘 다 예루살렘에서 방송된다.

짚와이어를 탄 사람

2018년 4월 6일 잭 레이놀즈(1912년 4월 6일생)는 50m 상공에 설치된 347m 길이의 짚와이어를 타고 내려오며 106번째 생일을 자축했다. 기록은 영국 컴브리아 '고 에이프!' 어드벤처 센터에서 작성됐다.

역대 최고령

가장 장수한 사람은 잔 칼망으로, 122세 164일을 살았다. 1875년 2월 21일 프랑스 아를에서 태어나 1997년 8월 4일 요양원에서 삶을 마감했다. **역대 최고령 남자**는 기무라 지로몬(일본, 1897년 4월 19일생)으로 2013년 6월 12일 116세 54일의 나이로 세상을 떠났다.

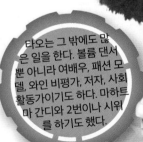

최고령 공중그네 예술가(여자)

미국 캘리포니아 주 샌디에이고에서 공중체조 선수로 활동 중인 베티 고드하트(미국, 1932년 10월 25일생)는 2017년 7월 1일 기준 나이가 84세 249일이다. 매주 4번씩 공연을 펼친다. 어려서부터 공중그네 보는 걸 좋아했지만, 스스로 '몸을 던진 건' 78세 되던 해였다.

현역 최고령 볼룸 댄서 (여자)

타오 포촌-린치(프랑스, 1918년 8월 13일생)는 2017년 6월 11일 98세 302일의 나이로 볼룸 댄서로 왕성하게 활동하는 모습이 미국 뉴욕 화이트 플레인스에서 확인됐다. 타오는 87세부터 댄스 대회에 출전했다. 요가 마스터이기도 하며, 고대의 수련법을 70년째 수행하고 있다.

타오는 그 밖에도 많은 일을 한다. 볼룸 댄서뿐 아니라 여배우, 패션 모델, 와인 비평가, 저자, 사회 활동가이기도 하다. 마하트마 간디와 2번이나 시위를 하기도 했다.

현존 최고령자 톱 10

이름	거주지	출생	나이
치요 미야코(일본)	일본 가나가와	1901년 5월 2일	117세 1일
주세피나 프로제또 부인(이탈리아)	이탈리아 플로렌스	1902년 5월 30일	115세 338일
카네 다나카(일본)	일본 후쿠오카	1903년 1월 2일	115세 121일
마리아 주세파 로부치 나르기소(이탈리아)	이탈리아 아프리체나	1903년 3월 20일	115세 44일
시모에 아키야마(일본)	일본 아이치	1903년 5월 15일	114세 353일
델핀 깁슨(미국)	미국 펜실베이니아	1903년 8월 17일	114세 259일
루실 랑동(프랑스)	프랑스 툴롱	1904년 2월 11일	114세 81일
신 마츠시타(일본)	일본 미야기	1904년 3월 30일	114세 34일
타네 요네쿠라(일본)	일본 가고시마	1904년 5월 2일	114세 1일
가브리엘 발렌틴 데 호베어(프랑스)	프랑스 낭트	1904년 6월 4일	113세 333일

자료: 노인학연구그룹 & gerontology.wikia.com, 2018년 5월 3일 수정

최고령

▶ 복싱 선수

2017년 7월 15일 스티븐 '스티브' 워드(영국, 1956년 8월 12일생)는 영국 노팅엄셔에서 60세 337일의 나이로 마지막 공식 경기에 나섰다. 스티브는 WBC 베테랑 헤비급 타이틀 대회에서 안드레아스 시돈(독일)에게 7회 KO를 당했고, 그 후 은퇴했다.

▲ 현역 전투기 파일럿

필립 프럴리(호주, 1952년 3월 8일생)는 2017년 8월 1일 기준 나이가 65세 146일로 파일럿 중 대장이자 비행 교관이다.

◀ 미국 자전거 횡단(여자)

미국 캘리포니아 주 오션사이드에서 자전거 횡단을 시작한 르네아 C 살보(미국)는 2016년 10월 23일 델라웨어 베서니 비치에 도착할 당시 나이가 67세 32일이었다. 은퇴한 교사인 그녀는 5,090.35km를 자전거로 주행하던 중 37.78도가 넘는 폭염을 겪기도 했다. 정신보건 자선활동으로 횡단을 시작했다.

일본
17

미국
6

이탈리아
6

프랑스
3

영국
2

캐나다
1

네덜란드
1

호주
1

최고령 2인승 낙하산 점프 (남자)

2017년 5월 14일 브라이슨 윌리엄 베르딩 헤이즈 (영국, 1916년 4월 6일생)는 101세 38일의 나이로 4,572m 상공에서 낙하산을 메고 뛰어내렸다. 사진 속 노란색 점프수트를 입은 남자로, 낙하산 교관 제이슨 파란트가 함께 탔다. 도전은 영국 데번 주 호니턴의 던케스웰 비행장에서 이뤄졌다. 베르딩은 100세의 나이에 처음 2인승 낙하산 점프를 시작했다.

최고령 2인승 낙하산 점프 (여자)는 에스트리드 기어트센 (덴마크, 1904년 8월 1일~2012년 6월 25일) 이다. 2004년 9월 30일 100세 60일의 나이로 덴마크 로스킬레 4,000m 상공에서 낙하산을 메고 뛰어내렸다.

베르딩은 2차 세계대전의 베테랑 통신부대원이었다. 그의 이번 도전에 가족 10명도 함께했는데, 영국 재향군인회를 위한 모금 활동의 하나였다.

최고령 패러글라이딩 (남자)

야누슈 오르워프스키 (폴란드, 1926년 1월 14일생)는 2017년 7월 22일 폴란드 브르제스카 볼라에서 91세 189일의 나이로 패러글라이딩을 했다. '할아버지'라는 별명을 가진 야누슈는 12분간 비행하며 최고 고도 332m까지 도달했다.

▼ **부부 스쿠버다이빙 (합계 나이)**
2017년 7월 4일 햄프턴 부부 (1931년 7월 1일생, 1931년 8월 12일생, 둘 다 미국)는 케이맨 제도에서 합계 171세 329일의 나이로 스쿠버다이빙을 즐겼다.

▲ **단독 헬리콥터 파일럿**
2017년 9월 14일 데이비드 막스 (영국, 1930년 8월 5일생)는 87세 40일의 나이로 노샘프턴에서 펜랜드까지 헬리콥터를 조종했다.

▼ **스쿠버다이빙**
2017년 8월 28일 월리스 R 올리 (영국, 1923년 8월 28일생)는 94세 생일을 기념해 키프로스 라르나카 만의 제노비아 난파선까지 스쿠버다이빙해 들어갔다.

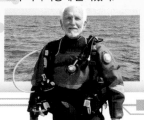

◀ **아이스하키 선수**
마크 서티크 (미국, 1921년 7월 18일생)는 2017년 7월 20일 96세 2일의 나이로 미국 캘리포니아 주 산타로사에서 열린 스누피 노인 월드하키대회에 출전했다. 그는 2018년 4월 기준 매주 빙판을 달리고 있다. 약 85년 동안 아이스하키를 해왔지만, 80세가 되어서야 진지하게 스포츠를 즐기게 되었다고 한다.

가족사 Family Matters

가장 무거운 신생아

키가 241.3cm나 되는 여자 거인 애나 베이츠(캐나다)는 1879년 1월 19일 미국 오하이오 주 세빌에 있는 자신의 집에서 몸무게 9.98kg의 남아를 출산했다. 아기는 키 71.12cm로 역대 **가장 키가 큰 아기**로 기록됐다.

자연임신한 최고령 산모

다운 브룩(영국)은 1997년 8월 20일 59세 나이에 제왕절개로 아들을 출산했다. 그녀는 임신 촉진 치료를 받지 않고 자연임신했다.

아이를 입양한 최고령 부모

무리엘 뱅크스 클래이턴(미국, 1922년 7월 22일생)은 2015년 6월 9일 미국 텍사스 주 댈러스에서 92세 322일의 나이로 마리 뱅크스 스미스(미국)를 정식 입양했다.
마리의 당시 나이는 76세 96일로, **공식적으로 입양된 최고령자**에 이름이 올랐다.

가장 많은 세대가 동시대에 산 기록(역대)

한 가족 중에서 동시대에 가장 많은 세대가 살았던 기록은 7대. 어거스타 벙기(미국)는 1989년 1월 21일 109세 97일의 나이로 **가장 젊은 증조-고조-현조-6대 할머니**로 기록됐다. 당시 어거스타는 딸(89세)과 손녀(70세), 증손녀(52세), 고조손녀(33세), 현조손녀(15세)와 함께 살고 있었다.

최대 규모 가족모임

프랑스 방데에서 포토-보일레브 가족 총 4,514명이 2012년 8월 12일 한자리에 모였다.

최초의…

모녀 슈퍼센티내리언

슈퍼센티내리언은 110세 이상인 사람을 말한다(88~89쪽 참조). 마리 P 로메로 젤케 코타(미국, 1870년생)는 1982년 112세 17일의 나이로 세상을 떠났다. 그녀의 딸 로자벨 젤케 챔피언 펜스터마커(미국, 1893년생)도 비슷한 나이까지 장수했는데, 2005년에 111세 344일의 나이로 사망했다.

출산한 유부남

토마스 비티(미국)는 여자로 태어났지만 고향인 오리건 주에서 법적으로 남자임을 인정받으며 세상을 떠들썩하게 했다. 그는 2002년 성전환수술을 했지만 생식기는 제거하지 않았다. 법적으로 남자인 비티는 2003년 여자 파트너 낸시와 결혼식을 올렸다. 하지만 낸시가 자궁적출술을 받아 아이를 낳을 수 없자 토마스가 정자를 기증받아 아이를 낳았다. 이 부부의 딸 수잔은 2008년 6월 29일 태어났다.

성이 다른 접착쌍둥이

로리 린과 도리 샤펠(미국, 1961년 9월 18일생)은 몸이 붙은 채 태어난, 유전자가 같은 쌍둥이 자매다. 그런데 2007년 도리가 성전환임을 선언하고 이름도 조지로 개명하며 최초의 성이 다른 접착쌍둥이가 됐다. 이 쌍둥이는 몸은 떨어져 있지만 두개골 일부가 붙어 있다. 뼈와 주요 혈관 그리고 뇌의 30%를 공유한다(이마엽과 마루엽).

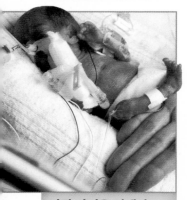

가장 가벼운 신생아

2004년 9월 19일 루마이사 라흐만(미국)은 미국 일리노이 주 메이우드에서 260g의 미숙아로 태어났다.
키가 가장 작은 아기는 니사 후아레스(미국)로, 2002년 7월 20일 미국 미네소타 주 미니애폴리스에서 태어날 당시 키 24cm의 미숙아였다.

마라톤에서 가장 빠른 기록을 세운 부부

폴 킵춤바 로냔가타와 퓨리티 체로티치 리오노리포(둘 다 케냐)는 2017년 4월 9일 프랑스 파리 마라톤대회에 함께 출전해 둘이 합쳐 4시간 27분 5초를 기록했다. 퓨리티는 이날 개인 최고 기록을 경신했다. 마라톤에 관한 기록은 224~225쪽에 더 있다.

쌍둥이에게 장기 이식 수술을 한 쌍둥이 의사

라파엘과 로버트 멘데스(미국)는 일란성 쌍둥이이자 의사로, 함께 팀을 이뤄 장기 이식 수술을 한다. 라파엘이 장기를 분리하면 로버트는 수용 환자에게 이식한다. 이 형제는 1999년 1월 미국 로스앤젤레스 서던캘리포니아대학 병원에서 일란성 쌍둥이인 안나 코르테스와 페트라 마르티네스에게 콩팥 이식 수술을 집도했다. 일란성 쌍둥이는 유전자가 똑같아 완벽한 기부자이자 수혜자다. 유일한 위험요소는 수술 중 발생하는 감염이다.

출산율이 가장 높은 나라

여성 1명이 평균적으로 낳는 자녀의 수로 봤을 때 니제르의 출산율이 7.3명으로 가장 높다. 이 수치는 세계은행에서 2018년 1월 발표했다.

같은 날 태어난 가족

◀ 윤날에 태어난 남매

카린과 헨리 헨릭슨(둘 다 노르웨이) 부부의 자녀 헤이디(1960년생), 올라브(1964년생), 레이프-마르텐(1968년생)은 모두 2월 29일 윤날에 태어났다. 윤날은 4년에 1번씩 돌아오는데 지구의 태양 공전과 그레고리력(태양력)이 어긋나지 않도록 추가로 넣은 날이다.

가장 많은 세대가 윤날에 태어난 가족

기록이 확인된, 3대가 연속으로 2월 29일 윤날에 태어난 가족은 케오스 집안이 유일하다. 피터 앤서니(아일랜드, 1940년생)와 그의 아들 피터 에릭(영국, 1964년생), 손녀 베다니 웰스(1996년생)의 생일파티는 '가끔' 열린다. 이렇게 태어날 확률은 약 30억 분의 1이다.

▲ 같은 날 가장 많이 태어난 남매

쌍둥이를 제외하면 5남매가 같은 날 태어난 사례는 단 1번 있었다. 캐롤린과 랄프 커민스 부부의 다섯 자녀인 캐서린(1952년생), 캐롤(1953년생), 찰스(1956년생), 클라우디아(1961년생), 세실리아(1966년생)다. 이 5남매는 모두 2월 20일에 태어났다.

한 번에 가장 많이 낳은 출산 기록

나디아 슐먼(미국)은 2009년 1월 26일 미국 캘리포니아 주 벨플라워의 카이저 퍼머넌트 메디컬센터에서 6명의 남자아이와 2명의 여자아이를 한 번에 출산해 세상을 놀라게 했다. 8명은 체외수정한 시험관 아기들로, 제왕절개로 세상에 나왔다. 나디아는 이미 시험관 시술로 6명의 아이를 낳아 기르던 상태라 논란이 되기도 했다.

이 사진은 임신 29주차의 나디아 슐먼의 모습이다. 나디아는 일주일 뒤 8명의 아이를 출산했는데, 9주 정도 조산이었다.

나디아의 유명한 8중주인 노아, 요나, 예레미야, 요시야, 이사야, 마카이, 말리야, 나리야다.

생일이 같은 사람의 모임

2012년 7월 4일 아펀홀 프라이메이트 파크(네덜란드)가 주최한 행사에 생일이 7월 4일인 사람이 228명이나 모였다. 공원에서 새로 태어난 5마리의 고릴라를 축하하기 위해 열린 이 행사는 세계의 고릴라들이 멸종 위기에 처한 사실을 알리기 위해 진행됐다.

◀ 가장 많은 세대가 같은 날 태어난 가족

• 미온 마스다(일본, 2005년 3월 26일생)는 아버지(1963년생), 조부(1933년생), 증조부(1899년생)와 생일이 같다. 왼쪽 작은 사진은 미온과 아버지이고, 큰 사진은 둘이 증조부 사진을 든 모습이다. • 2001년 8월 23일생 제이콥 캐머런 힐데브란트(미국)는 생일이 아버지(1966년생), 조모(1944년생), 증조모(1919년생)와 같다. • 1998년 10월 13일생 모린 베르너(미국)는 어머니(1970년생), 조부(1938년생), 증조모(1912년생)와 생일이 같다. • 비에라 툴리아 투얀티아르 키비스토(핀란드, 1997년생)는 어머니(1967년생), 조부(1940년생), 증조부(1903년생)와 생일(3월 21일생)이 같다. • 1982년 7월 4일생 랄프 버트럼 윌리엄스(미국)는 아버지, 조부, 증조부(1876년생)와 생일이 같다.

인류 전반 Round-Up

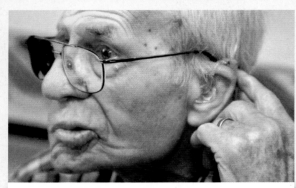

머리에 총알이 박힌 채 가장 오래 산 사람

윌리엄 로리스 페이스(미국, 1909년 2월 27일생)는 8세였던 1917년 10월 미국 텍사스 주 휠러에서 사고로 총에 맞았다. 총알은 얼굴에 큰 상처를 냈고, 오른쪽 귀의 청력을 빼앗았으며, 오른쪽 눈을 거의 실명시켰다. 하지만 머리에 총알이 박힌 지 94년 175일이 지난 2012년 4월 23일에 103세의 나이로 세상을 떠났다.

살아 있는 가장 손가락과 발가락이 많은 사람(다지증)

데벤드라 수타르(인도)는 손가락이 14개, 발가락이 14개다. 기록은 2014년 11월 11일 인도 구자라트에서 확인됐다. 목수인 그는 작업 중 다치지 않으려면 특별한 주의가 필요하다.

사람의 두개골에서 제거된 가장 큰 물체

2003년 8월 15일 건축업자 론 헌트(미국)는 드릴을 사용하던 중 사다리에서 추락하며 작동 중인 드릴 날(길이 46cm)에 얼굴부터 떨어지는 사고를 당했다. 드릴은 그의 오른쪽 눈으로 들어가 두개골을 관

사람의 치아

2017년 2월 3일 인도 구자라트에서 뽑은 우르빌 파텔(인도)의 치아는 길이가 3.67cm에 달했다. 평균보다 약 2배 가까이 긴 이 치아는 의사 제이민 파텔이 수술로 뽑아내는 데 30분이 걸렸다.

믿기 힘들 만큼 유연한 모하메드는 키가 겨우 137cm, 몸무게 29kg 정도다. 그는 매일 가자 시에 있는 스포츠클럽에서 3시간씩 자신의 재능을 연마한다.

살아 있는 가장 코가 긴 사람

2010년 3월 18일 메멧 오쥐렉(터키)은 이탈리아 로마의 〈로 쇼 데 레코드〉 무대에서 콧등의 길이가 8.8cm로 확인됐다.

코에 25센트 많이 넣기

2012년 6월 29일 토마스 가틴(미국)은 미국 캘리포니아 주 로스앤젤레스에 마련된 〈미쳐 날뛰는 기네스 세계기록!〉 무대에서 코에 25센트 동전 14개를 넣는 데 성공했다. 기네스 세계기록의 규정상 동전은 코 안에서 10초 이상 떨어지지 않고 버텨야 기록으로 인정된다. 손으로 지지해서도 안 된다.

눈알 많이 돌출시키기

김 굿맨(미국)은 안구에서 눈알을 12mm나 돌출되게 만들 수 있다. 그녀의 기록은 2007년 11월 2일 터키 이스탄불에서 측정됐다.

통해 오른쪽 귀 위로 나왔다. 미국 네바다 주 워쇼메디컬센터의 외과 전문의들에 의하면 드릴 날이 뇌를 관통하지 않고 비켜가 목숨을 구할 수 있었다고 한다.

1분 동안 훌라후프 돌리기

2012년 3월 20일 그레고리 션 딜런(미국)은 미국 캘리포니아 주 비보스 피트니스에서 60초 동안 훌라후프를 243번 돌리는 데 성공했다. 그는 91.4cm 알루미늄 후프로 기록을 달성했다.

최연소 사랑니 발치 기록

매튜 애덤스(미국, 1992년 11월 19일생)는 9세 339일의 나이에 자랄 공간이 없는 아래쪽 사랑니 2개를 뽑았다. 수술은 2002년 10월 24일 미국 미시간 주에 있는 미들랜드 구강악안면외과에서 진행됐다.

최연소 전체 틀니 기록

대니얼 산체스-루이스(영국)는 2005년 2월 25일 3세 301일의 나이에 틀니를 했다. 그는 유전성 질병인 발한저하성 외배엽 이형성증을 앓고 있는데, 그 증상의 하나가 치아의 비정상적 발달이다.

엎드린 자세에서 허리 뒤로 꺾어 다리 회전시키기

모하메드 알-세이크(팔레스타인)는 2017년 2월 8일 요르단 암만에서 엎드린 자세에서 허리를 뒤로 꺾어 몸통을 중심으로 다리를 360도 회전하는 묘기를 1분 동안 38번 성공했다. 별명이 '스파이더 보이'인 이 어린 곡예사는 작년에 리얼리티 쇼 〈아랍 갓 탤런트〉에 출연해 최종 3인에 선정됐다.

가장 오래된 의치

현재의 이탈리아 토스카나 지방에서 발견된 기원전 700년 무렵의 에트루리아인 무덤에서 부분의치(위 사진)가 나왔다. 기존 치아에 영구적으로 부착하는 의치도 있었고, 탈부착이 되는 것도 있었다.

경매에서 가장 비싸게 팔린 의치(아래 사진)는 영국의 윈스턴 처칠 전 총리가 사용하던 것이다. 그의 의치는 2010년 7월 29일 영국 노퍽 에일섬, 키스 파인아트 경매단이 주최한 경매 행사에서 익명의 구매자에게 2만 3,700달러에 판매됐다.

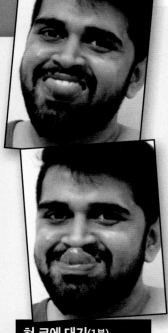

레코드〉를 통해 기네스 세계기록에 처음 기록될 당시의 길이는 2.36m였다.

가장 긴 콧수염(역대)

람싱 차우한(인도)은 2010년 3월 4일 이탈리아 로마의 〈로 쇼 데 레코드〉 무대에서 측정한 콧수염 길이가 4.26m로, 런던 택시 블랙캡 길이와 비슷했다.

가장 오래 생존한…

심장박동 없이

줄리 밀스(영국)는 1998년 8월 14일 심장부전과 바이러스성 심근염으로 사경을 헤맸다. 영국 옥스퍼드 존래드클리프 병원의 심장 수술의들은 그녀에게 1주일 동안 무박동 혈액펌프(AB180)를 사용했다. 줄리는 처음 3일 동안 심장이 전혀 뛰지 않다가 곧 회복되어 펌프가 제거됐다. 이 치료법

허 코에 대기(1분)

2017년 6월 12일 아시시 페리(인도)는 뭄바이에서 60초 동안 혀로 코끝을 142번 건드렸다.

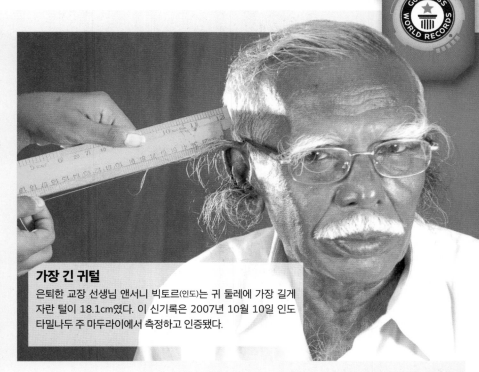

가장 긴 귀털

은퇴한 교장 선생님 앤서니 빅토르(인도)는 귀 둘레에 가장 길게 자란 털이 18.1cm였다. 이 신기록은 2007년 10월 10일 인도 타밀나두 주 마두라이에서 측정하고 인증됐다.

으로 생명을 구한 1번째 사례다.

한 쪽 폐 이식 후

1988년 5월 19일 베로니카 드 와이어(아일랜드, 1941년 3월 22일생)는 영국 미들식스 헤어필드에서 폐를 이식받고 2017년 9월 25일까지 29년 129일을 더 살았다.

심장 이식 후

테드 노바코프스키(미국, 1948년 11월 23일생)는 1983년 4월 25일 심장 이식 후 2018년 1월 11일까지 총 34년 261일을 더 살았다.

당뇨병을 앓으며

19세인 1921년부터 헤이즐 데이비스(호주, 1902~2002)는 1형 당뇨를 앓았으나 81년을 더 살았다. 당시에는 인슐린이 치료에 사용되기 전이라 식단 관리를 엄격히 했다.

털이 가장 많은 10대

몸을 9개 부위로 나누고 털이 나는 정도를 0~4까지(숫자가 클수록 털이 많음) 표시하는 다모증 평가에서 2010년 3월 4일 수파트라 '낫' 사수판(태국, 2000년 8월 5일생)이 가장 높은 수치를 기록했다. 그녀는 얼굴, 목, 가슴, 등 4개 부위에서 4점을 기록했다. 수파트라 '낫'은 2018년 사랑에 빠졌다며 면도한 얼굴을 소셜 미디어에 공개했다.

턱수염이 가장 긴 사람(현재)

2011년 9월 8일 캐나다 브리티시컬럼비아 주 서리에서 측정한 사르완 싱(캐나다)의 수염 길이가 2.5m를 기록했다. 2010년 이탈리아 로마에서 〈로 쇼 데

얼굴에 빨래집게 많이 물리기

개리 터너(영국)는 2013년 7월 17일 터키 이스탄불에 마련된 〈기네스 세계기록〉 무대에서 얼굴에 빨래집게 161개를 물리는 데 성공했다.

개리는 엘러스-단로스 증후군으로 늘어나는 피부를 가지고 있는데, 복부의 피부가 15.8cm까지 확장된다. 이 증후군이 있으면 피부조직, 인대, 내부 장기의 조직 연결에 이상이 생겨 피부가 탄력을 잃고 관절이 과하게 움직이게 된다.

디즈니 성 DISNEY CASTLE

정교한 탑과 푸른 지붕을 가진 신데렐라 성은 월트디즈니 사와 그들이 만들어낸 애니메이션 동화의 오랜 상징이다. 예술가 허버트 라이먼이 생각해낸 이 연못에 둘러싸인 성은 현재 미국 플로리다에 있는 마법의 성 테마파크 심장에 자리잡고 있다. 밤이면 이 건물은 1,600만 가지 색의 조명과 불꽃으로 새롭게 피어난다.

신데렐라 성의 디자인은 스페인의 세고비아에 알카자르 성, 독일의 노이슈반슈타인 성으로부터 같은 현실 속 요새들에 영향을 받았다. 이 성은 '인위적 원근법'으로 알려진 건축 기법을 사용해 실제 크기보다 크게 느껴진다. 꼭대기에 있는 창문과 문이 맨 밑에 있는 것들보다 상대적으로 작아 마치 하늘 지붕을 듯 높이 보이는 착시를 일으킨다. 1971년 7월 완공된 이 성은 모두 짓는데 187개월이 걸렸다.

기록을 위하여

미국 플로리다 주 월트디즈니 월드리조트에 있는 신데렐라 성은 높이 57.6m로 가장 큰 테마파크 성이다. 이 건축물은 강풍기에는 다른 건축물에 비해 더 많은 영향을 받았다. 이 성은 계 벽돌이 단 하나도 사용되지 않고, 콘크리트와 섬유유리만 만들어졌다. 트위일라이트 존 타워 오브 테러와 디즈니 애니멀 킹덤의 이스페디션 에베레스트 등 3개에 이르는 3번째로 큰 리조트 건물이다. 이 건물은 항공장애에도 설치를 피하고자 모두 61m 이하로 건설됐다.

*항공장애등: 야간 항공에 장애가 될 염려가 있는 높은 건축물이나 위험물의 존재를 알리기 위한등

신데렐라 성은 이탈리아 피사의 사탑, 영국 런던의 넬슨 기념탑보다 높다.

동화 속 요새

알프스 산채 바위산 위에서 독일 바이에른 주 홀엔슈반가우 마을을 내려다보고 있는 노이슈반슈타인 성은 동화 그 자체다. 성의 북쪽 타워는 해들루 65m별 어 있어 가장 높은 성으로 기록됐다. 노이슈반슈타인 성에 영향된 돌들이 바이에른의 루드비히 2세는 1884년 완공 전부터 입주해 살았다. 그는 노이슈반슈타인 성에서 겨우 172일을 살다 1886년 6월 13일 의문스러운 죽음을 맞았다.

군주의 저택

영국 버킹엄에 있는 윈저 성이 국왕 숙소는 576x 164m 크기의 긴 평행사변형으로 실제 사람이 거주하는 가장 큰 성이다. 영국 공식 왕실 거처 3군데 중 하나로 잉글랜드에 노르만 족이 침략한 뒤인 11세기에 지어졌다. 헨리 1세(약 1068~1135) 이후 40명의 왕과 여왕이 윈저 성에 머물렀다.

매일 밤 성에서 18분 동안 불꽃놀이가 진행된다.

이 성은 1~297까지 번호가 매겨진 27개의 탑을 자랑한다(13번과 17번은 빼기로).

지붕은 컴퓨터 모니터 틀에 사용되는 플라스틱과 같은 재질로 덮여 있다.

그거 알아?

신데렐라 이야기는 원래 고전 동화로 그림 형제의 이 야기가 가장 유명하지만, 그 외에도 비슷한 이야기가 많다. 알려진 가장 오래된 예는 《로도피스》로 기원전 1세기 그 리스의 역사가 스트라본가 기록했다. 이 동화는 왕이 자신 의 머리 위로 날아가던 독수리가 떨어뜨린 샌들의 주인을 찾는 이야기이다.

외부의 성당 부분은 섬유 강화 석고 플라스터로 돼 있다.

톡톡 가이드

레고의 디즈니 성은 높이 74cm, 가로 48cm, 세로 31cm 이상 으로 총 4,080개의 피스로 구성돼 있다. 이 세트에는 5개의 미 니 피겨가 있는데 미키와 미니 마우스, 도널드와 데이지 덕, 그 리고 처음 모습을 드러낸 피터팬의 팅커벨이다. 성 안에는 다양한 디즈니 영화의 장면들이 재현돼 있는데 《잠자는 숲속의 공주》의 물레, 《백설공주와 일곱 난쟁이》, 《미녀와 야수》의 장미까지 찾아볼 수 있다.

가장 빠른 제트엔진 슈트

리처드 브라우닝(영국)은 2017년 11월 7일 영국 버크셔 주 리딩의 라구나 공원에서 자신의 '그래비티 플라이트 슈트'를 입고 시속 51.53km로 비행했다. 브라우닝은 영화 〈아이언맨〉의 토니 스타크에게 영감을 받아 슈트를 제작했다. 슈트 겉면에 6개의 마이크로 가스 터빈을 부착해 하늘을 나는 꿈을 이뤘다. 터빈은 등유를 사용하는데 총 1,274뉴턴의 힘을 낸다. 5만 2,449달러를 들인 이 슈트는 초경량 고강도 부츠로 완성됐다. 일단 비행을 시작하면 브라우닝은 자신의 몸을 이용해 속도와 방향을 조종해야 한다. 속도를 더 내려면 팔은 뒤로 하고 가슴을 앞으로 내밀어야 한다.

그리스 발명가의
이름을 따 '다이달로스'라고도
부르는 그래비티 플라이트 슈트는
시속 450km까지 속도를 낼 수 있다.
하지만 리처드는 자신의 발명품에
한 가지를 빼먹는 바람에 최고
속도를 내지 못한다⋯. 그건
바로 낙하산이다.

음식 재주 Food Feats

최대 규모 m&m's 모자이크(로고)

마스 인코퍼레이티드(불가리아)는 2017년 9월 29일 불가리아 소피아에서 49.51m² 크기의 m&m's 로고를 만들어 기록에 올렸다. 약 29만 1,500개의 m&m's 초콜릿이 사용된 이 모자이크는 27명이 17시간 30분간 제작했다.

최대 규모 사탕 모자이크

CYE-닝보 문화광장개발(중국)이 2017년 4월 16일 중국 저장 성 닝보에서 160.22m² 크기의 사탕 모자이크를 공개했다. 이 이미지는 60명이 약 30만 개의 롤리팝으로 11시간에 걸쳐 완성했다.

가장 높은 컵케이크 탑

2017년 9월 23일 컵케이크 오브 호프(남아공)가 남아프리카공화국 가우텡 주 베리니킹에 10.77m 높이의 달콤한 탑을 만들었다.

가장 많은 사람이 바비큐를 함께 구운 기록

2017년 8월 19일 유카 엑스포에벤토스(멕시코)가 멕시코 치와와 주 시우다드 후아레스에 있는 멕시카니다드 광장에 마련한 행사에 394명이 모여 바비큐를 구웠다.

8시간 동안 가장 많이 제공한 플라우타스

2017년 10월 9일 금융기관 BBVA 방코메르(멕시코)가 멕시코 멕시코 시티에서 플라우타스(타코말이) 1만 2,000개를 만들어 사람들에게 나누어줬다. 이 행사에는 토르티야 396kg, 소고기 495kg, 파넬라 치즈 165kg, 과카몰리 429kg, 크림 200리터가 사용됐다.

최대 규모 플로프 행사

2017년 9월 8일 우즈베키스탄의 엔터테인먼트 TV 채널 '밀리 TV'가 타슈켄트에서 7,360kg의 플로프를 요리해 사람들에게 나누어줬다. 플로프는 쌀과 고기로 만든 전통음식이다.

입에 블루베리 많이 넣기(1분)

디네시 시브나스 우파디아야(인도)는 2018년 1월 16일 뭄바이에서 블루베리 86개를 입에 욱여넣고 60초를 버텼다. 디네시(아래 왼쪽 참조)가 이 분야에서 경신한 4번째 기록이다.

밟아 으깨 가장 많이 추출한 포도 주스(1분)

마르티나 세르바티(독일)는 2017년 7월 26일 로스앤젤레스에서 고든 램지의 〈더 에프 워드〉에 출연해 1분 동안 포도를 밟아 12.76리터의 주스를 짜냈다.

맥주잔 40m 많이 나르기(남자)

미카엘 슈투름(독일)은 2017년 9월 27일 브라질 상파울루 옥토버페스트 브라마 엑스트라에서 26리터의 맥주가 든 맥주잔 26개를 들고 40m 코스를 완주했다. 완주 후 남은 맥주 무게는 98.33%였다(90% 미만이면 실격). 28개의 맥주잔에도 도전했으나 실패했다.

가장 많이 만든 로크로 데 파파 수프

16세인 파울리나 바움(에콰도르)은 2017년 3월 5일 에콰도르 키토에서 에콰도르 전통 감자수프를 2만 그릇(총 5,787.84kg)을 만들었다.

가장 많이 만든 세비체

만사니요 공과대학은 2017년 4월 14일 멕시코 콜리마 주 만사니요에서 신선한 해산물 요리를 1만 1,480kg 마련했다.

가장 큰 케이크 공

셰필드 웬즈데이 풋볼 클럽(영국)은 2017년 9월 3일 150주년을 기념해 축구공 모양의 285kg짜리 케이크를 만들었다. 여기에는 클럽의 문장이 장식돼 있었다.

소시지 만들기(1분)

배리 존 크로(아일랜드)는 2017년 4월 3일 아일랜드 캐번에 마련된 〈RTE의 빅 위크 온 더 팜〉 무대에서 1분 동안 소시지 78개를 만들었다. 13세부터 소시지를 만든 배리는 현재 세계 최고의 정육 기술자다. 소시지 하나당 길이는 최소 10.16cm 이상이었다. 배리는 2016년 세워진 60개의 기록을 박살 내버렸다.

최단시간

케첩 1병 마시기

2017년 9월 7일, 음식 관련 기네스 기록을 여럿 가진 디네시 시브나스 우파디아야(위 참조)는 인도 뭄바이에서 케첩 1병(500g)을 25초 37 만에 마셨다. 미식가이자 대식가인 그는 이전 기록을 4초 이상 깼다.

자몽 1개 빨리 까서 먹기

2017년 3월 16일, 디네시(왼쪽 참조)가 인도 뭄바이에서 14초 22 만에 성공했다.

모차렐라 500g 먹기

아시리타 퍼먼(미국)이 2016년 4월 12일 뉴욕에서 1분 34초 44 만에 성공했다.

킷캣 먹기(손 안 쓰고)

다니엘 디킨슨(영국)은 2016년 8월 31일 영국 컴브리아에서 킷캣을 22초52 만에 먹었다.

율로그 케이크 완성

2017년 12월 8일 셰프 제임스 마틴(영국)이 자신의 TV 프로에서 1분 17초 만에 만들었다.

가장 높이 쌓기
m&m's: 실비오 사바(이탈리아)는 2016년 12월 21일 이탈리아 밀라노 로다노에서 m&m's 4개를 차곡차곡 쌓아 균형을 잡았다.

도넛 쌓기(1분):
2018년 1월 17일 스티븐 러펠(미국)은 위스콘신 주 워소에서 1분 동안 도넛 11개를 쌓아 올렸다.

마카롱: 일본 도쿄의 시각예술직업학교가 2014년 8월 22~23일 2.07m 높이의 마카롱 타워를 제작했다.

GUINNESS WORLD RECORDS

피클드 에그 3개 빨리 먹기

2017년 12월 7일 케빈 'L.A. 비스트' 스타런(미국)은 미국 뉴저지 주 리지우드에서 식초에 절인 달걀 3개를 21초09 만에 게걸스레 먹었다. 케빈은 날달걀 12개 한번에 마시기, 꿀벌로 뒤덮인 꿀 3.8리터 마시기, 선인장 10개 먹기도 해냈다. 아래에 그가 2017년 먹어치운 기네스 세계기록들이 나와 있다. 읽다 보면 배고파질지도 모른다.

⚠ 이 페이지에 나온 기록은 전문 기술이 필요하니, **집에서 절대 따라 하지 마세요!**

> 케빈은 자신의 극한 먹방을 유튜브 채널 'skippy62able'에 올려 2018년 3월 기준 200만 명 이상의 구독자를 보유하고 있다.

케빈은 2017년 5월 3일 **2분 동안 부트 졸로키아 칠리 많이 먹기** 기록을 작성했다. 그는 이 무섭도록 매운, **가장 매운 고추**를 121g이나 씹어 먹었다.

2017년 5월 12일 미국 뉴욕 시 기네스 사무실에 방문한 케빈은 **메이플 시럽 빨리 마시기** 기록을 세웠다(10초84).

2017년 5월 12일 **3분 동안 설탕이 뿌려진 도넛 많이 먹기** 기록에 성공했다(9개). 입술에 묻은 설탕은 핥지 않아야 했다.

2017년 12월 7일 케빈은 머리가 띵해지는 아픔을 참아가며 **1분 동안 아이스캔디 많이 먹기** 도전에 성공했다(6개).

12인치 피자 1판 먹기
켈빈 메디나(필리핀)가 2015년 4월 12일 필리핀 마닐라에서 23초62 만에 없앴다.

크랜베리 소스 500g 먹기
2016년 8월 19일 안드레 오르톨프(독일)가 독일 아우크스부르크에서 42초94 만에 먹었다.

핫도그 먹기(손 안 쓰고)
피터 체르윈스키(캐나다)는 미국 뉴욕 시에서 핫도그 하나를 손을 쓰지 않고 23초12에 먹었다.

파스타 한 접시 먹기(150g)
미셸 레스코(미국)가 2017년 9월 18일 애리조나 주 스코츠데일에서 26초69만에 먹었다.

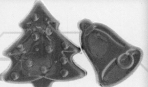

재림절 달력 초콜릿 먹기
케빈 스타런은 2017년 12월 4일, 1분 27초84 만에 축제 달력에 든 초콜릿을 모두 먹었다.

기록 안내서

큰 음식 Big Food

가장 큰…

잼이 든 비스킷

TV 프로그램 〈빵 굽는 영국〉의 2013년 우승자 프랜시스 퀸과 햄블턴 제과점(둘 다 영국)이 26.76kg의 잼을 넣어 비스킷을 만들었다. '그 랜드 슬래미 다저'라는 이름이 붙은 이 비스킷은 2017 윔블던챔피언십을 기념해 테니스라켓 모양으로 만들어졌다. 2017년 7월 14일 공개되었으며 달마티안 1마리와 무게가 비슷하다.

브래드 덤플링(만두와 비슷한 음식)

2017년 6월 10일 이탈리아 트렌토 이메르에서 그루포 G.A.R.I.가 주최한 행사에서 안드레아, 필리포, 마테오 베테가, 안드레아 나스킴베네, 안드레아 안드리게티(모두 이탈리아)가 77.1kg 무게의 덤플링을 만들었다. 이 음식은 이탈리아 전통 크뇌델로(고기완자) 밀가루, 파슬리, 비곗살, 쪽파, 세이지 허브가 들어간다.

스쿠프로 떠서 만든 아이스크림 피라미드

2017년 1월 28일 스웨덴 스트림스타드에서 디플롬-이스(노르웨이)가 스쿠프로 아이스크림을 총 5,435회 떠서 23층짜리 피라미드를 만들었다. 완성된 구조물의 무게는 500kg이었고, 높이는 1.1m였다.

둘쎄 데 레체(밀크잼)

2017년 2월 28일 멕시코 할리스코에서 카제테로스 데 사율라(멕시코)가 1,615.5kg의 둘쎄 데 레체를 만들었다. 이 음식은 우유, 설탕, 바닐라, 쌀가루를 나무 그릇에 넣고 토치로 조리한다.

칠리 콘 카르네(칠리, 쇠고기, 콩을 넣어 만든 스튜)

2017년 3월 4일 미국 텍사스 주 칼리지 스테이션에서 열린 '스피릿 오브 텍사스 페스티벌'에 코뿔소 크기와 맞먹는 2,177kg짜리 칠리 콘 카르네가 등장했다.

초콜릿 토끼

애완용 토끼의 평균 무게보다 4,000배 이상 무거운 초콜릿 토끼(4,245.5kg)를 2017년 2월 25일 브라질 미나스제라이스 주에 있는 쇼핑 우베라바에서 만들었다. 기린의 키와 비슷한 4.52m 높이에 약 2,120만 칼로리로 추정됐다.

카추파 스튜

서아프리카 카보베르데의 전통음식인 카추파 스튜는 고기를 옥수수, 고구마, 콩, 양배추와 함께 요리한다. 2017년 7월 9일 카비벨 SA와 그루포 미라지(둘 다 카보베르데)가 대형 아프리카코끼리 1마리 무게와 맞먹는 6,360kg의 카추파 스튜를 수도 프라이아에서 만들었다. 물론 코끼리고기가 아닌 돼지와 닭고기를 사용했다.

가장 많은 양의 과카몰리

임파커도르 데 아우아카테스 시에라 델 티그레(멕시코)가 2017년 9월 3일 젖소 4마리보다 무거운 2,980kg의 과카몰리를 준비해 사람들에게 나눠줬다.

가장 큰 초콜릿 트뤼플

2017년 4월 21일 텍사스 주 마운트프리전트에 있는 'USA 제과점'이 1,074.33kg의 거대 초콜릿 트뤼플을 만들었다. 약 5,500만 칼로리의 '밀크 스위스 민트 트뤼플'은 성인 남성 12명의 몸무게와 같았다!

가장 긴 프랑스식 딸기 케이크

2017년 5월 14일 5명의 전문 파티시에가 프랑스 볼류 쉬르 도르도뉴 딸기 축제에서 32.24m 길이의 '프레지에 파티시에르'를 만들었다. 대왕고래와 같은 길이의 이 케이크는 페이스트리를 여러 겹 깔고 그 위에 크렘 파티시에르(커스터드 크림)와 딸기를 얹어 만들었다.

가장 큰 사모사(인도식 튀긴 만두)

영국 런던의 무슬림 단체가 153.1kg 무게의 사모사를 2017년 8월 22일 만들었다. 채소로만 만든 이 세 모난 음식은 가장 긴 부분의 길이가 1.4m이고, 무게는 평균 성인 여성 2명을 합친 것보다 무거웠다. 이 행사는 2017년 이드(Eid, 이슬람교 축제)의 일부로 세계 빈곤과 기아 문제를 알리기 위해 진행됐다.

가장 비싼…

*경매를 통해 판매된 기록

◀ 핫도그

2014년 2월 23일부터 워싱턴과 시애틀의 푸드트럭 도쿄도그에서 판매 중인 '주니반' 핫도그는 가격이 169달러다. 이 핫도그에는 스모크드 치즈 브라트부르스트(소시지), 잎새버섯, 와규 쇠고기, 푸아그라, 블랙 트뤼플, 캐비어 등이 들어간다.

웨딩 케이크 조각*

1937년 윈저 공작과 공작부인의 결혼식에 쓰인 케이크 1조각이 1998년 2월 27일 뉴욕 소더비 경매에서 2만 9,900달러에 낙찰됐다. 샌프란시스코의 벤저민과 아만다가 샀는데 케이크를 전시할 생각이냐고 묻자 이렇게 답했다. "당연히 먹지는 않을 거예요! 완벽한 로맨스를 상징하는 케이크잖아요."

와인 1병(임페리얼 사이즈)*

프랑스 슈발 블랑 1947년 와인 1병이 2010년 11월 16일 스위스 제네바 크리스티즈 경매에서 30만 7,805달러에 낙찰됐다. '임페리얼' 사이즈는 750mL 표준 8병을 합한 것과 같은 양이다. 가장 비싼 와인 1잔은 1993년 보졸레 누보의 첫 잔으로 로버트 덴비(영국)가 1,453.07달러를 지급했다.

위스키 1병*

맥캘란 M 디캔터 '콘스탄틴'이 2014년 1월 23일 홍콩 소더비 경매에서 62만 8,000달러에 낙찰됐다. 이 6ℓ 용량의 디캔터는 높이 70cm짜리 병으로 로마 황제들의 이름을 딴 '임페리얼스' 시리즈 4병 중 하나다. M 디캔터에 들어 있는 술은 맥캘란의 위스키 메이커 밥 달가노가 만들었다.

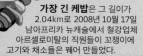

가장 긴 케밥은 그 길이가 2.04km로 2008년 10월 17일 남아프리카 뉴캐슬에서 철강업체 아르셀로미탈의 직원들이 꼬챙이에 고기와 채소를 꿰어 만들었다.

가장 긴 스시 롤은 길이가 2.84km로 2016년 11월 20일 일본 구마모토에서 열린 타마나 오타와라 축제에서 400명의 자원봉사자가 함께 만들었다.

가장 긴 소시지 묶음은 3.54km로 2013년 8월 15일 벨기에 플리머렌에서 윌센피센(벨기에)이 한 줄로 엮었다.

엄청난 크기의 피자가 캘리포니아 오토 클럽 스피드웨이에서 만들어졌다. 행사가 끝나고 남은 조각들은 푸드뱅크와 노숙자 자선단체에 기부됐다.

가장 긴 피자

길이 1.93km의 메가 사이즈 마르게리타 피자가 2017년 6월 10일 미국 캘리포니아 주 폰타나에서 피자오븐스닷컴, 베니스 베이커리, 올랜도 푸드, AT-PAC, 시스코, TFX 논스틱!, 캡스톤 스카폴드 서비스, 스카폴드 웍스, 소칼가스, 토니 제미냐니, 줄리오 아드리아니, 존 아레나(모두 미국), 이탈포니(이탈리아)의 참여로 만들어졌다. 이 피자를 굽는 데 총 8시간이 걸렸다.

100명 이상의 사람들이 54시간에 거쳐 만들었으며, 사용된 토마토소스만 2,267kg이었다.

토핑이 얹어진 생반죽은 1,769kg의 치즈로 덮은 다음 콘베이어벨트를 따라 2,133m를 이동하며 3개의 공업용 오븐을 통과해 구워졌다.

▶ 샌드위치

미국 뉴욕의 레스토랑 세렌디피티3에서는 '퀸터센셜 그릴드 치즈'라는 메뉴를 214달러에 판매한다. 이탈리아에서 회향, 감초, 향나무, 월계수, 산딸기 같은 향료 작물을 먹고 자란 포돌리코 소에서 짠 우유로 만든 치즈를 얹었기 때문이다. 이 소는 약 2만 5,000마리만 남아 있다.

직접 만들어보자

1. 구울 빵과 돔 페리뇽 샴페인, 23캐럿 식용 금가루를 준비한다.
2. 빵을 2조각으로 나눈 뒤 트뤼플 버터를 바른다. 카치오카발로 포돌리코 치즈를 올리고 노릇해질 때까지 구운 뒤 가장자리에 금가루를 더한다.
3. 로브스터 비스크, 크렘 프레슈, 트뤼플 오일과 함께 낸다.

망고*

세계에서 가장 비싼 망고는 개당 1,284달러였다! 2001년 10월 12일 샘 코코(호주)는 브리즈번 지역 마켓의 호주 자선경매에서 최고급 망고 1상자(16개)를 2만 544달러에 사들였다. 이 망고는 브리즈번 메이터 어린이병원에 기부됐다.

햄버거

2011년 7월 2일 이후 식당에 정식 메뉴로 등록된 가장 비싼 판매용 햄버거는 5,000달러로 미국 오리건 주 코밸리스에 있는 식당 '주시 아웃로 그릴'에서 판매한다. 이 햄버거는 무게가 352.44kg이며, 48시간 전에 미리 주문해야 먹을 수 있다.

수집품 Collections

요요, 낚시 미끼, 버스표, 볼펜 등 모으기 시작하면 멈추기가 어렵다!
기록을 세운 사람들은 궁극의 수집을 위해서라면 시간과 노력, 그리고 돈을 아끼지
않는다. 당신은 무엇을 모을 것인가?

**최근 기록으로 인정받은
수집품**

광고용 조각상: 8,917
마이클 폴락(미국)

브랜드 병: 1,057
마누엘 브루 비센테(스페인)

컴퓨터(1가지 브랜드): 250
왕 자오위(중국)

나팔형 보청기(아래): 359
믹 브릭스(영국)

낚시 루어: 3,563
윌 '스파이크' 요컴(미국)

다리미: 30,071
아이언 치레스쿠(루마니아)

직소 퍼즐: 1,047
루이자 피게이레도(브라질)

립밤: 730
베일리 리 셰퍼트(영국)

미니어처 책: 3,137
샤타르 아드후르(인도)

자동차 모형: 37,777
나빌 카람(레바논)

기차 모형: 2,956
베른트 슈마허(미국)

종이컵: 736
V 산카라나라야난(인도)

엽서: 15,089
마리나 누트스(그리스)

스노 글로브: 4,059
웬디 쉔(중국)

타이: 21,321
아이린 스파크스(뉴질랜드)

장난감 군인: 1,020
조나단 페리 워터스(미국)

수집하기는 기네스 세계기록 카테고리 중 가장 인기가 많고 눈에 띄는 분야다. 이 중에는 국제바나나클럽 박물관을 소유한 켄 배니스터(미국)의 **바나나 관련 기념품 최다 수집**(1만 7,000개)처럼 재미있는 기록도 있고, 라이너 와이체트(독일)의 **'방해 금지' 표지 수집하기**(1만 1,570개)처럼 괴짜 같은 기록도 있다. 가끔 섬뜩한 것도 있는데, 이탈리아의 수도사 조반니 바띠스따 오르세니고(1837~1904)는 **사람 치아 최다 수집**(200만 744개)을 기록했다.

거의 모든 물건이 수집의 대상이 될 수 있지만, 그게 무엇이든 확실한 열정이 있어야 한다. 동물 관련 수집품도 인기가 있다. 크리스타 베멘브루크(독일)는 **쥐 혹은 생쥐 관련 상품 최다 수집**(4만 7,398개)을 기록했지만, 경쟁자도 몇 명 있다. 스포츠팬들과 TV 쇼 마니아들도 수집을 엄청나게 한다. 필리포스 스타브로우 플라티니(키프로스)는 **스포츠 관련 기념품 최다 수집**(4만 669개)을 기록했다.

모으기에 너무 작거나 사소한 물건이란 없다. 에드 블라사드(미국)가 기록한 **성냥갑 최다 수집**(315만 9,119개)이 그 예다. **스파이 관련 물품 최다 수집**도 있다. 역사가이자 작가인 키스 멜턴(미국)은 군과 정보국의 스파이 관련 장비를 7,000개 이상 가지고 있다. 너무 비밀스러운 물품들이라 수집품이 있는 장소조차 알려줄 수 없다고 한다!

자신이 수집하는 물건들이 기네스 세계기록에 오를 만하다고 생각하면 우리가 주는 다음 팁들을 명심해 기회를 잡아보자.

- 수집품이 모인 창고를 깨끗이 정리하고, 물건 하나하나를 사진 찍어 목록을 만든다.
- 증인 2명 이상이 참석한 상태에서 수집품을 세는

광대 관련 물품 최다 수집
F M 칸(독일)은 1989년~2017년 4월 11일까지 광대 관련 기념품을 4,348개나 모은 게 네덜란드 호흐블리트에서 확인됐다. 그는 광대 박물관을 개관했는데 무라노 유리 제품, 도자기, 24캐럿 금으로 만든 피겨도 있다.

영상을 촬영한다. 증인들은 자신이 확실히 목격했다는 증서에 서명해야 한다.

- 같은 물건 2개는 인정받을 수 없다. 모두 다른 품목이어야 한다. 귀걸이나 커프스 단추처럼 1쌍이 기본인 품목은 따로 기록한다.
- 수집을 시작한 이유나 기간에 대해 간략한 소개서도 작성해 함께 보낸다.

수집 혹은 다른 종목의 기록에 관한 전체 가이드라인은 **guinnessworldrecords.com**에 있다. 행운을 빈다!

실바니안 패밀리 최다 수집
댄스 강사 자크 배치(영국)가 인기 있는 동물 장난감 3,489개를 영국 노샘프턴셔 주 케터링에 모아놓은 게 2017년 5월 19일 확인됐다. 그는 7세 때 고슴도치 형제를 손에 넣으며 처음으로 수집을 시작했다.

동물 수집!

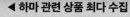

◀ 하마 관련 상품 최다 수집
2016년 7월 12일 미국 코네티컷 주 메리던에 사는 레베카 푸스코가 하마와 관련된 독특한 기념품을 604개나 모았음이 확인됐다. 레베카는 20년 전부터 장난감, 피겨는 물론 러시아 인형, 소금통 및 후추통까지 다양한 형태의 하마 관련 상품을 모으기 시작했다.

개구리 관련 상품 최다 수집
1979년 쉴라 크라운(영국)은 색칠 공부를 하기 위해 개구리 상품을 사며 수집을 시작했다. 그녀는 '폴짝이 목록'이 1만 502개가 될 때까지 모았고, 수집품을 둘 자리가 모자라자 더 큰 집으로 이사했다. 이 개구리들은 2002년 5월 12일 영국 윌트셔 말버러에 있는 프로그스갈로어 박물관에 전시됐다.

◀ 러버 덕 최다 수집
샬럿 리(미국)는 2011년 4월 10일 기준 5,631개의 러버 덕을 수집했다. 그녀는 수집품을 위한 방을 따로 마련해 유리장 안에 전시해놨다. 워싱턴대학의 부교수인 샬럿은 '러버 덕 수집과 석사가 되는 법'에 관해 강의했다.

GUINNESS WORLD RECORDS

프랭크는 1960년대 TV 시리즈 〈배트맨〉에 나오는 배트 케이브(배트맨 동굴)를 가장 좋아한다. 특히 배트맨 캐릭터와 자동차를 사랑한다.

레고 세트 최다 수집

프랭크 스모이스(호주)와 가족들은 1980년부터 레고 세트를 모으고 만들었다. 이 정교한 플라스틱 블록 세트를 3,837세트나 수집했는데 기록은 호주 빅토리아 멜버른에서 2017년 5월 9일 확인됐다. 프랭크의 수집품은 블록이 최소 120만 개 이상이며 레고 미니피겨는 8,000개 이상이다.

◀ 펭귄 관련 상품 최다 수집

2011년 3월 14일 독일 쿡스하펜에서 확인된 비르기트 버렌즈(독일)의 펭귄 관련 수집품은 1만 1,062개나 된다. 그녀는 순수하던 18세 때 애니메이션 시리즈 〈핑구〉를 보고 수집을 시작했다. 비르기트는 장난감 외에 펭귄 책, 머그 컵, 포스터, 타이, 수건, 심지어 속옷까지 모았다!

▶ 양 관련 상품 최다 수집

2017년 2월 19일까지 알레시아 시티(이탈리아)는 1,822개의 양 관련 상품을 모았다. 이 기록은 이탈리아 로마 참피노에서 확인됐다. 그녀는 생후 6개월 때 엄마에게 처음으로 양 장난감을 선물로 받았다고 한다. 수집품은 대부분 그녀의 침실에 있는데, 이 방은 '양을 위한 신성한 사원'으로 불린다.

희한한 재능 Odd Talents

최장거리 스케이트 림보 기록
G 데비스리 프라사드(인도)는 2017년 8월 31일 인도 안드라프라데시 주 아마라바티의 라마크리슈나 하우징에서 인라인스케이트를 타고 25.4cm 높이의 막대 밑으로 림보를 하며 184m를 갔다. 인도의 스케이트 챔피언인 그는 10세의 나이로 기록을 세웠다.

1번 호흡으로 물속에서 멀리 걷기(여자)
마리나 카잔코바(이탈리아)는 2017년 10월 27일 UAE 두바이에서 단 1번의 호흡으로 물속을 69.4m 걸어갔다. 프리다이버이자 여배우인 카잔코바는 2015년 물속에서 촬영된 뮤직비디오에 출연했다.

최단시간에 입으로 종이배 만들기
가오 광리(중국)는 입으로 3분 34초 만에 종이배를 접었다. 어렸을 때 소아마비를 앓은 그는 놀라운 일을 할 수 있다는 사실을 보여주려고 2017년 12월 2일 중국 산둥 성 지닝에서 신기록에 도전했다.

젓가락으로 동전 20개 돼지저금통에 빨리 넣기
로코 메르쿠리오(이탈리아)는 2017년 11월 8일 이탈리아 칼라브리아 주 빌라 산 조반니에서 젓가락 1쌍으로 동전 20개를 집어 돼지저금통에 넣는 데 겨우 38초94가 걸렸다. **젓가락으로 1분 동안 커피콩 많이 옮기기** 기록은 48개로, 2017년 8월 10일 실비오 사브바(이탈리아)가 이탈리아 롬바르디아 주 로다노에서 세웠다.

농구공 이쑤시개로 오래 돌리기
산딥 싱 카일라(인도)는 2017년 12월 25일 캐나다 브리티시컬럼비아에서 이쑤시개로 농구공을 60초50 동안 돌렸다.

손으로 호두 많이 깨기(1분)
프라바카르 레디(인도)는 2018년 1월 5일 인도 안드라프라데시 주에서 60초 동안 오른손으로 251개의 호두를 부숴버렸다.

새끼손가락으로 턱걸이하기
타지오 가비올리(이탈리아)는 2017년 11월 27일 이탈리아 모데나 카르피에서 새끼손가락만 써서 턱걸이 23개를 연속 성공했다. 타지오는 자신의 고양이가 한 손을 잃은 뒤 훈련을 시작했으며, 한 손으로 다니는 법도 배웠다.

손에 인라인스케이트 신고 50m 빨리 가기
미르코 한센(독일)은 2017년 11월 16일 독일 노르트라인베스트팔렌 주 보홀트에서 손에 인라인스케이트를 신고 50m를 8초55 만에 주파했다. K2 마하10 스케이트를 신고 기록을 세웠으며, 측정에는 광센서를 사용했다.

모터사이클로 점프해 목표물에 공 많이 맞히기(팀, 1분)
2017년 9월 5일 볼도그FMX 팀(영국)이 영국 노스요크셔 요크에서 열린 CBBC의 〈오피셜리 어메이징〉 무대에서 1분 동안 경사면으로 점프해 6m 높이의 링에 공을 10번 넣는 묘기를 선보였다. 이 겁 없는 라이더들은 애런 파울리, 샘슨 이튼, 댄 휘트비다.

한 발로 서서 몸에 봉 많이 돌리기(1분)
클로에 브루스(영국)는 2017년 9월 9일 영국 버크셔 주 브랙널에 마련된 CBBC의 〈오피셜리 어메이징〉 무대에서 1분 동안 한 발로 서서 일본의 무술 봉을 몸 주변으로 51번이나 회전시켰다. 무예가인 클로에는 〈스타워즈: 깨어난 포스〉(미국, 2015) 같은 블록버스터 영화에 스턴트 대역으로 출연하기도 했다.

차에 매달린 스노보드로 기록한 최고 속도
제이미 배로(영국)는 2018년 2월 19일 스위스 생모리츠에서 마세라티 르반테 차량에 매달려 시속 149.65km로 질주해 2016년 작성한 자신의 기록 시속 99.84km를 경신했다(아래 사진). 제이미는 심각한 허리 부상으로 2013년 영국 스노보드 크로스 팀에서 은퇴했지만 부상이 그를 멈추게 하진 못했다! **차에 매달린 스키로 기록한 최고 속도**는 시속 189.07km다. 2017년 3월 7일 스웨덴 아르예플로그에서 그레이엄 벨이 재규어 랜드로버(둘 다 영국)로 작성했다.

재미있게 점프

◀ 100m 스페이스 호퍼 빨리 가기(여자)
알리 스파놀라(미국)는 2017년 3월 9일 로스앤젤레스에 있는 UCLA 드레이크 육상 스타디움에서 스페이스 호퍼를 타고 100m를 38초22 만에 주파했다. **가장 빠른 스페이스 호퍼 100m** 기록은 아시리타 퍼먼(미국)이 2004년 11월 16일 기록한 30초2다.

가장 높이 뛴 사람(키 기준)
1978년 1월 27일 프랭클린 제이콥스(미국)는 뉴욕 시에서 열린 높이뛰기 경기에서 자신의 신장보다 59cm 높은 2.32m를 뛰어넘었다. **키를 기준으로 가장 높이 뛴 사람(여자)**은 요란다 헨리(미국)다. 그녀는 1990년 5월 30일 스페인 세비야에서 자신의 키보다 32cm 높은 2m를 넘는 데 성공했다.

▶ 자전거 버니 홉 기술(양 바퀴 동시 점프)로 허들 15개 빨리 넘기
조 오클리(영국)는 2012년 8월 19일 영국 뉴캐슬에서 버니 홉 기술로 허들 15개를 13초88 만에 뛰어넘었다. **자전거로 드럼통 코스(9개) 빨리 지나가기** 최고 기록도 세웠는데(10초63), 2014년 6월 12일 영국 노팅엄 〈오피셜리 어메이징〉 행사에서 신기록을 작성했다.

극한의 저글링
볼링공으로 저글링 많이 하기: 밀란 로스코프(슬로바키아)는 2011년 11월 19일 체코 프라하에서 열린 저글링 마라톤 대회에서 4.53kg 볼링공 3개를 28초69 동안 공중에서 회전시켰다.

모자 저글링하며 쓰기 최다 기록(1분): 마르코스 루이스 세바요스(스페인)는 2015년 7월 7일 스페인 카디스 공원에서 1분 동안 모자로 저글링하며 머리에 쓰기를 71번 성공했다.

가장 무거운 물체로 저글링하기(합계): 드니 일첸코(우크라이나)는 2013년 7월 17일 영국 네언에 마련된 〈오피셜리 어메이징〉 무대에서 총무게 26.98kg 타이어 3개로 저글링을 했다.

조시는 2017년 11월 3일 아트팩토리에서 손이 잘릴 뻔한 위험을 감수하며 **도끼 저글링 최다 기록**(604번)을 작성했다.

2017년 11월 3일 조시는 **축구공 5개로 오래 저글링하기** 기록도 달성했다(1분 15초02).

일본도로 저글링 가장 많이 한 기록

2017년 11월 3일 조시 호턴(미국)은 미국 뉴저지 주 패터슨에 있는 아트팩토리 스튜디오에서 사무라이 검 4개를 동시에 저글링했다. 그의 도전은 스포츠 엔터테인먼트 네트워크 휘슬 스포츠에서 진행한 〈기록 파괴자의 연대기〉를 통해 기록됐다. 왼쪽을 보면 조시가 세운 다른 5가지 기록이 나와 있다.

2017년 5월 16일 캘리포니아에서 **두루마리 휴지를 머리에 많이 올리고 30초 동안 균형 잡기** 기록도 세웠다(12개).

2017년 11월 17일 텍사스에서 **머리에 기타 헤드를 세워 오래 균형 잡기** 기록을 달성했다(7분 3초9).

2017년 11월 3일 아트팩토리에서 **밸런스보드에 올라 횃불로 저글링 많이 하기** 기록도 침착하게 달성했다(5번).

조시는 세계저글링연합과 국제저글링협회에서 9개의 금메달을 획득했다.

⚠️ 이 기록들은 전문 기술이 필요하니 절대 집에서 따라 하지 마세요!

▶ 최장거리 뒤돌아 넘기(리버스 볼트, 파쿠르)

라이언 루니(영국, 아래)는 2016년 6월 22일 영국 앤트림 캐릭퍼거스 짐 & 트램펄린 클럽에서 4.06m라는 유례없는 거리를 뛰는 데 성공했다. **두 물체 사이 뛰어넘기 최장거리(파쿠르)** 기록은 2014년 8월 15일 포비 시가(영국)가 세운 4m다.

최장거리 공중 앞돌기 트램펄린 슬램덩크

트램펄린에서 뛰어올라 앞돌기로 농구공을 넣는 개인 기록이 작성된 건 처음이다. 케림 다기스타니(헝가리)는 2017년 11월 4일 헝가리 부다페스트에서 트램펄린을 밟고 뛰어올라 8.1m 거리에서 앞돌기 슬램덩크에 성공했다. 거리는 트램펄린 중앙에서 백보드까지 측정했다.

▶ 제자리높이뛰기

2016년 5월 13일 에반 웅가(캐나다)는 도움닫기 없이 1.616m 높이의 판에 뛰어올랐다. 그는 캐나다 온타리오 주 오크빌의 원 헬스클럽에서 100명의 응원을 받으며 기록을 세웠다. 정확히 1년 뒤, 에반은 캐나다 온타리오 주 미시소거에서 **한 발로 제자리높이뛰기** 기록도 달성했다(1.346m).

최다 인원 참가 Mass Participation

검무(劍舞)를 춘 최다 인원

위험한 행동처럼 보이지만, 검무는 인도 인근의 몇몇 국가를 비롯한 많은 나라의 전통 예술로 자리 잡고 있다. 비자야락슈미 부파티(인도)는 2017년 7월 29일 인도 타밀나두 주 첸나이에서 마유리 예술아카데미의 학생 798명이 동시에 검무를 추는 행사를 선보였다.

피터 팬 옷을 입고 모인 최다 인원

'영원히 자라지 않는 소년'이 영국 암학회의 '생명을 위한 릴레이'에 영감을 줬다. 행사는 2017년 8월 12일 영국 키리뮈어에서 열렸다. 《피터 팬》을 쓴 유명 작가 제임스 매튜 배리의 생가에서 개최된 이 행사에는 총 534명의 주자가 피터 팬 옷을 입고 참여했다.

최대 규모 크리켓 수업 (단일 수업)

스포츠 자선단체 '찬스 투 샤인'은 2017년 7월 17일 영국 런던 로즈 크리켓 구장에 580명을 모아놓고 크리켓을 가르쳤다. 전 잉글랜드 여자 국가대표 주장이자 찬스 투 샤인의 홍보대사인 샬롯 에드워즈는 크리켓 코치 25명과 함께 이 수업을 진행했다.

함께 늑대 울음소리를 낸 최다 인원

2017년 7월 1일 캐나다 건국 150주년을 기념하기 위해 그레이트 울프 로지(캐나다)는 온타리오 주 나이아가라 폭포에 803명의 사람을 모아 함께 늑대 울음소리를 냈다.

이름이 같은 사람이 모인 최다 기록

2017년 7월 30일 보스니아헤르체고비나 쿠프레스에서 열린 동명 파티에서는 자기소개가 따로 필요하지 않았다. 2,325명의 참가자 모두 이름이 이반(Ivan)이었다. 행사는 쿠프레스키 코스치(보스니아헤르체고비나)가 마련했다. **성(姓)이 같은 사람이 모인 최다 기록**은 2007년 9월 9일 아일랜드 레터켄니에 모인 1,488명의 갤러거스로, 웨일스에서 세워진 이전 기록 1,224명의 존스를 앞질렀다.

페루 민속춤 최다 인원

2017년 6월 24일 산후안 축제 행사로 페루 북부 산마르틴에서 총 3,170이 짝을 이뤄 민속춤 판딜라 모요밤비나를 선보였다. 현지 사람들은 풍습에 따라 먼저 온천에 몸을 담그며 "바뇨 벤디토(목욕하고 복 받으세요)"라고 말한 뒤에 민속춤을 췄다.

최대 규모 요가 수업

2017년 6월 21일 국제 요가의 날을 맞아 5만 5,506명의 요가 수행자들이 인도 카르나타카 마이수루에 모여 몸과 마음을 단련했다. 이 수업은 마이수루 지방자치단체(인도)가 마련했다.

캣워크를 한 최다 인원

2015년 7월 4일 모델과 일반인 3,651명이 영국 리버풀 피어헤드에서 40m 거리의 캣워크를 선보였다. 행사는 컬처 리버풀과 very.co.uk(둘 다 영국)가 함께 기획했다. 참가한 모든 사람이 자신의 옷을 뽐내며 걷는 데 총 3시간 50분이 걸렸다.

로마의 전통의상을 입고 모인 최다 인원

비스트리차너서우드 커뮤니티는 2017년 5월 14일 루마니아 너서우드에서 고대 로마인의 옷을 입고 모이는 행사를 열었다. 9,643명이 모였으며, 이들은 루마니아 '전통의상의 날'을 기념하고 전통 의상과 음악, 춤을 통해 국가의 문화 가치를 보전하고자 행사에 참석했다고 밝혔다.

> 월리는 미국에서는 왈도, 노르웨이에서는 윌리, 베트남에서는 반랑으로 불린다.

월리 옷을 입고 모인 최다 인원

2017년 10월 8일 일본 나가사키 사세보의 하우스텐보스 테마파크에서는 빨간 줄무늬 옷을 입은 월리를 아주 쉽게 찾을 수 있었다. 이곳에는 월리가 4,626명이나 모여 있었다! 이 기록은 하우스텐보스 테마파크의 3회 도전 끝에 찾아온 행운으로, 앞선 2회의 도전은 기록 경신에 실패했다.

최다 인원으로 만든…

글자

"C를 만드세요"라는 말과 함께 2017년 8월 15일 캘리포니아대학교(미국) 버클리 캠퍼스의 캘리포니아 메모리얼 스타디움에 모인 7,194명의 학생이 거대한 'C'를 만들었다. 이는 불과 몇 개월 전 테네시대학교에서 4,223명이 함께 만든 거대한 'T'를 대수롭지 않은 일로 만들어버렸다.

입

영국 스코틀랜드 글래스고대학교 치과대학이 2017년 6월 9일 학생과 글래스고 지역민 756명을 모아 거대한 입 모양을 만들었다. 사람들은 모두 빨간색 혹은 흰색 판초를 입어 입술과 치아를 표현했다. 이 행사는 구강 건강의 중요성을 알리기 위해 시행됐다.

▼ 자전거

'미래의 통근자들이 활동적인 이동 방법을 선택할 수 있도록' 하기 위해 오클랜드교통(뉴질랜드)은 2017년 6월 9일 뉴질랜드 오클랜드에 있는 글렌이든중학교에서 1,799명의 학생과 학부모를 모아 자전거 모양을 만드는 행사를 열었다.

꽃

컨트리가든 백일홍부동산(중국)은 2017년 9월 10일 2,567명의 사람을 모아 거대한 인간 꽃송이를 만들었다. 중국 후난 성 사오양의 사오양 문화예술센터에 만들어진 이 붉은 꽃은 2017년 7월 15일 미국 캘리포니아 주에서 162명이 만든 연꽃의 기록을 뛰어넘었다.

포르투갈 폰테다바카 시가 2017년 8월 20일 지역 문화를 기념하기 위해 **최대 규모 포르투갈 민속춤** 무대를 마련했다. 행사에는 661명의 댄서가 참여했다.

인도 안드라프라데시 주의 사회복지·주민 교육 협회가 2017년 4월 11일 7,002명의 인원이 참가한 **최대 규모 인도 민속춤 쿠치 푸디** 행사를 열었다.

2017년 9월 9일 죽은 조상의 영혼을 모시기 위해 2,872명이 **최대 규모의 오봉 춤**을 췄다('오봉'은 일본 명절이다). 야오카와치 온도축제연합에서 주관한 이 행사는 일본 오사카 야오에서 시행됐다.

GUINNESS WORLD RECORDS

《해리 포터와 마법사의 돌》은 1997년 초판이 500부만 출판됐다. 하지만《해리 포터와 저주받은 아이》는 2016년 미국에서만 초판 4,500만 부가 인쇄됐다.

해리 포터 옷을 입고 모인 최다 인원

2017년 11월 10일 호주 퍼스에 있는 웸블리 초등학교 학생 823명이 마법을 만들어냈다. 학생들은 새로운 기네스 세계기록을 달성하기 위해 해리 포터 교복을 입고 이마에 번개 모양 흉터까지 재현해 한데 모였다. 6학년생 샬럿 래스턴(가운데)이 낸 놀라운 아이디어다.

해바라기 옷을 입고 모인 최다 인원

2017년 11월 4일 중국 광둥 성 광저우에서 중국 부동산 중개인들이 주최한 행사에 해바라기 옷을 입은 889명이 모였다.

이모지 옷을 입고 모인 최다 인원(다양한 이모지 모양)

2017년 7월 15일 소니 픽처스는 〈이모지: 더 무비〉의 개봉을 축하하기 위해 5개국에서 모인 531명의 사람이 감정을 소통하는 행사를 열었다.

▶ 카메라

니콘 100주년을 기념하기 위해 이탈리아 공식 유통업체 나이탈이 2017년 6월 17일 1,454명의 사람을 모았다. 참가자들은 각각 검정, 회색, 빨강, 흰색의 옷을 입고 이탈리아 북부 토리노 인근의 스투피니지 성 앞에서 카메라 형태를 만들었다.

단풍잎

감마니아 디지털 엔터테인먼트(대만)는 2017년 6월 25일 대만 타이베이에 있는 엑스포 돔에서 열린 가족행사에서 1,558명으로 단풍잎 모양을 만드는 행사를 진행했다. 단풍나무(메이플)는 대표적인 캐나다의 상징이지만, 감마니아의 최다 매출 온라인 게임 '메이플스토리'를 상징하기 위해 선택됐다.

▼ 모터사이클

2017년 7월 30일 1,325명의 참가자가 모여 100만 대 판매 기념으로 모터사이클 '야마하 익사이터'의 모양을 만들었다. 행사를 준비한 야마하모터 베트남은 같은 날 554대의 모터바이크로 **가장 큰 모터사이클 로고**를 만드는 기록도 세웠다.

로꾸거 Sdrawkcab

포고스틱 연속 백플립

2017년 10월 7일 헨리 카벨루스(미국)는 미국 오리건 주 유진에서 열린 미식축구 팀 오리건 덕스의 경기 하프타임에 포고스틱을 타고 백플립을 20번이나 해 세계기록에 이름을 올렸다.

백플립하며 입으로 불 뿜기(1분)

라이언 루니(영국)는 2017년 6월 23일 영국 앤트림에서 백플립하며 입으로 불 뿜기를 1분간 14번이나 했다. 유튜브 채널에서 스티브-오의 같은 묘기를 보고 도전했다.

뒤로 걸으며 가장 멀리 이동한 거리

뒤로 보행하며 역대 가장 먼 거리를 여행한 사람은 플레니 L 윙고(미국)다. 그는 1931년 4월 15일~1932년 10월 24일 미국 캘리포니아 주 산타모니카에서 시작해 대륙을 건너 터키 이스탄불까지 1만 2,875km를 뒤로 걸어갔다. 플레니는 특별 제작한 안경을 쓰고 걷는 방향을 잡았으며, 엽서를 판매해 여행 자금을 충당했다.

24시간 동안 뒤로 걸어간 가장 먼 거리

앤서니 손턴(미국)은 1988년 12월 31일 ~1989년 1월 1일 미국 미네소타 주 미니애폴리스에서 153.52km를 뒤로 걸었다. 평균 시속 6.4km였다.

자동차 후진으로 가장 멀리 이동한 거리

브라이언 '컵' 킨과 제임스 '윌버' 라이트(둘 다 미국)는 1984년 8월 1일~9월 6일에 37일 동안 쉐보레 블레이저 자동차를 타고 미국 15개 주, 캐나다 일부 지역을 후진으로 1만 4,534km나 여행했다.

자동차 후진 1마일 최단시간 기록

테리 그랜트(영국)는 2012년 7월 1일 영국 웨스트 서섹스에서 열린 굿우드 스피드 페스티벌에서 전기차 닛산 리프로 언덕 코스 1마일을 후진으로 1분 37초02 만에 질주했다. 평균 시속 88km였다.

1마일 뒤로 빨리 달리기

아론 요더(미국)는 2015년 11월 23일 미국 캔자스 주 린즈버그에서 1마일 뒤로 달리기를 5분 54초25 만에 완주했다. **100m 뒤로 빨리 달리기 기록(남자)**은 13초6으로 1991년 7월 25일 미국 매사추세츠 주 노샘프턴에서 페르디 아토 아도보(가나)가 기록했다.

백플립 50m 최고 기록

비탈리 셰르보(벨라루스)는 1995년 8월 31일 일본 치바에서 공중 뒤돌기로 50m를 10초22 만에 주파했다.

1분 동안 뒤구르기 많이 하기

2012년 4월 16일 잭 레너드 라일리(호주)는 호주 칼웰에서 뒤로 구르기를 60초 동안 56번 성공했다.

가장 멀리 뒤로 제자리뛰기

잔 헴펠(독일)은 2002년 2월 22일 독일 뮌헨에서 마련된 〈기네스-기록 쇼〉에서 뒤로 2.01m를 뛰었다.

가장 먼 거리에서 뒤로 던져 성공한 농구 슛

2014년 11월 3일 할렘 글로브트로터스의 선더 로(둘 다 미국)가 미국 애리조나 주 피닉스의 US 에어웨이센터에서 뒤로 농구공을 던져

멀리서 백플립으로 뛰어 바지 입기

레이먼드 버틀러(미국)는 2016년 9월 5일 미국 뉴욕 〈투데이 쇼〉에서 자신의 아크로바틱 옷 입기 기록을 경신했다. 2.59m 거리에서 백플립으로 뛰어올라 바지 안으로 착지한 것이다. 그는 2013년 독학으로 곡예를 습득한 지 겨우 3개월 만에 첫 기록을 세웠다.

25m 거리에서 골을 넣었다.

거꾸로 타이핑한 가장 많은 책

미켈레 산텔리아(이탈리아)는 2017년 4월 10일까지 76권의 책을 거꾸로 타이핑해 이탈리아 캄포바소에서 기록으로 인정됐다. 각각의 책을 블랭크 키보드 4개를 장착한 컴퓨터로 화면은 보지 않은 채 원어를 타이핑했다. 미켈레의 최근 작품은 《더 인도 베다 백워즈》를 거꾸로 타이핑한 것으로 산스크리트어의 고대 문자를 그대로 옮겼다. 총 1,153페이지, 9,277문단, 2만 924줄, 10만 7,216단어, 63만 5,995글자다.

가장 긴 회문

앞으로 읽으나 뒤로 읽으나 철자가 똑같은 '회문'은 핀란드 말 19자 'saippuakivikauppias'가 가장 길다. '가성소다'를 뜻한다.

연속 백핸드스프링(한 손)

자마 모포켕(남아공)은 2017년 3월 4일 남아프리카 가우텡 템비사에서 한 손으로 백핸드스프링을 34번이나 성공했다. 그는 흑인 거주 지역의 아이들이 체조를 배우도록 독려하려고 기록에 도전했다. 10세부터 훈련한 자마는 심각한 손 골절을 극복하고 다양한 곡예에 기술을 마스터했다.

루카스 슈타이너(오스트리아)는 2011년 4월 28일 이탈리아 밀라노의 〈로 쇼 데 레코드〉에서 **최장거리 백플립(4.26m)** 기록을 세웠다.

쿠바 한험위

◀ 오토바이 뒤로 타고 가기

2014년 10월 7일 디페얀 초우드리(인도)는 인도 자발푸르에서 오토바이를 거꾸로 타고 202km를 주행했다. 인도군 통신부대 하사관인 디페얀은 모터사이클 쇼 팀 '데어 데블스'의 일원이다. 그는 이전 기록을 훨씬 뛰어넘었다.

외발자전거 거꾸로 타기

스티브 고든(미국)은 1999년 6월 24일 미국 스프링필드의 사우스웨스트 미주리주대학에서 외발자전거를 거꾸로 타고 109.4km를 주행했다. **일렬로 세워둔 병 위를 외발자전거 타고 뒤로 멀리 가기 기록**은 2015년 1월 7일 첸종진(중국)이 세운 8.5m다.

◀ 자전거 거꾸로 타기

기부 모금자인 앤드루 헬링가(호주)는 2013년 10월 7~8일 호주 퀸즐랜드 노웰의 홀든 퍼포먼스 드라이빙 센터에서 자전거를 뒤로 타고 337.6km를 주행했다. 이는 **24시간 동안 자전거 뒤로 타고 멀리 가기** 세계기록이기도 하다.

 인라인스케이트 타고 거꾸로 마라톤 **최단시간** 기록은 토마스 키젠(폴란드)이 2013년 9월 22일 폴란드 바르샤바에서 달성한 1시간 39분 59초다.

 물건 3개 저글링하며 뒤로 달리기 마라톤 **최단시간** 기록은 조 솔터(미국)가 2013년 9월 22일 미국 일리노이 주 멀린에서 열린 쿼드시티 마라톤에서 기록한 5시간 51분 25초다.

 뒤로 달리기 마라톤 **최고 기록**(남자)은 슈젠준(중국)이 2004년 10월 17일 중국에서 열린 베이징 국제마라톤에서 기록한 3시간 43분 39초다.

뒤로 스키 활강하기 최고 속도(여자)

프리스타일 스키 선수 에밀리 크루즈(프랑스)는 2017년 3월 27일 그랜드 매시프 프랑스 리조트의 레 카로즈에서 거꾸로 스키를 타고 활강해 시속 107.143km의 최고 속도를 기록했다. 그녀는 엘리아스 암부엘(스위스)이 2017년 2월 27일 **뒤로 스키 활강하기 최고 속도**(남자, 시속 131.23km) 기록 장면을 보고 최초로 여자 기록에 도전했다.

에밀리는 2012년 국제스키연맹 프리스타일 스키 주니어 세계선수권대회에 참가했다. 그녀는 슬로프 스타일에서 5위에 올랐다.

에밀리 크루즈는 알파인 리조트 기슭 마을에 산다. 생후 30개월 부터 스키를 타기 시작했고, 14세에 선수들이 공중돌기와 회전 하는 모습을 보고 프리스타일에 입문하게 됐다.

자동차 후진 최장거리(24시간)

존과 브라이언 스미스(둘 다 미국)는 1999년 6월 13~14일 미국 미네소타 주 소크 센터에 있는 I-94 경주로에서 후진으로 1,369.95km를 주행했다.
트렉터와 트레일러의 가장 멀리 이동한 후진 기록은 패트릭 샬비(아일랜드)가 2017년 3월 29일 아일랜드 캐번에서 기록한 20.16km다.

▼ 경사면 후진 점프 최장거리 기록

기네스 세계기록을 다수 보유한 롭 드렉(미국)은 2014년 2월 13일 미국 캘리포니아 주 발렌시아에서 경사면 후진 점프로 27.2m를 기록했다. MTV <롭 드렉의 판타지 팩토리> 시리즈의 피날레 행사였다.

덤프트럭 후진 멀리 가기(팀)

2009년 10월 3일 11명의 드라이버로 구성된 팀이 19m 길이의 세미 트레일러를 뒤로 몰아 109.76km를 이동했다. 기록은 호주 뉴사우스웨일스 주 세스녹에서 작성됐다.
덤프트럭 후진으로 멀리 가기 최고 기록(개인)은 마르코 헬그레베(독일)가 2008년 9월 22일 기록한 64km다.

파이트! Fight!

최대 규모 스트리머 스트링 싸움(파티용품, 줄이 발사되는 스프레이)

2012년 2월 20일 푸나토리움 익스플로리움이 기획하고 캐나다 온타리오 주 오타와의 CE센터에서 열리는 행사에 스트리머 스트링으로 무장한 629명의 참가자가 모였다. 2013년 2월 18일 같은 장소에서 **세계 최대 종이공 싸움** 행사도 열렸는데 282명의 전투원이 '실내 눈싸움'으로 묘사된 이 난동에 참여했다.

최대 규모 베개 싸움

침구류 제조사 마이필로(미국)가 2015년 7월 21일 6,261명의 '베개 좀 휘둘러본' 사람을 모아 몽실몽실한 대전을 펼쳤다. 미국 미네소타 주 CHS 필드에서 있었던 세인트 폴 세인츠 야구경기 중 열렸는데 배우 스티븐 볼드윈이 진행을 맡았다. 물론 볼드윈도 싸움에 참여했다. **최장 기간 진행된 베개 싸움 대회**는 미국 캘리포니아 주 캔우드에서 1964년부터 2006년까지 매년 열린 월드 필로우 파이트 챔피언십이다. 약 100명의 베개 싸움꾼이 참가했으며 진흙탕 위에 설치된 기다란 파이프 위에 2명이 마주 보고 앉아 젖은 베개로 서로를 떨어트리기 위한 전투를 치렀다. 이 대회는 2014년 7월 4일 다시 열렸으며, 2018년에도 챔피언십이 예정되어 있다.

최대 규모 장난감 총 싸움

2016년 3월 12일 미국 텍사스 주 알링턴에 있는 AT&T 경기장에서 '자레드의 에픽 NERF 배틀' 대회가 열렸다. 이 대회는 토네이도에 희생된 수재민을 돕기 위한 '로렛 지역 복원을 위한 장기 구호사업' 행사로 총 2,289명의 명사수가 참가했다. 참가자는 대회가 끝난 뒤 자신이 사용한 너프 블라스터(장난감 총)를 버크너 어린이집(미국)에 기부하기 위해 두고 갔다.

최대 규모 물풍선 싸움

미국 켄터키 주 렉싱턴에 있는 켄터키대학교의 기독교 학생 모임이 2011년 8월 26일 8,957명이 참가한 물풍선 싸움 행사를 열었다. 이 전투에는 총 17만 5,141개의 물풍선이 사용됐다. **1분 동안 물풍선을 가장 많이 맞은 횟수**는 42회로 2016년 9월 21일 미국 뉴욕 시 자메이카에서 아시리타 퍼먼(맞은 사람)과 비핀 라르킨(둘 다 미국)이 기록을 세웠다.

최대 규모 레이저총 서바이벌 경기

2013년 4월 6일 영국 버밍엄에서 E콤뱃(영국)이 마련한 레이저총 서바이벌 경기에 307명이 참가해 최다 기록을 세웠다. 이 도전은 〈가젯 쇼 라이브〉를 통해 진행됐으며, 2시간의 전투 끝에 마지막에 남은 사람은 마르코 반 윔이었다.

커스터드 파이가 가장 많이 던져진 영화 장면

로럴과 하디가 출연한 무성영화 〈더 배틀 오브 더 센트리〉(미국, 1927)의 한 장면에 3,000개의 커스터드 파이가 내팽개쳐진다. 제작자 할 로치는 촬영을 위해 로스앤젤레스 파이 회사의 하루 판매량을 전부 사들였다(오른쪽 위 참조). 기네스 세계기록은 음식물 쓰레기를 염려해 커스터드 파이 던지기 기록을 더는 받지 않기로 했다.

최대 규모 눈싸움

캐나다 서스캐처원 새스커툰 마을에서 2016년 1월 31일 7,681명이 눈싸움을 벌였다. 포태시코프 윈터샤인 축제의 일환이었던 이 행사는 일본 홋카이도에서 매년 열리는 프로 눈싸움 대회 유키가센('눈 전쟁'이라는 뜻)에 캐나다 팀을 보내기 위한 준비 과정으로 펼쳐졌다.

최대 규모 물총 싸움

2013년 9월 24일 미국 캘리포니아대학교 어바인 캠퍼스에서 마주 선 2팀이 물총 싸움을 벌였다. NLA 스포츠(미국)가 주관한 이 행사는 3,875명의 총잡이가 전투를 벌였고, 12분 만에 모두 물에 빠진 생쥐 꼴이 됐다.

최대 규모 면도용 크림 파이 싸움

영국 컴브리아 주 울버스톤은 전설적인 코미디 콤비 로럴과 하디 중 로럴이 태어난 곳이다(왼쪽 아래 참조). 2016년 6월 18일 이곳에서 열린 '어나더 파인 페스트' 행사에 참석한 1,180명은 로럴의 생일을 기념해 종이접시에 면도용 크림을 올린 파이로 싸움을 벌였다.

가장 큰 로봇들의 싸움

2015년 여름 로봇 단체 메가보츠(미국)가 스이도바시 중공업(일본)에 메카 로봇으로 한판 붙자는 도전장을 보냈다! 2017년 10월 17일 마침내 대결이 펼쳐졌고, 방송으로 중계됐다. 스이도바시가 만든 **가장 큰 스마트폰 조종 메카 로봇**인 '쿠라타스'(높이 4m)가 메가보츠의 이글프라임(높이 4.8m)과 맞부딪치며 굉음을 냈고, 쿠라타스가 쓰러지며 전투가 끝났다. 두 로봇은 합계 16.78톤이다.

익살스러운 세계 챔피언십

◀ 발가락 레슬링

'고약한' 앨런 내시(영국, 왼쪽 사진)가 2017년 8월 19일 영국 더비셔 페니 벤틀리 대회에서 14번째 트로피를 가져가며 **발가락 레슬링 세계 챔피언십 최다 우승**을 기록했다. **여성 최다 우승**은 1999~2002년까지 4회 우승한 카렌 데이비스(영국)다. 절대 남녀 대결은 열린 적이 없는데, 무좀이 옮을 수 있기 때문이다!

◀ 레드넥 게임

미국 조지아 주 이스트 더블린에서 Y96 방송국 DJ 맥 데이비스가 1996년 애틀랜타 올림픽을 패러디하면서 **최초로 '레드넥 게임'** 대회를 시작했다. 매년 열리는 이 대회에서는 레드넥 홀스 슈즈(왼쪽 사진, 변기 커버 던지기 경기), 물에 빠진 족발 물어 올리기, 진흙탕 배치기 다이빙 등 다양한 종목이 펼쳐진다.

휴대전화 던지기

휴대전화 던지기 세계 챔피언십은 2000년 핀란드 사본린나에서 시작됐다. **휴대전화를 가장 멀리 던진 기록**은 110.42m로 축구장 길이와 맞먹는다. 이 기록은 2014년 8월 27일 벨기에 케셀로에서 열린 국제 챔피언십에서 투창선수 드리스 페레만스(벨기에)가 세웠다.

스페인 사람은 머랭 던지기를 즐긴다! 바르셀로나 인근 마을에서 열리는 빌라노바 이 라 헬트루 축제에서는 온종일 '라 메렝가다'라는 음식으로 싸움을 벌인다.

이탈리아에서는 매년 이브레아 시에서 오렌지 전쟁이 열린다. 9개 팀으로 구성된 오렌지 투척자들이 3일 동안 맞서 싸움을 벌인다.

세상에는 오렌지 말고도 던질 과일이 많다. 스페인 마요르카 비니살렘은 평소 조용한 마을이지만 매년 포도 던지기 축제가 열리는 곳이기도 하다.

신기하게도, 부뇰의 주요 산업은 콘크리트다! 심지어 토마토를 대량으로 재배하지도 않는다. 다행히 부뇰에서는 콘크리트를 던지는 행동은 금지한다.

매년 열리는 최대 규모 음식 싸움

매년 8월의 마지막 주 수요일, 스페인 바르셀로나 인근 부뇰에서는 토마토 축제 '라 토마티나'가 열린다. 이 음식 싸움은 기원이 알려지진 않았지만, 매년 수만 명의 참가자가 모여 서로에게 토마토를 던진다. 참가인원이 최대를 기록한 해는 2012년으로, 축제 말미에 참가비가 무료가 되면서 약 4만 명의 방문객이 작은 마을에 모였고, 최소 40톤 이상의 토마토가 던져졌다.

부뇰에서 사용되는 토마토는 보통 서쪽 550km 거리에 있는 에스트레마두라에서 트럭으로 실려 온다. 추가비용을 낸 관광객들이 트럭에 올라타 제일 먼저 토마토를 던진다.

라 토마티나 기간에 부뇰의 거리는 으깨진 토마토가 넘쳐난다. 과일에 함유된 산성은 거리를 깨끗이 하는 데 도움을 줘서 호스로 으깬 토마토를 모두 치우고 나면 길이 반짝일 정도로 깔끔해진다.

보그 습지 스노클링

세계 보그 스노클링 챔피언십 **최다 참가 기록**은 200명으로, 2009년 8월 31일 영국 포이스 주 란우르티드 웰스에 있는 웬리드 토탄 늪지에서 열린 대회다. 습지 스노클링 참가자는 스노클링 장비와 오리발을 모두 갖춘 상태에서 물이 가득한 보그 늪지에 들어가 55m 거리를 지나가야 한다.

▶ 아내 업고 달리기

행사 이름과 상관없이 반드시 아내와 동참할 필요는 없다. 어떤 남성이든 17세 이상, 49kg 이상의 여성과 함께라면 신청할 수 있다. 세계 챔피언십은 1992년부터 핀란드 손카야르비에서 매년 열린다. **챔피언십 최다 우승**은 타이스토 미에티넨과 그의 '아내' 크리스티나 하파넨(둘 다 핀란드)

이 기록한 6회로, 2009~2013년, 그리고 2017년에 우승을 거뒀다. 사진에 나온 '커플'은 2017년 6월 30일~7월 1일까지 열린 대회에 참가한 팀이다.

정강이 차기

1612년 잉글랜드에서 처음 열린 '로버트 도버의 코츠월드 올림픽'은 1636년부터 지금까지 **가장 오랜 기간 정강이 차기 대회**를 시행하고 있다. 참가자는 양치기 작업복을 상징하는 하얀 겉옷을 입어야 하며, 정강이에 지푸라기를 둘 수 있다. 앞이 쇠로 된 신발은 엄격히 금지한다!

슬랙라인 Slacklining

세계슬랙라인협회(ISA)는 도시 및 산악 슬랙라인 활동부터 대회까지 모든 형태의 슬랙라인 관련 업무를 개발하고 지원한다. ISA의 목적은 교육 및 활동의 위험 관리를 통해 슬랙라인을 안전하게 즐기도록 하는 데 있다. 여기 수록된 기록들은 아래 '균형 잡기 기술'을 제외하고 모두 ISA가 인정했다.

슬랙라인 100m 최단시간 주파
프랑스의 줄타기 곡예사 루카스 밀리아드는 2016년 6월 12일 중국 쓰촨 성 루딩의 해로구 빙천산림공원이 주최한 행사에서 슬랙라인 100m를 1분 59초73 만에 건너갔다.

슬랙라인 200m 최단시간 주파
2017년 7월 17일 대니얼 이반 라루엘(벨기에)은 중국 저장 성 타이저우에서 열린 션시안주 무대스포츠 행사에서 슬랙라인 200m를 4분 17초 만에 지나갔다. 그는 루카스 밀리아드(4분 26초), 알렉산더 헬무트 슐츠(4분 36초)와의 치열한 승부 끝에 기록을 세웠다.

최초의 슬랙라인 3단 버트플립
슬랙라인 위에서 엉덩이로 튕겨 올라 공중에서 3바퀴를 돌고 다시 엉덩이로 착지하는 묘기를 처음 선보인 사람은 프랑스의 전 체조선수 루이 보니페이스로, 2017년 4월 성공했다.

도심 하이라인 최장거리 횡단(안전장치 착용, 남자)
나단 파울린(프랑스)은 2017년 12월 9일 에펠 탑에서 트로카데로 광장까지 공중 60m 높이에 연결된 2.5cm 폭의 슬랙라인 670m를 횡단했다.

하이라인 프리솔로 최장거리(안전장치 미착용, 남자)
프리에디 퀴네(독일)는 2017년 9월 19일 프랑스 베르동 협곡 위 200m 높이의 공중에 설치된 슬랙라인 110m를 안전장치 없이 걸어갔다. 그는 자신이 캐나다 브리티시컬럼비아 주 헌렌 폭포에서 세운 72m 기록을 경신했다. **하이라인 프리솔로 최장거리 기록(여자)**은 28m로, 페이스 디키(미국)가 2012년 9월 체코 오스트로프에서 지상 25m 위에 설치된 슬랙라인을 횡단했다.

워터라인 최장거리 이동(안전장치 미착용, 남자)
2013년 7월 13일 미치 케미터(오스트리아)는 오스트리아 트라고스의 그린 호 위에 설치된 슬랙라인 250m를 떨어지지 않고 지나갔다. 그는 양옆으로 팔을 뻗고 걸었는데, 그 자세를 20분이나 유지했다. 케미터는 그전 해 같은 호수에서 세운 자신의 기록 222m를 경신했다.

하이라인 최장거리 이동(안전장치 착용, 여자)
미아 노블렛(캐나다)은 2017년 11월 13일 슬랙라인 493m를 걸어 자신이 세운 이전 세계기록을 깼다. 줄은 미국 유타 주 캐슬 밸리의 캐슬턴 타워와 렉토리 바위를 가로질러 지상 120m에 설치됐다.

최장거리 워터라인(안전장치 착용, 남자)
사무엘 볼레리(스위스), 루카스 임러(독일), 티즈먼 반 디런(네덜란드)으로 구성된 팀이 2017년 4월 29일 이탈리아 사우스티롤의 칼턴 호 35m 높이에 설치된 750m 길이의 슬랙라인을 건넜다.

최장거리 롱라인(안전장치 미착용, 남자)
알렉산더 슐츠(독일)는 2015년 5월 9일 중국 내몽골 사막의 모래언덕을 가로지르는 610m 길이의 슬랙라인을 횡단했다. 그는 해가 저물 무렵 마지막 시도에서 기록을 달성했다. 슐츠는 줄이 최대 30m까지 늘어진 악조건을 극복하고 횡단에 성공했다.
최장거리 롱라인(안전장치 미착용, 여자)은 래티시아 거넌(스위스/프랑스)이 2014년 9월 28일 스위스 로잔에서 기록한 230m다.

> 싱글 드쉬-드쑤(SDD) 팀은 **슬랙라인 역대 최장거리** 기록인 1,662m 횡단에 성공했다.

하이라인 최장거리 횡단(안전장치 착용, 남자)
슬랙라인 팀 SDD의 파블로 시뇨레(위 왼쪽 사진)와 나단 파울린(위 오른쪽 사진, 둘 다 프랑스)은 2017년 6월 9일 프랑스 마시프상트랄 산의 계곡 340m에 설치된 슬랙라인 1,662m를 걸어서 횡단했다. 다음 날 SDD의 루카스 밀리아드(프랑스, 왼쪽 사진)도 도전해 최단시간인 1시간 6분 만에 성공했다. SDD의 4번째 멤버인 앤서니 뉴턴도 같은 날 도전했지만, 도착지점을 152m 남겨두고 떨어지고 말았다.

균형 잡기 기술(기네스 세계기록 검증)

◀ 저글링하며 슬랙라인 걷기 최장거리
라일 베넷(남아공)은 2014년 10월 4일 남아프리카 스텔렌보스에 있는 와일드 클로버 팜에서 공 3개를 저글링하며 슬랙라인 33.35m를 걸어갔다. 그는 이전 기록의 약 4배나 되는 거리를 4분 2초 만에 지나갔다. 도전은 자선활동으로 진행됐다.

외발자전거 슬랙라인 최장거리 이동
루츠 아이홀츠(독일)는 2013년 9월 9일 중국 베이징에서 촬영한 CCTV 〈기네스 세계기록 스페셜〉에 출연해 외발자전거를 타고 슬랙라인 위를 15.66m나 지나갔다. 아이홀츠는 2016년 6월 18일 프랑스 칸에서 **1분 동안 외발자전거로 180도 점프 많이 하기** 기록도 세웠다.

▶ 자전거로 슬랙라인 최장거리 이동
비토리오 브루모티(이탈리아)는 2014년 5월 11일 이탈리아 로마 피우미치노에서 자전거를 타고 슬랙라인에 올라 10.05m를 이동했다. 이 자유분방한 줄타기 곡예사는 20초 만에 지상 1.05m 높이에 설치된 슬랙라인을 건넜다.

슬랙라인: 두 지점에 팽팽하게 연결한 폭 2.5cm의 합성섬유 줄 위에 올라 균형을 잡는 스포츠다.

 하이라인: 지상에서 높은 곳에 설치된 슬랙라인. 떨어지면 큰 부상을 당할 수 있다.

 롱라인: 떨어져도 안전하게 착지할 수 있는 장소에 설치한 긴 거리의 슬랙라인. 단단한 땅 위에서도 가능하다.

 워터라인: 물 위에 설치한 슬랙라인. 대개 높지 않은 곳에 설치한다.

가장 높은 하이라인(남자)

앤디 '스케치' 루이스(미국)는 2014년 2월 28일 미국 네바다 주 모하비 사막 상공에 떠 있는 열기구 2대 사이에 설치된 슬랙라인 12.19m를 횡단했다. 공중 하이라인에 성공한 루이스는 겁도 없이 낙하산을 메고 지상으로 뛰어내렸다.

가장 높은 고도에서 한 하이라인(안전장치 착용, 남자)

스테파노 지그리스트(스위스)는 2016년 6월 29일 타자니아 킬리만자로 산 고도 5,700m에서 하이라인 21m를 횡단했다. 이렇게 고도가 높은 곳은 공기 중 산소가 희박해 어지럼증이 생기고 균형 잡기도 힘들어진다. 킬리만자로의 예측할 수 없는 날씨도 지그리스트의 도전을 매우 힘들게 했다.

> 1999년 스테파노 지그리스트는 아이거 산을 북면으로 등반하기도 했는데, 이 모습은 스위스 TV에 〈아이거 라이브〉라는 제목으로 30시간 동안 생방송됐다.

사이드서프 1분 최고 기록

슬랙라인의 전설 앤디 '스케치' 루이스(미국, 위 참조)는 2011년 8월 28일 중국 무단장 징푸 호에 설치된 슬랙라인 위에서 1분 동안 사이드서프를 143번이나 성공했다. 사이드서프는 슬랙라인에 올라간 사람이 줄을 좌우로 크게 흔드는 기술로, 서퍼가 파도를 타는 모습과 비슷해 붙여진 이름이다.

◀ 슬랙라인 위에서 축구공 오래 트래핑하기

2016년 1월 14일 영국 랭커셔 주 프레스턴에서는 풋볼 프리스타일 선수 존 판워스(영국)가 슬랙라인 위에서 29초82 동안 균형을 잡으며 축구공을 트래핑(키피-어피)했다. 판워스는 자신의 프리스타일 기술들을 활용해 많은 기네스 세계기록을 달성했다.

슬랙라인 '코리안 버트 바운스' 1분 최다 기록

루카스 임러(독일)는 2012년 12월 9일 중국 베이징에서 촬영된 CCTV 〈기네스 세계기록 스페셜〉에서 1분 동안 '코리안 버트 바운스(슬랙라인 위에 섰다가 다리를 옆으로 벌려 떨어지며 엉덩이로 줄을 튕겼다 다시 슬랙라인 위에 서는 기술)'를 29회나 성공했다.

익스트림 퍼포머스—Extreme Performers

전신으로 훌라후프 동시에 많이 돌리기

둔야 쿤(독일)은 2017년 5월 24일 영국 런던에서 온몸으로 훌라후프 59개를 돌렸다. 같은 날 기네스 세계기록이 페이스북 라이브로 방송한 훌라후프 기록 3가지 중 하나다.

박스 스플릿 자세로 훌라후프 6개 오래 돌리기

'링의 여왕' 브루켈린 블레이(미국)가 2018년 2월 10일 박스 스플릿 자세로 동시에 6개의 훌라후프를 1분 13초 동안 돌리는 놀라운 후프 묘기를 선보였다.

사람 몸 주위로 던진 가장 많은 칼(1분)

2007년 12월 26일 '위대한 칼잡이'(닥터 데이비드 R 아다모비치, 미국)가 미국 뉴욕 주 프리포트에서 60초 동안 '타깃 걸' 티나 나지(미국) 주위로 35.5cm 길이의 칼을 102개나 던졌다.

코에 못 많이 넣기(30초)

'슬락의 괴물들' 듀오 중 1명인 버너비 Q 오박스(캐나다)는 2015년 7월 16일 캐나다 뉴브런즈윅 세인트존에서 30초 동안 코에 못을 15개나 넣었다.
다음 날 오박스는 **팔뚝에 건 고리로 무거운 물건 들기** 기록을 작성했다(45.18kg).

열기구에 매달린 구속복에서 빨리 탈출하기

슈퍼 닝(중국)은 2017년 7월 22일 중국 산둥 성 웨이하이 지상 30m에 있는 열기구에 매달린 구속복에서 53초70 만에 탈출했다.

대못 침대에서 가장 오래 버틴 기록

15.2cm 길이의 못이 5cm 간격으로 박힌 침대 위에서 가장 오래 버틴 기록은 300시간으로, 1986년 5월 3~14일 켄 오언(영국)이 세웠다. 그는 이 시간 중 최장 132시간 30분 동안 꼼짝도 하지 않고 침대 위에 있었다.

대못 침대에서 몸 위에 올린 벽돌 깨기(무게 기준, 남자)

쿵푸 사범 닐 하디(호주)는 바늘 침대에 누워 가슴에 벽돌 15개(총 774.99kg, 어른 9명의 무게와 유사)를 올리고 다른 사람이 망치로 모두 깰 때까지 버텼다. 기록은 2012년 2월 12일 호주 ACT 캔버라의 페트리 플라자에서 작성됐다.

1분 동안 머리로 못 많이 박기

레슬러 존 페라로(미국)는 2012년 7월 3일 미국 캘리포니아 주 로스앤젤레스에 마련된 〈미쳐 날뛰는 기네스 세계기록!〉 무대에서 60초 동안 머리로 13개의 못을 나무 블록에 박았다. MRI 검사 결과 닉의 두개골은 일반인보다 2.5배 정도 두껍다고 한다.

입에 문 사과 전기톱으로 많이 자르기(1분)

'스페이스 카우보이' 체인 홀트그렌(호주)은 2017년 4월 19일 호주 뉴사우스웨일스 주 시드니에서 1분 동안 입에 문 사과 전기톱으로 자르는 기록을 세웠다(21개).
2017년 5월 10일에는 **전기톱으로 저글링하며 다리 사이로 통과시키기** 기록을 세웠다(14번).

최장거리 인간대포알 비행

2018년 3월 13일 '탄환' 데이비드 스미스 주니어(미국)가 미국 플로리다 주 탬파의 레이먼드 제임스 스타디움에서 엑스박스와 〈도둑들의 바다〉를 기념해 대포에 몸을 실어 59.43m를 날아갔다.
데이비드는 또 **가장 높이 날아간 인간대포알** 기록도 작성했다(26m). 이 도전은 2013년 7월 8일 미국 캘리포니아 주 기네스 세계기록 무대에서 시행됐다.

발끝으로 슬랙라인 10m 빨리 가기

올가 헨리(러시아/미국)는 2017년 8월 16일 미국 캘리포니아 주 컬버 시티의 칼슨 공원에서 슬랙라인 10m를 발끝으로 2분 33초71 만에 걸어갔다. 줄의 폭은 5.08cm로 지상 1m 이상 높이에 설치됐다.

최장시간 움직이는 차 지붕에 누워 발바닥으로 축구공 컨트롤하기

축구 프리스타일러 애시 랜들(영국)은 2014년 11월 15일 영국 카디프 국제공항에서 움직이는 차 지붕에 누워 발로 공을 저글링하며 93초를 버텼다. 시속 16km 이상 주행하는 차 위에서 옆으로 불어오는 바람과 다리의 경련을 참아가며 이 기록을 작성했다.

포고 가즈아!

◀ 포고스틱 점프 적게 하기(1분)

헨리 카벨루스(미국)는 2016년 7월 11일 미국 뉴욕에서 1분 동안 점프를 겨우 38번 해 비프 허친슨이 세운 이전 기록을 1개 차이로 경신했다. 포고스틱(일명 스카이콩콩) 탄 사람은 점프를 적게 하려면 최대한 높이 뛰어야 한다. 기구에서 멈추거나 내리면 안 된다.

▶ 1마일 빨리 달리기

2017년 6월 24일 드류 맥퀴스톤(미국)은 미국 펜실베이니아 주 피츠버그에서 포고스틱으로 1마일을 뛰는 데 7분 40초가 걸렸다. 트랙 4바퀴를 달리는 동안 1번도 넘어지지 않았고 하우스 오브 페인의 〈점프 어라운드〉, 반 헤일런의 〈점프〉 등의 노래를 들으며 도전했다.

죽음에 도전하는 스턴트
가장 낮은 고도에서 한 죽음의 다이빙 탈출: 로버트 갤럽(호주)은 5,486m의 높이에서 비행기에서 내던져진 잠긴 철장 안의 사슬 묶인 우편물 가방에서 탈출했다.

스카이다이빙 중에 한 최다 마술: 2016년 10월 15일 마틴 리스(영국)가 영국 윌트셔 솔즈베리에 있는 '고스카이다이브'에서 낙하하며 11개의 마술을 선보였다.

가장 치명적인 마술: 표식이 있는 총알을 마술사가 이로 잡는 것처럼 보이게 하는 마술 트릭을 하다가 최소 12명(이상)(마술사 8명, 관중 4명)이 사망했다.

GUINNESS WORLD RECORDS

스트롱맨 데드리프트 기록 보유자

에디 '더 비스트' 홀(영국)은 2016년 7월 9일 영국 리즈에서 열린 세계 데드리프트 챔피언십에서 다 큰 수컷 북극곰과 무게가 비슷한 500kg의 바벨을 데드리프트 자세로 들어 올렸다. 에디는 앞서 465kg의 기록을 세웠지만, 여기에 만족하지 않고 0.5톤(500kg)을 들어 올린 1번째 인간이 됐다. 그는 초인적 노력으로 기록을 세운 뒤 피가 머리로 몰리는 바람에 잠시 쓰러졌다.

스트롱맨 대회의 데드리프트는 바벨을 무릎 위로 들어 올릴 때 고리형 손잡이, 울트라-타이트 리프팅복의 착용을 허용하며 고정 장치는 마음껏 써도 된다.

대회를 준비하며 에디는 엄청난 음식을 먹었다. 매일 영국식 아침, 스테이크, 단백질 음료로 1만 2500만kcal을 섭취했다.

이 기록들은 전문 기술이 필요하니 **집에서 절대 따라하지 마세요!**

▶ **저글링하며 1마일 빨리 가기**(공 3개)

아시리타 퍼먼(미국)은 2007년 9월 26일 미국 뉴욕 시에서 포고스틱 타고 공 3개로 저글링하며 1마일 가기를 23분 28초 만에 성공해 자기의 기록을 1분 이상 단축했다. 2010년 1월 28일 칠레 이스터 섬에서 **포고스틱 타고 저글링하며 멀리 가기** 기록도 세웠다(6.44km).

포고스틱 높이뛰기

20세인 드미트리 아르셰니예프(러시아)는 2017년 11월 5일 미국 펜실베이니아 주 윌킨즈버그에서 포고스틱을 타고 3.378m 높이에 설치된 바를 뛰어넘었다. 같은 날 마이클 메나(미국)는 윌킨즈버그에서 **가장 높은 포고스틱 앞돌기 점프**를 기록했다(3.086m).

▲ **포고스틱 연속 자동차 뛰어넘기**

엑스포고 스턴트 팀 멤버인 달톤 스미스(미국)는 2017년 6월 6일 영국 그레이터런던 클로이던의 한 공원에서 포고스틱을 타고 닛산(일본) 자동차 3대를 연달아 뛰어넘었다. 스미스는 성공한 뒤 공중제비로 스틱에서 내려오며 기쁨을 표시했다.

버티기 Endurance

가장 오래…

물속에서 진행한 라디오 생방송(도움 없이)
2017년 5월 13일 스튜 톨란(뉴질랜드)이 물속에서 라디오 방송을 5시간 25분 25초 동안 진행했다. UAE 두바이에 있는 아틀란티스 더 팜 리조트 내 1,100만ℓ의 물이 3m 깊이로 차 있는 아쿠아리움에서 방송을 진행하는 동안 스튜는 11개의 산소 탱크를 썼는데, 6명으로 구성된 스쿠버다이버 팀이 산소 탱크를 교체했다.

짐볼 위에서 버티기
가렛 램(미국)은 2015년 9월 18일 보스턴에서 짐볼('스위스 볼'로도 불리는 큰 고무공) 위에 올라가 5시간 25분 36.98초를 버텼다.

실내 자유낙하
스테프 밀레와 마누 사라쟁(둘 다 프랑스)은 2017년 7월 7일 스페인 엠푸리아브라바에 있는 윈드 풍동(wind tunnel, 인공적으로 바람을 일으키는 장치)에서 7시간 15분 18초 동안 자유낙하했다. 이 둘은 작년 도전 기록을 15분 이상 경신했다.

머리로 축구공 오래 균형 잡기
아라시 아흐마디 티파카니(이란)는 2017년 1월 27일 이란 반다르아바스에서 머리에 축구공을 올린 채 8시간 42분 12초 동안 버텼다.

가만히 서 있기
옴 프라카시 싱(인도)은 1997년 8월 13~14일에 인도 알라하바드에서 20시간 10분 6초 동안 움직이지 않고 가만히 서 있었다. 어쩔 수 없는 눈의 깜빡임은 제외했다.

팀으로 트램펄린 뛰기
8명이 똘똘 뭉친 '자폐증 극복하기'(영국) 팀이 2017년 4월 2~3일 영국 버켄헤드에서 25시간 동안 트램펄린을 뛰었다. 1명이 20분씩 번갈아 뛰었는데 '세계 자폐 알리기 날'의 행사였다.

줄넘기
2009년 12월 4~5일 조이 모트세이(미국)가 미국 그린즈버러에서 열린 '긍정적인 스트레스 운동' 행사에서 33시간 20분 동안 줄넘기를 했다. 조이는 이 도전으로 3만 8,000달러를 모금, 아이들의 구순구개열 수술을 지원하는 '스마일 트레인'에 기부했다.

풋살
리 나이트 파운데이션(영국)은 2017년 6월 30일~7월 2일 영국 버켄헤드에서 50시간 동안 멈추지 않고 풋살 마라톤을 진행했다. 이 행사는 장애인 서포터즈 시설 마련을 위한 모금활동의 일환이었다.

손가락 하나로 우산 균형 잡기
히만슈 굽타(인도)는 2017년 10월 7일 인도 방갈로르에서 가운데 중지에 우산을 세우고 총 2시간 22분 22초 동안 균형을 잡았다.

밸런스보드에서 버티기
2015년 7월 10일 버몬트 주에서 테이텀 브라운(미국)은 밸런스보드 위에 올라 7시간 25분 30초86 동안 균형을 유지했다. 그녀의 균형감각은 타고난 것으로 보이는데, 엄마 크리켓 브라운 역시 2005년 같은 종목으로 기록을 세웠다.

댄스 비디오게임 하기
2015년 7월 11~17일 캐리 스위데키(미국)는 캘리포니아 주에서 '오토스 비디오게임&모어' 행사에 참여해 138시간 34초 동안 '저스트 댄스 2015'를 했다. 캐리는 도전을 트위치로 실시간 방송했고 7,305달러를 모아 엑스트라라이프4키즈에 기부했다.

롤러코스터 마라톤
리처드 로드리게스(미국)는 2007년 7월 27일~8월 13일 영국 랭커셔 블랙풀의 프레저 비치에 있는 롤러코스터 '펩시 맥스 빅 원'과 '빅 디퍼'를 405시간 40분 동안 연달아 탔다. 탑승 사이 단 5분 내에 식사, 샤워, 옷 갈아입기까지 해결해야 했다.

범퍼카 마라톤
마누엘라 베누스와 얀 스페커(둘 다 독일)는 2016년 8월 10~11일 독일 함부르크에서 열린 알부르크 돔 페스티벌에서 28시간 동안 범퍼카를 탔다. TV 채널 RTL 노르트의 직원 마누엘라와 얀은 회사의 28주년을 기념해 정확히 28시간 기록을 세웠다.

뮤직 마라톤

시타르
레누카 푼와니(인도)는 2011년 11월 26~27일 인도 구자라트 주 아마다바드에서 열린 '인도 음악 악판 아카데미'에 참여해 정확히 25시간 동안 시타르를 연주했다. 당시 레누카는 76세였지만 활력이 넘쳤다. 그녀는 아카데미의 다른 회원들과 함께 또 다른 연주 마라톤에도 도전했다.

▼ 피아노
2015년 10월 11~17일 므리티운제이 샤르마(인도)가 델리에서 127시간 8분 38초 동안 '코르그 프로페셔널 어렌저 Pa300' 키보드 연주회를 열었다. 므리티운제이는 자신의 영광을 인도의 전설적인 크리켓 선수 사친 텐둘카르에게 돌렸다.

기타
2011년 6월 12~17일 데이비드 브라운(아일랜드)이 더블린 템플 바 술집에서 114시간 6분 30초 동안 기타를 연주했다. 곡과 곡 사이에 30초간의 휴식이 허락됐고 8시간 연주한 뒤에는 40분의 휴식이 주어졌다. 휴식 시간에는 잠을 자거나 몸을 풀거나 옷을 갈아입었고, 단백질 스낵을 먹었다.

우쿨렐레
2016년 11월 26~27일 로빈 에번스(영국)는 런던에 있는 '듀크 오브 유크 뮤직 숍'에서 30시간 2분 동안 우쿨렐레 연주 마라톤을 진행했다. 릭 애슬리, 뱅글스, 저스틴 비버의 노래가 포함된 129곡의 연주 목록을 총 6회 연주했다. 휴식 시간은 곡 사이에 단 30초만 허락됐다.

축구공 컨트롤하기
21시간 1분
아브라함 무뇨스
(멕시코)

탁구 라켓으로
공 튕기기
5시간 2분 37초
아르얀 라즈
(인도)

테니스라켓으로
공 튕기기
4시간 30분
아스윈 스리다하르
(인도)

골프채로 공 튕기기
1시간 37분 58초
브래드 웨스턴
(미국)

GUINNESS
WORLD RECORDS

흔들의자 오래 흔들기

2005년 8월 24~27일 수레쉬 요아킴(캐나다, 스리랑카 출생)은 캐나다 온타리오 주 미시소거의 힐턴가든 여관에서 75시간 3분 동안 흔들의자에 앉아 쉬지 않고 흔들었다. 그는 잠들지 않기 위해 기타를 치거나 골프 책을 읽었고, 가족들과 대화를 나눴다. 또 2개의 기록을 더 세웠다(아래 참조).

요아킴은 도전 시작 1시간 반 뒤 "너무 편하다"고 말했다. "의자를 앞뒤로 흔들고 있으니 너무 편해 잠이 온다. 이게 더 큰 일이다"라며 도전을 73시간 33분 더 이어갔다.

한 발로 오랫동안 균형 잡기
요아킴은 1997년 5월 22~25일 스리랑카 콜롬보에서 한 발로 무려 76시간 40분 동안 서 있었다.

오랫동안 기어 다니기
2001년 5월 18~19일 요아킴은 56.62km를 기어 다녔다. 한쪽 무릎이 항상 땅에 닿아 있어야 하는 게 규칙이었다. 그는 호주 시드니에 위치한 퀸 빅토리아 빌딩 외부에서 20.1m 길이의 서킷을 2,500바퀴 이상 돌았다.

◀ 바이올린
니콜라이 마도얀(아르메니아)은 2017년 2월 11~12일 아르메니아 예레반에 있는 코미타스 실내악 하우스에서 33시간 2분 41초 동안 바이올린을 연주했다. 니콜라이의 연주 목록에는 바흐, 베토벤, 모차르트, 파가니니 등이 있었다.

아코디언
코리 페사투로(미국)는 2017년 8월 4~5일 오스트리아 그라츠의 옵틱 뉴로스에서 32시간 14분 52초 동안 아코디언을 연주했다. 코리가 기록을 세울 때 연주한 목록에는 클래식 곡 파헬벨의 '캐논 인 디'부터 테크노 곡인 다루드의 '샌드스톰'이 포함되어 있었다.

◀ 백파이프
2015년 8월 12~13일 리키 에번스(영국)는 영국 글래스고의 내셔널 파이핑 센터에서 백파이프를 26시간 5분 32초 동안 폐가 터져나갈 듯이 연주했다. 리키는 도전을 진행하며 클랜 암 지원, 어린이를 위한 모금, 고든 덩컨 메모리얼 트러스트 등을 후원하기 위한 모금 활동도 함께 했다.

위대한 여정 Epic Journeys

최초로 존오그로츠에서 란즈엔드까지 걸어서 간 기록

1871년 존과 로버트 네일러 형제(둘 다 영국)가 스코틀랜드 존오그로츠에서 영국 잉글랜드 란즈엔드까지 걸어서 횡단했다. 둘은 2개월 동안 2,208km를 걸었는데, 관광하느라 방향을 자꾸 바꾸는 바람에 직선거리의 2배 이상을 이동했다.

최초의 도보 세계일주

조지 매튜 실링(미국)은 1897~1904년에 최초로 걸어서 세계를 일주한 사람으로 알려져 있다. 하지만 증거가 입증된 최초의 도보 세계일주자는 데이비드 쿤스트(미국)로 1970년 6월 20일~1974년 10월 5일에 4대륙을 2만 3,250km 걸어서 이동했다.

최장거리 자전거 여행(개인)

떠돌이 강연자 월터 스톨(체코)은 1959년 1월 24일~1976년 12월 12일인 18년 동안 159개국 64만 6,960km를 자전거로 여행했다. 여행 기간 동안 자전거 5대를 도난당했고, 6대가 망가졌으며, 펑크는 1,000번 이상 났다. 강도를 200번 이상 만났고, 아프리카에서 가젤에게 받히기도 했지만 단 한 번도 병이 난 적은 없었다고 한다.

최초의 요트 세계일주(혼자, 멈추지 않고)

로빈 녹스 존스턴(영국)은 1968년 6월 14일~1969년 4월 22일에 자신의 요트 '수하일리'를 타고 혼자서 세계를 일주했다. '선데이 타임스 골든 글로브 레이스'에 참가한 그는 영국 콘월 주 팰머스에 있는 결승선에 시간 내로 도착한 유일한 참가자였다.

최초의 양극을 경유한 세계일주

영국 지구횡단탐험대의 래널프 파인스 경과 찰스 버턴(둘 다 영국)은 1982년 8월 29일, 3년 만에 5만 6,300km의 여행을 마치고 영국 런던 그리니치로 돌아왔다. 1979년 9월 2일 그리니치에서 출발한 그들은 1980년 12월 15일 남극을 지나고 1982년 4월 10일에는 북극을 밟았다.

최단시간 정기 항공편 세계일주(6대륙)

독일의 일요신문 〈빌트 암 존탁〉의 여행 에디터 미카엘 콘트(독일)는 2004년 7월 6~8일 66시간 31분 만에 세계를 일주했다. 그는 정기 항공편만 이용했으며 싱가포르에서 출발해 호주, 미국, 베네수엘라, 영국, 이집트, 말레이시아를 거쳐 다시 싱가포르로 돌아왔다.

최단시간 자동차 세계일주

지구를 자동차로 일주한 최초이자 가장 빠른 남자와 여자는 살루 추드후리와 그의 아내 니나 추드후리(둘 다 인도)다. 6대륙을 지나 적도 거리(4만 75km) 이상을 주행해야 한다는 1989~1991년 적용된 규칙을 지키며 일주했다. 여행 날짜는 1989년 9월 9일~11월 17일로 총 69일 19시간 5분이 걸렸다. 이 부부의 시작점이자 도착지는 인도 델리였으며, 1989 힌두스탄 '콘테사 클래식'을 타고 일주했다.

최장기 아쿠아바이크 여행(제트스키)

남아프리카 마리누스 뒤 플레시스(위 사진)와 아드리안 마라이스는 폭풍, 기계 고장 등을 겪으며 1만 7,266.69km의 아쿠아바이크 대장정을 95일 만에 마쳤다. 미국 알래스카 주 앵커리지에서 시작해 2006년 9월 19일 파나마 파나마시티를 지나 북아메리카 서쪽 해안을 따라 진행됐다.

최장기 택시 여행

2011년 2월 17일~2012년 5월 11일에 리 퍼넬, 폴 아처, 조노 엘리슨(모두 영국)은 '한나'라는 이름의 1992 LTI 페어웨이 FX4 런던 블랙택시를 타고 전 세계 6만 9,716.12km를 여행했다. 이동 거리를 택시요금으로 환산하면 12만 7,530달러다(팁 제외).

최단시간 단독 항해 세계일주

프랑수아 가바르(프랑스)는 30.48m 3동선 요트(선체 3개가 붙은 요트) '마시프'를 타고 42일 16시간 40분 35초 만에 세계를 일주했다. 이 여정은 2017년 12월 17일 완료됐다. 또 2017년 11월 13~14일 남대서양에서 1,575.45km를 항해해 24시간 최장거리 단독 항해를 기록했다. 기록은 세계요트스피드기록협회에서 인증됐다.

최장거리 휠체어 여행

1985년 3월 21일~1987년 5월 22일에 릭 한센(캐나다)은 4대륙 34개국 총 4만 75.16km를 지나는 위대한 여정에 성공했다. 1973년 교통사고로 하반신이 마비된 한센은 캐나다 브리티시컬럼비아 주 밴쿠버에서 여행을 시작하고 마무리했다.

양극 지방

남극에 도달한 최초의 인물

로알 아문센이 이끈 5명의 노르웨이 탐험가들이 1911년 12월 14일 오전 11시 남극에 도달했다. 이들은 웨일스 만에서 53일 동안 개썰매로 목표를 달성했다. 육로로 남극에 도착한 최초의 여자는 토리 머든과 셜리 메츠(둘 다 미국)로 1989년 1월 17일 남극을 밟았다.

▶ 가장 확실한 최초의 북극 육로 여행

1968년 4월 19일 오후 3시 탐험대의 리더 랄프 플라이스티드(미국)가 3명의 팀원들과 함께 북극에 도착했다. 스노모빌로 42일 동안 이동한 끝에 도착했는데 이들보다 먼저 북극에 발을 디딘 사람이 있다는 주장이 있지만 검증되진 않았다.

▶ 양극 지방을 걸어서 간 최초의 인물

로버트 스완(영국)은 '아이스워크' 팀원 8명을 이끌고 1989년 5월 14일 북극에 도착했다. 그는 1986년 1월에는 3명으로 구성된 '인 더 풋스텝 오브 스캇' 팀을 이끌고 남극에 갔다. 양극 지방에 최초로 방문한 인물은 앨버트 크래리 박사로 1961년 2월 12일 완료했다.

최장거리 여행...
물구나무로 걷기: 요한 헐리(오스트리아)가 1990년 오스트리아 빈에서 프랑스 파리까지 55일 동안 1,400km를 물구나무로 갔다.

죽마: 조 보웰(미국)이 1980년 미국 캘리포니아주 로스앤젤레스부터 켄터키주 보웰까지 4,840km를 죽마로 이동했다.

스케이트보드: 롭 톰슨(뉴질랜드)이 2007~2008년 뉴질랜드 레이신에서 중국 상하이까지 1만 2,159km를 스케이트보드로 이동했다.

손수레 밀고: 밥 핸리(호주)가 1975년 4월~1978년 5월에 약 1만 4,500km를 손수레를 밀고 호주를 횡단해 갔다.

GUINNESS WORLD RECORDS

최단시간 자전거 세계일주

마크 보몬트(영국)는 2017년 7월 2일~9월 18일 78일 14시간 40분 만에 자전거로 세계를 일주했다. 그의 여행은 프랑스 파리 개선문에서 시작하고 같은 곳에서 끝났다. 2008년 처음 기록을 세운 보몬트는 '80일 안에 세계일주하기'를 목표로, 앞선 기록자의 기록을 40일 앞당기는 데 성공했다. 7월 2~31일에는 1만 1,315.29km를 이동해 **자전거 1개월 최장거리 이동(남자)** 기록을 세웠다.

보몬트는 2015년 카이로부터 케이프타운까지 최단시간에 자전거로 주파(남자, 41일 10시간 22분)한 기록도 가지고 있다.

보몬트의 2만 8,968km 여정에는 16개국이 포함된다. 그의 '막판 스퍼트' 구간은 포르투갈 리스본부터 출발 장소인 프랑스 파리까지였다.

최단시간 자전거 세계일주(여자)

파올라 지아노티(이탈리아)는 144일 동안 세계일주를 하며 2만 9,595km를 달렸다. 2014년 3월 8일 이탈리아 토리노에서 여정을 시작해 11월 30일 같은 장소로 되돌아왔다. 그녀는 이 마라톤 모험을 하는 동안 펑크 32회, 척추 부상, 홍수, 지진, 쓰나미를 겪었고 16번이나 개에게 쫓겼다.

▶ **양극을 단독으로 정복한 최초의 인물(도움 및 지원 없이)**

마렉 카민스키(미국, 폴란드 출생)는 1955년 외부의 도움 없이 스키를 타고 양극을 정복했다. 그는 5월 23일 컬럼비아 곶에서 출발해 70일 만에 770km를 이동한 끝에 북극에 도달했다. 12월 27일에는 버크너 섬에서 출발한 지 53일 만에 1,300km를 이동해 남극을 밟았다.

양극 모두를 정복한 최초의 여자

캐서린 하틀리와 피오나 손윌(둘 다 영국)은 2001년 3월 11일 캐나다 노스웨스트 준주 워드 헌트 섬에서 출발해 5월 5일 북극에 도달했다. 그전에 2000년 1월 4일에는 남극을 정복했다. 이들은 허큘리스 만에서 여정을 시작했으며, 스키를 이용했다.

▶ **최초의 겨울철 북극 정복**

마트베이 슈파로와 보리스 스몰린(오른쪽 사진, 둘 다 러시아)은 2007년 12월 22일 탐험을 시작해 2008년 3월 14일 북극에 도착했다. 이들은 완전한 어둠에서 헤드램프 불빛에만 의지해 각각 160kg의 썰매를 끌며 이동했다.

다재다능한 사람들 Multi-Disciplinarians

가장 빠른 전기 모터사이클

2011년 8월 30일 발명가이자 녹색기술의 선구자 칩 예이츠(미국)는 유타 주 보네빌에서 자신의 SWIGZ 전기 슈퍼바이크 초기 모델을 타고 시속 316.899km로 질주했다. 2013년 11월 24일에는 캘리포니아 주 인요컨에서 개조한 루탄 롱 - EZ 비행기를 타고 **전기 비행기 최단시간 고도 3,000m 도달** 기록(5분 32초)도 세웠다.

모험가 그랜드슬램을 달성한 최초의 인물

2가지 이상의 분야에서 특출난 재주로 기록을 보유한 사람들을 기념해보자. 데이비드 헴플먼-아담스(영국)는 모든 대륙의 가장 높은 봉우리에 오르고 북극과 남극을 탐험해 모험가 그랜드슬램을 달성했다. 1980년 미국 알래스카의 데날리 산(매킨리 산)에 오르며 탐험을 시작해 18년 뒤인 1998년 5월 룬 젤드네스와 북극에 도달했다. **최초로 탐험가 그랜드슬램을 달성한 사람**은 박영석 대장(대한민국)으로 2005년 4월 30일 북극에 도달하며 기록을 완성했다. 그는 세븐 서미츠(7대륙을 대표하는 7개의 최고봉)를 정복하고 8,000m 14좌에 모두 올랐으며, 걸어서 양극에 도달했다.

최초의 열기구 대서양 횡단

1987년 7월 2~3일 리처드 브랜슨(영국)과 퍼 린드스트랜드(스웨덴)는 미국 메인 주 슈가로프에서 열기구를 타고 31시간 41분 동안 4,947km를 이동해 영국 북아일랜드 리머배디로 갔다. **최초의 열기구 태평양 횡단**도 성공했는데, 1991년 1월 15~17일 일본에서 '버진 오츠카 퍼시픽 플라이어'를 타고 캐나다 유콘 준주 락 라 카르트르까지 비행했다. 브랜슨(1950년 7월 18일생)은 **영국해협을 카이트보드로 건넌 최고령 인물**이기도 하다. 그는 2012년 7월 1일 61세 349일의 나이로 영국 켄트 주 딤처치에서 프랑스 위메르까지 횡단했다.

조정과 요트로 인도양과 대서양을 횡단한 최초의 인물

제임스 카일(영국)은 2005년 1월 8일 태국에서 오션 송 호를 타고 출발해 2월 13일 아프리카의 지부티에 도착하며 인도양 횡단에 성공했다. 2011년 4월 21일~7월 6일에는 인디안 러너 호를 타고 호주 서부 제럴턴에서 출발해 모리셔스까지 조정으로 횡단했다. 대위 출신인 그는 그란카나리아 섬에서 세인트루시아 섬까지 폴리파구스 호를 타고 대서양을 가로질러 항해했으며(2000년 11월 19일~12월 6일), 로 2 리커버리 호를 타고 라고메라 섬에서 안티과 섬까지 조정으로 횡단했다(2013년 12월 4일~2014년 1월 21일).

가장 빨리 지구의 가장 낮은 지점부터 높은 지점까지 이동한 인물 (사해부터 에베레스트까지)

2006년 5월 21일 파울린 샌더슨, 도미닉 포크너, 제이미 루안(모두 영국)과 게리 윈클러(오스트리아)는 사해에서 탐험을 시작해 150일 19시간 15분 만에 에베레스트 정상을 정복했다.

최장거리 자동차 경사면 점프

트래비스 패스트라나(미국)는 2009년 12월 31일 미국 캘리포니아 주 롱비치에서 열린 '레드불: 새해, 한계는 없다' 행사에서 자동차로 81.99m를 점프했다. 스턴트맨인 패스트라나는 **섬머 X게임 모터 X에서 최다 메달**(13개)을 획득했다. 그는 랠리용 자동차를 타고 항구 부두에서 날아올라 바다 위 바지선에 안착했다. 또 조렌 반 부트와 함께 **가장 긴 2인용 모터사이클 백플립**에도 성공했다(4.99m). 이 묘기는 2008년 11월 17일 미국 유타 주 솔트레이크 시티의 고드프리 트럭/로키 산맥 레이스웨이에서 선보였다.

최단시간 열기구 세계일주(FAI 인정)

표도르 코뉴호프(러시아)는 2016년 7월 12~23일 열기구 '모턴'을 타고 11일 4시간 20분 만에 세계를 일주했다. 그는 호주 웨스턴 오스트레일리아 주 노샘에서 이륙해 같은 주의 보니 락에 착륙했다. 또 **조정으로 남태평양을 동에서 서로 가장 빨리 횡단(혼자)**한 기록도 가지고 있다. 일주 기간은 2013년 12월 22일~2014년 5월 31일로 159일 16시간 58분을 기록했다. 그는 칠레 콘콘에서 투어고야카 호를 타고 출발해 호주 퀸즐랜드 주 물루라바까지 1만 1,897.9km를 노를 저어 이동했다. 그는 7대륙의 가장 높은 산들도 1992~1997년에 모두 정복했다.

최장거리 논스톱 비행(FAI 인정)

스티브 포셋(미국)은 '버진 애틀랜틱 글로벌플라이어'를 타고 4만 1,467.53km를 비행했다. 2006년 2월 8일, 미국 플로리다 주 케네디우주센터에서 이륙해 11일 아일랜드 섀넌 상공에서 이전 기록을 경신했다. 이 백만장자는 **가장 큰 레이싱용 카타마란**(요트)도 소유하고 있는데 길이 38.1m, 폭 18.3m다. 2004년 포셋과 선원들은 58일 9시간 32분 만에 세계를 일주하는 기록을 세웠다.

3극점 도전 (북극/남극/에베레스트)

◀ 3극점 정복 최초의 인물

엘링 카게(노르웨이)는 1994년 5월 8일 에베레스트 정상을 밟으며 3극점 정복을 완성했다. 그는 1990년 5월 4일 보르게 오슬란드(노르웨이)와 함께 **지원 없이 북극을 정복한 최초의 인물**(비상시 제외)이 되었으며, 1993년 1월 7일에는 **북극을 혼자 탐험한 최초의 인물**이 됐다.

3극점을 정복한 최초의 여자

티나 쇼그렌(스웨덴, 체코 출생)은 2002년 5월 29일 북극에 도달하며 여자 최초로 3극점을 정복한 인물이 됐다. 그녀는 1999년 5월 26일 에베레스트에 올랐고, 2002년 2월 2일에는 남편 톰 쇼그렌과 함께 남극을 밟았다. 이 부부는 35일 만에 양극을 정복했다.

◀ 에베레스트 무산소 등정, 최초로 3극점을 정복한 인물

3극점을 모두 정복한 22명의 탐험가 중 앙투안 드 슈덴스(프랑스)만 에베레스트를 산소통 없이 등반했다. 2003년 시샤팡마 산에서 실종된 드 슈덴스는 1999년 1월 10일 남극에 도달하며 3극점을 정복했다.

성공한 사람의 수

 에베레스트 등반:
4,834명
(2018년 3월 15일 기준)

 대양 조정 횡단:
885명
(2018년 2월 16일 기준)

 극지방 탐험:
북극: 247명
남극: 399명
(2017년 1월 기준)

 3가지 모두:
2명: 막심 차야(레바논)와 표도르 코뉴호프(러시아)

파라진스키는 볼리비아 리칸카부르 화산의 정상 화구호에서 다이빙을 했고, 니카과라 마사야 화산의 분화구에 내려갔다 오기도 했다.

미국 남극 프로그램의 의료 담당자인 파라진스키가 남극을 방문해 '세상을 어깨에 짊어진 신화 속 거인'의 포즈를 취하고 있다.

에베레스트를 정복한 최초의 우주비행사

전 우주비행사 스콧 파라진스키(미국)는 2009년 5월 20일 에베레스트에 오르며 우주여행도 하고 지구에서 **가장 높은 산**에 오른 최초의 인물이 됐다. 1994~2007년 5번의 우주 비행에 참여해 1,381시간 이상을 우주에서 머물렀던 그는 아폴로11의 우주비행사가 가지고 온 작은 월석(月石) 하나를 갖고 갔다. 또 에베레스트 정상에서 돌을 하나 채집해 왔는데 이 2개 돌은 현재 국제우주정거장에 있다.

북극을 걸어서 간 최초의 3극 정복

2007년 5월 에베레스트를 정복한 요한 에른스트 닐슨(스웨덴)은 2011년 5월 6일 극지방 도전에 착수해 48일 동안 지원 없이 775km를 걸어 6월 22일 북극에 도착했다. 2012년 1월 19일에는 남극까지 걸어서 도착해 기록을 완성했다.

▶ 최단시간 3극 정복(여자)

세실리 스코그(노르웨이)는 1년 336일 만에 3극점 정복을 달성했다. 2004년 5월 23일 에베레스트 정상을 밟았고, 2005년 12월 27일에는 북극, 2006년 4월 24일에는 남극에 도달했다. 2017년 12월 11일까지 그녀는 이 도전을 완성한 단 2명의 여자 중 1명으로 기록됐다.

▶ 최단시간 3극 정복(남자)

아드리안 헤이스(영국)는 겨우 1년 217일 만에 기록을 완성했다. 2006년 5월 25일 에베레스트 정상에 오른 후 캐나다 워드 헌트 섬에서 출발해 2007년 4월 25일에 북극점에 도착했다. 다시 허큘리스 만에서 출발해 2007년 12월 28일에 남극점을 밟으며 여정을 완성했다.

등산 Mountaineering

최초의 에베레스트 등반

에베레스트(8,848m)는 1953년 5월 29일 오전 11시 30분 에드먼드 힐러리(네덜란드)와 텐징 노르게이(인도/티베트)가 처음으로 정상을 밟았다. 이 탐험을 성공으로 이끈 건 존 헌트 대령(영국)이었다.

준코 타베이(일본)는 1975년 5월 16일 **에베레스트를 등반한 최초의 여자**가 됐다. 또한 **세븐 서미츠를 모두 등반한 최초의 여자**인데, 1992년 7월 28일 러시아의 엘브루스 산(5,642m)에 오르며 코지우스코 리스트와 칼스텐츠 리스트를 모두 완성했다(옆 페이지 참조).

에베레스트를 최초로 무산소 등반한 사람은 라인홀트 메스너(이탈리아)와 피터 하벨러(오스트리아)로 1978년 5월 8일 정상을 밟았다. 일부 산악인은 이 기록이 고산 등반가가 겪는 가장 큰 문제인 저산소 환경을 극복하고 성공한, '진정한' 최초의 에베레스트 등반이라고 말한다.

최초의 K2 등반

아칠레 꼼파노니와 리노 라치델리(둘 다 이탈리아)는 1954년 7월 31일 세계에서 2번째로 높은 산 K2(8,611m)의 정상을 밟았다. 이 산은 파키스탄과 중국에 걸쳐 있는 카라코람 산맥에 있다. 반다 루트키에비츠(폴란드)는 1986년 6월 23일 **최초로 K2 등반에 성공한 여자**다.

최초의 안나푸르나 제1봉 등반

모리스 에르조그와 루이 라슈날(둘 다 프랑스)은 1950년 6월 3일 네팔에 있는 안나푸르나 제1봉(8,091m) 등반에 성공했다.

안나푸르나 제1봉은 **등반하기 가장 위험한 산**이다. 2018년 1월 31일 기준 총 261명이 올라 251명이 정상을 밟았다. 슬로프에서 사망한 수는 69명으로, 이 중 11명은 하산하다 목숨을 잃었다. 평균적으로 3명이 안전하게 오르내릴 때마다 1명이 목숨을 잃었다.

에베레스트와 K2 최단기간 무산소 등반

칼 운테르커쳐(이탈리아)는 2004년 5월 24일 에베레스트를 정복하고

아이거 봉 북면 단독 등반(최단시간)

우엘리 스텍(스위스)은 2015년 11월 16일 스위스 베르나 알펜 산맥의 아이거 봉 북면을 헤크마이어 루트를 이용해 2시간 22분 50초 만에 정복했다. 2007년에 처음 세운 기록은 3시간 54분이었다.

엘카피탄 등반(최단시간)

2017년 10월 21일 브래드 고브라이트와 짐 레이놀즈(둘 다 미국)는 미국 캘리포니아 주 엘카피탄을 노즈 루트(883m 암벽)로 2시간 19분 44초 만에 정복했다. 2012년 알렉스 호놀드와 한스 플로린(둘 다 미국)이 세운, '깰 수 없다'고 여겨진 기록을 단 4분 차이로 경신했다.

8,000m 이상 봉우리에 모두 오른 최초의 부부

니베스 메로이와 로마노 베네트(둘 다 이탈리아)는 1998년 7월 20일 파키스탄 낭가파르바트(8,125m)를 시작으로 2017년 5월 11일 네팔 안나푸르나까지 8,000m 이상 14좌를 모두 정복했다. 늘 함께 등반하는 이 부부는 짐꾼이나 산소통은 사용하지 않았다.

고작 63일 뒤인 2004년 7월 26일엔 K2 등반에 성공했다.

에베레스트와 K2 최단기간 무산소 등반(여자)은 92일로, 알리슨 하그리브스(영국)가 세웠다. 1995년 5월 13일 에베레스트, 같은 해 8월 13일에 K2를 등반했다. 안타깝게도 K2를 내려오던 중 사망했다.

세계 최고봉 3곳에 무산소로 최단기간 등반한 기록

실비오 몬디넬리(이탈리아)는 2001년 5월 23일 에베레스트에 오르고, 2003년 5월 20일에는 칸첸중가(8,586m)를, 2004년 7월 26일에는 K2를 정복했다. 이 3곳을 오르는 데 3년 64일이 걸렸다.

겔린데 칼텐브루너(오스트리아)는 **여자 최초이자 최단기간에 세계 최고봉 3곳에 무산소로 등반**했다. 2011년 8월 23일 5년 101일 만에 달성했다. 2006년 5월 14일 칸첸중가, 2010년 5월 24일 에베레스트, 2011년 8월 23일 K2를 올랐다.

한 시즌에 에베레스트를 가장 많이 오른 국가

에베레스트는 2013년 5월 10~25일 46개국의 산악인에게 667번 정상을 내줬다(44번은 여자 등반가였다). 네팔이 363번으로 가장 많았고, 인도가 66번으로 그 뒤다. 몇몇 산악인은 정상을 여러 번 밟기도 했다. 2013년은 **에베레스트에 가장 많이 등반한 해**이기도 하다.

최고령 등반

◀ 휴대용 산소 병 없이 8,000m 봉 등반

2010년 10월 1일 카를로스 소리아(스페인, 1939년 2월 5일생)는 71세 238일의 나이로 마나슬루(8,163m)를 정복했다. 보리스 코르슈노프(러시아, 1935년 8월 31일생)는 2007년 10월 2일, 72세 32일의 나이로 초오유(8,188m) 정상을 밟았지만 일부 산악인은 인정하지 않는다.

칼스텐츠 세븐 서미츠 등반

베르너 버거(남아공/캐나다, 1937년 7월 16일생)는 2013년 11월 21일, 76세 128일의 나이로 칼스텐츠 피라미드에 오르며 칼스텐츠 리스트까지 완성했다. 6년 6개월 전인 2007년 5월 22일에는 69세 310일의 나이로 에베레스트를 정복하며 세븐 서미츠 코지우스코 리스트를 모두 정복했다.

▶ 에베레스트(여자)

2012년 5월 19일 일본의 와타나베 다마에(1938년 11월 21일생)는 73세 180일의 나이로 밤샘 등반 끝에 에베레스트의 정상을 밟았다. 이 등반으로 와타나베는 10년 전 63세의 나이로 세계에서 **가장 높은 산**에 처음 오르며 자신이 작성했던 기록을 경신했다.

죽음의 고도
고도 7,500m 이상이 되면 산소량이 해수면의 3분의 1 수준이 된다. 식욕이 떨어지고 어지럼증이 생기며, 종종 치명적인 결과를 초래하기도 한다.

동상: 부족한 산소량과 얼어붙을 듯한 추위는 피부의 혈관을 수축시킨다. 심장에서 먼 신체 부위는 쉽게 얼어버린다.

폐부종: 폐 기능이 손상되고 체액이 차오른다. 그 결과 등반가는 자신의 체액에 익사하기도 한다.

뇌부종: 높은 고도에서는 피가 뇌로 파고든다. 부어오른 뇌는 환각을 보거나 제대로 된 판단을 내리지 못한다.

GUINNESS WORLD RECORDS

세븐 서미츠는 각 대륙의 가장 높은 산이다. 분류 기준에 따라 2가지로 나뉜다. 호주의 코지우스코 산(2,228m)을 포함하는 코지우스코 리스트, 더 위험한 뉴기니의 칼스텐츠 피라미드 일명 푼착자야로 불리는 산을 포함하는 칼스텐츠 리스트가 있다.

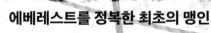

에베레스트를 정복한 최초의 맹인

에릭 웨헨메이어(미국)는 태어날 때부터 망막층간분리증을 앓았고, 13세에 시력을 완전히 잃었다. 하지만 2001년 5월 25일 에베레스트 정상을 밟으며 맹인 최초로 유일무이한 기록을 달성했다. 에릭은 2008년 8월 26일 **맹인 최초로 세븐 서미츠(칼스텐츠 리스트)를 모두 정복**한 사람이 됐다.

에베레스트 최다 등정
(여자)

락파 셰르파(네팔)는 2017년 5월 13일 에베레스트 정상에 8번째로 오르며 여자 산악인 최다 기록을 작성했다. 그녀는 2000년 5월 18일 남면으로 처음 정상에 올랐고, 2017년 5월 13일에는 북면으로 8번째 등반에 성공했다. 그녀의 등정은 모두 봄 시즌에 이루어졌다.

에베레스트 최다 등정

2017년 5월 27일 카미 리타 I(일명 토프케, 왼쪽)은 21번째 에베레스트 등반에 성공했다. 이로써 2011년 5월 11일 최초로 21번 등정 기록을 작성한 아파 셰르파(1960년 1월 20일생), 2013년 5월 23일 같은 기록을 달성한 푸르바 타시 셰르파(1971년 5월 24일생)와 동률을 이뤘다. 3명 모두 네팔 사람이다.

▶ 에베레스트

2013년 5월 23일 미우라 유이치로(일본, 1932년 10월 12일생)는 80세 223일의 나이로 에베레스트에 등반했다. 자신의 3번째 기록으로, 2003년과 2008년에도 세계 최고령으로 에베레스트 정상에 올랐다. 건강이 악화된 그는 2013년 기자회견에서 "3번이면 족하다!"고 선언했다.

세븐 서미츠 등반
(코지우스코 리스트)

라몬 블랑코(스페인, 1933년 4월 30일생)는 2003년 12월 29일 70세 243일의 나이로 기록을 달성했다. **세븐 서미츠(코지우스코 리스트)를 등반한 최고령 여자**는 캐롤 마셰터(미국, 1946년 10월 10일생, 오른쪽 사진)로 2012년 3월 17일 65세 159일의 나이로 기록을 세웠다.

▶ 세븐 서미츠 등반
(칼스텐츠, 여자)

캐롤 마셰터는 2012년 7월 12일 65세 276일의 나이로 칼스텐츠 피라미드 정상에 오르며 세븐 서미츠 등반을 완성했다. 2012년 3월 17일 코지우스코 리스트도 완성했다(왼쪽 참조). 사실 캐롤은 높은 곳을 무서워하기에 평소에는 '나이에 맞는' 활동을 하며 산다.

놀라운 재주 전반Round-Up

손 안 쓰고 포고스틱 점프 연속으로 하기

2017년 5월 21일 올리버 갈브 레이스(영국)는 영국 뱅거에서 포고스틱을 타고 발과 다리로 균형을 잡으며 4,530번이나 점프했다. 총 38분이 걸렸다.

카지노 칩 하나로 뭉쳐 쌓기

자르 케셀(이스라엘)은 2017년 11월 9일 이스라엘 미슈마르 하시바에서 한 손으로 색이 다른 카지노 칩 기둥 2개를 교차 조합해 20개 칩 높이로 쌓았다.

농구 중앙선 슛 최다 성공 (1시간)

할렘 글로브트로터스 팀의 버킷 블레이크, 헤머 해리슨, 선더 로, 불 블라드, 스파이더 샤플리스(모두 미국)는 2017년 10월 11일 뉴욕에서 1시간 동안 코트 중앙선에서 348개의 슛을 넣었다.

가장 오래 숨 참기 기록

알레이시 세구라 벤드렐(스페인)은 2016년 2월 28일 바르셀로나에서 24분 3초45 동안 숨을 참았다. 알레이시는 전문 프리다이버다.

물속에서 가장 오래 숨을 참은 기록(여자)은 18분 32초59로, 캐롤라인 마리셴 메이어(브라질)가 2009년 7월 10일 브라질 플로리아노폴리스에 있는 레이서 아카데미 수영장에서 기록했다. 역시 전문 프리다이버인 캐롤라인은 4개월 동안 훈련을 받았으며, 도전하기 전에 24분 동안 산소를 들이마셨다.

대양을 혼자 조정으로 건넌 최연소 기록(모든 대양 포함)

올리버 크레인(미국, 1998년 7월 19일생)은 19세 148일의 나이에 탈리스커 위스키 대서양 챌린지에 출전해 SS4 보트로 2017년 12월 14일~2018년 1월 28일 사이 스페인 카나리아 제도의 라고메라 섬에서 카리브 해 안티과까지 44일 16시간 9분간 항해했다. 이 고달픈 레이스에서 세워진 기록들이 아래에 있다.

탈리스커 위스키 대서양 챌린지

기록	날짜/시간	이름
대양을 조정으로 건넌 최초의 여자 트리오	2018년 2월 13일	다이안 캐링턴, 샤론 매그래스, 일레인 티커(모두 영국)
대서양을 건넌 평균 연령이 가장 높은 팀(여자)	57세 40일	
대양을 함께 건넌 자매	2018년 1월 19일	카밀라와 코르넬리아 불(둘 다 노르웨이)
대서양을 동에서 서로 혼자 건넌 가장 빠른 기록(오픈 클래스 보트)	30일 7시간 49분	마크 슬래츠(네덜란드)
대서양을 동에서 서로 건넌 가장 빠른 듀오(오픈 클래스 보트)	37일 8시간 8분	존 암스트롱, 조던 비처(둘 다 영국)
대서양을 오픈 클래스 4 보트로 동에서 서로 건넌 여자들	34일 13시간 13분	앰버 리 샤오빙, 사라 멩 야지, 클로리스 첸 율리, 티나 리앙 민티안(모두 중국)
대양을 건넌 평균 연령이 가장 낮은 팀(여자)	22세 236일	
대양을 건넌 최고령 여자	61세 349일	다이안 캐링턴(영국)

지 올라 스케이트를 탔다.

최고령 영국해협 수영 횡단

오토 타닝(남아공, 1941년 3월 13일생)은 2014년 9월 6일 73세 177일의 나이로 영국 도버 셰익스피어 해변에서 프랑스 칼레 인근 위쌍 만까지 12시간 52분 동안 헤엄쳐 건넜다.

영국해협을 수영으로 횡단한 최고령 여자는 팻 갈란트-샤레트(미국, 1951년 2월 2일생)로 2017년 6월 17일 66세 135일의 나이로 영국에서 프랑스까지 17시간 55분 만에 건넜다.

샐리 앤 민티-그라베트(영국, 1957년 7월 16일생)는 **최고령 영국해협 수영 왕복 기록자**다. 2016년 8월 30일 59세 45일의 나이로 도버에서 칼레까지 36시간 26분 만에 왕복했다.

스키부츠 신고 100m 달리기 최고 기록(여자)

엠마 커크-오두누비(영국)는 2016년 6월 2일 스키부츠를 신고 100m를 겨우 16초 86 만에 주파했다. 영국 그레이터런던 반스에 있는 반 엘름스 트랙에서 기록됐는데 그녀가 신은 스키부츠는 한 짝의 무게가 약 1.16kg이다. 맥스 윌콕스(영국)는 같은 날 같은 장소에서 **스키부츠 신고 100m 달리기** 최고 기록을 작성했다(14초09).

블런트 투 페이키 많이 하기 (1시간)

2011년 1월 17일 카일 드콧(미국)이 오하이오 주 콜럼버스의 스케이트파크에서 1시간 동안 스케이트보드로 849번의 블런트 투 페이키 묘기를 했다.

고도가 가장 높은 곳에서 스케이트보드 타기

알렉스 스토키(호주)는 2017년 8월 29일 인도 잠무카슈미르 주 레에서 해발 5,355m 지점까

손가락으로 접시 오래 돌리기

히만슈 굽타(인도)는 2016년 12월 18일 인도 방갈로르에서 손가락으로 접시를 1시간 10분 39초 동안 돌렸다.

또 2016년 9월 12일 방갈로르에서는 **한 손가락으로 짐볼(스위스볼) 오래 돌리기(한 손)** 기록을 작성했다(5분 38초).

가장 긴 종이 클립 사슬(개인)

2017년 4월 8일 벤 무니(영국)가 종이 클립을 1,997.9m 길이로 연결한 것이 영국 벨파스트에서 확인됐다. 종이 클립 약 6만 6,000개를 엮어 만든 이 사슬은 너무 길어 벤의 학교 주차장에서 확인해야 했다. 이 도전으로 약 497달러를 모금해 지역 마리퀴리 암 호스피스에 기부했다.

최고령 오션스 세븐 수영

2017년 8월 3일 안토니오 아르웨예스 디아즈 곤잘레스(멕시코, 1959년 4월 15일생)는 58세 110일의 나이로 북아일랜드와 스코틀랜드 사이의 노스 해협을 헤엄치는 오션스 세븐 바다수영에 성공했다. 이 도전은 세븐 서미츠(122쪽 참조)와 비교될 만큼 대단한 업적으로 여겨진다.

최장거리 자동차 배럴 롤 묘기

테리 그랜트(영국)는 2017년 7월 11일 영국 런던에서 재규어 E-페이스를 타고 공중에서 15.3m를 나사가 돌아가듯 회전하는 배럴 롤 묘기를 선보였다.

골프 1홀 빨리 끝내기(4인 팀)

톰 러브레이디, 란토 그리핀, 슈테판 예거, 앤드루 윤(모두 미국)은 2018년 1월 4일 미국 캘리포니아에 위치한 팜 데저트 리조트 컨트리클럽에서 골프 1홀을 27초875 만에 끝냈다.

헤드스핀 최다 기록(1분, 남자)

태양의 서커스 단원 유세프 엘

균형 오래 잡기

유제예 노브루조프(러시아)는 2016년 1월 7일 중국 베이징에서 CCTV〈기네스 세계기록 스페셜〉에 출연해 벽에 기대지 않은 6m 사다리에 올라 어떤 도구도 없이 7분 15초 동안 균형을 잡았다.

30분 동안 2진수 최다 암기

중국 광둥 성 선전에서 2017년 12월 6~8일 열린 세계 기억력 대회에서 엔슈르 나르만다흐(몽골)가 1과 0으로만 이루어진 2진수 5,445개를 암기했다.

원주율을 가장 길게 암기한 사람

은 라지비 미나(인도)로 2015년 3월 21일 인도 타밀나두 주 벨로르에 있는 VIT 대학교에서 소수점 7만 자리까지 외웠다. 모두 마치는 데 약 10시간이 걸렸다.

가장 높은 곳에서 불붙은 물속으로 다이빙한 기록

'프로페서 스플래시' 대런 테일러(미국)는 2014년 6월 21일 미국 로스앤젤레스 유니버설 스튜디오에서 촬영한 NBC〈쇼 스토핑 선데이〉 특집에 출연해 8m 높이에서 25.4cm 깊이의 불로 뒤덮인 물속으로 뛰어내렸다.

BMX 수직 점프 최고 기록

맷 호프먼(미국)은 2001년 3월 20일 미국 오클라호마시티에서 BMX 자전거를 타고 7.31m 높이의 쿼터파이프로 점프해 8.07m 수직 점프에 성공했다.

최장거리 BMX 백플립

2005년 8월 3일 마이크 에스카미야(미국)는 미국 로스앤젤레스에서 열린 X게임 11 대회에서 BMX 자전거로 메가 램프 점프대에서 날아올라 백플립으로 18.94m를 가는 묘기를 선보였다.

턱에 전기톱 올리고 오래 균형 잡기

저글러이자 기네스 세계기록 다수 보유자 데이비드 러시(미국)는 2017년 10월 4일 미국 아이다호 주 보이시에 있는 크레이들포인트 블록 파티에서 턱에 전기톱을 올리고 총 10분 0초78 동안 균형을 잡았다.

다음 날 데이비드는 **이마에 전기톱 올리고 오래 균형 잡기** 기록도 세웠다(5분 1초).

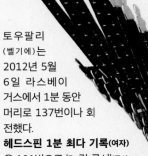

프란츠는 2015년 **칼 많이 삼키고 비틀기**로 기네스 세계기록을 처음 달성했다. 그 후 칼 2개를 추가하며 자기 기록을 경신했다(아래 참조).

토우팔리(벨기에)는 2012년 5월 6일 라스베이거스에서 1분 동안 머리로 137번이나 회전했다.

헤드스핀 1분 최다 기록(여자)

은 101번으로 'B-걸 록시'(록산느 밀러, 영국)가 2013년 7월 18일 영국 에든버러〈오피셜리 어메이징〉 무대에서 세웠다.

가장 무거운 비행기 끌기

케빈 페스트(캐나다)가 2009년 9월 17일 캐나다 온타리오 주 공군 기지에서 무게 188.83톤의 CC-177 글로브마스터III를 8.8m 끌었다.

6m 사다리 위에서

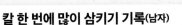

칼 한 번에 많이 삼키기 기록(남자)

프란츠 후버(독일)는 2017년 9월 10일 독일 에겐펠덴에서 목구멍으로 28개의 칼을 한 번에 삼켰다. 칼의 크기는 길이 51.3cm, 폭 1.2cm다. 프란츠는 '칼 삼키기'에 관한 다양한 기네스 기록을 보유하고 있는데, 2017년 1월 9일에는 독일 부르크하우젠에서 **삼킨 칼 많이 구부리기** 기록도 세웠다(133도. 오른쪽 사진). 또 2017년 9월 9일 **칼 삼키고 팔굽혀펴기 많이 하기**(20개), **칼 많이 삼키고 비틀기**(15개) 기록도 달성했다.

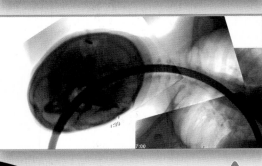

위의 2개 도전은 절대 집에서 따라 하지 마세요!

제작자를 만나다

프로젝트의 1번째 일은 위트니 모리슨 아이스크림 밴에서 기존 디젤 엔진을 분리하는 것이다.

기네스의 기록 저장소에는 엄청나게 크고 엄청나게 빠른 물건을 만들어 세계기록을 작성한 '제작 정신'이 충만한 발명가, 예술가, 취미 제작자, DIY 제작자들로 가득하다. 여기 특별 구성 장에서는 영국의 발명가이자 기술자, TV 스타인 에드 차이나와 그가 좋아하는 프로젝트를 직접 선정해 소개한다.

그리고 이 전기 엔진으로 교체했다.
더 깨끗한 환경을 위해서!

빨리 생각하라. 크게 생각하라. 생각하지 못한 걸 생각하라!

이건 제가 새로운 프로젝트를 시작할 때마다 되새기는 말이에요. 저는 사람들이 2번 보게 되는 물건을 만드는 걸 좋아하죠. 저는 사람들이 2번 보게 되는 물건을 만드는 걸 좋아하죠. 이 꿈이나 만화에서 그대로 튀어나온 듯한 발명품들 말이에요. 이건 제가 가장 최근에 제작한 거예요. 경유로 가는 아이스크림 밴을 전기로 바꿔 친환경적으로 만들었죠. 제가 기록을 세우는 걸 좋아해서 성능을 높여 레이스 코스에서 시험 주행하고 결국 이 차는 **가장 빠른 아이스크림 밴**(전기차)으로 기록됐어요. 전 지금까지 많은 성공을 거둬왔지만(과거와 현재의 기록은 아래 참조), 그래도 여러분이 제 행운을 더 빌어주셨으면 좋겠네요!

영감을 얻다

이번 장에서 여러분은 저를 비롯해 기록을 향한 열정을 공유하는 10명의 발명가와 설계자를 만날 거예요. 제작자란 상상력과 기술력을 합쳐 독창적이고 특별한 물건을 만드는 인내심이 강한 사람들이죠. 그들의 열정과 발명품은 우리 모두에게 좋은 본보기가 돼요. 이 환상적인 아이디어를 낸 창의적인 사람에게 누군가는 분명 안 된다고 말했을 거예요. 그리고 스스로 의심한 적도 많았을 거고요. 하지만 성공할 때까지 밀어붙였으니 마침내 기네스 세계기록의 한 자리를 차지하게 된 거죠.
여기 프로젝트들이 당신이 언젠가 신기록을 세우도록 영감을 주면 좋겠네요!
에드

젊은 시절부터 공학에 열정이 있었고, 그 열정은 발명가가 되는 데 영감을 줬다. 현재는 디스커버리 채널의 〈휠러 딜러〉 쇼의 공동 진행을 맡고 있다.

에드의 기발한 발명품들

시속 140km를 기록한 나의 **가장 빠른** 사무실!

정원 창고를 개조해 만든 이 창고는 시속 94km의 속도를 달성했다!

나와 기네스의 편집장이 시속 111km로 달릴 수 있는 침대에서 편히 쉬고 있다.

시속 140km로 달리는 '편안한 소파'에 앉아…

기네스 세계기록 스타일의 패스트푸드

영국 레스터셔의 공항 근처에 있는 브런팅소프 성능 시험장에서 신기록 발명들을 실험했어요. 새 아이스크림 밴 전기차도 3.2km의 트랙을 왔다 갔다 하며 시험해봤죠. 어려운 프로젝트였지만 2018년 여름까지는 충분한 속도를 내서 기네스 세계기록에 **가장 빠른 아이스크림 밴(전기차)**으로 기록되길 바랐어요. 이 과정들은 www.guinnessworldrecords.com/makers에서 볼 수 있어요. 또 여기에는 여러분이 신기록을 수립하도록 영감을 줄 사진과 영상도 많아요. 그럼 즐겨보세요!

목차

EDD'S *Electric* ICES

다음 과제는 '부드러운' 아이스크림 기계를 전기 엔진에 연결하는 일이다.

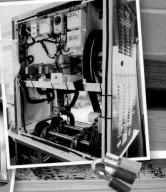

마렉 터우스키가 나의 엄청 빠른 소파를 타고 시속 148km를 기록했다.

우유 배달용 소형 전기 자동차가 시속 124.77km로 달려 체크기를 받았다.

내 화장실 합대가 시속 68km로 질주하고 있다.

'마리오'로 분장한 나와 '라라 크로프트'가 시속 92km의 **가장 빠른 게임 전용 책상**에 타고 있다.

127

가장 큰 요요

"어쩌다 폭스바겐 비틀만 한 요요, 다 큰 수컷 코뿔소만 한 요요를 만들게 됐나요? 그것을 어떻게 사용하나요?" 배스 존슨에게 묻자 그녀는 엄청난 크기의 장난감을 만든 이유와 방법에 관해 대답했습니다.

새로운 기네스 세계기록을 향한 여행은 다양한 이유에서 시작된다. 배스 존슨(미국)은 2001년 항암 수술과 치료를 겪은 뒤 여정을 시작했다. "무언가 해야겠다고 결심했어요. 세상에 내 이름을 널리 알릴 수 있는 일이요!" 그 '무언가'는 가장 큰 요요를 만드는 일이었다.

우여곡절

설계와 제작부터 애국심이 묻어나는 그림까지, '와-요'라고 불리는 배스의 거대한 장난감은 대부분 그녀가 직접 만들었다. 배스는 제작에만 3년 이상을 쏟아 부었는데, 성공하기까지 3개의 요요가 박살이 났다. 하지만 단념하지 않고 매일 5~6시간씩 8~9주 동안 새로운 디자인을 만들었다.

처음 요요를 만들겠다고 결심한 지 10년도 더 지난 2012년 9월 15일, 배스는 4번째로 미국 오하이오 주 신시내티에서 거대 요요를 시연했다. 지름 3.62m, 무게 2,095.6kg의 장난감이 68톤 크레인에 매달려 36.5m 높이에서 로프에 묶인 채 떨어졌고, 다시 성공적으로 튀어 올랐다. 평범한 요요처럼!

"믿기지 않았어요. 너무 흥분됐어요." 그녀가 말했다. "너무 긴장해서 심장이 1분에 100번은 뛴 거 같아요. 너무 행복했고, 아직도 흥분돼요." 인내와 끈기, 완벽주의 성향이 필요한 일이었지만 배스 존슨은 원하는 바를 이뤄냈다. 그리고 세계의 주목을 받으며 기네스북에 이름을 올렸다.

제작자 인터뷰: 배스 존슨

무엇에 영감을 받아서 요요로 신기록을 세우겠다고 결심했나요?

스스로 마음만 먹으면 뭐든 이룰 수 있다는 걸 보여주고 싶었어요. 충분히 노력하면 못 할 일은 없어요.

이렇게 큰 물건이 또 있나요?

아니요. 이렇게 크게 만든 건 요요뿐이에요. 저는 만드는 걸 좋아해요. 가지고 싶은 게 있는데 너무 비싸면 그냥 만들어요.

그렇게 큰 물건을 제작하려면 돈이 많이 들죠?

맞아요. 요요는 비싼 프로젝트였어요. 만드는 데 3,000달러 정도 쓴 거 같아요.

요요를 붙이는 작업이 어렵지 않았나요?

가장 어려운 작업이었어요. 한쪽을 붙인 다음 들어 올려서 다른 쪽을 붙여야 했는데, 양쪽이 완벽하게 같아야 하거든요. 전기 사포로 모양을 다듬을 때는 시간이 정말 많이 걸렸어요. 그리고 요요를 옮길 전용 카트도 만들어야 했죠. 요요를 싣고 1,600km를 달려서 플로리다 잭슨빌에 갔는데, 3번 모두 실패했어요! [위 사진은 배스가 기록에 도전하고 실패했던 과정들을 보여준다]

기네스 세계기록을 세우기까지 몇 번의 시도가 있었어요! 3번째 도전에서는 로프가 끊어지는 바람에 요요가 땅에 떨어져 부서졌잖아요. 그때 포기하고 싶지 않았나요?

플로리다에서 처음 도전할 때 요요가 튀어 오르지 않고 제자리에서 돌다가 땅에 떨어졌어요. 그때 정말 화가 났어요. 뉴스 리포터가 저의 생각을 물었는데, 그냥 울면서 고개를 저었죠.

3번의 도전을 거치며 대대적인 수정이 있었어요. 페인트를 모두 벗겨내고 다시 칠하기도 했죠. 모두 저보고 미쳤다고 했지만, 전 중간에 포기하는 사람이 아니에요.

4번째 도전에서 결국 성공을 거뒀고, 보상을 받은 셈이죠. 정말 끝내줘요!

– 사양 –

무게	2,095.6kg
지름	3.62m
로프의 길이	36.5m

코뿔소와 맞먹는 무게!

최초의 요요 특허는 1866년 11월 20일 헤븐&해트트릭(미국)이 취득했다. 하지만 기본적인 디자인은 기원전 440년 고대 그리스 꽃병에 그림으로 남아 있다.

가장 큰 루빅 큐브

가장 큰 장난감에 관한 기록은 끊이지 않고 나온다. 토니 피셔(영국)는 1.57m의 루빅 큐브를 만들어 2016년 4월 5일 영국 서퍽 입스위치에서 기록으로 인정받았다. 토니는 거의 2개월에 거쳐 완벽히 작동하는 큐브를 만들었다. 이 장난감을 보기 위해 멀리는 일본에서도 방문객들이 찾아오고 있다.

제작자를 만나다
가장 큰 햄버거

1톤짜리 햄버거를 준비하고 요리하는 데 얼마나 걸렸을까?
속 재료는 어떻게 빵 위로 올렸을까? 다 만든 햄버거는 어떻게 했을까?
여기, 거인국에나 있을 법한 패스트푸드가 눈앞에 펼쳐진다.

햄버거를 만들던 날, 약 300명이 힘을 합쳤다. 위 사진은
빵 위에 패티를 올리는 모습이다.

햄버거는 **1분 동안 많이 먹기**부터(5개, 리카르도 프란시
스코로 알려진 릭스 테라바이트, 필리핀) **햄버거 길게 세워두
기**(475.10m)까지 매년 기네스 세계기록의 한 페이지를
장식해왔다. 그리고 이 모두의 대부 격이 되는 기록이 있다.
바로 **가장 큰 햄버거**다. 여기, 6명의 남자가 사명감을 가지
고 초대형 패티 제작에 나섰다.

볼프강 레브, 톰 레이첸더, 루디 디틀, 조제프 젤너, 한스 마
우러, 크리스티안 디싱거(모두 독일)가 2017년 7월 9일 독일
바이에른의 필스팅에서 1시간도 더 걸려서 이 초대형 음식
을 쌓아 올렸다.

고기 패티와 치즈, 샐러드와 빵으로 이루어진 이 햄버거는
대형 저울로 잰 무게가 1,164.2kg이었다. 배고픈 사람들
6,000명이 햄버거가 만들어지는 장면을 지켜봤는데, 여기
에는 요리 과정을 다큐멘터리로 찍기 위해 나온 카벨아인스
방송국의 제작진들도 포함돼 있었다. 당
모든 준비 과정은 현지 식품위생 전문가들이 감독했고, 당
연하게도 식재료는 버리는 부분 없이 전부 소진됐다. 기네
스의 심판관 리나 쿨만이 공식적으로 기록을 인정하자 햄
버거는 잘라서 판매됐다. 수익금은 모두 바이에른의 유치
원들에 기부됐다.

햄버거 재료를 준비한 뒤에도 생고기를 익히는 데만 거
의 하루가 걸렸다.

이 햄버거에는 볼링공 50개 무게인, 360kg의 샐러드와
치즈가 사용됐다.

레시피

쇠고기 패티
바이에른 산(産) 쇠고기
1,000kg
소금 18kg
후추 2kg
양파 60kg
토마토 80kg
오이 60kg
아이스버그 샐러드 60kg
치즈 100kg
햄버거 소스 20kg
머스터드 10kg

햄버거 빵
밀가루 60kg
설탕 0.6kg
소금 1.2kg
오일 4.2kg
베이킹 소다 1.8kg
달걀 4.2kg
맥아 1.2kg
이스트 1.8kg
물 32.4ℓ

방법
1. 갈아놓은 고기에 소금, 후추를 뿌리고 버무린 뒤 패티 틀에 넣는다. 2. 오븐에서 100~120도로 10시간 30분 동안 굽는다. 3. 그동안 햄버거용 빵을 만드는데 먼저 큰 통에 물, 설탕을 넣고 이스트를 섞는다. 4. 몇 분뒤, 나머지 빵 재료들을 모두 넣고 고루 치댄다. 5. 랩으로 반죽을 덮어 1시간 동안 따뜻한 곳에서 발효시킨다. 6. 발효된 반죽은 다시 잘 치댄 뒤 모양을 잡는다. 7. 스톤오븐에서 약 200도로 45분 동안 굽는다. 패티와 남은 재료를 빵 위에 올린다.

제작자 인터뷰: 조제프 젤너

어디에서 영감을 받아 기네스 기록에 도전하게 됐나요?

친구들과 함께 고향에 특별한 행사를 선물하고 싶어 기획했어요.

햄버거를 만들면서 힘들었던 과정이 있었나요?

재료들을 합쳐 햄버거로 만드는 과정이 어려웠습니다. 패티 하나의 무게가 260kg이었어요. 고기를 옮기기 위해 36톤 크레인을 써야 했습니다.

햄버거를 준비하는 데 시간이 얼마나 걸렸나요?

빵 반죽과 패티 반죽은 조리하기 하루 전에 해두었어요. 8시간이 걸렸습니다.

패티를 굽는 데 얼마나 걸렸나요?

고기는 2017년 7월 9일 일요일 오전 8시부터 오후 6시 반까지 구웠어요. 그리고 햄버거로 합치는 데 또 시간이 걸렸죠.

만들던 날, 어려운 점은 없었나요?

아침에 날씨가 안 좋았어요. 비가 오고 바

람이 불었죠. 그래서 바비큐 오븐이 충분히 달궈지지 않았습니다. 고기가 익는데 시간이 더 걸렸어요.

완성한 다음 어떻게 하셨나요?

3,000개 이상의 '작은 햄버거'로 잘라서 관람객들에게 팔았습니다(약 6,000명). 받은 돈은 이 지역 바이에른의 유치원들에 기부했어요.

다음에 도전하고 싶은 기네스 세계기록이 또 있나요?

이 행사를 마친 뒤 우리는 다른 세계기록에 대해 생각해봤습니다. 세계에서 가장 큰 햄버거를 만드는 건 너무 힘든 일이었지만, 정말 재미있었거든요!

마지막으로, 기네스 세계기록 보유자가 된 소감은?

물론 기네스 세계기록을 세워 정말 기쁩니다! 이런 특권을 누리게 돼 너무너무 자랑스럽고, 다음에 또 하면 좋겠네요.

4

바다코끼리만큼 무겁다

완성된 햄버거는 다 큰 아라비아말 2마리보다 무거웠다. 다른 것과 비교하자면…

가장 큰 미트볼

2011년 10월 5~8일, 콜럼버스 이탈리아클럽(미국)의 회원 7명이 그랜드피아노와 무게가 거의 비슷한 503.71kg의 초대형 미트볼을 만들었다. 지름은 1.38m였는데 고기와 양념을 22.6kg씩 반죽해 냉장한 뒤 다른 장소로 옮겨 특별 제작된 오븐으로 조리했다. 이 기록은 미국 오하이오 주 콜럼버스에서 열린 '세인트 존 이탈리아 축제'에서 작성됐다.

가장 큰 고무줄 공

하마보다 무거운 고무줄 공을 만들기까지 시간이 얼마나 걸렸을까? 재료는 어떻게 구했을까? 왜 밤에 작업하는 게 좋을까? 조엘 와울의 이야기 속으로 들어가보자.

"아침에 눈을 떴을 때 차고 앞에서 잠들었다는 사실을 깨닫고 놀란 적도 많았어요." 기네스 세계기록을 달성한 조엘 와울(미국)이 말했다. 그는 무게가 4,097kg이나 나가는 가장 큰 고무줄 공을 인내심을 갖고 만들었다. 기록은 2008년 11월 13일 미국 플로리다 주 로더힐에서 측정됐다. 고무줄 70만 개 이상이 사용된 이 공은 높이만 해도 2m가 넘었다.

일단 감아

일명 '고무줄 맨'인 조엘은 TV 스턴트에서 고무줄로 만든 공을 비행기에서 떨어뜨리는 장면을 보고 영감을 얻었다. 2004년 4월 작업을 시작한 그는 자신의 초기 작품에 '너겟'이라는 이름을 붙였다. 늦여름이 되자 공의 크기는 조엘의 허리 높이가 됐다. 그는 집에서 계속 만들기엔 공이 너무 크다는 사실을 깨닫고 뒷마당으로 공을 옮겼다. 그리고 2007년 4월 무게가 2,268kg에 달하자 다시 한 번 옮기기로 한다. 이번에는 담까지 무너뜨리고 공을 계속 키울 수 있는 차고 앞으로 이동시켰다. 조엘은 이 거대 괴물에게 '너겟'이라는 이름은 어울리지 않는다고 생각해 '메가톤'으로 이름을 바꿨다.

스티커로 만든 가장 큰 공

10만 개의 스티커로 만든 이 커다란 공은 무게가 105.052kg이나 나간다. 존 피셔와 그가 설립한 스티커자이언트의 직원들이 함께 만들었다. '사울'이라는 이름의 이 스티커 공의 무게는 2016년 1월 13일 미국 콜로라도 주 롱몬트에서 측정됐다. 이 기록은 최초로 시행된 '국가 스티커의 날'을 기념해 당일에 작성됐다.

- 사양 -

무게	4,097kg
높이	2.0m

70만 개 이상의 고무줄

수컷 하마 1마리만큼 무겁다.

제작자 인터뷰: 조엘 와울

이 기록은 1990년대에 경신된 적이 몇 번 있는데, 당신이 기록을 깨리라고 생각했나요?

네, 기네스 세계기록 2000년 편을 처음 본 순간 직감했어요.

고무줄 공 만들기는 언제 시작했고, 얼마나 걸렸나요?

2004년 4월 10일에 시작했고, 완성까지는 4년 7개월이 걸렸어요.

고무줄은 어디서 났나요? 전부 산 건가요?

1,451kg 이상은 인터넷을 통해 받았어요. 그리고 작업에 한참 지쳐갈 때쯤 물리치료 전문 업체인 스트레치웰에서 지원받기 시작했죠. 그전까지 '메가톤'을 만드는 데 제 돈 7,000달러 정도를 썼어요.

크기가 너무 커서 고무줄도 길어야겠어요. 당신이 기록을 세우는 데 쓰지 않았다면 원래 용도는 뭘까요?

치료용 밴드예요. 부상 후 재활운동에 사용해요.

'메가톤'이 작을 때는 일반적인 고무줄을 썼나요?

네, 사이즈 32의 일반 고무줄을 썼어요.

'메가톤'은 차고 앞에서 제작됐어요. 플로리다의 뜨거운 태양이나 다른 날씨에 영향을 받지 않았나요?

태양의 영향을 제일 많이 받았어요. 그래서 작업하지 않을 때는 방수포를 덮어 보호하고, 주로 밤에 만들었어요.

2,013kg이라는 믿을 수 없는 큰 차이로 이전 기록을 박살냈어요! 만들면서 무게를 계속 쟀나요? 아니면 단순히 지칠 때까지 만든 건가요?

물론 '메가톤'의 무게를 재봤죠. 하지만 만들다 지친 건 아니에요! 사실 시간이 부족했죠. 기네스 세계기록의 심판관이 2주만 더 늦게 왔으면 '메가톤'의 무게는 4,536kg은 됐을 거예요.

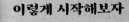

이렇게 시작해보자

나만의 고무줄 공을 만들고 싶은가? 먼저 일반 고무줄 하나를 여러 번 접어 뭉친다.

뭉쳐놓은 1번째 고무줄에 2번째 고무줄을 감아 흔들리지 않도록 동그랗게 고정한다.

2번째 고무줄 위에 다른 고무줄 하나를 더 감는다. 이 과정을 반복하면서 높이와 너비가 일정하게 늘어나도록 신경 쓴다.

계속 층을 쌓다 보면 모양이 점점 커지기 시작한다.

위 과정을 반복해서 일정하게 감으면 점점 동그래진다. 이제 고무줄을 계속 감으면 된다. 하나씩, 하나씩….

제작자를 만나다

가장 큰 종이접기 코뿔소

종이접기 예술가인 리우퉁(중국)은 곤경에 처한 흰코뿔소를 알리기 위해 종이접기를 활용했다. 이제 그는 또 다른 생명을 돕기 위해 자신의 실력을 발휘하고 있다.

어렸을 때부터 리우는 종이로 작은 배나 비행기 만들기를 좋아했다. 2006년 독일 유학 시절, 버스에서 구겨진 종이로 장미를 만들어 반대편에 앉은 소녀에게 선물하는 한 남자를 보게 된다. 이 모습에 감동한 그는 종이접기 기술을 배우는 데 몰두하기 시작했다. "점심시간, 일과 후, 주말에도 종이만 접었어요." 그가 회상하며 말했다. 2014년 리우는 종이접기 전문 예술가가 되기 위해 직장을 그만뒀다.

동물 작품…

2015년 리우는 세상에 단 1마리만 남은 수단의 수컷 흰코뿔소 이야기를 접한다. "그 사실을 알고 너무 마음이 아팠습니다. 뭔가 해야겠다고 느꼈죠." 리우는 그 후 몇 달 동안의 조사와 설계 끝에 2017년 4월 19일 중국 허난 성 정저우의 한 쇼핑몰에 종이접기로 만든 거대한 코뿔소를 전시했다. 이 작품은 8명이 팀을 이뤄 3시간 동안 700단계 이상의 접기 과정을 거쳐 만들어졌다. 현재 기네스 세계기록에는 리우가 종이로 만든 다른 동물들도 많은데, 여기에는 **가장 큰 종이 표범**(옆 페이지 아래, 길이 3.7m)과 **가장 큰 종이 고래**(길이 5.15m)도 포함돼 있다.

종이접기로 코뿔소를 만들려면 196m² 크기의 종이가 필요하다. 이렇게 넓은 종이는 기계로 제작할 수 없어 7장을 붙여 만들었다.

이렇게 크고 무거운 종이를 접으려면 팀워크와 힘이 필요하다. 1번 접는 데 30m는 걸어야 하며 앉았다 일어나기를 8번 이상 반복해야 한다.

종이 코뿔소는 준비하는 데만 13개월 이상이 소요됐다. 리우는 동물원에 가 실제 코뿔소를 관찰했다. 종이가 1장뿐이라 실수는 용납되지 않았다.

- 사양 -

무게	50kg
길이	7.83m
높이	4.06m

리우의 종이 코뿔소는 진짜 코뿔소보다 2배 정도 크다!

리우퉁이 종이접기로 만든 **가장 큰 종이 비둘기**로 높이 4.64m, 길이 1.90m, 폭 2.92m다.

제작자 인터뷰: 리우퉁

종이접기 작품을 만들 때 설계가 정말 중요하겠죠?

네, 설계는 프로젝트에서 가장 먼저 이루어지는 단계이자 가장 어려운 부분입니다. 종이 배분을 잘 계산해야 최종 작품의 구조와 비율이 완벽해지니까요.

도구는 어떤 걸 쓰나요?

설계할 때는 펜과 컴퓨터를 모두 쓰지만, 컴퓨터는 주로 설계가 맞는지, 확실히 접을 수 있는지 검증할 때 사용하죠. 그리고 펜과 종이를 이용해 완성합니다. 접을 때 사용하는 도구는 펜, 종이, 자, 각도기가 전부예요.

종이접기에 규칙이 있나요?

요즘 종이접기는 과정이 복잡하거나 간단한지에 상관없이 네모난 종이 1장으로 만드는 것이 중요합니다. 잘라내거나 추가하는 부분이 없어야 하죠. 즉 접은 작품을 다시 폈을 때 처음 준비한 네모 종이 1장이 그대로 나와야 합니다.

기록을 세운 작품을 만들 때 사용한 종이에 특별한 게 있나요?

아주 질기고, 손의 압력을 잘 견뎌야 해요. 접었다 폈다를 반복해도 찢어지지 않아야 합니다. 두꺼우면서 부드러워야 하죠. 빳빳하거나 잘 찢어지면 종이접기에 적합하지 않습니다.

어떤 작품을 가장 좋아하나요?

모두 제 자식 같은 작품들이에요. 직접 접어서 만들었으니까요. 굳이 하나만 골라야 한다면 흰코뿔소를 선택해야겠네요.

다음 대형 프로젝트는 뭔가요?

중국 수도박물관과 합동으로 문화유적을 만드는 프로젝트가 있습니다. 유적을 종이로 만들어서 박물관에 전시할 거예요.

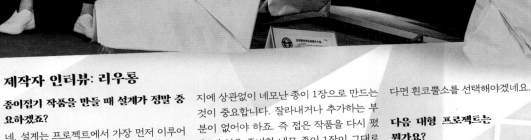

가장 큰
이쑤시개
조각상

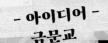

- 아이디어 -
금문교

스탠 먼로(미국)는 구강 청결 도구에 엄청난 공을 들여서 예술작품으로 승화시켰다. 그런데 이 멋진 조각상 1개를 계획하는 데만 5년이나 걸렸다는 게 사실일까?

스탠 먼로는 5학년 때부터 이쑤시개로 조각상을 만들었다. 2014년 5월 15일에는 미국 뉴욕에서 101개의 이쑤시개 조각상 전시회를 하며 **최대 규모 이쑤시개 조각상 전시**로 기네스 세계기록에 이름을 올렸다.

스탠은 이 작품들을 제작하는 데 10년 이상 걸렸으며, 여기에는 이쑤시개 300만 개 이상, 접착제 284리터 이상이 사용됐다고 밝혔다. 중국의 천단 공원, 프랑스의 에펠탑, 인도의 타지마할, 미국의 크라이슬러 빌딩과 시애틀 스페이스 니들, 그리고 영국의 비밀정보국(M16)과 스페인의 라 사그라다 파밀리아를 포함한 37개국의 건물들이 1:164의 비율로 제작되었다. "전시라기보다는 단지 건물들을 나란히 세워뒀을 뿐이죠. 대부분 고층건물이니까요. 그래도 제가 더 관심을 가지고 사랑에 빠질수록 더 정교한 작품이 됩니다." 그가 설명했다.

금문교를 그대로 옮겨놓은 작품은 스탠의 기술과 인내심을 보여준다. "12m 길이의 이동 가능한 구조물을 만드는 데 5년을 썼습니다. 여러 가지 방법을 실험하고 새로운 기술을 배우기도 했죠. 마침내 다리를 18개 구역으로 나눠 만드는 아이디어가 떠올랐어요. 2개의 탑, 2개의 교량, 6개의 덱, 8개의 주요 케이블과 수백 개의 보조 케이블을 모두 핀과 풀로 조립하는 데만 이틀이 걸립니다." 완성된 다리를 보면 알겠지만, 그럴 가치가 있는 작품이다.

스탠이 만든 125 사이파 이 우주선은 **가장 큰 〈스타워즈〉 이쑤시개 조각으**로 기록됐다. 높이 39cm, 길이 148cm, 폭 80cm로 이쑤시개 1만 5,000개가 사용됐다. 무게는 3.4kg이다.

스탠이 이쑤시개로 정교하게 제작한 〈스타워즈〉의 캐릭터들이다. AT-ST와 임페리얼 셔틀도 있고, 다스베이더와 스톰트루퍼들도 보인다.

제작자 인터뷰: 스탠 먼로

이쑤시개 작품들이 건축물로도 예술품으로도 뛰어나요. 어떻게 시작하게 됐죠?

이쑤시개 1상자와 접착제 1통이 있는데 할 일이 없더라고요. 일을 크게 벌일 생각은 없었습니다. 처음에는 세계 10개 도시의 랜드마크만 작게 만들려고 했어요. 그래서 다른 사람의 설계를 따라했어요. 최대한 똑같이 만들려고 노력했죠.

이런 작품들을 만들 때 가장 어려운 점이 뭐죠?

가장 어려운 건 시작하는 거예요. 시작할 때 어떻게 만들어야 할지 모르겠는 부분들이 있긴 한데, 그 부분을 만들기 전까지는 따로 걱정 안 해요.

작품들이 어떤 구조로 돼 있는지 말해줄 수 있나요?

이쑤시개와 접착제 외에는 아무것도 사용 안 합니다. 기네스의 규칙에 따르는 게 아니라 제 규칙이죠. 그런데 이 작은 이쑤시개들은 겉으로만 보기 좋은 게 아니라 내부도 견고하게 만들어줍니다. 나무의 단단함과 가벼움이 완벽한 조화를 이루죠.

설계가 작품에 어떻게 반영되나요?

요즘은 위성사진과 청사진, 다양한 각도에서 찍은 사진들을 다운로드해서 활용해요. 하지만 아직도 모든 걸 손으로 만들죠. 레이저 커팅기는 사용하지 않아요. 창문들도 컴퓨터로 제작하지 않습니다.

대개 어떤 도구들을 사용하나요?

다양한 절삭 도구와 자, 집쇠, 접착제가 마를 때까지 고정하는 데 쓰는 보호 테이프 정도예요. 제가 쓰는 도구 중 가장 최첨단인 건 드릴이죠(위 사진). 사포를 달아 창문을 다듬을 때 쓰는데, 사실 가위를 더 많이 사용해요. 결만 맞추면 종이나 판지를 자르는 것과 다르지 않아요.

다음 도전은 뭐죠?

하나의 건물이 아니라 한 국가에 도전할 생각이에요. 인도죠. 악사르담, 연꽃사원, 타지마할은 시작에 불과해요. 어쩌면 제 남은 인생을 인도의 사원들을 만드는 데 바칠 수도 있어요….

브루즈 할리파 1:164 축소판 작품이다. 2013년 6월 22일 미국 뉴욕 주 펠프스에 있는 펠프스 아트센터에서 5.09m로 측정됐으며, 최소 30만 개 이상의 이쑤시개가 사용됐다. "이 비율로 처음 제작한 작품은 뉴욕에 있는 크라이슬러 빌딩인데 제 아내를 위해 만들었죠. 아래층에 있는 오락실에 딱 맞춘 거예요. 1:164 비율을 고집한 건 아내만을 위한 작품이기 때문이죠. 벌써 16년 전이네요." 스탠이 회상하며 말했다.

가장 빠른 제트 파워
고-카트

정말 빠른 고-카트를 몰아보고 싶었던 톰 바그넬은 친구이자 엔지니어인 앤디 모리스(둘 다 영국)를 찾아갔다. 그리고 앤디가 만든 진짜 빠른 고-카트로 기네스 세계기록에 올랐다!

테스트 1
새로운 타이어! 하하하

영국 스태퍼드셔 치들 출신의 톰 바그넬은 2017년 9월 5일 영국 요크 인근 RAF 엘빙턴 비행장에서 열린 CBBC의 〈오피셜리 어메이징〉 행사에서 제트 파워 고-카트 최고 속도를 기록했다(시속 180.71km).

기록을 세우기까지

신기록을 세운 고-카트를 설계하고 제작한 건 앤디 모리스이지만, 톰도 실력 있는 기계공학자다. "저는 어려서부터 엔지니어링을 좋아했고, 지금은 꽤 실력 있는 기계공학자가 됐어요. 제트 엔진을 설계하고 제작하는 건 오래전에 시작했죠. 처음에는 펄스제트 엔진으로 시작했어요. 재미있고 만들기도 간단했지만, 소음이 심하고 제가 쓰려는 장치들과 맞지 않았죠! 그래서 가스터빈 엔진으로 바꿨더니 힘이 더 강하고 더 실용적이었어요."

그는 드래그 레이싱 및 속도와 관련된 기록에도 관심이 크다. 톰은 수년간 드래그 레이싱의 열성적인 팬이었고, 15세 때부터 레이스 미팅에도 참석해오고 있다. 레이싱과 제트 엔진에 대한 흥미가 대단했기 때문에 피트 크루로 제트-카 팀에 합류하고 불과 몇 년 뒤에 자신의 차로 레이스에 참가했다! 톰은 앞으로 터보 엔진 재연소 장치가 설비된 터빈 카약으로 새 기록을 세우려 한다. "머리 위로 제트기가 날아갈 줄 알았는데 대신 카약이 엄청난 속도로 지나가는 걸 본다면 사람들은 멍해질 거예요."

─ 사양 ─

무게	70kg
길이	3m(재연소 장치 포함)
	2.1m(재연소 장치 제외)
폭	1.2m
속도	시속 180.71km

가장 빠른 제트 파워 소방차
섀넌 세이델(미국)의 제트 파워 소방차 '하와이안 이글'은 1998년 7월 11일 캐나다 온타리오에서 시속 655km를 기록했다. 빨간색 1940 포드 차량으로 롤스로이스 브리스톨 바이퍼 Mk 633-41 완전 재연소 엔진 2개를 장착했다. 각 엔진은 4,474kW로 총 53.37킬로뉴턴의 추진력을 발휘한다.

재연소 장치
연료 펌프

메인 엔진 연료
펌프

오일용 12-V 기어
펌프

오일 필터

터보차저

재연소 장치

터보 주입구

50mm 차축

24-V
점화기

E.C.U.

오일 탱크/쿨러

치타보다
2배 빠르다

- 부품 목록 -

오일용 12-V 기어 펌프

보쉬 044 모터스포츠 연료 펌프 2개

자체 제작 열 교환 오일 탱크

메인 엔진용 24-V 비행기 점화기

재연소 장치용 불꽃 갭 점화기

엔진 모니터 및 컨트롤을 위한 자체 제
작 엔진 컨트롤 유닛(E.C.U.)

연소실 설계 및 제작(엄청난 일거리)

재연소 장치 설계 및 제작

오일 및 연료 시스템에 사용할 수 있는
스테인리스 호스(유압식 만능 시험기)

'몬스터 터보' 확보 및 주입/배출 플랜지
구입 혹은 제작

연료 흐름 조절을 위한 니들 밸브 구입

연료 및 오일 필터

제작자 인터뷰:
앤디 모리스

공학에 언제부터 관심을 가졌나요?

아주 어렸을 때부터요. 아버지와 할아
버지 모두 공학자셨어요. 한분은 모터
사이클 회사 브러프 슈페리어의 중역
이셨고, 다른 분은 노르망디 상륙작전
에 사용된 글라이더를 작업하셨어요.
저는 어려서부터 물건을 뜯어보고 작
동법 알아내는 것을 좋아했죠.
그러다가 지금은 친구가 된 닉 해덕이
출연한 채널 4의 〈스크랩힙 챌린지〉를
보고 제트 엔진을 만들자고 생각했어
요. 10년 전 혼자 만들 수 있는지 궁금
해서 해본 거였죠. 그게 고-카트까지
이어졌어요. 그리고 연료통은 스테인
리스로 된 비스킷 상자를 썼어요! 저
는 재활용을 좋아하거든요. 톰의 고-
카트에 사용된 연소실은 오래된 소화
기통이에요.

톰은 고속 주행에 이상적인 드라이버
예요. 체구가 작고 몸무게가 가벼워서
차가 빠르게 가속할 수 있어요. 게다가
톰은 공감각도 아주 뛰어나죠.

톰의 고-카트를 제작하는 데 얼마나
걸렸나요?

실제 만드는 데는 6개월이지만, 최고
성능을 발휘하도록 연구하는 데 3년
이 걸렸어요. 한번은 배터리 유형을 바
꿔 배선을 전부 다시 한 적도 있죠. 최
고 속도 기록을 세우려면 차량이 가벼
워야 해요. 그만큼 무게가 아주 중요한
요소인데, 배선을 바꾼 덕분에 6kg을
줄일 수 있었어요.

기록이 더 좋아질 수 있을까요?

물론이죠! 우리는 당일에 여러 번 주
행할 시간도, 연료도 없었어요. 긴 트
랙에서 달렸다면 고-카트가 더 빠른

기록을 냈을 거예요. 기록 날은 이유
없이 재연소 장치가 잘 작동하지 않았
고, 제트 엔진의 추진력도 비효율적이
었어요. 우리 엔진은 다른 드래그 레이
싱 제트 카보다 훨씬 작거든요.

지금은 어떤 작업을 하고 있나요?

제트 파워 자전거를 만들었어요. 제작
에 3개월 정도가 걸렸죠. 다른 제트 엔
진도 제작 중인데, 재연소 장치를 포함
한 총무게가 136kg으로 지금까지 만
든 DIY 가스 터빈 중 가장 강력할 거예
요. 이 엔진을 단 고-카트에 톰을 매달
아서 달리게 할 셈이에요. 그에게는 아
직 얘기하지 않았지만요!

가장 큰 스케이트보드

세상에서 가장 큰 스케이트보드를 만드는 데 얼마나 걸렸을까?
그리고 얼마나 빨리 달릴 수 있을까? 조 시아그리아를 만나
당신의 꿈에 창의성을 더해보자.

약 10년 전, 캘리포니아 주 스케이트파크의 기획자 조 시아그리아는 사업가인 롭 드렉(둘 다 미국)과 함께 롭의 스케이트 공원이자 창고, 사업장이자 집인 곳에서 펼쳐지는 MTV 리얼리티 쇼 〈판타지 팩토리〉의 후편을 기획했다. 이 과정에서 초대형 스케이트보드를 만들기로 하면서 캘리포니아 스케이트파크의 공예가가 합류했다.

세상에서 가장 큰 스케이트보드는 2009년 2월 25일 로스앤젤레스에서 펼쳐진 MTV 〈롭 드렉의 판타지 팩토리〉에서 공개됐다. 이 스케이트보드는 길이 11.15m, 폭 2.64m, 높이 1.10m였다.

거리로 끌고 나오다

조는 2010년 초대형 보드를 혼자 끌고 펜실베이니아 주 우드워드 스케이트캠프로 나왔다. 어떻게 됐을까? "캠프에 있던 아이들과 몇 번 같이 타본 뒤에 혼자 타보기로 했어요." 그가 회상했다. "보도에 오르자 속도가 불기 시작했죠. 그리고 왼쪽으로 돌자 위험한 곳이 나왔어요. 언덕을 날듯이 내려가 흙더미로 향했는데, 멈출 수 없다는 사실을 깨달았어요. 흙에 처박히기 싫으면 뛰어내려야 했죠. 가장자리로 기어가 뛰어내렸는데 멀리 뛰지 못했고, 타이어에 발이 부딪히는 바람에 신발이 벗겨졌어요. 운 좋게 다치진 않았지만, 제가 경험한 가장 정신 나간 일 중 하나였죠!"

놀랍게도 스케이트보드의 무게는 1,630kg이 넘는다. 하지만 사양은 일반 제품과 똑같다.

- 사양 -

길이	11.15m
폭	2.64m
높이	1.10m

**영국 런던의
신형 루트마스터 버스만큼
길다!**

제작자 인터뷰: 조 시아그리아

세상에서 가장 큰 스케이트보드를 제작하게 된 배경이 뭐죠?

저는 남부 캘리포니아에서 자라서 스케이트보드를 자주 탔어요. 1998년, 캘리포니아 스케이트파크를 시작했고 전 세계에 350개 이상의 스케이트파크를 설계하고 만들었죠. X게임, 스트리트 리그, 반스 파크 시리즈 같은 스케이트보드 대회도 만들었고요.

스케이트보드가 일반 보드와 똑같이 작동하나요? 만약 덩치가 큰 사람이 타면 방향도 바꾸고 묘기도 부릴 수 있나요?

이 스케이트보드는 정말 거대해요. 보통 제품보다 12.5배 크죠. 맞아요, 일반인보다 12.5배만 크면 이 스케이트를 마음껏 탈 수 있어요!

제작하는 데 얼마나 걸렸나요?

3명이 작업해서 10주 정도 걸렸어요.

최고 속도는 얼마나 되나요?

가장 빠르게 달린 속도는 시속 56km예요. 우드워드 스케이트캠프에 있는 잔디 언덕을 내려오며 기록했죠.

만들 때 어떤 부분이 가장 어려웠나요?

제작 방향이나 청사진이 딱히 없었던 게 가장 힘들었어요. 만드는 과정에서 직접 부딪혀가며 알아냈죠. 스케이트의 모든 부분을 직접 제작했어요.

기네스 세계기록은 당신에게 어떤 의미가 있나요?

저는 언제나 한계를 넘고 싶었어요. 그리고 사람들이 불가능하다고 생각하는 걸 만들어보고 싶었어요. 이 스케이트보드에 관한 아이디어가 떠오르자마자 빨리 시작하고 싶어 견딜 수가 없었어요. 단순히 기록을 세우는 게 아니라 예전 기록을 압도적으로 뛰어넘으려 했죠.

다른 기네스 세계기록에 도전할 계획이 있나요?

당장은 없지만, 또 다른 세계기록에 도전할 기회는 언제든 있다고 생각해요.

두께 13.97cm인 7겹 나무판이다. 내부를 받치는 철 프레임이 들어 있다.

바퀴로 지름 76.2cm짜리 레이싱 카 타이어가 사용됐다. 철제 지지대는 맞춤 제작했고, 고무 축받이(보드가 움직일 때 중심을 잡아준다)는 위치 조절이 가능하다.

2011년 미국 뉴욕 시에서 래퍼 나스가 신기록 스케이트보드 위에 올라 〈잇 에인트 하드 투 텔〉과 〈메이드 유 룩〉을 열창했다.

제작자를 만나다

가장 큰 루브 골드버그

'발명은 항상 효율적이어야 할까? 가장 빠른 방법이 최고의 방법일까? 공학에 유머가 들어갈 자리는 없는 걸까?' 한 남자는 이렇게 생각했다.

루번 개럿 루시우스 '루브' 골드버그(1883~1970)는 미국 퓰리처 상까지 받은 만화가로 캘리포니아대학에서 공학학위를 받았다. 그는 다양한 단계로 이루어진 복잡하고 우스꽝스러운 기계를 그리기로 유명했는데, 사실 아주 단순한 일을 복잡하게 해내는 기계라는 점이 재미를 줬다(영국에서는 윌리엄 히스로 빈슨이 비슷한 그림으로 유명해졌다). 루브 골드버그는 〈미리엄 웹스터 영어사전〉에 이름이 형용사로 정의된 유일한 인물이다. 뜻은 '간단해 보이는 일을 복잡한 도구로 달성하는'으로 정의돼 있다. 불 켜기, 풍선 불기, 책장 넘기기 같은 단순한 동작을 동물이나 톱니바퀴, 로켓, 스프링, 중력, 흐르는 물, 동력장치 등 셀 수 없이 많은 생물과 무생물을 이용해 해낸다.

만들어보자!

오늘날, 루브 골드버그의 정신은 매년 열리는 대회들을 통해 계승되고 있다. 전 세계의 참가자가 복잡하고 장황한 방법으로 단순하고 유치한 일을 달성하는 기계들을 설계하고 제작해 선보인다. 루브도 자신의 기계에 대해 '인간들이 최대의 노력으로 최소의 결과를 얻는 모습을 상징한다'고 말했다.

완성된 가장 큰 루브 골드버그
5,000시간이 걸려 만든 가장 복잡한 루브 골드버그 기계는 '퍼듀 지역 프로 엔지니어 루브 골드버그 팀'(모두 미국, 오른쪽과 위 사진)이 대회의 부담감 속에 만든 300단계의 장치다. 2012년 3월 31일 미국 인디애나 주 웨스트라피엣의 퍼듀대학에서 열린 미국 루브 골드버그 기계 대회에 출품한 기계로, 300단계를 거쳐 풍선을 불어서 터뜨리는 일을 한다! 공식적인 규칙에 따르면, 기계는 2분 안에 동작이 끝나야 하며(정확히 1분 56초), 대회의 역사에 맞춰 매년 주어지는 과제를 달성해야 하는데 연필 깎기, 오렌지 짜기, 햄버거 만들기 등이 포함된다.

매사추세츠 주 알링턴에서 온 녹색 셔츠를 입은 루비콘 X 팀(모두 미국)이 2011 대회에서 테스트를 진행하고 있다.

2015년 미국 미시간 주 디트로이트에서 연쇄반응 기계가 공들여 세워지고 있다. 여기에는 25만 개의 도미노를 포함해 약 50만 개의 부품이 사용됐다.

루브 골드버그 기계 대회는 정확히 뭘까?

디렉터 오브 루브 골드버그 사는 이렇게 말한다. "루브 골드버그 기계 대회(RGMC)는 모든 연령대의 학생이 상상하고 설계한 기계를 만들며 재미를 느끼는, 생산적인 토론의 장입니다. 팀워크와 창의성, 틀에서 벗어난 생각을 하도록 독려하는 놀이터 같은 곳이죠. RGMC에 참가하려면 멋진 상상력과 약간의 잡동사니만 있으면 됩니다." 더 알아보려면 옆페이지를 보자.

2016년 11월 25일 미국 매사추세츠 주 케임브리지의 락웰 케이지 체육관에서 열린 연쇄반응기계 제작대회에서 학생들이 조심스럽게 장치를 만들고 있다.

제작자 손녀와의 인터뷰: 제니퍼 조지

당신은 누구인가요?
루브 골드버그의 손녀인 제니퍼 조지예요. 지난 10년 동안 디렉터 오브 루브 골드버그 사에서 전통을 이었죠.

어떤 이유로 대회들을 열게 됐나요?
1988년부터 수천 명의 학생이 우리 대회에 참가해 루브 골드버그 기계를 만들고, 그 정신을 계승했죠. 많이 웃고 정말 많은 걸 배워 갔어요. 공적인 틀에서 보면 이런 체험 학습은 지금 STEM/STEAM(과학, 공학기술, 미술, 수학) 교육의 범주에 적합해요. 사실 할아버지는 기술자였지만 발명가나 예술적인 감각이 있었던 분이라 여기에 딱 맞았어요(위 사진은 그가 1964년 뉴욕의 집에서 마지막 만화를 그리던 모습이다. 왼쪽은 루브가 1931년 설계한 '냅킨으로 입을 닦아주는 기계'다).

규칙은 뭔가요?
학생들은 루브 골드버그 사에서 정해준 일을 수행하는 RGM(루브 골드버그 머신)을 만들어야 해요. 수행 단계와 기계의 크기는 규정으로 제한돼 있어요. 우리는 재활용품이나 집에서 매일 사용하는 물건을 쓰도록 장려해요. 그리고 RGM을 만든 팀은 단계별 목차와 설명을 제출해야 돼요. 물론 기계는 재미있어야 하죠!

참가 방법은요?
우리 웹사이트 rubegoldberg.com 에서 신청하면 돼요. 8~22세의 학생이 참가하면 조장과 함께 우리의 설명과 규칙에 따라 RGM을 만들죠.

- 조장은 팀을 등록하고 학생들에게 역할을 분담해준다.
- 팀은 과제를 수행할 기계를 설계하고 제작한다.
- 현장이나 온라인을 통해 참가할 수 있다.
- 현장 대회에서 지역 챔피언이 되면 해당 지구의 결선에 나갈 수 있다.
- 온라인 대회는 전 세계 모든 팀이 각자의 해당 지구에서 최고가 되기 위해 겨룬다.

가장 큰 물총

물총으로 유리창을 깰 수 있을까?
친구들을 머리부터 발끝까지 다 젖게 하는 물총이
화성이라는 행성과 무슨 연관이 있을까?
유튜버이자 발명가, 전 나사 엔지니어인 마크 로버를 만나보자.

마크 로버는 2017년 11월 6일 친구 켄 글레이즈브룩, 밥 클라겟, 다니 유안(모두 미국)과 세상에서 **가장 큰 물총**을 만들었다. 구형 '슈퍼 소커' 물총을 높이 1.22m, 길이 2.22m, 폭 0.25m 크기로 확대해 만든 이 거대 물총은 질소 압력탱크를 이용해 물을 분사한다. 그래서 물줄기가 유리창을 깰 정도로 강력하다! 마크는 공학자이자 발명가로 나사의 제트추진연구소에서 7년 동안 근무하며 '큐리오시티 로버'를 화성에 보내는 데 일조했다. 괴상한 과학 문제들을 실험하는 그의 유튜브 채널은 현재 구독자가 300만 명에 이른다.

우주과학과 슈퍼 소커

마크의 나사 경력이 거대한 물총을 만드는 데 도움이 될까? "물론 도움이 되죠. 큐리오시티 로버를 연구한 7년 중에 제트팩을 사용해 표면에 안전하게 착륙하는 '하강 단계'에만 3년을 들였어요. 제트팩의 원리는 슈퍼 소커와 완벽하게 일치해요. 비행선의 경우 헬륨 압력탱크 2개가 로켓 연료를 8개 분출구를 통해 뿜어내요. 슈퍼 소커는 압축질소가 물을 노즐로 뿜는 거고요.

가끔 뒷마당에 앉아서 하늘을 올려다보면 붉은 점, 화성이 보여요. 8,040만km나 떨어진 저 작고 붉은 점에 여기에서 제가 설계하고 만든 기계가 있다고 생각하면 닭살이 돋아요." 스탠의 설명이다. 거대 물총을 만드는 것도 그만큼 멋지지 않겠는가?

가장 큰 장난감 총

마크는 장난감 무기를 크게 만들기로 유명하다. 1.82m 길이의 장난감 총 '너프 건' 또한 2016년 6월 22일 미국 캘리포니아 주 서니베일에서 세계기록으로 인정됐다. 이 총은 수영 보조용품으로 만든 총알을 화장실용 압축기로 발사하는데, 시속 64km로 날아간다.

- 사양 -

높이	1.22m
길이	2.22m
폭	0.25m
물 분사 시 최고 속도	시속 437.7km

어떻게 작동할까

(1) 마크가 물총의 가스탱크에 고압질소를 채운 뒤 7.5리터 물탱크에도 물을 채운다. 방아쇠를 당기면 가스가 물탱크로 들어가 튜브를 통해 물을 밀어내고 노즐로 뿜어져 나온다.

(2) 물총에 연결된 노즐은 교체할 수 있다. 지름 0.07mm짜리 노즐을 사용하면 물줄기가 수박을 박살내버릴 만큼 강력해 아주 위험하다.

"이 노즐을 사용할 땐 수압이 너무 강해 사람한테 쏘면 안 돼요. 친구의 팔을 잘라버리고 싶지 않다면 말이죠!" 이렇게 말하며 마크는 지름 6.3mm의 노즐로 바꾸면 안전하게 친구를 홀딱 젖게 만들 수 있는 수압이 된다고 덧붙였다.

제작자 인터뷰: 마크 로버

물총의 어떤 점이 마음에 드나요?

2가지 모드가 있다는 점이 좋아요. 지름 0.07mm의 아주 좁은 노즐을 사용하면 수압이 강력해져서 수박을 반으로 가르거나 음료수 캔을 자를 수도 있어요. 6.3mm 노즐을 사용하는 2번째 모드는 물이 정말 많이 뿜어져 나와서 친구를 순식간에 젖게 만드는 데 좋아요.

물총을 만드는 데 얼마나 걸렸나요?

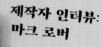

3단계를 거쳐 만들어야 하는데 총 3개월이 걸렸어요. 첫 단계는 공학실험 단계로 제

일 오래 걸렸어요. 압력탱크가 물을 분사하는 기존 슈퍼 소커 물총의 원리를 그대로 사용했죠. 기존 제품의 경우 손으로 펌프를 움직여 압력을 만들어내지만 우리는 더 강력한 힘이 필요했어요. 그래서 다양한 고압탱크들을 실험했죠. 또 물을 빠르게 분사할 수 있는 최적의 노즐 크기도 찾아냈어요. 소방호스보다 7배 이상 강력한 2,400psi의 시스템을 구축했죠. 둘째 단계에서는 탱크와 호스 시스템을 받칠 나무 뼈대를 제작했어요. 하루가 걸렸는데 크기를 전체적으로 늘려서 총의 길이를 2.22m로 했죠.

마지막 단계에서는 EVA 폼을 추가하고 모양을 다듬은 다음 멋지게 페인트칠을 했어요. EVA 폼은 강하면서도 가벼워 정말 잘 선택한 거 같아요. 덕분에 총을 옮기기가 상대적으로 쉬워졌죠.

세계기록은 어떤 의미가 있나요?

어릴 적, 학교 도서관에 처음으로 달려갔던 게 바로 《기네스 세계기록》 때문이었어요. 친구들과 함께 책에 나오는 멋지면서도 괴상한 기록들을 읽는 걸 좋아했죠. 제가 이 책에 나오게 될 줄은 진짜, 정말 상상도 못 했어요! 지금 학교 도서관에서 이 책을 읽고 있을 미래의 엔지니어나 발명가들도 언젠가 기네스 세계기록을 세우게 되겠죠.

가장 큰 장난감 총(옆 페이지 참조) **기록도 가지고 있어요. 다른 계획도 있나요?**

네, 이게 중독성이 있거든요! 매년 최소 하나씩 만드려고요. 향후 3년은 이미 계획도 세워두었죠. 물론 지금은 얘기 안 할 거예요.

가장 큰 탈 수 있는 헥사포드

<스타워즈> 팬인 맷 덴튼(영국)은 어디에서 영감을 받아 다리가 6개인 이 놀라운 장비를 만들게 됐을까? 그리고 어떻게 <스타워즈: 깨어난 포스>의 제작에 참여하게 됐을까? 공상과학을 놀라운 현실로 이끌어낸 이 남자를 기네스 세계 기록이 만나봤다.

2017년 11월 15일 영국 햄프셔 주 위컴에서 '맨티스(사마귀)'라는 이름의 가장 크면서 탑승까지 가능한 **헥사포드** 로봇이 높이 2.8m, 지름 5m의 크기로 기록에 올랐다. 2.2리터 터보-디젤 퍼킨스 엔진을 사용하는 이 장치는 직접 조종석에 탑승해 운전할 수 있고, 와이파이로 무선 조종도 가능하다. 맨티스의 무게는 1.9톤이며, 자유도는 18이다. 최고 속도는 겨우 시속 1km를 조금 넘는다. 맷은 이 걸어 다니는 장비에 몇 년째 공을 들였다. 그런데 어쩌다 시작하게 된 걸까?

첫발을 떼다

맷은 7세 때 <스타워즈 에피소드 5: 제국의 역습>(미국, 1980)을 보고 '걸어 다니는 멋있는 기계' AT-AT 워커에 마음을 빼앗겼다. 그는 '다리가 있으니 바퀴가 없어도 되잖아?'라고 생각했다. 학교를 졸업하고는 TV 쇼 <스페이스 프리싱크트>에 나오는 로봇의 소프트웨어 제작을 맡기도 했다. 하지만 맷은 애니메이션 제작사인 '짐 헨슨 크리에이처 숍'에서 3주간 일한 뒤 능력을 더 키워야 한다는 사실을 깨달았다. 헥사포드를 전문적으로 연구한 맷은 애니매트로닉스 기술자 조슈아 리와 함께 <해리 포터> 영화 작업에 참여한다. 어느 날 조슈아 리는 맷에게 비밀리에 제작 중인 새 영화 이야기를 전했다. 하지만 당시 맷은 이미 맨티스를 만드는 일에 푹 빠져 있었다!

계획을 세우다

맨티스 MK2 버전은 제작에 3년이 걸렸다. MK1 모델(제작 기간 1년 6개월)은 기술적 결함이 있었는데, 기계가 일어설 때 유압 시스템이 문제를 일으켰다고 한다.

맨티스의 '뇌'

맨티스의 다리를 조종하는 시스템은 '헥스엔진' 박스다. 리눅스 PC에 헥스엔진 소프트웨어를 설치해 기계의 움직임을 조종한다. 헥사포드의 오퍼레이터 인터페이스를 통해 명령을 전달받고 피드백을 보낸다.

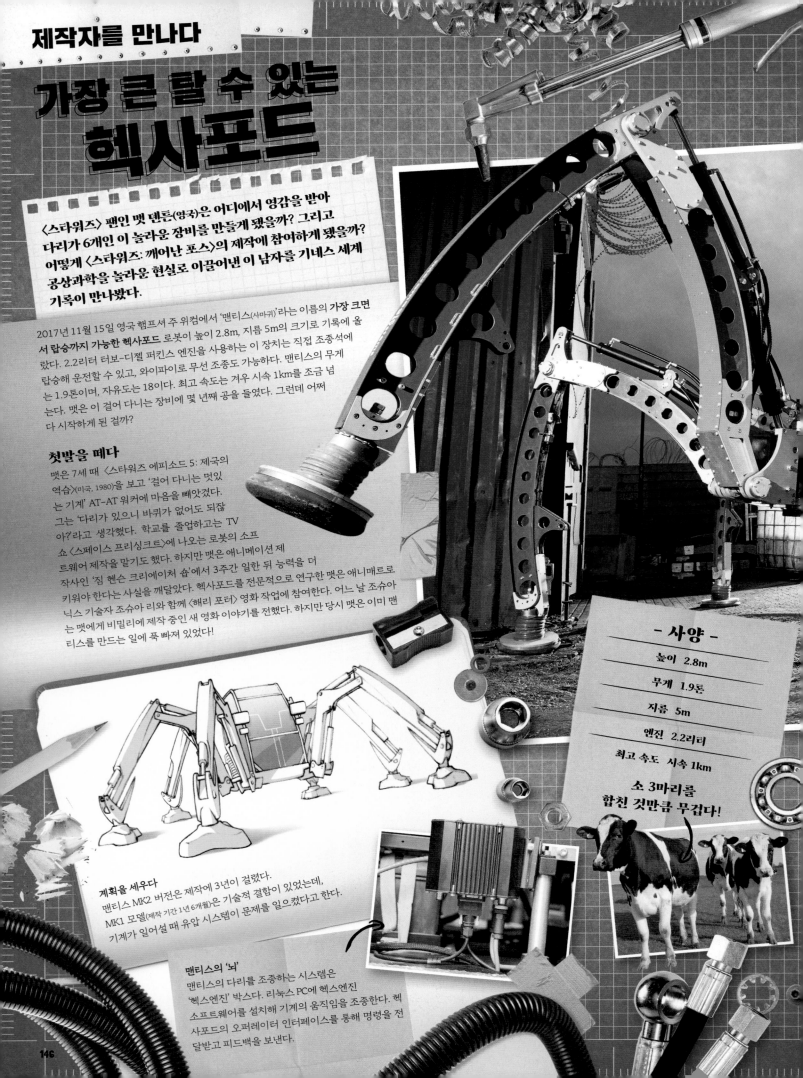

- 사양 -

높이	2.8m
무게	1.9톤
지름	5m
엔진	2.2리터
최고 속도	시속 1km

소 3마리를 합친 것만큼 무겁다!

조종석 양쪽에 있는 조이스틱과 14개 버튼으로 맨티스의 움직임을 조종한다.

오퍼레이터 인터페이스는 6.5인치(16.5cm) 터치스크린으로 다리 6개의 위치를 보여준다.

MANTIS

BB-8의 탄생

공 모양의 드로이드 BB-8은 〈스타워즈 7: 깨어난 포스〉에서 처음 모습을 드러냈다. 맷은 이 영화에 FX 전기설계 및 개발 책임자로 참여하며 꿈에 그리던 작업을 하게 된다. 그는 팀원들과 함께 7가지 버전의 BB-8을 만들었는데, 고정된 로봇부터 2대의 무선 조종 로봇까지 있었다. 맷은 BB-8을 조종할 때 머리가 쭈뼛 섰다고 말한다. "굉장히 강력하고 무거워요. 그런데 이 로봇을 예쁜 배우들 옆에서 조종한다고 생각해보세요. 아무도 다치면 안 돼요!"

제작자 인터뷰: 맷 덴튼

헥사포드는 몇 대나 만들었나요?
다양한 형태와 재료로 20대 이상 제작했어요. 대부분 지름 50cm 이하였죠. 그중 하나는 영화 〈해리 포터〉에 다리가 6개 달린 거북이로 나왔어요!

실제로 활용할 수 있나요?
한 회사는 제게 연락해서 물속을 다닐 수 있는 200톤짜리 헥사포드를 만들 수 있느냐고 묻더군요. 전 1.9톤 버전을 만들며 '실험 주행'에서 문제에 직면했기 때문에 당황했어요. 또 남아메리카의 어떤 광산회사는 맨티스를 우림의 '예민한 지형'에서 사용하길 원했어요. 맨티스의 발은 인간의 발보다 작아서 자연경관을 해치지 않거든요.

맨티스를 제작하며 극복한 난관들이 많았나요?
많았죠! 전 유압식 장치를 많이 다뤄보지 않았는데 엔진과 유압식 펌프, 탱크가 어떤 방식으로 작동하는지 알아내야 했어요. 시스템에서 너무 많은 열이 발생해 0.5톤짜리 냉각 탱크가 필요했죠. 생각해보세요. 굴착기는 다리가 하나인데, 맨티스는 6개가 있어요. 유압 장치도 6배, 냉각 장치도 6배가 필요하죠. 처음에는 맨티스가 너무 무거워서 잘 움직이지 못했어요. 그래서 탱크를 작게 만들어야 했기에 몰두했어요. 다양한 분야의 전문 지식이 필요해서 저녁이면 책 읽기에 몰두했어요!

지금은 무슨 작업을 하나요?
가장 신경 쓰는 건 맨티스죠! 그리고 제 친구 제임스 브루턴에게 3D 프린터를 빌려 원래 크기의 절반만 한 BB-8 시제품도 만들었어요. 또 원래 디자인을 살려서 거대한 레고 키트도 만들고 있어요. 고-카트(98피스), 지게차(216피스), 그리고 불도저(372피스, 3D 프린팅에 600시간이 걸렸다!)도 만들었어요. 어렸을 때 제 상상력에 불을 지펴준 레고 테크닉 세트에 대한 존경의 표시라고 할 수 있죠. 이제 이것들 없이는 일하지 못할 것 같아요.

버킷 굴착기 BUCKET-WHEEL EXCAVATOR

거대한 기계 괴수 '버킷 굴착기'는 지축이 흔들릴 만큼 강력하게 땅을 파헤친다. 이 장비는 거대 노천광산에서 자원 층을 덮고 있는 지반을 제거하는 데 쓴다. 복합적 공학 시스템으로 쉴 새 없이 움직이는 이 굴착기는 제작에 5년이 걸렸으며, 제작비는 1억 달러나 들었다. 하지만 이 기계가 일하는 모습을 보면, 그럴 만하다!

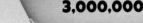

3,000,000

용량 조절

배거 293에는 용량이 6,600리터인 버킷이 18개 달려 있다. 이 굴착기로 하루 내내 작업하면 24만㎥의 흙을 나를 수 있다. 욕조 300만 개를 흙으로 가득 채울 만큼 엄청난 양이다.

굴착기의 가장 높은 지점은 94m로 자유의 여신상보다 높다.

최초의 버킷 굴착기는 20세기 초에 물속의 흙이나 모래를 파내는 준설기를 발전시킨 형태로 개발됐다. 사실 장비의 크기는 거대하지만 사용 원리는 간단하다. 굴착기의 정면에 달린 커다란 원통이 회전하면서 그 끝에 달린 버킷이 흙을 퍼내 컨베이어벨트로 나른다. 현대의 버킷 굴착기는 단지 이 과정을 땅이 흔들릴 만큼의 규모로 실행할 뿐이다. 이 중 '배거 293'이 가장 큰데 1만 4,196톤이나 된다. 이 괴물은 **가장 크고 무거운 육지 운송 수단**으로 기록되어 있다.

이 내구성이 뛰어난 기계는 극한 상황을 대비해 만들었다. 영하 45도, 고도 5,000m 이상에서도 작업이 가능하다.

거대한 평형추가 굴착기를 안정적으로 만든다.

트랙을 만들다

강력한 힘을 가진 버킷 굴착기는 달리기 위해 만든 차량은 아니다. 궤도식 바퀴 3개로 움직이는 배거 293은 최고 속도가 시속 0.53km에 불과하다. 차체 무게만으로 콘크리트 바닥을 부서뜨릴 정도라 1번 지나간 도로는 다시 만들어야 한다.

컨베이어벨트가 흙을 하역 지점까지 나른다.

버킷 리스트

배거 293은 HBO의 드라마 〈웨스트월드〉(2016)의 시즌 1 에피소드 4에 카메오로 출연했다. 닥터 포드(앤서니 홉킨스)의 지시에 따라 도시 전체를 초토화시켰다.

기록을 위해

자체 동력으로 이동하는 **가장 큰 육지 운송수단**인 배거 293 버킷 굴착기는 독일 라이프치히의 만 타크라프(MAN TAKRAF) 사가 제작한 1만 4,196톤의 거대 중장비다. 독일 노르트라인베스트팔렌의 노천굴 광산에서 사용된 이 장비의 크기는 길이 220m, 높이 94.5m로 하루에 24만m³의 흙을 퍼 나를 수 있다. 배거 293은 **가장 무거운 육지 운송수단**이자 **이동 가능한 가장 큰 산업 장비**다.

버킷을 20개까지 달 수 있는 원통은 높이가 4층 건물과 맞먹는다.

그거 알아?

2016년 8월에 출시된 레고 버킷 굴착기는 **판매하는 가장 큰 레고 테크닉 세트**다. 3,929피스로 대략 길이 72cm, 높이 41cm, 폭 29cm의 굴착기를 만들 수 있다. 궤도식 바퀴와 컨베이어벨트, 회전하는 버킷 원통 등은 모터가 달린 부품들 덕에 실제 굴착기와 똑같이 작동한다.

가장 높은 곳에 설치된 보행용 다리

산과 산 사이, 260m 높이의 협곡에 뻗어 있는 장자제 대협곡 유리다리는 중국 후난성
에 있다. 아찔한 높이로 보는 사람을 현기증 나게 하는 이 다리는 하루에 약 8만 명이 찾
아들며(예상 방문객 수는 8,000명이었다) 긴급 보수가 필요해졌고, 13일 만에 폐쇄했다가 보수
를 한 뒤 2016년 9월 30일에 다시 개방됐다. 위 사진은 2016년 8월 20일 다리가 처
음 대중에 공개되기 전 방문객들에게 다리가 안전하다는 것을 보여주기 위해 대형 망치
로 유리 바닥을 내려치는 모습이다.

건축가 하임 도탄이 설계한 장자제 유리다리는 길이가 총 430m, 다리 중앙 가장 좁은 곳의 폭이 6m다. 석영사암 기둥으로 유명한 장자제 국립삼림 공원에 있는데, 이는 2009년 영화 <아바타>의 '할렐루야 산맥'에 영감을 준 것으로 알려져 있다.

큰 물건 Big Stuff

가장 큰…

빈 백 의자
2017년 9월 20일 컴포트리서치 사(미국)가 만든 '빅 조의 세상에서 가장 큰 빈 백 의자(콩주머니 형태의 의자)'는 부피 147.9m³, 무게 1,814kg 이상으로 확인됐다. 이 빈 백은 미국 미시간 주 그랜드래피즈에서 열린 2017 아트프라이즈 컨테스트 입구로 건물 옥상에 설치됐다.

빙고 세트
선 빙고(영국)는 2017년 6월 3일 영국 랭커셔 주 블랙풀에서 볼링공보다 3배나 큰, 지름 73cm의 공을 사용해 빙고 게임을 했다! 또 **여기에는 가장 큰 빙고 티켓/카드**가 사용됐는데, 크기는 자동차 1대 주차공간과 맞먹는 15.912m²였다.

수영장용 튜브 장난감
2017년 6월 3일 미국 캘리포니아 주 허모사비치에서 AT&T 사(미국)가 높이 21.49m, 폭 16.58m, 길이 15.33m의 백조 튜브를 공개했다. 제작에 1개월이 걸린 이 튜브는 회사의 상징인 파란색으로 칠해져 있었다. **가장 큰 튜브 공**은 지름 19.97m로, 2017년 5월 31일 공개됐다. 영화 〈베이워치〉(미국, 2017)의 홍보를 위해 영국 런던 템스 강에 떠 있는 바지선 위에 설치됐다.

팬티
코토닐(이집트)은 2018년 3월 7일 카이로에서 허리길이 25.36m, 허리 밴드부터 가랑이 부분까지 길이가 18.09m인 팬티를 공개했다. 같은 행사에서 **가장 큰 탱크톱**도 공개했는데, 어깨에서 밑단까지 길이 36.49m, 전체 폭 27.65m였다.

가장 큰 젠가 게임
2015년 11월 11일 캐터필러 사는 인기 보드게임 젠가를 초대형 크기로 만들어 회사의 중장비로 플레이했다. 27개의 블록은 1개당 길이 243.8cm, 폭 81.2cm, 높이 40.6cm였다.
9층으로 시작한 젠가 탑은 28시간 뒤 위로 블록 16개가 쌓여 13층이 되어서야 게임이 끝났다.

가장 큰 뜨개질바늘
학생인 엘리자베스 본드(영국)는 길이 4.42m, 두께 9.01cm의 뜨개질바늘 1쌍을 가지고 있다. 기록은 2017년 6월 13일 영국 치펀햄 월트셔대학에서 측정됐다. 엘리자베스는 대학 마지막 학년 예술디자인 프로젝트로 이 바늘을 만들었다.

상자 개봉
3세의 트럭 팬 조엘 조빈(미국)은 2017년 5월 11일 미국 노스캐롤라이나 주 샬럿에서 24.3×12.1×5.4m 크기의 거대 판지 상자를 개봉했다. 그 안에는 볼보 트럭 사(미국)가 선물로 보낸 21.95m 길이의 볼보 VNL 트럭 모형이 들어 있었다!

거대 슬라임
메디슨 그린스펀 사와 매디 레이즈 슬라임 글루 팀(둘 다 미국)이 2017년 11월 4일 미국 뉴욕 시에서 열린 플레이 페어 컨벤션에서 아프리카코끼리보다 무거운 6,268.64kg의 거대한 슬라임을 만들었다. 이 슬라임은 메디슨의 상품인 '슬라임 글루'에 액체 녹말, 보라색 색소 가루, 반짝이를 더했다.

시력 검사표
안경사 루이스 닐슨(덴마크)은 2017년 5월 19일 덴마크 코펜하겐에서 절대 틀릴 수 없는 23.07m² 넓이의 시력 검사표를 제작했다.

> 플로리안이 고릴라 카페에서 세운 기록 중 하나는 점프 샷으로 당구공 15개 빨리 넣기다(6초78).

사용 가능한 가장 긴 당구 큐
묘기 당구의 마스터 플로리안 퀼러(프랑스)는 2017년 3월 13일 일반 큐보다 4배 가까이 긴 5.37m 길이의 큐로 당구를 했다! 이 큐로 브레이크 오프부터 8번 공을 포켓에 넣기까지 공 7개를 넣었다. 그날 플로리안은 미국 네바다 주 라스베이거스의 고릴라 카페에서 당구 기록을 6개나 작성했다.

슈퍼-사이즈 문구

▼ 가장 큰 크레용
'기록 파괴자' 아시리타 퍼먼(미국, 오른쪽 사진)이 길이 5.21m, 지름 0.45m의 크레용을 만들었다. 기록은 2017년 10월 10일 미국 뉴욕 시 자메이카에서 확인됐다.

가장 긴 연필
BiC 사(프랑스)는 새 공장의 개업을 기념해 2017년 10월 10일 프랑스 사메르에 1,091.99m 길이의 연필을 전시했다. 이 연필은 흑연과 재활용 폴리스티렌으로 만들어 구부릴 수 있다. BiC은 2015년의 기록을 2배 이상 뛰어넘었다.

◀ 가장 큰 마커 펜
2017년 9월 5일 일본의 제브라 사는 도쿄 신주쿠에서 길이 168cm, 폭 25.6cm의 마커 펜(왼쪽 사진)을 공개했다. 창립 120주년을 기념해 제작된 이 거대한 마커 펜은 제브라 사가 판매하는 일반 하이-맥키 마커 펜보다 정확히 12배 크다.

가장 큰 옷
바지: 길이 12.19m, 허리길이 7.92m 다. 리시 토브하니(영국)가 제작한 이 바지는 2009년 5월 23일 영국 이스트미들랜즈 주 레스터에 전시됐다.

양말: 입구부터 발가락까지 길이 13.72m, 폭 3.05m다. 마이클 로이 레인(미국)이 1986년 10월 미국 매사추세츠 주 보스턴에서 제작했다.

티셔츠: 길이 96.86m, 폭 69.77m다. 플라스트인디아협회(인도)가 2018년 1월 5일 인도 뭄바이에서 만들었다.

이 수레는 1933년 일리노이 주 시카고 만국 박람회에서 라디오플라이어 사의 수레 안에 설치됐던 13.7m '코스터 보이' 어린이 조각상에 영감을 받아 제작됐다.

가장 큰 장난감 수레

미국의 장난감 회사 라디오플라이어 사가 2017년 창립 100주년을 기념해 미국 일리노이 주 시카고에 거대한 빨간 수레를 만들어 전시했다. 2016년 12월 20일 측정한 크기는 길이 8.05m, 높이 3.54m, 폭 3.59m였다. 창립 80주년을 기념해 발매된 장난감을 8배 확대해 만든 이 거대한 수레는 무게가 6,800kg이나 된다. 여기에는 어린이 75명 이상이 탑승할 수 있다.

가장 큰 산타

포르투갈 아게다 지자체는 2016년 12월 12일 높이 21.08m, 폭 9.18m, 길이 12.62m의 산타클로스를 제작했다. 무게 7.25톤의 이 작품은 관광객을 끌어들일 목적으로 만들어졌다.

◀ 가장 큰 볼펜
2011년 4월 24일 아차리아 마쿠누리 스리니바사(인도)가 길이 5.5m, 무게 37.23kg의 볼펜을 제작해 인도 하이데라바드에서 공개하고 기록을 측정했다.
가장 큰 만년필은 1991년 즈비그뉴 로자넥(폴란드)이 만들었으며, 길이 2.13m다.

▶ 가장 큰 종이 클립
에브게니 스테포빅(러시아)이 러시아 미아스에서 높이 9.28m, 폭 2.72m 크기의 종이 클립을 만들었다. 2010년 5월 29일 공개된 스테인리스 소재의 이 클립은 무게가 자그만치 530kg이다.

▶ 가장 큰 가위
기억력 전문가 니르자 로이 초두리(인도)가 손잡이부터 날 끝까지의 길이가 2.31m인 가위를 제작했다. 2009년 8월 16일 인도 뉴델리의 공군 강당에서 공개한 그녀의 기억력 훈련 만화책의 포장 리본을 자르는 데 사용됐다.

컴퓨팅Computing

가장 오래된 아날로그 컴퓨터

1900~1901년 그리스 안티키테라 섬 인근에서 2000년 된 '안티키테라 메커니즘'이 발견됐다. 바닷속에 오래 있어 부산물로 뒤덮여 있었으나, 14세기 이전에는 볼 수 없었던 청동 기어들로 구성된 정교한 기계 장치다. 일식과 월식 등을 예측하는 데 썼던 것으로 보인다.

최초의 마이크로칩

1958년 2명의 미국 전기기술자(잭 킬비와 로버트 노이스)가 멀티 트랜지스터와 그 연결부들을 아주 얇은 단일 반도체 물질에 식각하는 기술을 독자적으로 창안했다.

가장 빠른 인터넷 연결

2014년 1월 영국 과학자들이 일반 규격 광섬유 케이블로 초당 1.4테라바이트(TB) 속도의 인터넷을 연결하는 데 성공했다(컴퓨터가 이용하는 정보의 기본 단위는 비트, 즉 '2진법의 최소 단위'다. 바이트는 8개의 비트로 구성된다). BT와 알카텔-루슨트가 공동 진행한 이 실험은 런던에서 입스위치까지 지하로 연결된 410km 거리에서 이뤄졌다.

용량이 가장 큰 저장장치(시제품)

미국의 데이터 저장장치 기업 시게이트 테크놀로지가 2016년 60테라바이트의 SSD를 제작해 공개했다. 1테라바이트는 1조 바이트의 데이터를 저장하는데, 대략 DVD 210장 혹은 CD 1,423장과 맞먹는 양이다.

최대 규모 온라인 소셜 네트워크

2018년 1월 4일 기준 페이스북의 월간 사용자 수는 20억 7,000만 명이다. 이 중 11억 5,000만 명은 모바일로 접속한다. 페이스북은 2017년 6월 30일 사용자 수 20억 명을 돌파하며 이정표를 세웠다.

시판되는 가장 밝은 14인치 노트북 컴퓨터

SGS 코리아에 따르면 무게 826g의 'LG 그램 14' 노트북은 다른 경쟁사 제품들과 비교해 화면의 밝기가 가장 밝았다. 검사는 2016년 12월 14일 대한민국 서울에서 이뤄졌다. 'LG(대한민국)'가 출시했는데 FIFA 공인 축구공(치수 5) 2개를 합친 것과 무게가 비슷하다.

작동 중인 가장 오래된 디지털 컴퓨터

'마녀(WITCH)'로도 불리는 하웰 데카트론 컴퓨터(하웰 울버햄프턴 컴퓨터 기계장비)는 1951년 4월 처음 사용됐다. 분해해 20년 동안 보관 중이었으나 2009년 9월~2012년 11월에 완전히 복원해 현재 영국 버킹엄셔 블레츨리 파크에 있는 국립컴퓨터박물관에 보관 중이다.

가장 큰 라즈베리 파이 기반 컴퓨팅 시스템

미국 뉴멕시코 주 로스앨러모스 국립연구소에 있는 비트스코프 블레이드 클러스터는 750개의 라즈베리 파이 싱글 보드를 결합해 코어가 3,000개에 달한다. 이 모듈은 2017년 11월 13일 하드웨어 연구 제조사 비트스코프(호주)와 IT 서비스 제공 기업 SICORP(미국)가 제작했다. 비트스코프 블레이드는 학생 및 소프트웨어 개발자들에게 유용한 실험 환경을 제공하고, 슈퍼컴퓨터 프로그래밍의 새 아이디어를 실험할 환경도 제공한다.

클라우드 컴피티션 데이터 정렬 최고 속도

우리 삶에 중요한 역할을 하는 데이터는 거대한 양을 빠르게 처리하는 게 매우 중요하다. '정렬'은 데이터 처리의 주요 단계로 큰 비용과 많은 시간이 소모된다. 2016년 텐센트 사(중국)는 인디 그레이솔트 카테고리 컴피티션에서 100테라바이트를 98초8에 처리해 분당 60.7테라바이트를 기록했다. 텐센트는 512 노드 오픈파워 클러스터를 사용해 기록을 세웠다.

가장 빠른 컴퓨터

2016년 6월 20일 중국 우시에 있는 국립슈퍼컴퓨터센터에서 '선웨이 타이후라이트' 컴퓨터가 린팩 벤치마크 93.01페타플롭스를 기록했다(1페타플롭스는 1초당 1,000조 번의 연산처리를 의미한다. 린팩 벤치마크는 다양한 수식으로 컴퓨터의 연산 속도를 측정하는 프로그램이다). 이 슈퍼컴퓨터는 4만 960개의 분리된 프로세서가 동시에 작동해 이전 기록 보유 컴퓨터보다 거의 3배 빠른 속도를 기록했다.

선웨이 타이후라이트 컴퓨터는 계산 산출 및 기후 조사, 데이터 분석, 고도화된 수학 작업 등을 수행한다.

최초의…

▲ 개인용 컴퓨터

'사이먼'으로 알려진 초창기 PC는 에드먼드 버클리(미국)가 1950년 개발해 출시했다. 제작에 약 600달러가 들었으며, 전체 메모리는 12바이트였다.

▲ 집적회로가 사용된 컴퓨터

1964년 IBM의 시스템/360에 집적회로가 사용됐다. 모듈은 프린트 기판에 불연속 트랜지스터, 저항기들로 이루어져 있었다.

▲ 컴퓨터 마우스

더글러스 엥겔바트(미국)가 1964년 컴퓨터 마우스를 발명해 1970년 특허를 받았다. '마우스(생쥐)'라는 별명은 기기에 연결된 선이 쥐꼬리처럼 보여 생겨났다.

▲ 마이크로프로세서

1971년 제작된 인텔(미국) 4004 칩은 엄지손톱 크기의 싱글 프로세서 CPU다. 집채만 한 **최초의 다목적 전자컴퓨터** 에니악(ENIAC, 1946)과 같은 성능을 발휘했다.

최고의 PC 브랜드 5
2013~2017년 판매량을
기준으로 2018년 4월 4일
최다 판매량(누계)을 기록한
데스크톱 PC 브랜드를 선정했다.

자료: 유로모니터

1
Lenovo
3,739만 9,900대

2
DELL
3,213만 600대

3
HP
2,168만 8,700대

4
acer
1,777만 2,400대

5
Apple
1,534만 300대

GUINNESS WORLD RECORDS

과학 & 기술

IBM 제프 웰서가 2018년 1월 라스베이거스에서 양자컴퓨터를
소개했다. 장비는 작지만 가동 시 엄청난 냉각기가 필요하다.

2018년 3월 구글이 72큐비트 브리슬콘 양자컴퓨터를 공개했
지만 2018년 4월 13일까지 상호 검증이 이뤄지지 않았다.

가장 성능이 뛰어난 양자컴퓨터

2017년 11월 IBM이 50큐비트 양자컴퓨터 시제품을 개발하며, 자신들이 가지고 있
던 7큐비트의 기록을 경신했다(1큐비트는 양자컴퓨터 계산의 기본 단위다). 구글 싱크탱크의
말에 따르면, 50큐비트 양자컴퓨터는 기존의 슈퍼컴퓨터 성능을 뛰어넘는다고 한다.
기존의 컴퓨터는 '1'과 '0'을 하나씩 사용해 정보를 기억하고 연산하지만 양자컴퓨터
는 '0'과 '1'을 동시에 사용해 정보를 더 많이 기억하고, 적은 에너지로 훨씬 뛰어난 연
산 능력을 보인다.

▲ 플로피 디스크
1971년 앨런 슈거트(미국, IBM) 기술팀이
발명했다. 20.3cm 크기의 플라스틱에
자성 산화철이 덧씌워진 형태다. 잘 구부
러져 '플로피(헐렁한)'라는 별명이 붙었다.

▲ 데스크톱 컴퓨터
휴렛패커드(미국)가 1972년 출시한 HP
9830에는 화면, 카세트테이프 드라이
브, 키보드가 포함돼 있었다. 프로그램
언어는 베이직(BASIC)을 썼다.

▲ 폴더형 노트북
1982년 512K 램으로 출시된 최초의
'진짜' 노트북 그리드 컴파스(GRiD Compass)
는 윌리엄 모그리지(영국)가 그리드 시스
템 사(미국)를 위해 제작했다.

▲ 하이퍼텍스트 브라우저
1990년 팀 버너스 리가 웹 브라우저,
'월드와이드웹(www)'을 만들었다. 이로써
전 세계 서버에 저장된 하이퍼텍스트 페
이지 사이를 항해하며 볼 수 있게 됐다.

가상현실 Virtual Reality

VR 게임 마라톤 플레이

잭 맥니(호주)는 2017년 4월 1~2일 호주 시드니에서 가상현실 게임기로 36시간 2분 16초 동안 마라톤 게임을 했다. 기록을 세우는 동안 잭은 구글의 3D 색칠 게임인 〈틸트 브러시〉를 마음껏 즐겼다.

VR 영상 콘텐츠 연속으로 많이 보기

알레한드로 A J 프라고소와 알렉스 크리스티손(둘 다 미국)은 2017년 4월 15~17일 미국 뉴욕에서 50시간 동안 동영상을 시청했다. 이 도전은 사이버링크(대만)와 디퓨전 PR(미국)이 지원했다. 콘텐츠에는 VR 영화, 스트리밍 영상, 360도 단편이 포함돼 있었다.

최초의 VR 헤드셋

'다모클레스의 칼'은 컴퓨터그래픽의 선구자 이반 서덜랜드와 그의 학생 밥 스프로울(둘 다 미국)이 1968년 유타대학에서 개발했다. 착용자가 머리를 돌리면 헤드셋의 센서가 컴퓨터로 정보를 전달해 변경된 시점으로 3D 모델의 이미지를 전달했다(아래 참조).

최초의 양방향 3D 지도

양방향 '무비 맵'(아스펜 무비 맵)은 3D '대체 여행 시스템'을 시험하기 위해 제작됐다. 1977년 10월~1980년 9월 미국 매사추세츠 주 케임브리지의 MIT 미디어랩의 사이 앤드루 리프먼과 니콜라스 네그로폰테가 만들었다. 이 지도는 미국 콜로라도 주 아스펜 마을의 모습을 차량 위에 달린 여러 대의 스톱모션 카메라를 이용해 수천 장의 사진으로 담은 뒤 3D 작업을 거쳐 구현했다. 사용자는 터치스크린 화면을 통해 가상의 마을을 둘러볼 수 있다.

최초의 치료 목적 VR 사용

자료가 남아 있는 가상현실 시스템을 의료용으로 사용한 최초의 사례는 미국 캘리포니아 주 산 라파엘의 정신치료자 랠프 램슨과 카이저 퍼머넌트 메디컬 그룹이 사이버엣지 저널의 1994년 4월호에 발표한 입증되지 않은 보고서다. 랠프는 VR 시스템을 이용하면 고소공포증이 있는 사람을 통제 가능하면서 편안하게 적응할 수 있는 환경에 노출시켜 치료할 수 있다고 기재했다. 환자들이 가상의 다리를 건너고 자신감을 얻으면 다리를 높이는 방식이다.

최초의 VR 뮤직비디오

위메이크 VR(네덜란드)은 힙합 아티스트 브레인파워(거트얀 뮐더르, 네덜란드, 벨기에 출생)의 싱글 〈트러블드 소울〉의 뮤직비디오를 가상현실로 제작하는 실험정신을 보였다. 전에 사용되지 않던 새로운 VR 편집과 시각 효과를 선보인 이 작품은 2015년 3월 14일 유튜브360에 업로드됐다.

VR로 생중계된 최초의 수술

의료교육 신생 기업인 메디컬 리얼리티스는 방글라데시 출생의 영국 의사 샤피 아흐메드가 2016년 4월 14일 대장암 환자의 종양을 제거하는 수술 장면을 생중계했다. 실제 수술은 영국 로열런던병원에서 진행됐다.

최초의 다중 플랫폼 VR 비디오게임

2017년 9월 26일 CCP 게임의 VR 멀티플레이 슈팅 게임 〈이브 발키리〉의 업데이트 버전 〈이브 발키리-워존〉은 VR 헤드셋 없이 게임할 수 있는 모드가 포함돼 발매됐다. 이 새로운 기능으로 VR 기기인 오큘러스 리프트, 플레이스테이션 VR, HTC 바이브를 사용하는 플레이어와 PC나 PS4로 게임하는 플레이어가 동시에 게임을 즐길 수 있게 됐다. 이런 옵션을 가진 게임은 〈이브 발키리-워존〉이 처음이다.

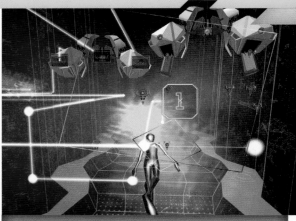

평점이 가장 높은 VR 게임

2016년 10월 리스트가 PS VR 세트를 기반으로 발매한 리듬슈팅 게임 〈레즈 인피니트〉는 2017년 10월 18일 기준 게임 랭킹스에서 23개 리뷰를 통해 89%의 평점을 기록했다. 2001년 인기를 끌었던 〈레즈〉를 VR로 재구성한 것으로 2016 게임 어워즈에서 최고의 VR 게임상을 받는 등 많은 찬사가 쏟아졌다.

가장 비싼 증강현실(AR) 헤드셋

2016년 3월 출시된 젠 III 가상현실 기기(HMDS)는 가격이 40만 달러에 이른다. 군사업체 록웰 콜린스(미국)와 엘비트 시스템(이스라엘)이 함께 개발한 이 2.17kg의 탄소섬유 헬멧은 F-35 라이트닝 II 조인트 스트라이크 파이터의 파일럿들을 위해 제작됐다. 여기 장착된 소형 컴퓨터는 전투기의 시스템과 인터페이스를 공유해 파일럿의 시야에 중요한 정보를 덧씌워 보여준다.

가장 많이 모금한 크라우드펀드 VR 프로젝트

2017년 9월 파이맥스(중국)는 크라우드펀딩 서비스 '킥스타터'에서 그들의 '8K' 고화질 관측 시야 VR 헤드셋을 제작하기 위한 캠페인을 시작했고 2017년 11월 3일까지 423만 6,618달러를 모금했다. 원래 목표 모금액은 20만 달러였다. 이 헤드셋은 주변 시야를 제공해 멀미를 방지해준다.

구독자가 가장 많은 VR 게임 전용 유튜브 채널

최신 VR 게임을 낱낱이 파헤치는 나다니엘 '나디' 데 용(네덜란드)의 유튜브 채널은 2018년 3월 20일 기준 구독자가 34만 5,389명이다. 현재 상용화된 3가지 주요 VR 헤드셋인 오큘러스 리프트, HTC 바이브, 그리고 소니의 플레이스테이션 VR을 통해 출시되는 모든 게임을 다룬다.

가상현실 간단 역사

VR은 생각보다 오랫동안 우리와 함께 해왔다. 19세기에는 거대한 파노라마 그림 스크린으로 시청자를 감싸거나, 평면 이미지 2개를 입체경으로 겹쳐 보는 방식으로 화면의 깊이를 느끼게 했다. 1950년대 3D 영화의 황금기가 도래했지만, 화면에 냄새를 활용하는 방법은 좀처럼 성공하지 못했다. 오늘날에는 헤드셋의 발전으로 게임의 몰입도가 높아지고 있으며 '가상현실'이 '현실'로 다가오고 있다.

▲ 1962년: 센소라마
영화 촬영기사 모톤 하이리그 작품으로 시청자는 3D 필름을 보고 스테레오 음향을 들으며, 아로마 향과 진동까지 느낀다.

▲ 1968년: 다모클레스의 칼
현대 기준에 비하면 반응속도가 조금 느리지만, 실제와 충분히 비슷한 가상환경을 실시간으로 느낄 수 있었다.

▲ 1980년대: VPL 아이폰(EyePhone)
고글을 쓰고 '데이터 장갑'을 끼면 가상세계의 물체를 보고 조작할 수 있다. VPL 리서치는 1984년 재론 러니어가 창립했다.

연간 수익*이 가장 높은
AR/VR 헤드셋 브랜드*
소니 플레이스테이션 VR(일본):
2억 8,840만 달러

삼성 기어(대한민국):
2억 4,180만 달러

HTC 바이브(대만/미국):
1억 7,410만 달러

GUINNESS WORLD RECORDS

* 가장 최근 공개된 유로모니터 수치(2016)

과학 & 기술

최초의 VR 비행 롤러코스터

2016년 3월 24일 영국 스태퍼드셔 앨턴타워 테마파크에서 '갤럭티카'가 공개됐다. 이 놀이기구는 모든 좌석에 삼성 기어 VR이 비치돼 탑승자를 우주로 안내한다. 각각의 헤드셋은 트랙의 커브와 뒤틀림에 맞게 개별적으로 설정돼 있어 모든 탑승자가 좌석의 위치와 상관없이 매끄럽게 우주 비행을 경험할 수 있다.

갤럭티카는 대중에 공개하기 전 캐나다의 우주비행사 크리스 해드필드를 태우고 최초로 시범 주행했다. 그의 소감은 어땠을까? "우주비행을 3번이나 한 것만으로도 행운이라고 생각했는데… 이 가상 여행은 온 우주를 가로지른 기분이 드네요."

▲ 1991년: 세가 VR
1991년 기존 세가 아케이드 헤드셋 기반의 VR 장치가 소개되고 1993년 초 박람회에 나왔지만 끝내 시제품으로 남았다.

▲ 1995년: 포르테 VFX1 헤드기어
머리에 쓰는 영상 표시 장치로, 하이파이 스피커, 손에 쥐는 '사이버퍽' 컨트롤러, VIP 보드, 그래픽 인터페이스가 한 세트다.

▲ 2013년: 오큘러스 리프트 DK1
3쌍의 렌즈에 초점 거리 조절 기능을 갖춘 렌즈 하나가 포함된 '디벨로프먼트 킷1'은 240만 달러나 투자 받았다.

▲ 2016년: HTC 바이브
헤드셋 추적 기능과 360도 컨트롤러, 방향 오디오가 탑재됐고 방 안을 보는 카메라로 충돌을 피할 수 있다.

로봇 & AI Robots & AI

기록된 최초의 로봇

서기 428년 그리스 철학자 아르키타스는 로봇을 최초로 만든 것으로 유명하다. 바로 '하늘을 나는 비둘기'다. 나무와 동물의 방광으로 로봇 새를 만들고 증기를 동력으로 이용했는데 자체 회전하는 축에서 발사돼 약 200m를 비행했다고 한다.

최초의 로봇 수술

정형외과 치료용으로 제작된 '아스로봇'은 1983년 캐나다 밴쿠버에서 최초로 사용됐다. 이 로봇은 사용자의 음성을 듣고 환자의 팔다리 위치를 잡아준다. 미국 과학자들은 2016년 자율형 수술 로봇 STAR를 개발했다. **연조직 수술을 자율적으로 시행하는 최초의 로봇**으로 컴퓨터 영상, 센서, 지능형 알고리즘을 이용해 정확하게 수술한다.

줄넘기를 가장 많이 한 로봇(1분)

점펜이라는 로봇이 2017년 4월 29일 일본 지바에서 열린 로보콘에서 1분 동안 줄넘기를 106개나 했다. 나라대학 국립기술연구소(일본)가 만든 이 펭귄 모양의 점프 로봇은 폭 0.8m, 높이 0.5m, 무게는 14.7kg이다. 알루미늄 합금과 폴리카보네이트로 이루어져 있다.

바둑기사를 이긴 최초의 AI

알파고라는 이름의 인공지능(AI)이 2016년 3월 9~15일 바둑기사 이세돌(대한민국)과 5국을 치러 4 대 1로 승리했다. 알파고의 개발사 딥마인드(영국)는 기존 바둑 대결의 데이터를 활용해 훈련하는, '심층 강화학습'으로 불리는 접근법을 알파고에 활용했다. 알파고의 독특한 대국 방식은 AI가 바둑 기술을 이렇게 빨리 습득할 것이라고 생각하지 못했던 바둑 전문가들을 놀라게 했다.

다음 해, 인공지능이 또 인간을 상대로 승리를 거뒀다. 2017년 8월 10일 오픈 AI 파운데이션(미국)이 개발한 AI가 **e스포츠에서 100만 달러를 번 최연소 게이머**인 수메일 'Suma1L' 하산을 상대로 인기 e스포츠 게임 〈도타 2〉 1 대 1 경기에서 승리를 거두며 〈**도타 2**〉 **세계 챔피언을 꺾은 최초의** AI로 등극했다.

가장 빠른 4족 보행 로봇(자유롭게 움직이는 로봇)

미국 보스턴 다이나믹스가 2013년 10월 4일, 4족 보행 로봇의 시제품 '와일드캣'을 선보였다. 개나 말처럼 걷고 뛰는 와일드캣은 평지에서는 시속 25km까지 속도를 내고, 회전 구간에서도 견인력과 중심을 유지한다.

가속이 가장 빠른 수중 로봇

'옥토-봇'은 0.95초 만에 시속 0~11.7km의 속도로 움직이는데, 가속도는 최대 3.8m/S². 3D 프린터로 제작한 폴리카보네이트 골격과 탄성막으로 구성돼 있으며 가동부는 없다. 국제 과학자 팀이 개발해 2015년 공개했다.

가장 작은 자가동력 비행 로봇

2017년 5월 공개된 '피코리시모'(이탈리아어로 '매우 작은')는 지름 39mm에 높이는 19mm다. 이 로봇은 펜실베이니아대학의 맷 피콜리와 마크 임(모두 미국)이 개발했다.

천장에 착륙할 수 있는 가장 작은 비행 로봇은 '로보비'로 무게가 0.1g이다. 2016년 5월 하버드대학의 로봇 기술자들(미국)은 로보비는 정전기와 원리가 같은 점착성 패치가 부착돼 있어 벽돌, 유리 밑면에 착륙 가능하다고 발표했다.

> 아틀라스는 3D 프린터로 장비를 제작해 무게를 75kg으로 줄였다. 높은 강도 대 중량비는 체조 동작을 하는 데 매우 중요한 요소다.

2족 보행 휴머노이드 로봇 최초의 백플립

보스턴 다이나믹스(미국)는 2017년 11월 17일 자체 제작한 로봇 '아틀라스'가 공중 뒤돌기를 하는 영상을 공개했다. 이 로봇은 착지 후 팔로 균형을 잡는 등 체조선수가 하는 동작들을 똑같이 따라 했으며 달리기, 점프, 발레 공중회전 같은 인간이 하는 동작을 많이 할 수 있다. 이는 2017년 로봇의 발전에 가장 눈부신 업적으로, 다년간의 연구를 통해 백플립 동작에 필요한 조정력을 갖췄다.

빠른 로봇

▼ 25m를 가장 빨리 달리는 로봇

마이크 프랭클린(영국)이 제작한 '스쿠틀'은 2005년 7월 16일 영국 글로스터셔 페어퍼드의 로열 인터내셔널 에어 타투 쇼에서 25m를 6초 5에 주파했다. 마이크는 〈로봇 워〉 쇼용 로봇 전투원도 제작했다.

▶ 가장 빨리 달리는 휴머노이드 로봇

2011년 11월 8일 혼다(일본)는 '혁신적인 이동을 위한 발전적 단계'라는 뜻을 가진 로봇 '아시모'를 공개했다. 이 로봇은 시속 9km로 달릴 수 있는데, 속도를 내면 양발이 잠깐 땅에서 떨어진다. 레이저와 적외선 센서가 로봇을 자체적으로 안내한다.

▶ 가장 빨리 달리는 2족 보행 로봇

2011년 8월 미시건대학이 개발한 2족 보행 로봇 '메이벨'이 시속 10.9km로 달렸다(조깅 속도와 비슷). 달리는 시간의 40% 정도는 양발이 땅에서 떨어지는데, 이는 사람이 달리는 형태와 비슷하다. 복잡한 컴퓨터 피드백 알고리즘을 사용해 땅에서 균형을 잡고 앞으로 나가는 추진력을 얻는다.

공상과학 소설가 아이작 아시모프가 고안한 로봇 3대 법칙:

1 로봇은 인간을 해쳐서는 안 되며, 인간이 해를 가하더라도 저항할 수 없다.

 2 로봇은 1번 법칙을 어기지 않으며, 인간의 모든 명령에 복종해야 한다.

 3 로봇은 1, 2번 법칙을 어기지 않는 선에서 자신의 존재를 보호해야 한다.

알파 1S 로봇에는 춤동작 프로그램이 포함된 하드웨어 카드가 설치돼 있다. 모두 하나의 스마트폰으로 조종할 수 있다.

가장 많은 로봇이 함께 춤춘 기록

2018년 2월 1일 총 1,372대의 알파 1S 로봇이 이탈리아 로마에서 미나의 노래 〈어 나더 데이 오브 선〉에 맞춰 90초 동안 일제히 춤을 췄다. 이 행사는 이탈리아 통신회사 TIM의 광고 시리즈 일부로, 산레모 뮤직 페스티벌 기간에 촬영이 방송됐다. 이 로봇은 플라스틱 코팅 알루미늄 합금이 사용됐으며, 높이는 40cm, 자유도는 16이다.

기네스 심판관 로렌조 벨트리가 로봇 수를 셌다. 2017년 8월 17일 WL 인텔리전트 테크놀로지(중국)의 1,069대를 뛰어넘었다.

▼ 가장 빠른 3D 프린터로 만든 로봇

UC 버클리 공학자들이 2015년 5월 3D 프린터로 만든 부품으로 로봇 바퀴벌레를 제작했다. 이 X2-VelociRoACH는 부러지지 않고 잘 구부러지는 부품을 사용해 시속 17.7km로 달릴 수 있다. 이는 사람의 조깅 속도보다는 빠르고, 뛰는 속도보다는 약간 느리다.

가장 빠른 바퀴 2개 로봇

히타치(일본)가 제작해 2005년 3월 발표한 '에뮤'는 시속 6km로 이동할 수 있다. 이 로봇은 센서를 사용해 경사도를 확인하고, 함께 보행하는 사람에 맞춰 안정적으로 움직이고 멈출 수 있다. 에뮤는 '뛰어난 이동성과 상호작용 능력을 갖춘 동료'를 뜻한다.

▶ 로프 10m를 가장 빨리 오르는 로봇

클라임액틱은 존 도프와 하이필즈 스쿨(둘 다 영국)이 만든 발명품으로 2005년 7월 17일 영국 페어퍼드에서 열린 로열 인터내셔널 에어 타투 쇼에서 10m 로프를 5.2초 만에 올라갔다.

과학 & 기술

건축 Architecture

최초의 왕궁

이집트 초대 왕조의 2번째 파라오 호르-아하는 기원전 31세기 이집트 멤피스에 회반죽한 흙벽돌(혹은 석회암)로 궁전을 지었다. 호르-아하의 무덤은 고대 이집트의 가장 오래된 도시 중 하나인 아비도스에 있는데, 궁전을 본 따 무덤의 외부를 장식했다.

가장 오래된 집

현재 터키에는 기원전 약 7500~5700년 신석기 시대의 거주지인 차탈회위크 유적이 남아 있다. 5,000~8,000명이 거주했던 이 흙벽돌집은 지붕에 구멍을 뚫어 나무 사다리를 타고 출입하는 형태인데, 구멍은 환기구 역할도 함께했다. 집 내부는 회반죽 칠이 돼 있으며, 6×4m 크기의 주거 공간만 마련돼 있었다.

최초의 쇼핑몰

다수의 상점이 한 지붕 아래 자리 잡은 형태를 '몰'이라고 한다면 가장 오래된 몰은 고대 이탈리아 로마 트라야누스 시장이다. 다마스쿠스의 건축가 아폴로도루스가 설계했으며 서기 100~112년 지어졌다. 이 광장에는 6곳 이상의 회랑에 150개의 상점과 사무실이 있었다.

최대 규모 석조 돔

이탈리아 로마에 있는 판테온의 콘크리트 돔은 지름 43m로 석조 반구형 지붕 중 가장 크다. 바닥부터 22m 높이에 있으며, 하드리아누스 황제가 서기 118~128년에 지었다.

가장 큰 공항(면적)

사우디아라비아 담맘 인근의 킹파드 국제공항은 넓이가 780km²로, 주변국인 바레인보다 크다(바레인에는 공항이 3개 있다).

가장 큰 스타디움 지붕

독일 뮌헨 올림픽 경기장은 투명 아크릴로 텐트처럼 덮은 지붕의 넓이가 8만 5,000m²에 달한다. 아크릴 유리는 기둥에 설치된 철망에 고정돼 있다.

가장 높은 전망대

중국 상하이타워(상하이센터)의 방문객들은 건물의 561.3m 높이에 마련된 전망대에 올라가 도시 경관을 감상할 수 있다. 루자쭈이 금융무역구에 위치한 이 632m 높이의 호텔 및 사무 복합빌딩은 2015년 완공됐다.

가장 높은 힌두교 사원

인도 스리랑감에 위치한 스리랑가나타스와미 사원에 있는 13층 고푸라(힌두교 사원에서 통문 역할을 하는 탑 형태의 건축물)는 높이가 72m다. 비슈누 신을 모시는 이 랑가나타 사원은 1000년 이상 전에 지어졌다. 1987년이 되어서야 완공된 이 고푸라에는 힌두 신화가 장식으로 새겨져 있다.

가장 큰 스타디움(최대 수용인원)

미국 인디애나 주의 '인디애나폴리스 모터 스피드웨이'는 102만 3,000m² 넓이에 관중석이 25만 7,325석이었으나 2013년 23만 5,000석으로 줄었다. 입석까지 하면 총 35만 명을 수용할 수 있다. 1909년 건설된 이 스타디움은 인디500 레이스와 브릭야드 400 레이스가 열리며, 4.09km 길이의 타원형 서킷이 있다.

가장 높은 빌딩

▼ 가장 높은 공항 관제탑

2013년 4월 30일 완공된 말레이시아 쿠알라룸푸르 국제공항의 서쪽 타워는 높이가 133.8m다. 올림픽 햇불을 닮은 이 타워는 공항에 새로 지어진 KLIA2 터미널의 일부로, 증가하는 항공 교통을 원활히 관리하기 위해 건설됐다.

▼ 가장 높은 피라미드

이집트 기자에 있는 쿠푸 왕 피라미드는 기원전 약 2560년에 지어졌다. 규모가 커서 대(大)피라미드로도 불리며, 원래 146.7m이지만 부식과 파손으로 137.5m로 낮아졌다. 서기 1311년 영국의 링컨 대성당이 완공되기 전까지 **인간이 만든 가장 높은 건물**이었다.

▼ 가장 높은 성당 첨탑

161.53m 높이의 탑이 독일의 울름 대성당에 있다. 초기 고딕 양식으로 설계된 이 성당은 1377년 건설이 시작됐다. 1543년 건설이 중단될 당시 탑의 높이는 100m였다. 서쪽 현관 정면에 위치한 이 첨탑의 공사는 1817년 다시 시작돼 1890년 완공됐다.

▼ 가장 높은 집

2010년 완공된 173m 높이의 '안틸라'는 인도 뭄바이의 사업가 무케시 암바니의 집이다. 27층 건물이지만 층고가 높아 일반 60층짜리 건물과 비슷하다. 이 집에는 헬리콥터 이·착륙지, 수영장, 건강관리 시설, 영화관이 있다. 약 20억 달러로 **역대 가장 비싼 집**이기도 하다.

▼ 가장 높은 호텔

UAE 두바이에 있는 게보라 호텔은 지면부터 꼭대기까지 높이가 356.33m로 2018년 2월 9일 확인됐다. 금색 외관으로 알려진 이 건물은 78층에 528개 객실이 있다. 이전 기록 보유 호텔인 두바이 JW 메리어트 마르퀴스보다 약 1m 높다.

가장 높은 빌딩:
부르즈 할리파
총 공사비:
15억 달러

 무게:
코끼리
10만 마리

 건설에 든 시간:
2,200만 인시
(人時, 한 사람
이 1시간 동안
한 일)

 주차 공간:
2,957대

 면적:
테니스코트
약 2,020개
수준

가장 무거운 건물

루마니아의 수도 부쿠레슈티에 있는 루마니아 의회궁이 세계에서 가장 무거운 건물로 기록됐다. 건설에 사용된 철과 동으로 된 자재만 엠파이어스테이트 빌딩 무게의 2배인 70만 톤에 달하며, 100만m³의 대리석과 3,500톤의 크리스털유리, 90만m³의 목재가 더해졌다. 거의 모든 재료가 루마니아 산이다.

◀ CA 로세티 홀에는 아주 웅장한 샹들리에가 있다(건물에 모두 480개의 샹들리에가 있다). 이 홀은 600석 규모이며 현재 회의, 콘서트, 연극을 하는 장소로 사용되고 있다.

▶ 가장 호화로운 2,226m² 넓이의 유니리(유니언) 홀은 트란실바니아 지역 대리석으로 둘러싸여 있다. 천장의 높이는 16m다.

▶ 가장 높은 주거용 빌딩
미국 뉴욕 시에 2015년 문을 연 '432 파크 애비뉴' 건물은 주거용으로만 쓰는 빌딩 중 전 세계에서 가장 높다 (425.5m). 이 콘크리트 빌딩은 총 85층이며, 주거용으로 사용하는 가장 높은 층은 392m에 있다.

▶ 가장 높은 쌍둥이 빌딩
말레이시아 쿠알라룸푸르의 페트로나스 타워는 전체 높이 451.9m에 총 88층이다. 1996년 처음 문을 열었고 41~42층에 건물을 잇는 '스카이 브리지 (구름다리)'가 있다.

▶ 가장 높은 사무용 빌딩
중국 광둥 성 선전 시 푸톈에 있는 핑안 국제금융센터는 높이 599.1m로 전체가 사무실로 이용되는 건물 중 가장 높다. 이 115층짜리 콘크리트-철골 건물은 2017년 3월 완공했으며, 562.2m 높이까지 사용한다. 지하도 4층까지 있다.

▶ 가장 높은 타워
신 도쿄타워로 알려진 도쿄 스카이트리는 일본 도쿄 도 스미다 구에 세워진 전파 탑으로 높이는 634m다. 2012년 완공됐으며, TV와 라디오 방송 및 관측 타워로 사용되고 있다. 주거용 시설과 레스토랑도 있다.

▶ 가장 높은 빌딩
UAE 두바이에 있는 부르즈 할리파(할리파타워)는 160층으로 높이는 828m에 달한다. 에마르 프로퍼티스 사가 만들었다. 시공은 2004년 9월 21일 시작했으며, 2010년 1월 4일 정식으로 문을 열었다. 맨 위에 이 상징적인 건물에 관한 더 많은 정보가 있다.

도시 Cities

최초의 도시

일반적으로 세계 최초의 도시는 기원전 3200년 무렵 남부 메소포타미아(현재 이라크 지역)에 있었던 우르크로 여겨진다. 9.5km 둘레의 성곽 안에 당시 가장 큰 450헥타르의 주거지역이 마련돼 있었고, 인구는 5만 명이었다. 무역과 농업으로 번성했던 우르크는 예술의 중심지가 됐는데, 모자이크 작품과 유적들이 많이 발견된다.

최초의 와이파이 도시

중동의 예루살렘은 2004년 11월 1일부터 도시 전체에 무료 와이파이가 공공 서비스로 제공된 최초의 도시다. 예루살렘의 와이파이 프로젝트는 예루살렘 사업개발협회와 인텔, 컴퓨매트, 예루살렘 지자체가 함께 진행했다.

최대의 도박 도시 (수익 기준)

2016년 마카오의 연간 도박 수익은 278억 달러로 추정된다. 마카오의 도박 산업의 규모는 미국 라스베이거스보다 330% 더 크다.

억만장자가 가장 많은 도시

〈포브스〉에 따르면 2017년 3월 기준 미국 뉴욕 시에는 억만장자 82명이 살고 있으며, 그들의 순재산액을 모두 합치면 3,979억 달러에 이른다. 이 금액을 단순히 비교하면 오스트리아(3,860억 달러), 이란(3,760억 달러), UAE(3,710억 달러)의 국내총생산보다 큰 액수다. 이 '빅애플'(뉴욕)에서 가장 큰 부자는 순재산 484억 달러를 가진 데이비드 코크다. 미국의 사업가인 그는 현재 미국에서 2번째로 큰 비공개회사 코크 인더스트리의 부사장을 맡고 있다.

출퇴근 시간이 가장 오래 걸리는 도시

167개 도시 5,000만 명이 사용하는 구글의 교통 앱 '웨이즈'를 분석한 결과 2015년 필리핀 마닐라의 사람들은 출퇴근 시간이 평균 45분 5초(편도)로 가장 길었다. 인도네시아의 자카르타(42분 1초)와 브라질의 리우데자네이루(38분 4초)가 2위와 3위를 기록했다. 도심 속 차들이 거북이걸음을 하는 미국의 대도시 로스앤젤레스나 뉴욕도 각각 35분 9초, 38분 7초를 기록했지만, 필리핀 수도의 혼잡함에는 못 미쳤다.

생활비가 가장 적게 드는 도시

이코노미스트 인텔리전스 유닛이 2017년 3월 21일 발표한 전 세계 생활비 보고서(WCOL)에 따르면, 카자흐스탄의 최대 도시 알마티가 38점으로 가장 낮은 물가를 기록했다(기준도시는 뉴욕으로 100점이다). 알마티에서는 빵 1kg의 가격이 0.9달러인 데 반해 프랑스 파리는 6.81달러다.

생활비가 가장 많이 드는 도시

이코노미스트 인텔리전스 유닛의 WCOL 보고서에 따르면 생활비가 가장 많이 드는 도시는 싱가포르로 120점을 기록했다. 이곳은 특별소비세가 높아 와인 1병의 평균 가격이 23.68달러에 이른다. 프랑스 파리는 10.35달러다.

살인 사건이 가장 많은 도시

엘살바도르의 수도 산살바도르는 세계 살인 사건의 중심지 같은 곳이다. 브라질의 싱크탱크 이가라페 인스티튜트의 2016년 자료에 따르면 이곳에서는 연간 인구 10만 명당 137명이 살해당한다.

가장 안전한 도시

〈이코노미스트〉가 공개한 '도시 안전지수 2017'에 따르면 일본의 수도 도쿄가 세계에서 '가장 안전한 도시'다. 디지털 보안과 개인 안전 등을 포함한 49개 안전성 평가 항목에서 도쿄는 100점 만점에 89.8점을 획득했다.

대기오염이 가장 심한 도시

PM10은 입자 크기가 10미크론 이하인 그을음(탄소), 금속, 먼지 등의 '입자상물질(미세먼지)'을 말한다. 2016년 WHO의 '대기오염 보고서'에 따르면 나이지리아 남동부에 위치한 오니차 항구는 m³당 594μg(마이크로그램)의 PM10이 포함돼 있었다. WHO 권장 기준인 m³당 20μg을 약 30배 넘는 수치로, 최악의 대기오염 도시다.

300m가 넘는 건물이 가장 많은 도시

고층건물센터의 조사에 따르면 UAE 두바이에는 2017년 말 기준 높이 300m가 넘는 빌딩이 21채로 다른 도시의 2배가 넘는다. 건설 중인 건물도 13채가 있다고 한다. 이 메가타워 중에는 현재 **세계에서 가장 높은 빌딩**인 부르즈 할리파(828m)와 프린세스 타워(413.4m), 23 마리나(392.8m)가 포함돼 있다.

여기 살까?

◀ 가장 유명한 관광지

2017년 마스터카드의 '세계관광도시 보고서'에 따르면 태국 방콕이 여행객들을 가장 많이 불러 모았다. 2016년까지 4년 동안 1,941만 명이 방문했는데, 이 기록은 영국 런던(1,906만 명)이나 프랑스 파리(1,545만 명)의 여행객 수를 뛰어넘는다.

가장 자전거 친화적인 도시

'코펜하게나이즈 인덱스 2017'에 따르면 덴마크 코펜하겐이 여전히 세계에서 가장 자전거 타기 좋은 도시다. 지난 10년 동안 자전거와 보행자를 위한 다리 16개를 건설하는 등 인프라에 1억 5,000만 달러 이상을 투자했다. 코펜하겐에 자동차로 진입하는 사람보다 자전거로 들어가는 사람이 더 많다.

▲ 가장 친환경적인 도시

2016년 아카디스(네덜란드)는 '사람, 지구, 수익 측면에서 지속 가능한 도시100' 순위를 발표했다. 스위스 취리히가 효율적인 대중교통 네트워크, 자원 절약성, 활발한 기업 활동으로 1위를 했다.

2016년 인구가 가장 많은 도시
(2030년 예상 인구)
일본 도쿄: 3,814만 명(3,719만 명)
인도 델리: 2,645만 명(3,606만 명)
중국 상하이: 2,448만 명(3,075만 명)
인도 뭄바이: 2,135만 명(2,779만 명)
브라질 상파울루: 2,129만 명(2,344만 명)

자료: UN의 세계 도시 2016 참조

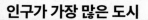

인구가 가장 많은 도시

2016년 기준 3,814만 명이 사는 일본 도쿄는 세계에서 가장 인구가 많은 도시다. 일본의 수도이자 대도시인 이곳의 거주 인구는 런던(1,043만 4,000명)과 뉴욕-뉴어크(1,860만 4,000명)를 합친 것보다 910만 2,000명이나 더 많다.

도쿄의 인구는
2030년까지 100만 명
정도 줄어들 것으로
예상되지만, 여전히 세계에서
가장 인구가 많은 도시로
남을 전망이다.

인구밀도가 가장 높은 도시

도시계획정책 자문단 '데모그레피아'(미국)의 2017년 자료에 따르면, 방글라데시의 수도 다카는 인구밀도가 가장 높은 도시다. 368km² 넓이에 1,680만 명이 모여 사는 이 도시는 km²당 평균 4만 5,700명이 거주한다.

가장 품격 있는 도시

온라인 패션 사이트 잘란도가 400개 도시를 패션성, 도시성, 접근성 측면에서 평가해 가장 품격 있는 도시를 선정했다. 이 중 패션 및 건축으로 유서 깊은 프랑스 파리가 4.37점(5점 만점)을 받아 1위를 기록했다. 영국 런던(4.16), 오스트리아 빈(4.13), 이탈리아 베네치아(4.12)가 근소한 차이로 뒤를 이었다.

◀ 가장 살기 좋은 도시

〈이코노미스트〉는 안정성, 보건의료, 문화와 환경, 교육 여건, 사회기반시설 등 5개 항목으로 세계 도시들의 살기 좋은 정도를 평가했다. 호주의 멜버른은 2017년 8월 기준 97.5점으로 7년 연속 가장 살기 좋은 도시에 선정됐다. 오스트리아 빈과 캐나다 벤쿠버가 뒤를 이었다.

가장 살기 힘든 도시

시리아의 고대도시 다마스쿠스는 한때 '동양의 진주'로 불렸다. 하지만 2011년 내전이 발생했고, 이후 2017년 8월에 〈이코노미스트〉가 선정한 '살기 좋은 도시' 목록에서 최하위를 기록했다. 지난 5년간 이 도시의 거주 적합성은 16.1%나 추락했다.

항공기 Aircraft

가장 긴 항공기(현재)

'에어랜더 10'은 길이가 92m에 이른다. 하이브리드 에어비히클 사가 제작한 이 항공기는 2016년 8월 17일 영국 베드퍼드셔 주 카딩턴 비행장에서 첫 비행에 성공했다. 겉모습과는 다르게 구형 비행선이 아니며, 정확히는 비행선의 장점과 비행기의 장점을 뽑아 만들었다. 선체는 헬륨으로 가득 차 있는데, 부상하는 힘의 60% 정도를 만들어낸다.

비행선으로 도달한 최고 높이 (FAI 인정)

알렉산더 페도토프(구소련)는 1977년 8월 31일 러시아 포드모스코프노 비행장에서 미그-25기를 개조한 '폭스뱃'을 타고 고도 3만 7,650m까지 올라갔다. 에베레스트 산보다 4배 높은 높이로, 국제항공연맹(FAI)이 기록을 인정했다.

열기구로 도달한 최고 높이

비자이파트 싱하니아 박사(인도)는 2005년 11월 26일 열기구 '캐머런 Z-1600'을 타고 인도 뭄바이 상공 2만 1,027m까지 날아올랐다.

글라이더로 도달한 최고 높이

짐 페인(미국)과 부조종사 모건 샌더콕(호주)은 2017년 9월 3일 '에어버스 퍼를란 2 글라이더'로 고도 1만 5,902m까지 올라갔다. 이 둘은 아르헨티나 엘 칼라파테 국제공항에서 비행을 시작했다.

최장거리를 비행한 상업용 항공기

2005년 11월 9~10일 '보잉 777-200LR 월드라이너'가 홍콩에서 영국 런던까지 2만 1,601.7km를 22시간 42분 동안 쉬지 않고, 연료 재주입 없이 비행했다. 777-200LR에는 가장 강력한 제트엔진인 '제너럴일렉트릭 GE90-115B 터보팬' 엔진 2개가 장착돼 있다. 이 엔진은 2002년 12월 미국 오하이오 주 피블스에서 치러진 인증시험 도중 정지 상태에서 밀어내는 힘이 56만 8,927뉴턴을 기록했다.

태양열 비행기 최초 세계일주(FAI 인정)

2015년 3월 9일~2016년 7월 26일, 앙드레 보르슈베르그와 베르트랑 피카르(둘 다 스위스)가 '솔라 임펄스 2'를 타고 태양열 에너지에만 의존해 세계를 일주했다. 시작점이자 도착점은 UAE 아부다비였다.

날개 길이가 가장 긴 항공기

2017년 5월 31일 미국 캘리포니아 주 모하비 항공우주항에 모습을 드러낸 비행기 스트라토론치는 날개 길이가 117.35m나 된다. 마이크로소프트의 공동 창업자인 폴 앨런이 구상한 이 비행기는 우주 로켓을 싣고 대기 끝으로 가기 위해 설계됐다. 로켓을 공중에서 발사하면 땅에서 발사할 때보다 비용이 적게 든다. 이 항공기의 첫 비행은 2019년으로 계획돼 있다.

헬리콥터 최고 속도(FAI 기록 외)

'유로콥터 X3'(위 사진)는 2013년 6월 7일 프랑스 동부에서 한 시험비행에서 시속 472km를 기록했다. 파일럿은 에르베 야메랙(프랑스)이었다. 헬리콥터 최고 속도(FAI 인정)는 1986년 8월 11일 영국 글래스턴베리 상공에서 존 트레버 에깅턴과 데릭 J 클루스(둘 다 영국)가 기록한 시속 400.87km다. 웨스트랜드 링스 시험기로 기록을 세웠다.

여행 시간은 총 505일 19시간 53분이었으나, 비행선의 배터리가 과열돼 망가지는 바람에 거의 10개월 동안은 미국 하와이에 착륙해 있었다. 비행은 2016년 4월 21일 다시 시작됐다.

가장 빠른 전기 항공기

2017년 3월 23일 '엑스트라 330LE' 비행기가 독일 딘슬라켄 지방에 있는 슈바르체 하이데 비행장에서 날아올라 시속 342.86km로 최고 속도를 기록했다. 월터 캄프스만(독일)이 조종한 이 항공기는 독일의 제작사 엑스트라 에어크래프트가 만들었다.

최초의 헬리콥터 공중제비

테스트 파일럿인 해럴드 E '토미' 톰슨(미국)이 1949년 5월 19일 '시코르스키 S-52' 헬리콥터를 타고 공중에서 원을 그리는 곡예비행을 최초로 선보였다. 그는 이날 미국 코네티컷 주 브리지포트에서 시코르스키 헬리콥터로 하늘에 완벽한 원을 10번이나 그렸다.

하늘의 거인들

▲ 가장 큰 헬리콥터

4,847킬로와트의 터보샤프트 엔진을 4개 장착한 '러시안 밀 Mi-12'는 길이 37m, 로터 직경 35m, 최대 이륙 무게 103.3톤이다. 1968년 처음 비행했으나, 양산 단계에는 이르지 못했다.

가장 큰 소방항공기

2015년 글로벌 슈퍼탱커 서비스는 '보잉 747-400' 점보기를 개조한 소방항공기를 만들겠다는 계획을 공개했다. 이 항공기는 7만 4,200ℓ의 소방용수와 소화 약제를 싣고 6,400km 거리를 시속 260km로 비행하면서 화재 지점 약 120~240m 높이에서 직접 소방용수를 뿌릴 수 있다. 날개 길이는 64m다.

▲ 가장 큰 항공기(프로펠러 사용)

러시아의 '안토노프 An-22'(나토 코드네임 '칵')는 날개 길이 64.4m, 최대 이륙 무게 250톤이다. 지금도 러시아군에서 복역 중이며, 시속 680km로 비행할 수 있다.

1912년 3월 하인리히 쿠비스(독일)가 도이치 비행선주식회사(DELAG)의 '체펠린 LZ-10 슈바벤'에서 최초의 승무원으로 근무했다. 그는 후에 'LZ-127 그라프 체펠린'에서 보조 승무원들과 함께 근무했다.

최초의 기내식은 1919년 10월 핸들리 페이지 트랜스포트 사가 영국 런던에서 프랑스 파리로 가는 항공기에서 제공했다. 당시 돈으로 3실링(현재 8.54달러)이었으며, 포장된 샌드위치와 과일이었다.

최초의 기내 영화는 퍼스트내셔널의 〈더 로스트 월드〉(미국, 1925)로 임페리얼 에어웨이스 기내에서 1925년 4월 방영했다. 런던에서 파리로 향하는 핸들리 페이지 폭격기를 개조한 비행기 안이었다.

GUINNESS WORLD RECORDS

기술 & 과학

제임스 V 설리번 소령과 노엘 F 위디필드 소령(둘 다 미국)이 1974년 9월 1일 SR-71A '블랙버드'로 최단시간 대서양 횡단 비행에 성공했다(1시간 54분 56초4). 뉴욕에서 런던까지 평균 속도는 시속 2,908.02km였다.

가장 빠른 유인 항공기(FAI 인정)

다른 장비의 도움 없이 땅에 직접 이착륙할 수 있는 유인 항공기가 기록한 최고 속도는 소리보다 3배 정도 빠른 시속 3,529.56km다. 이 기록은 1976년 7월 28일 엘든 W 저지 대위와 조지 T 모건 주니어 소령이 록히드 SR-71A '블랙버드'로 미국 캘리포니아 주 비일 공군기지에 있는 25km 코스에서 달성했다. 미국의 X-15 로켓 비행기가 더 빠르지만, 스스로 땅에서 이륙하지 못해 이 기록에는 해당하지 않는다.

SR-71A '블랙버드'는 32.72m 길이에 땅에서 방향타까지 높이가 5.63m이며, 날개 길이는 16.94m다. 이 비행기는 프랫&휘트니 사의 J58 축류 터보제트 2개와 애프터버너 재연소 장치로 추진력을 얻는다.

▲ 가장 무거운 현역 폭격기
러시아의 투폴레프 Tu-160 '블랙잭' 폭격기는 최대 이륙 무게 275톤, 최고 속도 마하 2.05(시속 2,509.2km)다. 여기서 '최대 이륙 무게'란 폭탄을 가장 많이 실었을 때의 무게를 말한다.

가장 무거운 정식 생산 여객기

'에어버스 A380-800'은 2층 구조, 57만 5,000kg, 길이 72.7m의 초대형 비행기로 2005년 4월 27일 처음 비행했다. 공항들은 이 초대형 비행기를 수용하기 위해 활주로를 넓히고 터널을 확대하는 등 확장 작업을 거쳐야 했다.

▲ 역대 가장 무거운 수송기
안토노프 An-225 '므리야'는 처음에 600톤으로 제작됐다. 하지만 2000~2001년 기체 바닥을 강화하며 최대 이륙 무게가 640톤으로 늘어났다. 딱 2대만 제작됐다.

자동차 Cars

자동차가 발명된 뒤로 기술자와 발명가는 더욱더 빠른 자동차를 만들려 노력해왔다. 여기에서는 가장 빠른 차 '스러스트 SSC'를 기념하고, 논란이 될 만한 역사에 관해서도 탐험해본다.

가장 빠른 생산용 차 기록은 모두가 차지하길 원하기에 논란이 되는 분야다. 사실 이 기록은 2015년 이후 공석인데, 누가 더 빠른지 가려내기가 너무나 어렵기 때문이다. 경쟁사들은 제일 빠른 차량 몇 대를 두고 주장과 반박을 반복하고 있다(**우주에서 가장 빠른 차**는 177쪽에 나온다). 그런데 뭐가 그렇게 문제일까?

먼저 확실히 할 점은, 시속 400km 이상의 속도를 내는 차량은 공학적 혁신과 정밀성의 최고봉으로 인정받고 축하받아야 한다는 사실이다. 하지만 굳이 객관적으로 따져봐야겠다면 정확한 기준이 필요하다.

먼저, '생산용 차'란 뭘까? 최고 속도 기록을 보유한 스러스트 SSC는 시속 1,227.985km로 달릴 수 있지만 동네 주차장에서는 볼 일이 없다. '생산용 차'는 '특정 목적의 주행을 위해 독자적인 사양으로 30대 이상 만들어진 차량'을 말한다. 하지만 속도가 빨라질수록 생산 숫자는 곤두박질쳤다. 맥라렌 F1은 1998~2005년에 시속 386.46km의 속도로 최고 기록을 보유했는데, 딱 64대만 제작됐다. 하지만 현재 기록을 가진 차들에 비하면 이 숫자도 많은 편이다.

1대의 차량을 지나치게 개조한 사례도 기록에서 제외했다. 2010년 부가티 베이런이 전기 제어장치를 끄고 최고 속도를 달성했지만, 기네스에서는 과도한 개조라고 판단됐다. 2017년 코닉세그 아제라 RS가 왕복 평균 시속 447.19km를 기록했지만 '생산 라인' 25대 중 '1메가와트' 엔진 패키지가 선택적으로 적용된 11대만 이 속도를 낼 수 있었다.

자동차의 '최고 속도'에 관한 의문도 많은데, 우리는 1km 이상 폐쇄도로(역풍과 순풍의 영향이 크다고 판단)에서 왕복으로 달린 평균 속도

블러드하운드 SSC

스러스트 SSC 제작팀(옆 페이지)은 자신이 세운 속도를 경신하기 위해 노력 중이다. 그들의 새 자동차 블러드하운드 SSC(위 사진)는 2018년 남아프리카에서 속도 실험을 할 예정이다.

건전지로 가는 가장 빠른 자동차

2007년 8월 4일 '옥시라이드 레이서'가 일본 이바라키의 자리(JARI) 시로사토 테스트 센터에서 AA 건전지 194개(옆 사진)를 동력원으로 써 시속 105.95km를 기록했다. 이 차량은 마쓰시타 전기공업(현 파나소닉)의 옥시라이드 스피드 챌린지 팀과 오사카산업대학(둘 다 일본)의 합작품이다. 옥시라이드 레이서는 프레임을 탄소섬유 강화 플라스틱으로 제작해 무게가 겨우 38kg에 불과하다.

를 기준으로 했다. 2014년 헤네시 베놈 GT는 미국 플로리다 주에 있는 나사 우주비행선 활주로에서 시속 435.31km를 기록했다. 하지만 2번째 주행 기회에서 아예 달리지 못해 놀라운 속도를 내고도 기록으로 인정받지 못했다. 이렇게 엄청난 속도로 달리는 머신들을 비교하기란 쉽지 않으며, 논란은 지속될 것으로 보인다. 유일한 방법은 모든 후보군의 차들을 트랙에 한데 모아놓고 누가 가장 먼저 결승선을 통과하는지 보는 것이다. 누가 이기든 정말 볼 만한 레이스가 되리라 생각한다.

맥라렌 F1

맥라렌 F1 스포츠카는 1998년 3월 31일 독일 폭스바겐 성능 시험장에서 시속 386.46km를 기록했다.

헤네시 베놈 GT

베놈 GT는 2014년 왕복이 아닌 편도를 시속 435.31km로 달렸다. 딱 12대만 생산됐다(시제품 외).

부가티 베이런 16.4

이 유명한 슈퍼카는 2010년 전기 제어장치를 끈 상태에서 왕복 평균이 시속 431.072km였다.

SSC 얼티밋 에어로 TT

쉘비 슈퍼카(미국)의 에어로 TT는 2007년 9월 13일 왕복 평균 속도가 시속 412km였다.

코닉세그 아제라 RS

아제라 R(아래)의 위 버전 RS는 2015년 공개됐고, 특정 엔진을 써서 시속 447.19km의 왕복 평균 속도를 기록했다.

니드 포 스피드: 최고 속도

▼ 태양열 자동차

랠리 드라이버 시노즈카 켄지로가 2014년 8월 20일 아시아대학(둘 다 일본)이 제작한 스카이 에이스 TIGA를 타고 일본 오키나와 미야코지마의 시모지시마 공항에서 시속 91.332km를 기록했다. 이들은 날씨와 태양의 강도, 해발 고도, 기온을 고려해 최적의 날을 골라 도전했다.

▼ 압축공기 자동차

도요타의 3륜 자동차 쿠린(KU:RIN)이 2011년 9월 9일 일본 자동차연구원 이바라키 시험장에서 시속 129.2km로 질주했다. 이 차량은 압축공기 '연료 탱크'에서 공기가 분사되며 추진력을 얻는다. 최종 속도는 2번의 주행 후 평균으로 계산했다. '쿠'와 '린'은 일본어로 각각 '공기'와 '바퀴'를 뜻한다.

▼ 증기차(국제자동차연맹 인증)

2009년 8월 25일 영국 증기자동차 팀의 '인스퍼레이션'이 미국 캘리포니아 주 에드워드 공군기지에서 시속 225.05km를 기록했다. 운전은 찰스 버네트 3세가 했다. 이 기록은 국제자동차연맹(FIA)이 인증했다. 이들은 1906년 프레드 메리어트가 스탠리 증기차를 타고 세운 기록인 시속 205km를 103년 만에 경신했다.

가장 빠른 자동차(여자 드라이버)

키티 햄블턴(미국, 네이 오닐)이 1976년 12월 6일 미국 오리건 주 앨보드 사막에서 로켓 추진식 SM1 모티베이터를 타고 시속 825.126km를 기록했다. 어릴 때 청력을 상실한 햄블턴은 아무도 해낸 적 없는 30m 낙하 묘기에 성공한 프로 스턴트 연기자다. 그녀는 수상스키 최고 속도 기록도 보유하고 있다.

가장 빠른 자동차(지상 스피드 기록)

스러스트 SSC는 1997년 10월 15일 미국 네바다 주 블랙 록 사막에서 1.6km 이상의 거리를 시속 1,227.985km로 달려 **최초로 음속의 벽을 넘은 자동차**로 기록됐다. 주행 시 소닉붐(음속 폭음)이 발생해 16km 떨어진 게를라흐 마을의 스프링클러 덮개가 떨어졌다고 한다. 스러스트 SSC는 영국 공군 중령인 앤디 그린(영국, 위 사진 왼쪽)이 운전했다. 프로젝트 감독은 1983년 스러스트 2를 운전해 이전 최고 시속(1,020.406km)을 기록한 리처드 노블(영국)이다.

스러스트 SSC는 캡틴 '척' 예거가 1947년 10월 14일 **비행기 최초 음속 돌파**를 달성한 지 거의 50년 만에 음속의 벽을 돌파했다.

▼ 전기차(FIA 인증)

2016년 9월 19일 벤투리 벅아이 블렛 3가 미국 유타 주에 있는 소금사막 보너빌 호에서 왕복 1마일을 달려 시속 549.211km의 평균 속도를 기록했다. 이 전기차는 오하이오주립대학 자동차연구센터의 공학도들이 프랑스의 전기차 제조사 벤투리와 함께 만들었다. 운전은 로저 슈뢰더(미국)가 했다.

▼ 디젤엔진 자동차

2006년 8월 23일 앤디 그린(위 참조)이 보너빌 호에서 JCB 디젤맥스로 시속 563.418km를 기록했다. 자기가 작성한 최고 기록(시속 526.027km)을 하루 만에 경신했다. 놀랍게도 최고속 기어를 사용하지 않았다. 이전 최고 기록은 1973년 버질 스나이더가 유선형 차량 서모 킹-윈즈를 타고 달린 시속 379.413km다.

▼ 로켓 자동차

개리 가벨리크(미국)는 1970년 10월 23일 보너빌에서 로켓 추진식 차량인 블루 플레임을 타고 첫 주행에서 시속 1,016.086km를 기록했다. 이 차량은 액화 천연가스/과산화수소 로켓엔진으로 동력을 얻으며, 추진력은 9만 7,860킬로뉴턴(9,979킬로그램힘)에 이른다.

모터사이클 Motorcycles

모터사이클 최다 판매 (국가)

2017년 8월 17일 뉴아틀라스 테크놀로지의 뉴스 웹사이트에 실린 기사에 따르면 2016~2017년(회계년도 기준) 인도에서 1,759만 대의 모터사이클이 판매돼 중국을 앞질렀다.

모터사이클 24시간 최장거리 이동 (개인)

2014년 10월 8일 매튜 맥켈비(남아공)는 남아공 벨콤의 파키사 프리웨이 서킷에서 하루 동안 3,256.5km를 달렸다.

가장 긴 모터사이클

바라트 시흐 파르마르(인도)는 런던 택시 5대를 합친 것보다 더 긴 모터사이클을 만들었다(26.29m). 기록은 2014년 1월 22일 인도 구자라트 주 잠가나르에 있는 호수 라크호타 호에서 측정됐다.

개조한 모터사이클 앞바퀴 들고 오래 타기 (거리)

야스유키 쿠도(일본)는 1991년 5월 5일 일본 쓰치우라 시 인근 쓰쿠바에 위치한 일본 오토모빌연구소 성능시험장에서 자신의 모터사이클 혼다 TLM220R을 타고 앞바퀴를 든 채 331km를 쉬지 않고 달렸다. 또 로버트 걸(스웨덴)은 2015년 2월 28일 스웨덴 아르선다에서 BMW S1000RR을 탄 채 **앞바퀴를 들고 얼음 위에서 최고 속도**(시속 206.09km)로 달려 기록을 세웠다.

최초의 모터사이클 낙하산 강하

비행사 프레드 오스본(미국)은 1926년 11월 미국 로스앤젤레스 헌팅턴 절벽에서 4기통 모터사이클을 타고 61m 아래로 점프했다. 그는 낙하산의 줄을 당겼지만, 떨어지는 속도를 줄이기에 시간이 충분하지 않았다. 다행히 중간에 전화 케이블에 걸리는 덕분에 큰 부상에도 살아남았다. 모터사이클은 박살났다.

가장 빠른...

증기기관 모터사이클

윌리엄 '빌' 반스(미국)는 2014년 9월 27일 미국 오하이오 주 윌밍턴에 있는 '이스트코스트 기록협회' 오하이오 마일스피드 시운전장에서 증기기관 모터사이클을 타고 최대 시속 129.566km로 질주했다.

2인용 모터사이클

에린 헌터와 앤디 실즈(둘 다 미국)는 2011년 9월 20일 미국 유타 주 보네빌 소금사막에서 BMW S1000RR을 타고 시속 291.98km로 질주했다. 2명의 운전자가 1번씩, 총 2번 달린 기록이다.

앞바퀴 들고 오토바이 타기

스웨덴의 패트릭 퍼스텐호프는 1999년 4월 18일 혼다 슈퍼 블랙버드 1,100cc 터보를 타고 앞바퀴를 든 채 307.86km/h로 질주했

일반 모터사이클 최고 속도 (남자)

2011년 9월 23일 리처드 아센(뉴질랜드)은 미국 오리건 주 본빌에서 개조한 스즈키 하야부사 모터사이클을 타고 평균 시속 420.546km로 질주했다. 이 차량은 일부만 유선형으로 탑승자가 차체 안으로 완전히 들어가는 형태가 아니다.

일반 모터사이클 최고 속도 (여자)

2008년 9월 5일 레슬리 포터필드(미국)는 미국 오리건 주 본빌에서 개조한 하야부사를 타고 시속 374.208km로 달렸다. 속도는 규정에 따라 1.6km 이상 코스를 2번 달려 평균으로 측정됐다. 정방향, 역방향으로 1번씩 달려야 한다.

모터사이클 속도 기록 (가장 빠른 모터사이클)

로키 로빈슨(미국)은 2010년 9월 25일 미국 유타 주 보네빌 소금사막에서 '탑1 아크 어택' 유선형 차량으로 평균 시속 605.697km를 기록했다. 이는 음속의 절반에 가까운 속도다.

다. 그의 기록은 영국 레스터셔 브런팅소프 시험장에서 작성됐다.

모터사이클 사고 생존자

제이슨 맥비카(캐나다)는 2008년 유타 주 보네빌에서 스즈키 하야부사를 타고 시속 391km로 질주하다 뒷바퀴에 펑크가 나 넘어졌다. 슬개골이 골절됐고, 소금사막 바닥에 몸이 쓸리며 가죽 수트 안쪽에 화상을 입어 병원으로 이송됐지만 놀랍게도 당일 퇴원했다.

경매에서 가장 비싸게 팔린 모터사이클

배우 피터 폰다가 영화 〈이지 라이더〉(미국, 1969년)에서 연기한 '웨트'가 탄 '캡틴 아메리카' 할리데이비슨 팬헤드가 주인공이다. 2014년 10월 18일 미국 로스앤젤레스에서 열린 할리우드 수집품 경매에서 135만 달러에 팔렸다. 영화 촬영에 여러 대의 바이크가 사용됐지만, 유일하게 남은 차량이라고 한다.

모터사이클 스턴트

◀ 모터사이클 최장거리 경사면 점프

2008년 3월 29일, 로비 매디슨(호주)이 모터사이클을 타고 경사면으로 질주해 미국 풋볼 경기장의 길이와 맞먹는 106.98m를 점프했다. 그의 신기록은 호주 빅토리아 주 멜버른의 칼더파크 레이스웨이에서 열린 '크러스티 데몬스 세계기록의 밤'에서 작성됐다.

모터사이클 최장거리 경사면-경사면 백플립 점프

2008년 3월 29일 캐머런 '캠' 싱클레어(호주)는 경사면을 점프해 39.49m를 백플립으로 날아 반대 경사면에 착지했다. 이 기록도 '크러스티 데몬스 세계기록의 밤'에 작성됐다. 2009년 심각한 부상을 입었지만 2010년 X게임 16 '모터 X 베스트 트릭' 종목에 출전해 우승했다.

▲ 최다 인원 모터사이클 피라미드

2001년 7월 5일 인도 육군통신대의 '데어 데블스' 팀원 201명이 10대의 모터사이클에 올라 균형 잡기에 성공했다. 기록은 인도 자발푸르 고우리 샨카르 열병식에서 작성됐다. 이 팀은 2013년 12월 28일 **최다 인원 모터사이클**(1대) **탑승 기록**도 세웠다(56명).

최초의 모터사이클: 고틀리프 다임러가 1885년 10~11월 독일 바트칸슈타트에서 나무 골격으로 만들고 빌헬름 마이바흐(둘 다 독일)가 처음으로 탑승했다.

 최초의 대량 생산 모터사이클: 독일의 힐데브란트&볼프뮐러 사가 1894년 처음 공장문을 열었다. 이곳에서 2년 동안 1,488cc 엔진의 모터사이클이 1,000대 이상 생산됐다.

 최초의 3D 프린트 모터사이클 TE 커넥티비티(스위스/미국)가 2015년 오렌지-블루 할리데이비슨을 본떠 제작했다. 총 100개의 부품 중 76개를 3D 프린터로 만들었다.

 GUINNESS WORLD RECORDS

가장 작은 모터사이클

톰 위버(스웨덴)는 앞바퀴 지름 16mm, 뒷바퀴 지름 22mm의 모터사이클을 제작했다. 그는 2003년 스웨덴 회케룸에서 이 모터사이클을 타고 10m 이상 주행했다. 이 초소형 모터사이클은 바퀴 간 거리가 80mm, 좌석 높이는 65mm, 무게는 1.1kg이다. 0.22kW 엔진(0.3마력)을 사용해 최대 시속 2km까지 주행할 수 있다.

사진 속 거대 바이크는 6개월 걸려 제작됐다. 길이 10.03m, 5.7리터 V8 모터를 사용하며 3개의 전진 기어에 후진 기어도 추가로 설치돼 있다.

과학 & 기술

탑승 가능한 가장 높은 모터사이클

바닥부터 핸들까지의 높이가 5.10m인 이 거대 모터사이클은 구명 헬기보다 크고, 키가 기린과 맞먹는다. 폭 2.5m, 무게 5,000kg으로 이는 표준형 헬기의 6배 이상이다. 바퀴는 공업용 굴착기에 사용되는 것을 가져다 썼다. 파비오 레지아니(이탈리아, 사진)가 제작했으며, 2012년 3월 24일 이탈리아 에밀리아로마냐 주 레조넬에밀리아 몬테키오에밀리아에서 약 100m 코스를 주행했다.

최장거리 모터사이클 백플립(여자)

2008년 11월 17일 졸린 판 퓌흐트(캐나다)는 미국 솔트레이크시티에서 열린 MTV 쇼 〈니트로 서커스〉에서 12.36m를 RM125 야마하 모터크로스로 백플립해 안전하게 착지했다. 연습은 110cc 미니바이크와 폼핏(안전 착지를 위한 시설)으로 했다. 최초의 여자 스턴트 기록이다.

동승자를 태운 최장거리 모터사이클 점프

2000년 11월 12일 제이슨 레니(영국)는 야마하 YZ250 뒷자리에 여자친구 시안 필립스를 태우고 29.26m를 점프했다. 놀랍게도 시안은 4일 전 연습할 때 처음 제이슨의 모터사이클을 타봤다고 한다. 기록은 영국 슈롭셔 주 오스웨스트리 인근 레드넬 비행장에서 작성됐다.

▶ 모터사이클 앞구르기 1분 최다 기록

벌라즈 벌러(헝가리, 사진)는 2017년 5월 27일 헝가리 노그라드 주에서 열린 익스트림 넙 렛삭 행사에서 모터사이클로 60초 동안 앞구르기를 10번 하는 데 성공했다. 뒷바퀴가 탑승자를 넘어 한 바퀴를 완전히 구르는 것만 기록으로 인정했다. 벌러는 피아지오 Zip 1966 모터사이클에 동그란 프레임을 덧대 개조했다. 렛삭 라이더 팀의 일원인 그는 모터사이클 대회 참가 자격증을 획득한 지 10년이 넘은 베테랑이다.

보트 & 선박 Boats & Ships

가장 오래된 난파선

그리스 해양고고학협회의 피터 스록모턴이 1975년 8월 23일 그리스의 다도해 도코스에서 발견한 난파선은 기원전 2200년, 즉 4200년 전에 만들어진 배였다.

바다에서 가장 오래 표류한 배

최장기간 표류 후 생존한 기록은 약 484일로, 오구리 주키치 선장과 선원 오토키치(둘 다 일본)가 주인공이다. 그들은 1813년 10월 일본 연안에서 태풍을 맞아 태평양으로 떠내려간 뒤 1815년 3월 24일 미국 캘리포니아 연안에서 미국 선박에 의해 구조됐다.

화물량 기준 가장 바쁜 항구

2016년 닝보-저우산 항구(중국)에서 처리한 화물은 9억 톤이 넘는다. 191 선석(접안시설)의 이 항구는 2015년 근처 저우산 항구가 통합되며 규모가 엄청나게 늘어났다. 동중국해에 위치한 이 항구는 서기 738년 당나라 시대 때 건설됐다.

가장 큰…

해상 크레인

'티알프'는 길이 201.6m의 반잠수형 바지선으로 선체에 설비된 2대의 크레인으로 1만 4,200톤을 끌어올릴 수 있다. 여기에는 736명이 머물 수 있는 선실과 헬리콥터 착륙장도 하나 마련돼 있다. 선체 하부가 물에 잠기는 구조로 안전성이 높아 거친 파도가 치는 바다에서도 작업할 수 있다.

잠수함

러시아의 941 아쿨라급 잠수함은 총길이 171.5m, 배수량 2만 6,500톤의 잠수정이다. 1980년 9월 23일 나토(NATO)는 최초의 아쿨라급 잠수함이 세베로드빈스크 백해의 비밀 조선소에서 진수됐다고 발표했다.

가장 큰 보트 리프트

중국 양쯔 강의 삼협 댐에 있는 선박 및 보트 수송용 리프트는 길이 120m, 폭 18m 크기로 3,000톤 이상의 배를 운반할 수 있다. 이 리프트는 수직으로 113m를 오르내리며 배를 이동시킨다.

가장 큰 순회형 보트 리프트

영국 폴커크에 있는 '폴커크 휠'은 높이 35m, 폭 35m, 길이 30m로 포스&클라이드 운하와 유니언 운하를 연결한다. 한 번에 보트 8대를 실을 수 있는 이 설비는 배로 이동하면 꼬박 하루가 걸리는 거리를 15분으로 단축했다.

가장 큰 해군 호버크라프트

러시아의 주브르급 공기부양정(LCAC)은 길이 57m, 폭 25.6m, 만재 배수량 555톤이다. 최고 시속 116km로 질주가 가능한 이 거대 호버크라프트는 군인 360명 혹은 3대의 탱크를 해안선에 침투시킬 수 있다.

선원이 가장 많은 전함

미국 해군의 니미츠급 핵 항공모함 10대에는 전투태세 시 각각 5,680명 정도가 탑승 가능한데 선원 3,200명, 비행단 2,280명 이상이 탄다. 항공모함은 **가장 큰 전함**으로 1대당 80기 정도의 항공기를 싣는다.

무인 배

2016년 4월 미국국방첨단과학기술연구소(DARPA, 미국)는 길이 40m의 무인 3동선 '시(sea) 헌터'를 진수했다. 새로운 드론 보트의 프로토타입으로 수천 마일을 홀로 항해하며 대양 깊은 곳의 잠수함을 모니터한다. 시 헌터는 개발에 2,000만 달러가 들었다.

가장 큰 건설 선

대한민국이 약 30억 달러를 들여 제작하고 2013년 1월 26일 진수한 파이오니어링 스피릿 호는 총톤수가 40만 3,342톤에 달한다. 선체의 길이는 382m, 너비는 124m이다. 이 선박은 해양플랜트 설치 및 해체 같은 초중량 해상 공사에 사용된다.

함대 선단

▲ 가장 빠른 프로펠러 추진 보트

2009년 11월 22일 미국 애리조나 주 파이어버드 경기장에서 열린 국제핫보트협회(IHBA) 월드파이널 경기에서 다릴 에이틀리히(미국)가 프로펠러 추진 보트 '프로블럼 차일드'를 타고 시속 420km를 기록했다. 이 하이드로 보트는 에디 녹스(미국), 일명 '패스트'가 제작했다.

가장 빠른 구축함

1935년 2,900톤 구축함 '르 테리블'이 시속 83.8km를 기록했다. 프랑스 블랭빌에서 제작된 이 배는 4개의 얘로(Yarrow) 소형 튜브 보일러와 2개의 라토(Rateau) 기어 터빈으로 10만 마력(7만 4,570kw)의 힘을 낼 수 있다. 르 테리블은 1962년 폐기됐다.

▲ 가장 빠른 현역 전함

1999년 임관한 왕립 노르웨이 해군의 스콜드급 공격선 6대는 시속 111km 이상으로 항해할 수 있다. 해안 호위함으로 알려진 이 배는 공기층 위로 달려 수심이 얕고 바위가 많은 노르웨이의 피오르드 지형에 아주 적합하다.

MS 하모니 오브 더 시즈
야외 온수탕
10개

예술작품
11,252개

공연장 좌석
1,400개

레스토랑
20개

'하모니 오브 더 시즈'는 초목 1만 600그루, 나무 52그루가 자동 관개 시설로 자라고 있는 '움직이는 공원'이다.

가장 큰 여객선

2015년 6월 19일 프랑스가 제작, 진수한 MS 하모니 오브 더 시즈는 길이 362.1m로 축구장 3개를 합한 것보다 길다. 폭 66m, 총톤수 22만 6,963톤에 달한다. 18개 갑판에 2,100명의 선원과 6,780명의 승객이 탈 수 있다. 이 호화 여객선은 6개의 초대형 엔진이 9만 6,000kw의 힘을 발휘해 시속 46km까지 속도를 낼 수 있다.

럭셔리 여객선인 이 배에는 수영장 10개, 10층 높이 물 미끄럼틀, 서핑용 인공파도 제조기 2개도 설비돼 있다(위 사진).

▲ 수상속도 기록 (가장 빠른 보트)
켄 워비(호주)가 1978년 10월 8일 호주 뉴사우스웨일스의 블로워링 댐 호수에서 무제한급 제트파워 수상기 '스피릿 오브 오스트레일리아'를 타고 시속 511.09km로 질주했다. 워비는 1977년 11월 20일 같은 장소에서 더 빠른 속도를 냈지만, 기록으로 인정되지 않았다.

가장 빠른 군용 잠수함
러시아의 알파클래스 헌터/킬러 핵 잠수함이 시속 74km 이상을 기록했다. 이 잠수함은 이중선체 구조로 가벼운 티타늄을 사용했으며, 단일 관제실에 적은 인원만 탑승한다. 강력한 원자로는 액체금속으로 냉각한다.

▼ 가장 빠른 페리
아르헨티나의 페리 회사 부케부스가 2013년 제작하고 소유한 'HSC 프란시스코'는 가스 터빈을 사용하는 쌍동선이다. 아르헨티나 부에노스아이레스부터 우루과이 몬테비데오까지 라플라타 강 어귀 225km를 항해하는데 최고 속도는 시속 107km다.

최첨단 과학 Cutting-Edge Science

가장 작은 중성미립자 디텍터

2017년 8월 4일 코히렌트 프로젝트의 국제 과학자들이 원자들의 핵에서 우주의 기본 입자인 중성미립자를 발견했다고 논문을 발표했다. 사용한 디텍터의 크기는 103×325mm, 무게는 겨우 14.5kg이다. 1974년 처음 추정된 상호작용이지만 실제로 관찰된 건 이번이 처음이다.

지금까지 알려진 가장 큰 소수

2017년 12월 26일 조나단 페이스(미국)가 '인터넷 메르센 소수 탐색(GIMPS)'의 무료 소프트웨어를 설치한 컴퓨터로 2,324만 9,425자리의 소수를 발견했다. M77232917로 알려진 이 수는 이전 소수보다 약 100만 자리가 크며, 2를 77,232,917번 거듭제곱하고 1을 뺀 지금까지 발견된 50번째 메르센 소수다.

*메르센 소수 - 2를 거듭제곱하고 1을 뺀 꼴의 소수

가장 빠른 하이퍼루프(진공 열차) 포드

하이퍼루프는 고속열차와 비슷한 '포드'를 진공 터널로 보내는 대중교통 시스템을 말한다. 포드는 진공에 가까운 상태에서 이동하기 때문에 공기 저항을 받지 않아 높은 에너지 효율로 비행기와 비슷한 속도를 낼 수 있다. 하이퍼루프 포드의 최고 속도는 시속 386km로 2017년 12월 미국 네바다 주 라스베이거스 인근 하이퍼루프 원(미국) 테스트 트랙에서 XP-1이 기록했다. XP-1은 실험차 만든 프로토타입 차량으로 길이 8.68m, 높이 2.71m다. 여기에는 추진력을 내기 위한 직선형의 전기 모터가 설치돼 있으며, 바퀴 대신 자기부상 시스템이 활용됐다.

코너를 볼 수 있는 최초의 스마트폰 카메라

미국 매사추세츠대학의 과학자들이 2017년 10월 이미지 분석 알고리즘을 스마트폰 카메라에 도입한 '코너 카메라' 기술을 선보였다. 이 알고리즘은 카메라를 통해 벽이나 땅에 반사되는 소량의 빛을 감지해 코너에 있는 물체에 대한 정보를 예측할 수 있다. 이 기술은 차후에 무인자동차를 개발할 때 시야 밖에서 다가오는 잠재적 위험을 '볼 수' 있게 한다.

월드 솔라 챌린지 최다 우승

브리지스톤 월드 솔라 챌린지는 태양열 자동차들이 참가하는 장거리

최다 무인항공기 동시 비행 기록

인텔 사(미국)는 2017년 12월 12일 대한민국 평창의 하늘을 1,218대의 드론으로 수놓았다. 사진은 2018 동계올림픽이 열린 평창의 정선 알파인 경기장 하늘에 인텔의 슈팅스타 드론들이 오륜기 모양으로 대열을 형성한 모습이다. 이 드론들은 그 외에도 다양한 형태의 대열을 선보였다.

레이스 대회다. 1987년 처음 시작해 1999년 이후 격년으로 열리고 있다. 태양열 자동차 개발을 독려하기 위한 대회로, 남반구에 위치한 호주의 여름에 다윈부터 애들레이드까지 이어진 3,022km 코스를 달린다.

델프트 공과대학교의 뉴온 솔라 팀은 처음 대회에 참가한 2001년부터 2003년, 2005년, 2007년, 2013년, 2015년, 2017년까지 총 7번이나 우승했다. 뉴온 팀은 2005년에는 레이스에서 뉴나3로 **월드 솔라 챌린지 평균 최고속도**를 기록했는데, 29시간 11분 동안 평균 시속 102.75km로 질주했다. 2005년에는 출전자들이 너무 빠른 속도로 달리자 지원 팀이 일반 자동차로 그들을 따라가는 데 큰 문제가 생기기도 했다.

> 이 냉각 기술은 슈퍼-파워 양자컴퓨터에 활용될 가능성이 높다. 양자컴퓨터는 아주 예민해 정보가 꼬일 가능성이 있다. 절대영도에서는 이런 '왜곡'을 없애 정확성을 높일 수 있다.

인간이 만든 가장 차가운 물체

미국 콜로라도 주 볼더에서 미국표준기술연구소 팀이 미세 알루미늄 원통을 -273.14964도까지 독특한 레이저를 사용해 냉각했다. 절대영도에 가까운, **달성 가능한 최저 온도**다. 우주의 어느 장소보다 낮은 온도로, 진공 상태의 우주보다 1만 배정도 차갑다.

전기로 가다

◀ 최장거리 전기차 주행
(1번 충전, 태양열 미사용)

2017년 10월 16~17일 전기차 '피닉스'가 미국 캘리포니아 주 폰타나에 있는 오토클럽 스피드웨이에서 1,608.5km를 주행했다. 부품의 90% 이상이 재활용품으로, IT 에셋 파트너스(ITAP)의 CEO 에릭 런드그런(미국, 왼쪽 사진)이 공동 제작자로 참여하고 운전도 했다.

▶ 가장 효율적인 전기차

2016년 7월 16일 독일 노이스타트에서 독일 뮌헨공과대학 대학원생으로 구성된 TUfast 팀이 제작한 eLi14가 연비 81.16와트시/100km*를 기록했다 (1와트시는 1와트의 전력으로 1시간 동안 하는 일의 양). 이 차량은 25km를 평균 시속 25km로 주행했다. *가솔린 환산 연비 리터당 1만 956km

이그노벨상 수상자
1991년부터 매년 시상하는 이 상은 어려운 과학 분야에 유머를 발휘한 실험과 연구에 주어진다. 여기 2017년 수상작을 소개한다.

고양이는 정말 액체일까? (물리학상)
마르크 앙투안 파르딘은 유체역학을 증명하기 위해 이 질문을 활용했다.

왜 노인들은 귀가 클까? (해부학상)
제임스 히스코트는 30세가 지나면 10년마다 귀가 2mm씩 커진다는 사실을 알아냈다.

디저리두와 수면 (평화상)
6명의 과학자가 디저리두 연주를 들면 코골이와 수면무호흡 개선에 도움이 된다는 사실을 발견했다.

GUINNESS WORLD RECORDS

과학 & 기술

에어론즈의 드론은 조사 및 구조 작업이나 자율 배송, 소방 업무 같은 무거운 화물을 옮기기 위해 설계됐다.

최초의 드론 낙하산 점프

베이스 점퍼 잉거스 어그스트칸스(라트비아)는 2017년 5월 12일 라트비아 말리 인근 마을에서 낙하산을 매고 라트비아의 드론 제작회사 에어론즈가 제작한 다중 로터 드론을 타고 날아올랐다가 330m 높이에서 뛰어내렸다. 드론은 크기 3.2m²에 무게는 70kg이었다. 6개월이나 준비한 행사지만 비행과 점프에는 긴 시간이 걸리지 않았다. 준비 기간에 에어론즈는 드론의 유료하중을 200kg까지 늘렸다.

드론은 모터가 28개나 장착됐다. 덕분에 사람 1명은 충분히 태우고도 남는 적하 능력 100kg의 힘을 갖추게 됐다.

어그스트칸스는 드론에 매달려 짧은 거리를 함께 비행한 다음 분리돼 낙하산을 타고 땅으로 내려왔다.

▶ 전기 스케이트보드 최고 속도

2015년 10월 27일, 미쇼 에르반(캐나다/체코)은 전기 스케이트보드로 시속 95.83km를 기록했다. 달리는 가젤과 같은 속도로 **동물 중 단거리를 가장 빨리 달리는** 치타와 거의 맞먹는다. 기록은 슬로베니아 세초블레 인근 포르토로지 공항의 활주로에서 작성됐다.

▶ 전기 모터사이클 최장거리 주행

니콜라스 콜롬보와 발레리오 푸마갈리(둘 다 이탈리아)가 2013년 6월 10일~7월 23일 44마력의 Zero FX 전기 모터사이클을 타고 1만 2,379km를 주행했다. 중국 상하이부터 이탈리아 밀라노까지 11개국을 지나갔는데 세계 음식의 영양과 지속성을 연구하는 '메네기나 익스프레스' 프로젝트의 일부로 진행됐다.

▶ 전기 자전거 최장거리 여행 (1번 충전)

비탈리 아르히프킨(우크라이나)는 2017년 10월 12일 우크라이나 수도 키예프 벨로드롬(경륜장)에서 델패스트의 프라임 e바이크를 타고 367.037km를 주행했다. 이는 영국 런던에서 프랑스 파리보다 먼 거리다. 아르히프킨은 약 17시간 동안 서킷 1,317바퀴를 돌았는데 중간에 2번 멈췄다.

토목 기술 Epic Engineering

가장 넓은 다리
미국 캘리포니아 주 샌프란시스코 만을 잇는 '샌프란시스코-오클랜드 베이브리지'는 폭이 78.740m로, 차선 10개와 4.724m 너비의 자전거도로가 있다. 중앙에 다리를 지탱하는 기둥이 있어 사이가 벌어져 있다.

가장 긴 부교
2016년 4월 개통한 에버그린 포인트 부교는 미국 워싱턴 주에 있다. 길이는 2,349.55m다. 워싱턴 호수를 가로질러 벨뷰와 시애틀을 잇는다.

최대 규모 고속도로 망
중국의 고속도로 망(NTHS)은 2016년까지 완공된 총 길이가 최소 13만 1,000km 이상이다.

가장 긴 도로 터널
노르웨이의 에울란과 레르달을 잇는 터널은 길이가 24.5km로, 오슬로부터 베르겐을 지나는 중심도로에 있다. 2차선 도로인 레르달 터널은 2000년 11월 27일 국왕 하랄 5세가 개통했으며, 2001년 대중에게 공개됐다.

가장 긴 기차 터널
고트하르트 베이스 터널은 길이가 57km다. 스위스 괴세넨과 아이롤로 사이에 있다. 2010년 10월 15일 스위스 알프스 산맥 밑 2,000m에서 작업하던 기술자들이 이 터널을 막고 있던 마지막 바위에 구멍을 뚫었다. 2016년 6월 1일 개통됐다.

가장 높은 송전탑
2010년 완공된 다마오 산 송전탑은 중국 저장 성 다마오 산부터 저우산 군도까지 연결되는 전력 케이블을 받치고 있다. 이 격자형 탑은 높이 370m, 무게 5,999톤이다. 하루에 60만킬로와트의 전력이 흐른다.

최대 규모 해상 풍력발전소
영국 런던 어레이 근해에서 가동되는 해상 풍력발전소는 템스 강 하구 100km² 넓이를 차지하고 있다. 175개의 지멘스 터빈이 개당 3.6메가와트씩 총 630메가와트의 전기를 생산한다. 이는 영국 50만

가장 큰 대회전 관람차
미국 네바다 주 라스베이거스 더 링크 호텔에 있는 '라스베이거스 하이 롤러'는 외측 지름 161.27m, 총 높이 167.5m의 대관람차다. 대중에 2014년 3월 31일 공개됐다.

싼샤 댐 프로젝트에는 총 2,747만m³의 콘크리트가 사용됐다. 부피로 따지면 기자에 있는 대피라미드의 10배 정도 된다.

가장 긴 대형 선박 운하
홍해와 지중해를 연결하는 수에즈 운하는 1869년 11월 17일 문을 열었다. 시공 기간은 10년, 총 150만 명이 동원됐으나 12만 명이 공사 도중 사망했다. 포트사이드부터 수에즈 만까지 연결하는 이 운하의 길이는 193.3km다. 폭이 가장 좁은 곳은 205m이며, 가장 넓은 곳은 365m다.

가구에서 사용하는 전력과 비슷하다. 회전날개는 지름 120m, 무게 18톤에 달한다. 터빈타워 하나의 무게는 415톤, 높이 147m로 런던 아이 관람차보다 12m 높다.

가장 높은 댐
중국 쓰촨 성에 있는 진핑 제1댐은 야룽 강을 가로막고 있다. 살짝 구부러진 이중곡률 형태로 길이는 568.5m, 높이는 프랑스 에펠 탑과 비슷한 305m다. 하이드로차이나 청두엔지니어링(CHIDI)이 설계했으며, 에트란 하이드로파워 개발회사(둘 다 중국)가 소유하고 있다.

가장 큰 콘크리트 댐
중국 양쯔 강의 싼샤 댐은 1994년 12월 14일 정식으로 시공이 시작돼 2005년부터 운행됐다. 1,486만m³의 콘크리트가 사용된 이 댐은 길이가 2,335m에 달한다. 해수면부터 높이가 185m로 기자의 대피라미드보다 높으며, 런던의 세인트폴 대성당, 시애틀의 스페이스 니들보다도 높다.

몬스터 머신

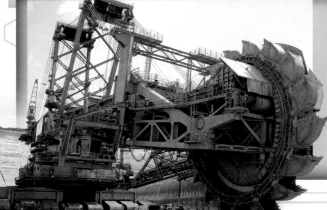

◀ 가장 큰 로봇 차량(육지 운송 수단)
'배거 293' 버킷 굴착기는 무게가 1만 4,196톤에 달한다. 지축을 뒤흔드는 이 맘모스는 독일 라이프치히에서 타크라프(TAKRAF) 사가 제작했다. 길이 220m, 높이 94.5m로 하루에 24만m³의 흙을 나를 수 있다. 148~149쪽에 레고 모형이 나온다.

▶ 가장 큰 터널 보링 머신
일본 기업 히타치 조센 사가 제작한 '버샤'는 길이 91m, 무게 6,900톤이다. 지름 17.5m에 달하는 거대한 커팅헤드에는 600개의 작은 연삭 가공판이 설치돼 있다. 2013년 미국 시애틀에서 99번 국도의 터널을 뚫는 데 사용했다. 2017년 공사가 마무리될 때까지 총 3.2km를 뚫어냈다.

가장 긴 다리

중국 '징후 고속철도'(베이징-상하이 고속철도)에 있는 단양 - 쿤산 대교는 길이가 164km에 이른다. 2011년 6월 개통된 이 철도에는 길이 114km의, 세계에서 2번째로 긴 다리인 랑팡-칭시안 대교도 있다. 1만 명의 인부가 4년에 걸쳐 이 다리를 완성했으며, 평균 높이는 지면부터 30.48m다.

대교가 양청 호 위에 놓인 9km 구간은 자연재해에 버틸 수 있도록 강화했다. 리히터 규모 진도 8의 지진을 견딜 수 있으며, 해군 함정의 공격도 버텨낼 수 있다.

가장 긴 현수교

일본의 혼슈와 아와지 섬을 연결하는 아카시 해협대교는 높이 297m에 주탑 사이 거리가 1,990.8m다. 보통 현수교는 총 길이를 말하지 않고 주탑 사이의 거리로 규모를 이야기한다.

가장 긴 티베트 양식 보행자 전용 다리

찰스 쿠오넨 현수교는 스위스 란다 인근 그라벤구퍼 협곡의 85m 상공을 가르며 494m 뻗어 있다(폭 65cm). 스위스로프와 라우버 세일바넨 AG(둘 다 스위스)가 제작했으며, 2017년 7월 29일 대중에 공개됐다.

가장 높은 다리

2,460m의 미요 대교는 프랑스 타른 강을 지난다. 7개의 콘크리트 기둥 중 가장 높은 기둥이 지면에서 244.96m 떨어져 있다. 각각의 기둥 위로 87m 높이의 철탑이 있는데 협곡의 가장 깊은 바닥부터 꼭대기까지 343m다. 포스터&파트너스가 설계했다.

가장 큰 타워 크레인

'크롤 K-10000'은 덴마크에서 만들어졌는데 제작 표준구성으로 따졌을 때 120톤을 82m까지 들어 올릴 수 있다. 총 120m 높이에 회전 실린더는 지름이 12m에 불과하지만 균형추가 223톤에 달해 큰 힘을 낼 수 있다.

가장 큰 덤프트럭

'벨라즈 75710'은 450톤까지 적재할 수 있다. 벨라즈 사(벨라루스)가 제작했으며 2014년 1월 22일 벨라루스 조디노에서 처음 테스트를 거쳤다. 최근 광산 산업에 대형 장비들이 많이 사용되는 추세라 그에 맞춰 적재량이 큰 트럭을 제작했다.

▶ 가장 큰 그래브 준설선

2017년 1월 26일 싱가포르 투아스에서 초대형 삽질 기계 '고쇼'와 '토쇼'의 적재량이 200m³로 확인됐다. 이 2대의 거대 장비는 코지마구미 사가 스미토모 중공업, 가와사키 중공업(모두 일본) 그리고 독일의 월터 헝거 GmbH와 함께 만들었다.

과학 & 기술 전반 Round-Up

화성에서 가장 오래 가동된 로버(탐사선)

2004년 1월 25일 나사의 '오포튜니티' 로버가 화성의 메리디아니 평원에 터치다운했다. 2주 전에는 쌍둥이 탐사선인 '스피릿'이 행성의 다른 면에 착륙했다. 이 2대의 태양열 로버는 지구 시간으로 90일 정도만 활동할 것으로 예상했지만, 놀라운 내구성을 보였다. 오포튜니티는 2018년 1월 29일 기준 14년 4일째 가동 중이다. 또 스피릿은 2009년 5월 연약 지반에 갇혔고, 태양열 전지판이 흙에 덮여 결국 2010년 3월 22일 작동이 중지됐다.

화성 최장거리 주행

파올로 벨루타(이탈리아/미국)는 나사 제트추진연구소(JPL)의 로버 설계자다. 2018년 1월 10일까지 화성의 JPL 로버를 조종해 16.881km를 이동시켰는데 스피릿과 오포튜니티(1만 2,982m), 큐리오시티(3,898m)를 합친 기록이다.

가장 큰 팻버그

팻버그는 변기로 버려진 식용유, 기저귀, 젖은 휴지 등이 뭉쳐져 하수 시설을 막는 기름 덩어리를 말한다. 템스 워터(영국)의 조사관들에 따르면, 수도청에 기록된 역대 가장 큰 팻버그는 길이 250m, 무게 130톤이라고 한다. 이 덩어리는 2017년 9월 런던 화이트 채플의 하수 파이프를 막고 있었다.

3D 프린터로 만든 최초의 선박 프로펠러(시제품)

WAAM 펠러는 로테르담 적층가공연구소(RAMLAB), 프로마린, 오토데스크, 다멘, 뷰로 베리타스가 합작으로 만들었다. 예인선에 쓸 용도로 제작했으며, 니켈-알루미늄-청동 합금을 사용해 298개의 레이어로 구성했다. 프로마린이 2017년 4월 설계 전달, RAMLAB이 와이어 용융제조 방식(WAAM)으로 프로펠러 제작, 뷰로 베리타스가 2017년 11월 절차를 확인하고 프로펠러를 채택했다.

가장 작은 크리스마스 카드

2017년 12월 영국 국립물리학연구소는 이온 빔(전하를 띤 소립자)을 이용해 15×20마이크로미터 크기의 크리스마스 카드를 새겼다.

이 카드는 백금 코팅 실리콘 질화물 기판으로 만들었으며, 안쪽에 크리스마스 인사말이 새겨져 있다.

카드의 크기가 너무 작아서 전자현미경으로 사진을 찍을 때 위치를 찾기가 매우 힘들다.

최장기간 외행성 궤도 조사

협정세계시 2017년 9월 15일 11시 55분 카시니 우주비행선은 토성과 그 위성들을 연구하는 약 20년짜리 임무의 '대단원'을 마무리했다. 카시니는 13년 76일 전부터 토성의 궤도를 조사했으며, 마지막으로 행성의 대기에 진입하며 불타버렸다.

궤도 비행을 가장 오래 한 재활용 가능한 우주선

보잉 사(미국)가 만든 X-37B 무인 우주선은 2015~2017년 1년 352일 동안 궤도를 비행했다. 이 우주선은 2015년 5월 20일 미국 플로리다 주 케이프 커내버럴 공군기지에서 아틀라스 V에 실려 발사되며 임무를 시작했다. 그리고 마침내 2017년 5월 7일 복귀했는데, 이 낡은 우주왕복선은 대기를 돌파하며 소닉붐을 내면서 케네디 우주센터에 착륙했다.

가장 오래된 빙하코어

2017년 8월 15일 과학자들이 남극에서 추출한 얼음 속에는 약 270만 년 전의 가스 방울이 갇혀 있었다. 이전 기록보다 200만 년 정도 더 오래된 방울인데, 남극의 특정 지역에서 고대의 얼음 층을 보존할 수 있는 '블루 아이스(푸른 얼음)'를 추출했기에 가능했다. 코어 안의 공기 방울은 이산화탄소 농도가 300ppm을 넘지 않았는데, 이전 대기가 온실효과를 덜 받았음을 보여준다. 요즘 대기에는 410ppm이 넘는 이산화탄소가 포함돼 있다.

가장 시끄러운 방

2011년 완공된 리버버런트 어쿠스틱 실험장(RATF)은 높이 17.37m, 길이 14.47m, 폭 11.43m의 시설이다. 나사 글렌연구센터의 일부로 미국 오하이오 주 샌더스키 인근 2,590헥타르의 플럼 브룩 기지에 있다. 이 실험장의 한쪽 벽면은 36개의 거대한 스피커가 뒤덮여 있고 압축질소 가스를 이용하는 이 스피커들은 163데시벨의

피젯 스피너 오래 돌리기(한 손가락)

타카유키 이시카와(일본)는 2017년 12월 11일 일본 도쿄 미나토에서 피젯 스피너를 한 손가락으로 24분 46초34나 돌렸다. 미네베아 미츠미와 미츠비시 프리시전 사(둘 다 일본)가 만든 스피너를 사용했다. 미네베아 미츠미는 가장 작은 피젯 스피너도 제작했는데(작은 사진), 폭이 겨우 5.09mm, 무게 0.027g으로 쌀 1톨보다 가볍다.

소음을 10분 동안 낼 수 있다. RATF는 로켓 부품, 위성 등이 발사 시 겪게 될 소음을 견딜 수 있는지 실험하기 위해 제작됐다.

새로운 화학원소
가장 최근 합성된 화학원소는 테네신(Ts)으로, 2010년 러시아 두브나에 있는 합동핵연구소(JINR)의 러시아 및 미국 과학자들이 만들었다. 칼슘이온 빔으로 버클륨을 쏴 6개의 원자가 생성됐다. 테네신은 2015년 12월 원자 번호 117을 부여받고 공식적으로 새로운 원소로 구분됐다.

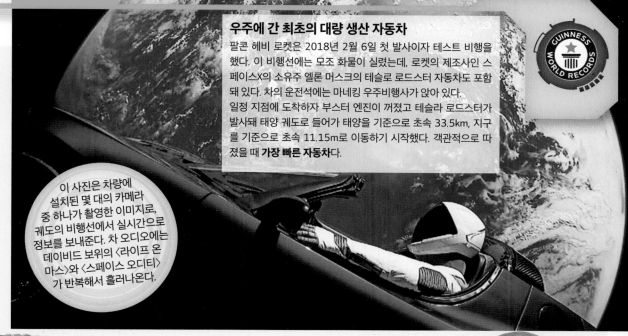

우주에 간 최초의 대량 생산 자동차
팔콘 헤비 로켓은 2018년 2월 6일 첫 발사이자 테스트 비행을 했다. 이 비행선에는 모조 화물이 실렸는데, 로켓의 제조사인 스페이스X의 소유주 엘론 머스크의 테슬로 로드스터 자동차도 포함돼 있다. 차의 운전석에는 마네킹 우주비행사가 앉아 있다.
일정 지점에 도착하자 부스터 엔진이 꺼졌고 테슬라 로드스터가 발사돼 태양 궤도로 들어가 태양을 기준으로 초속 33.5km, 지구를 기준으로 초속 11.15m로 이동하기 시작했다. 객관적으로 따졌을 때 **가장 빠른 자동차**다.

이 사진은 차량에 설치된 몇 대의 카메라 중 하나가 촬영한 이미지로, 궤도의 비행선에서 실시간으로 정보를 보내준다. 차 오디오에는 데이비드 보위의 〈라이프 온 마스〉와 〈스페이스 오디티〉가 반복해서 흘러나온다.

가장 단단한 매듭 구조
매듭은 분자 단위에서 일어날 수 있으며, DNA에도 형성돼 있다. 2017년 1월 12일 영국 맨체스터대학 팀이 3가닥의 분자 가닥을 합사해 원자 192개 길이의 미세한 매듭을 만들었으며 2.5나노미터마다 총 8군데가 겹쳐 있다고 발표했다. '8₁₉ 매듭'으로 알려진 이 매듭은 위 사진 속 모델과 같은 모양을 하고 있다.

가장 강력한 로켓(현재)
2018년 2월 6일 동부표준시 3시 45분에 미국 플로리다 주 케이프 커내버럴 공군기지에서 팔콘 헤비 로켓이 처음으로 발사됐다. 미국 기업 스페이스X가 제작한 팔콘 헤비는 27개의 엔진과 3개의 부스터코어가 장착돼 해수면 기준 2만 2,819킬로뉴턴의 출력을 발휘하며, 우주의 진공 상태에서는 2만 4,681킬로뉴턴의 힘을 발휘한다. 로켓은 높이 70m, 무게 1,420.788톤이다.
유료하중 6만 3,800kg으로 지구 저궤도에 진입할 수 있는 팔콘 헤비는 **화물 용량으로 따져도 가장 강력한 로켓**이며, 다른 고중량 화물로켓과 비교해도 2배에 가까운 짐을 실을 수 있다. 태양 궤도에 진입한 로켓의 2단부는 약 수십억 년 동안 유지될 수 있는데, 여기에는 평범하지 않은 짐들이

실려 있었다(위 참조).

인공 DNA를 기반으로 한 최초의 살아 있는 유기체
2017년 11월, 미국 캘리포니아 주 스크립스 연구소에서 새로운 형태의 박테리아 대장균이 형성됐다. 이 대장균엔 지금까지 알려지지 않은 단백질을 만들어내는 합성 DNA 2쌍이 포함돼 있다.
2개의 새로운 합성 물질 'X'와 'Y'가 대장균의 천연 DNA에 흡수됐다. 과학자들은 이것이 더 강하면서 오래 효과가 지속되는 치료약 개발에 도움이 되길 바라고 있다.
인간의 몸이 쉽게 분해하지 못하는 강한 단백질을 만들게

되면 일부 약의 효능이 더 강해질 수 있기 때문이다.

최초의 3D 로봇 형태 광고판
코카콜라 사(미국)는 2017년 8월 8일 미국 뉴욕 타임스퀘어에 210.22m² 크기의 3차원 광고판을 설치했다. 1,960개의 로봇식 LED 큐브로 구성돼 있는데 이 중 1,715개는 이동식이고 245개는 고정돼 있다. 이 광고판은 기상이 나빠지거나 큰 기온 변화를 감지할 수 있다.

가장 큰 클라인 병
1882년 펠릭스 클라인이 자신의 이름을 따 만든 이 병은 안과 밖의 경계가 없는 한 면으로 이루어진 구조물이다. 클리포드 스톨(미국, 위 사진)이 이 병을 높이 106cm, 폭 62.2cm, 둘레 163.5cm 크기로 설계해 2001~2003년에 킬디 과학용 유리 제품 제조사(미국)에서 만들었다. 존 아벨레(미국)가 소유 중인 이 클라인 병은 캐나다 토론토 킹브릿지 센터에 전시돼 있다.

08/04/2016

30/03/2017

최초로 재사용된 궤도용 로켓의 단부
협정세계시(UTC) 2017년 3월 30일 22시 27분, 미국 플로리다 주 케네디 우주센터의 발사시설 39A에서 스페이스X 팔콘 9 로켓이 통신위성 SES-10을 싣고 발사되어 32분 뒤인 UTC 22시 59분에 궤도에 진입했다. 이 로켓은 2016년 4월 8일에도 발사됐는데, 나사의 CRS-8을 국제 우주정거장에 공급하는 임무를 수행했다. 궤도용 로켓에 장착됐던 일부(단부)가 성공적으로 재사용된 최초의 사례다.

컨테이너선 CONTAINER SHIP

뱃머리부터 선미까지의 길이가 400m에 달하는 대형 컨테이너선들이 매일 수천 톤의 화물을 세계 곳곳으로 나르고 있다. 레고 사는 2014년 당시 가장 큰 배였던 '머스크 라인 트리플 E'를 기념하기 위해 1,518피스짜리 상품을 출시했다. 실제보다 600배 이상 작은 모형이지만, 짐을 가득 실은 컨테이너선의 모습이 제대로 표현돼 있다.

'머스크 라인 트리플 E'나 현재 가장 큰 배로 기록된 'OOCL 홍콩' 같은 대형 선박은 인간이 만든 가장 큰 구조물 중 하나다. 최소 1만 8,000개 이상의 컨테이너를 싣는 이 배들은 '초대형 컨테이너 선박(ULCVs)'으로 분류된다. 선박의 규모는 6m 길이의 컨테이너(TEU)를 최대 몇 개나 실을 수 있는지로 따진다.

전 세계 화물의 90% 이상은 배로 운송된다. 물론 이 책도 마찬가지! 온 세상이 이 바다의 거인에게 의지하는 셈이다.

기록을 위해

올림픽 규정 수영 경기장 8개를 붙여놓은 크기의, 길이 400m 이상인 선박은 현재 몇 대가 존재하지만 그중에서도 **선적량이 가장 큰 배**는 OOCL 홍콩(위 참조)이다. 오리엔트 오버시즈 컨테이너라인(OOCL) 사(홍콩)가 만든 이 선박은 2017년 5월 12일 진수됐다. 선적량 2만 1,413TEU, 길이 399.87m, 폭 58.80m, 갑판 끝부터 용골까지의 깊이 32.50m, 만재 배수량 25만 7,166톤이다.

머스크 라인

AP 몰러-머스크 사(덴마크)는 **세계에서 가장 큰 컨테이너 선박회사(TEU 기준)**로, 2017년 11월까지 운용 중인 컨테이너 수가 415만 8,171개에 이른다. **시장점유율도** 전 세계 화물량의 19.4%를 차지해 가장 높으며, **선박의 수로 따져도** 779대를 소유 및 운영해 가장 많다. 1904년 창립한 회사로 본사는 덴마크 코펜하겐에 있다.

앞 돛대

재사용할 수 있는 화물용 컨테이너. 길이는 보통 6m 혹은 12m로 선체에 싣거나 갑판에 묶는다.

강철 선체

구강 선수. 파도의 저항을 줄이고 연료 효율을 높인다.

전격 비교: 바다를 누비는 거인들

현재 컨테이너선들은 유조선과 '가장 긴 선박'의 타이틀을 놓고 경쟁을 벌이고 있다. 역대 가장 길고 가장 큰 선박은 몽(시와이즈 자이언트, 해피 자이언트 자르 바이킹, 녹 네비스로도 알려졌다)으로, 초대형 유조선(ULCC)이며 길이는 458.45m다. 2010년 퇴역 당시에는 가장 큰 폐기 선박으로 기록됐다. 가장 큰 여객선이나 가장 긴 군함도 요즘 컨테이너선에 비하면 미흡하다.

몽 – 역대 가장 큰 배(458.45m)

OOCL – 가장 큰 컨테이너선(399.87m)

하모니 오브 더 시즈 – 가장 큰 여객선(362.12m)

USS 엔터프라이즈 – 가장 긴 군함(342m)

엔진

이렇게 큰 배들을 움직이려면 그에 맞는 엔진이 필요하다. 머스크라인 트리플 E를 예로 들면 3만 2,000kw 2행정엔진 한 쌍으로 시속 35km의 속도를 낸다. 반면 OOCL 홍콩은 8만 80kw 디젤엔진 하나를 사용해 시속 42km까지 속도를 낸다.

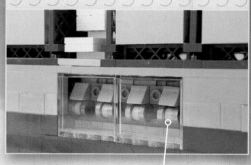

함교. 화물의 선적을 결정하는 곳이다. 갑판에서 12층 높이에 있다.

굴뚝

구명보트

항력 표시선

그거 알아?

2014년 세계선사협의회의 조사에 따르면 매년 2,683개의 컨테이너가 잘못된 선적, 풍랑, 충돌, 침몰 등으로 분실된다. 매우 많은 양처럼 보이지만 비율로 따지면 매년 선적되는 1억 2,000만 개의 컨테이너 중 고작 0.002%다. 컨테이너 운송은 상품을 세계로 전달하는 데 가장 효과적인 방법이다.

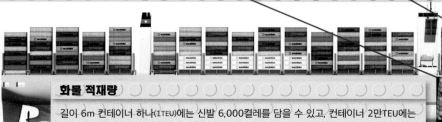

화물 적재량

길이 6m 컨테이너 하나(1TEU)에는 신발 6,000켤레를 담을 수 있고, 컨테이너 2만TEU에는 1억 2,000만 켤레를 담는다. 적재량이 가장 큰 배인 OOCL 홍콩은 2만 1,413TEU다. 갑판 아래 U자형으로 공간이 마련된 선체에 화물을 효율적으로 실을 수 있으며, 갑판에도 23줄 24구역, 11층까지 컨테이너를 쌓는 게 가능하다.

아트 & 미디어 Arts & Media

세계 박스오피스 개봉 주말 최고 수익

'더넘버스닷컴'에 따르면 마블의 크로스-프랜차이즈 블록버스터 《어벤져스: 인피니티 워》(미국)는 2018년 4월 27~29일 전 세계에서 6억 4,039만 8,183달러의 수익을 올렸다. 이 영화는 미국에서 2억 5,769만 8,183달러를 벌어들여 **국내(미국) 박스오피스 개봉 주말 최고 수익**도 기록했다.

터 워크 개봉 주말 기록을
경신했다. 또 11일 만에 최단
기간 10억 달러 수익을 기록하
며 〈스타워즈: 깨어난 포스〉
(미국, 2015)가 세운 12일
기록도 넘어섰다

〈어벤져스: 인피니
티 워〉는 개봉 주말 기록을

영화: 블록버스터 Blockbusters

세계 박스오피스 최고 수익

코미디

친구들의 소란스러운 총각파티 이야기를 담은 코미디 시리즈 〈행오버 2〉(미국, 2011)는 5억 8,646만 4,305달러의 수익을 올렸다. **가장 큰 수익을 올린 블랙 코미디는** 레오나르도 디카프리오 주연, 마틴 스콜세지 감독(둘 다 미국)의 〈더 울프 오브 월 스트리트〉(미국, 2013)로 3억 8,987만 414달러의 수익을 올렸다.

로맨틱 코미디

2016년 2월 전 세계에 개봉한 주성치의 〈미인어〉(중국)는 5억 5,219만 8,479달러를 벌어들였다. 역대 가장 큰 수익을 올린 영화 160위이지만, 로맨틱 코미디 장르 중 가장 큰 이익을 남겼다.

드라마

트와일라잇 시리즈 〈브레이킹 던 Part 2〉(미국, 2012)는 전 세계 누적 8억 2,972만 4,737달러의 성과를 냈다. 스테파니 메이어의 책이 원작으로 10대 뱀파이어 드라마의 5번째이자 마지막 작품이다.

다큐멘터리

미국 팝의 전설 마이클 잭슨의 콘서트 리허설을 다큐멘터리로 만든 〈마이클 잭슨의 디스 이즈 잇〉이 2009년 10월 28일 개봉 첫 2주 동안 2억 달러를 기록하고, 전 세계에서 2억 5,209만 1,016달러의 수익을 올렸다. 가수의 성장기를 보여주는 〈저스틴 비버: 네버 세이 네버〉(2011)는 **역대 가장 큰 수익을 남긴 콘서트 영화**다. 박스오피스 수익은 9,903만 4,125달러를 기록했다.

실사 촬영 뮤지컬

디즈니의 1991년 애니메이션을 실사로 리메이크한 〈미녀와 야수〉(미국)는 2017년 2월 23일 영국 런던의 스펜서 하우스에서 시사회를 한 뒤 전 세계에서 12억 6,310만 9,573달러의 수익을 올리며 전 기록 보유 작품인 〈맘마미아!〉(미국/영국/독일, 2008)를 2위로 밀어냈다. 〈맘마미아!〉는 지금까지 6억 1,574만 8,877달러의 수익을 올렸다.

*모든 수치는 2018년 4월 11일 기준

더넘버스

더넘버스는 영화계 관련 자료를 담고 있는 최대 규모 데이터베이스로 3만 1,000편 이상의 영화와 14만 4,000명 이상의 영화계 인물들에 관한 수치가 나와 있다. 1997년 브루스 내시가 만들었으며, 매년 800만 명 이상이 방문한다. 영화 팬은 물론이고 주요 제작사, 독립 제작사, 투자자들이 애용하는 이 사이트는 영화의 제작 정보나 개봉 시기도 제공한다. 더넘버스는 제작사와 배급사에서 수집한 정보, 새로운 기사나 다른 정보를 '오푸스데이터'라는 데이터베이스에 보관하는데, 이곳에는 800만 건이 넘는 영화계의 정보가 있다.

전체를 유화로 만든 최초의 영화

〈러빙 빈센트〉(폴란드/영국/미국, 2017)는 예술가 빈센트 반 고흐의 말년 이야기를 담고 있다. 이 작품은 10년간 복잡한 과정을 거쳐 제작됐는데, 배우들의 연기를 실사로 촬영한 뒤 125명으로 구성된 애니메이터 팀이 각각의 프레임을 유화로 꼼꼼하게 칠했다. 반 고흐의 소용돌이치는 듯한 붓질을 최대한 모방해 만들었다.

가장 큰 수익을 남긴 슈퍼히어로 '1편' 영화

〈블랙 팬서〉(미국, 2018)는 2018년 4월 11일 기준 13억 71만 6,032달러의 수익을 남겼다. 채드윅 보스만(미국, 위 사진)이 티찰라 역을 맡았으며 개봉 26일 만에 수익 10억 달러를 넘어섰다.

호러

스티븐 킹의 1986년 소설이 원작인 영화 〈그것〉(미국, 2017)은 박스오피스 6억 9,745만 9,228달러를 기록했다.

서부

쿠엔틴 타란티노 극본 및 감독, 제이미 폭스, 크리스토프 왈츠, 레오나르도 디카프리오, 케리 워싱턴, 사무엘 L 잭슨이 출연한 〈장고: 분노의 추적자〉(미국, 2012)는 2012년 12월 25일 개봉 후 지금까지 4억 4,994만 8,323달러를 벌었다. 2013년 타란티노 감독의 최고 흥행작으로, 왈츠와 타란티노의 오스카 수상작이다.

가장 큰 수익을 남긴 영화

〈아바타〉(미국/영국, 2009)는 2018년 1월 11일 27억 8,391만 8,982달러의 전 세계 수익을 냈다. 제임스 카메론(캐나다) 감독은 **전 세계 박스오피스 10억 달러를 기록한 최초의 영화** 〈타이타닉〉(미국, 1997)도 만들었다. 〈아바타〉는 개봉 시 5번째로 10억 달러를 넘겼다.

영화 속 나비 족은 푸른 피부의 힌두교 신들에게 영향을 받았다. '아바타'는 '인간 혹은 동물의 형상으로 내려온 화신'을 뜻하는 산스크리트어다.

셀로판 친구들 - 고전 만화영화

▲ 애니메이션 최고 수익(미국 내, 물가상승 고려)

디즈니 최초 장편 〈백설 공주와 일곱 난쟁이〉(미국, 1937)는 당시 1억 8,490만 달러를 벌었다. 2018년 5월 10일 기준으로 12억 달러 수준이다. **공식 사운드트랙이 나온 최초의 영화**다.

▶ 애니메이션 최고 수익

(전 세계, 물가상승 제외)

디즈니의 〈겨울왕국〉(미국, 2013, 싱어롱 버전 2014년 재개봉)은 박스오피스에서 12억 7,000만 달러를 벌어들였다. 안데르센의 동화 〈눈의 여왕〉을 바탕으로 한 영화로, 〈블랙 팬서〉(위 참조)가 개봉하기 전까진 역대 수익 10위를 차지하고 있었다.

스톱모션 애니메이션 최고 수익

아드만 애니메이션즈(영국)가 드림웍스(미국)와 함께 제작한 〈치킨 런〉은 2000년 개봉 후 지금까지 2억 2,700만 달러를 벌어들였다. '스톱모션'은 고정된 인형을 미세하게 움직여 사진을 찍은 뒤 영상으로 연결하는 방식이다. 영화를 완성하기까지 몇 달, 몇 년이 걸리기도 한다!

2017년 가장 많이 검색된 영화
영화 팬들은 슈퍼히어로, 고전동화도 좋아하지만 얼빠질 정도로 무서운 영화를 가장 좋아한다. 2017년 구글 검색에 따르면 말이다.

1: 호러 영화 〈그것〉이 큰 성공을 거뒀다. 7명의 아이가 으스스한 광대 페니와이즈의 모습으로 나타난 악마와 맞선다.

2: 〈미녀와 야수〉는 디즈니가 고전 동화를 실사로 만든 작품으로, 박스오피스에서 괴물 같은 성적을 남겼다.

3: 〈원더우먼〉은 갤 가돗이 주연한 슈퍼히어로 영화로, 2017년 10번째로 큰 수익을 남겼다.

가장 큰 수익을 남긴 영화 시리즈

〈스타워즈〉 10편은 2018년 4월 5일까지 전 세계에서 총 89억 2,670만 4,817달러의 수익을 올려 〈해리 포터〉 시리즈에 앞섰다. 재개봉, 특별편, 2017년 12월 15일 개봉한 〈스타워즈: 라스트 제다이〉(미국)를 포함한 기록이다. 2008년 애니메이션 〈더 클론 워〉(미국)와 〈로그원: 스타워즈 스토리〉(미국, 2016)도 포함돼 있다. 〈한 솔로: 스타워즈 스토리〉가 개봉하면 수익이 더 오를 것으로 보인다.

어드벤처 영화 최고 수익

〈스타워즈: 깨어난 포스〉(미국, 2015)는 2018년 4월 11일 기준 20억 5,866만 2,225달러를 전 세계에서 기록했다. 전설적인 공상과학 팬들이 오랫동안 기다려온 7번째 이야기로, 몇몇 박스오피스 기록을 갈아치웠다. **최단기간 1억 달러 돌파**(24시간), **2억 달러 돌파**(3일), **5억 달러 돌파**(10일) 등이다.

▶ 애니메이션 최고 수익

(개봉일)
디즈니-픽사의 〈니모를 찾아서〉(미국, 2003) 팬들이 오래 기다려온 후속작 〈도리를 찾아서〉(미국, 2016)는 2016년 6월 17일 미국 4,305개 극장에서 공개돼 5,470만 달러의 수익을 올렸다. 2018년 4월 기준 역대 30번째로 높은데 **악당이 나오지 않는 영화 중 최고 수익이다.**

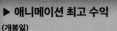

일본 애니메이션 영화 최고 수익

〈너의 이름은〉(일본, 2016)이 3억 4,280만 달러의 수익을 올렸다. 신카이 마코토(일본) 극본 및 감독의 로맨틱 판타지로, 몸이 서로 바뀌는 마법 같은 일을 겪는 2명의 십대 이야기를 담고 있다. 2017년 9월 JJ 에이브럼스 감독은 이 애니메이션을 실사 영화로 만들겠다고 발표했다.

▶ 오스카 장편애니메이션 작품상 최다 수상

픽사는 아카데미에 이 카테고리가 추가된 2001년 이후 총 9번 상을 받았다. 수상작은 〈니모를 찾아서〉(2003), 〈인크레더블〉(2004), 〈라따뚜이〉(2007), 〈월-E〉(2008), 〈업〉(2009), 〈토이스토리 3〉(2010), 〈메리다와 마법의 숲〉, 〈인사이드 아웃〉(2015), 〈코코〉(2017, 오른쪽 사진)다.

영화: 제작자 Movie Makers

최고 소득 영화배우(1년, 여자)

2017년 6월 1일까지 1년 동안 엠마 스톤(미국)은 대략 2,600만 달러(세전)를 벌었다. 대부분 오스카 시상식을 휩쓴 〈라라랜드〉(미국, 2016, 위 사진)에서 얻은 수익이다.

한 해 수입이 가장 높은 영화배우(역대)

〈포브스〉에 따르면 윌 스미스(미국)는 2008년 6월 1일까지 1년 동안 〈나는 전설이다〉(미국, 2007), 〈핸콕〉(미국, 2008) 등의 성공으로 8,000만 달러를 벌었다. 〈아이언맨〉의 로버트 다우니 주니어(미국)는 〈어벤져스: 에이지 오브 울트론〉(미국, 2015)이 개봉한 뒤 2015년 6월 1일까지 윌 스미스와 같은 수익을 올려 동률을 이뤘다.

아카데미 최다 주연상

캐서린 헵번(미국, 1907~2003)은 아카데미 시상식에서 주연상을 총 4회 수상했다. 〈아침의 영광〉(미국, 1933)으로 1934년에, 〈초대받지 않은 손님〉(미국, 1967)으로 1968년에, 〈겨울의 라이온〉(영국, 1968)으로 1969년에, 〈황금 연못〉(미국, 1981)으로 1982년에 받았다. 다니엘 데이 루이스(영국)는 〈링컨〉(미국/인도, 2012)으로 2013년 2월 24일 3번째 아카데미 주연상을 받으며 **아카데미 남자주연상 최다 수상**을 기록했다. 〈데어 윌 비 블러드〉(미국, 2007), 〈나의 왼발〉(아일랜드/영국, 1989)로 같은 상을 받았다. 오스카 주연상을 3번이나 받은 최초의 남자 배우다.

아카데미 촬영상 최초의 여자 후보

레이첼 모리슨(미국)은 2018년 1월 23일 영화 〈머드바운드〉(미국, 2017)로 오스카 후보에 올랐다. 아카데미 시상식 89년 역사에 촬영상 후보에 최초로 거론된 여자이지만 〈블레이드 러너 2049〉(미국/영국/헝가리/캐나다, 2017)의 로저 디킨스에 밀려 상은 받지 못했다.

할리우드에서 가장 수익성이 좋은 배우(1년)

제레미 레너(미국)는 2017년 6월 1일까지 출연료 1달러당 93.80달러의 매출을 기록했다. 이 기간에 〈미션 임파서블〉, 〈캡틴 아메리카〉, 〈컨택트〉(미국, 2016)에 출연해 같은 날 기준 전 세계에서 2억 300만 달러 이상의 수익을 기록했다. 위 사진은 제레미가 〈어벤져스〉(미국, 2012)에서 호크아이로 출연한 모습이다.

최고 수익…

카메오 배우

2018년 1월 15일 기준, 마블 코믹스의 창시자 스탠 리(미국)가 나온 영화는 214억 1,403만 2,775달러의 수익을 기록했다. 이는 그가 카메오 혹은 비중이 적은 조연으로 나온 37편의 영화 수익을 모두 합친 금액이다(물가상승 미고려). 리는 〈몰래츠〉(미국, 1995)로 처음 영화에 데뷔했다.

영화 제작자(남자)

2018년 1월 16일까지 케빈 파이기가 제작한 영화들이 전 세계에서 135억 852만 8,266달러의 매출을 기록했다. 그의 기록에는 〈아이언맨〉 시리즈 3편(모두 미국, 2008~2013), 〈토르〉(미국, 2011), 〈어벤져스: 에이지 오브 울트론〉(미국, 2015), 〈캡틴 아메리카: 시빌 워〉(미국, 2016)가 포함돼 있다. 케슬린 케네디(미국)는 **수익이 가장 높은 영화 제작자(여자)**로 2018년 1월 16일까지 113억 4,688만 2,599달러 이상을 기록했다. 〈E.T.〉(미국, 1982), 〈쥬라기 공원〉(미국, 1993), 〈스타워즈: 라스트 제다이〉(미국, 2017)를 포함한 〈스타워즈〉 프랜차이즈 3편까지 총 32편이 포함돼 있다.

최고 소득 영화배우(1년, 남자)

마크 월버그(미국)는 2016년 6월 1일~2017년 6월 1일까지 6,800만 달러(세전)의 수입을 올렸다. 위 사진은 2017년 개봉한 〈트랜스포머: 최후의 기사〉(미국/중국/캐나다)에서 케이트 예거 역을 연기하는 모습이다.

최고 수익을 기록한 영화감독(2018년 1월 16일 기준)

남자: 스티븐 스필버그(왼쪽 위 사진)는 〈슈가랜드 특급〉(미국, 1974)부터 〈더 포스트〉(미국, 2017)까지 32편으로 98억 3,408만 7,200달러를 벌었다. 사진은 〈레디 플레이어 원〉(미국, 2018)의 한 장면이다.
여자: 낸시 마이어스(미국, 왼쪽 아래 사진)는 〈페어런트 트랩〉(미국, 1998)부터 〈인턴〉(미국, 2015)까지 6편의 영화로 13억 5,180만 5,585달러의 수익을 올렸다.

최고 수익을 기록한 주연 배우*

◀ 슈퍼히어로 영화

로버트 다우니 주니어(미국)가 출연한 7편의 슈퍼히어로 영화는 전 세계 박스오피스에서 누계 73억 8,238만 1,753달러를 기록했다. 그는 마블의 〈아이언맨〉으로 2012~2015년에 전 세계에서 가장 출연료가 높은 배우가 됐다.

▲ 코미디

22편의 영화에 출연한 아담 샌들러(미국)가 총 26억 1,326만 1,211달러를 기록했다. 여기에는 〈그로운 업스〉(미국, 2010), 〈척 앤 래리〉(미국, 2007), 〈클릭〉(미국, 2006), 〈롱기스트 야드〉(미국, 2005)가 포함돼 있다.

▼ 드라마

21편 드라마·영화의 톰 행크스(미국)는 전 세계 박스오피스에서 43억 2,392만 4,637달러의 수익을 올렸다. 아래 사진은 톰이 〈더 포스트〉(미국, 2017)에서 신문사 편집장 벤 브래들리를 연기하는 모습이다.

최고 수익*
영화 촬영감독:
앤드루 레즈니(호주,
1956~2015)는 13편의
영화로 79억 6,000만 달
러를 기록했다.

필름 편집:
마이클 칸(미국)이 53편의
영화로 113억 2,000만
달러를 기록했다.

각본가:
스티브 클로브스(미국)는
9편의 영화로 75억
7,000만 달러를 기록했다.

영화 음악가:
한스 짐머(독일)는 98편의
영화로 277억 1,000만 달
러를 기록했다.

GUINNESS WORLD RECORDS

*2018년 3월 5일 기준

잭슨의 연기 중 마블의 닉 퓨리(사진)와 〈펄프픽션〉(미국, 1994)의 줄스 윈필드가 가장 유명하다.

최고 수익 남자 배우(모든 역할)

2018년 1월 15일 기준 사무엘 L 잭슨(미국)이 출연한 모든 영화의 전 세계 수익이 178억 3,151만 183달러에 이른다. 127편의 영화에 출연했는데 53편에서 공동 주연을, 49편에서 조연을 맡았다. 조연으로 출연한 〈어벤져스: 에이지 오브 울트론〉이 가장 큰 성공을 거뒀다.

최고 수익 여자 배우(모든 역할)

2018년 1월 15일 기준 케이트 블란쳇(호주)은 내레이터를 맡은 3편과 조연으로 출연한 작품까지 해 총 52편의 영화로 108억 8,428만 9,810달러의 수익을 올렸다. 위 사진은 〈토르: 라그나로크〉(미국, 2017)에서 죽음의 여신 헬라를 연기하는 모습이다.

최고 수익 남자 배우(주연)

2018년 1월 15일 기준 조니 뎁(미국)은 46편의 영화로 전 세계에서 95억 6,143만 8,698달러의 수익을 올렸다.

최고 수익 여자 배우(주연)

엠마 왓슨(영국)은 14편의 영화(〈해리 포터〉 8편 포함)에서 총 90억 9,221만 8,924달러의 수익을 기록했다.

최고 수익 남자 배우(조연)

2018년 1월 15일 기준 워윅 데이비스(영국)는 영화로 전 세계에서 145억 4,811만 2,029달러를 벌었다.

최고 수익 여자 배우(조연)

17편의 영화에 목소리로 출연한 미키 맥고완(미국)의 영화 수익이 82억 8,673만 3,896달러를 기록했다.

◀ 뮤지컬

이완 맥그리거 주연의 〈물랑 루즈〉(호주/미국, 2001)와 〈미녀와 야수〉(미국, 2017)는 전 세계에서 14억 4,292만 3,008달러의 수익을 기록했다. 왼쪽 사진은 그가 〈물랑 루즈〉에서 사랑에 빠져 노래하는 크리스티앙을 연기하는 장면이다.

▲ 로맨틱 코미디

〈귀여운 여인〉(미국, 1990)의 배우 줄리아 로버츠(미국)는 〈노팅 힐〉(영국/미국, 1999)과 〈런어웨이 브라이드〉(미국, 1999)를 포함해 8편의 로맨틱 코미디 영화에 출연해 16억 5,191만 9,358달러의 수익을 올렸다.

▶ 액션 영화

빈 디젤(미국)이 2001년부터 주연을 맡은 13편의 영화가 총 58억 5,535만 823달러의 수익을 기록했다. 스파이가 된 스턴트맨 역의 〈트리플엑스〉, 길거리 레이서 역의 〈분노의 질주〉에서 선보인 액션 연기로 유명하다.

음악: 올해의 팝 The Year In Pop

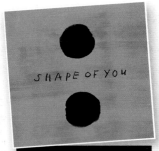

세계에서 가장 많이 팔린 디지털 싱글(당해)

국제음반산업협회(IFPI)에 따르면 에드 시런(영국)의 〈÷(디바이드)〉 앨범은 2017년 610만 장이 판매됐다. 판매량 집계가 마무리된 가장 최근 해의 기록이다.

세계에서 가장 많이 스트리밍된 노래

〈데스파시토〉는 2017년 7월 19일까지 46억 번 이상 스트리밍됐다. 루이스 폰시와 대디 양키(둘 다 푸에르토리코)의 원곡으로 저스틴 비버(캐나다)가 피처링으로 참여한 리믹스 곡이 큰 인기를 끌었다. 리믹스 버전은 원곡이 2017년 1월 12일 발표되고 고작 188일 뒤에 나왔다(오른쪽 사진). 오리지널 영상이 업로드된 지 203일째인 2017년 8월 3일, 30억 뷰를 기록해 **역대 가장 많이 본 온라인 영상**이 됐다(198쪽 참조).

미국에서 1주 동안 가장 많이 스트리밍된 곡(여자)

닐슨뮤직에 따르면 테일러 스위프트(미국)의 〈룩 왓 유 메이드 미 두〉는 2017년 8월 31일까지 1주일 동안 미국에서 8,440만 번 스트리밍됐다. 또 2017년 8월 24~25일 스포티파이에서 800만 번 이상 스트리밍돼 발표 첫 24시간 동안 스포티파이에서 가장 많이 스트리밍된 곡이 됐다. 2017년 8월 27~28일에는 4,320만 뷰로 **24시간 동안 가장 많이 본 유튜브 영상**에 올랐으며, **24시간 동안 가장 많이 시청한 베보 영상**으로도 기록됐다.

일본에서 매년 싱글 1위를 기록한 가수

킨키 키즈(일본)는 싱글 〈토파즈 러브/데스티니〉를 발표하며 22년 연속(1997~2018) 오리콘 싱글 차트 1위를 기록했다(옆 페이지 하단 참조).

오디오 스트리밍 서비스를 가장 많이 사용한 해

IFPI가 2017년 9월 발표한 자료에 따르면 소비자의 45%가 애플뮤직이나 스포티파이 등 스트리밍 서비스를 통해 음악을 들었다. 이는 2016년 대비 21.6%가 증가한 수치다.

라틴 그래미어워드 최다 수상자

2017년 11월 16일 열린 제18회 라틴 그래미어워드 시상식에서 레네 페레스가 23번째 상(베스트 어반 앨범)과 24번째 상을 거머쥐었다('소모스 아노르말레스'로 베스트 어반 송). 이로써 '올해의 프로듀서' 상을 받은 같은 밴드(카예 13) 소속 동료 에두아르도 카브라(둘 다 푸에르토리코)와 동률을 이뤘다. 같은 시상식에서 샤키라(콜롬비아, 샤키라 이사벨 메바라크 리폴)는 2017년 앨범 〈엘 도라도〉로 11번째 상인 '베스트 컨템퍼러리 팝 보컬 앨범'을 가져가며 **라틴 그래미어워드 최다 수상자**(여자)가 됐다. 미국 핫 라틴송 차트에 가장 오래 1위를 차지한 솔로 가수는 22주를 기록한 J 발빈(콜롬비아)으로 〈긴자〉가 2015년 10월 11일~2016년 3월 12일 정상에 머물렀다. **빌보드 트로피컬 에어플레이 차트 탑 10에 가장 많이 오른 가수**(여자)는 올가 타뇬(푸에르토리코)으로, 1994년 11월 5일~2017년 4월 29일 27곡이 올랐다. 그녀

미국 최다 주간 1위(싱글)

2017년 9월 9일 빌보드 핫 100에 〈데스파시토〉 리믹스 버전이 16주 연속 1위에 오르며 1995~1996년 머라이어 캐리와 보이즈 투 맨(둘 다 미국)의 〈원 스윗 데이〉와 동률을 이뤘다.

는 프레미오 로 누에스트로 라틴 뮤직어워드 개인 최다 수상자로 1990~2015년에 30번 수상했다.

지구에서 가장 멀리 있는 음반

12인치 금판 디스크 보이저골든레코드는 2018년 5월 14일 기준 지구에서 211억 5,000만km 떨어진 거리에 있다. 외계 생명체에게 보내는 타임캡슐로, 1977년 9월 5일 발사한 보이저 1호(현재 지구에서 가장 멀리 있는 인간이 만든 물체)에 실려 있다. 루이 암스트롱과 히즈 핫 세븐의 〈멜랑콜리 블루스〉, 척 베리의 〈자니 비 굿〉, 블라인드 윌리 존슨의 〈다크 워즈 더 나이트, 콜드 워즈 더 그라운드〉가 수록돼 있다.

가장 많이 판매된 디지털 싱글(당해)

IFPI에 따르면, 에드 시런의 〈셰이프 오브 유〉는 2017년 2,660만 장이 판매됐다(싱글 트랙 다운로드 및 오디오 스트리밍 수 합계). 빌보드 핫 100에서 12주간 1위를 차지한 것을 포함해 10위 안에 연속 33주간 머물러, **US 핫 100 차트 10위 안에 가장 오래 머문 곡**도 됐다. 또 스포티파이에서 가장 많이 스트리밍된 곡으로, 2018년 3월 6일까지 16억 5,525만 8,694번 재생됐다.

최다 연속 주간 미국 싱글 차트 진입(여러 장의 앨범으로)

2009년 5월 23일 〈베스트 아이 에버 해드〉로 데뷔한 드레이크는 2017년 8월 19일 〈패션프루트〉와 〈사인스〉가 차트에 오르며 빌보드 핫 100에 8년 88일(총 431주) 동안 머물렀다. 그는 차트에 총 157곡을 올렸는데, 이 중 105곡은 리드 아티스트로 참여했다.

세계의 흐름

◀ 24시간 동안 가장 많이 시청한 케이팝 뮤직비디오

2017년 9월 18~19일 방탄소년단이 발표한 〈DNA〉는 유튜브에서 2,100만 뷰를 기록해 24시간 동안 가장 많이 본 케이팝 영상이 됐다. 2017년 11월 19일에는 케이팝 최초로 아메리칸 뮤직어워드에서 〈DNA〉 공연을 선보였다. 케이팝은 '대한민국의 대중음악'을 말한다.

◀ 라틴 그래미어워드 최고령 수상자

2017년 11월 16일 네바다 주 라스베이거스 MGM 그랜드가든 아레나에서 열린 18회 라틴 그래미어워드에서 마긴 디아즈(콜롬비아, 1922년 12월 30일생)가 앨범 〈엘 오리샤 데 라 로사〉로 '베스트 레코딩 패키지' 상을 받았다. 당시 그의 나이는 94세 321일이었다.

미국의 음악 산업*
미국인은 하루 평균 4시간 정도 음악을 듣는다. AM/FM 라디오를 통해 듣는 사람이 가장 많다 (52%).

*출처: 미국 레코드 산업협회(RIAA), 2016년 통계

레코드 판매량은 4% 오른 4억 3,000만 달러를 기록했지만 이런 실물 상품이 시장에서 차지하는 비중은 22%로 감소했다.

디지털 판매는 전체 음악 산업의 78%를 차지한다. 2015년 대비 23% 증가해 58억 달러를 기록했다.

스트리밍은 전체 수익의 51%인 39억 달러를 기록했다. 2016년 4,320번 스트리밍됐다.

미국 앨범 차트에서 1주에 100만 장 판매를 가장 많이 기록한 가수

닐슨이 1991년부터 판매량을 조사한 이후 테일러 스위프트는 빌보드 200 앨범 차트에서 1주에 100만 장 판매를 4번이나 달성한 유일한 가수다. 컨트리뮤직 스타 스위프트는 최근 발매한 4장의 앨범들이 첫 주에 모두 100만 장 판매를 기록했다. 〈스피크 나우〉(104만 7,000장, 2010년 11월 13일), 〈레드〉(120만 8,000장, 2012년 11월 10일), 〈1989〉(128만 7,000장, 2014년 11월 15일), 〈레퓨테이션〉(121만 6,000장, 2017년 12월 2일)이다. 얼마 전까지 3번으로 아델(영국)과 동률이었다.

그래미상 후보에 가장 많이 오른 여성 아티스트

2017년 11월 28일 발표에 따르면, 비욘세(미국)는 남편 제이지와 함께 부른 〈패밀리 퓨드〉(위)로 그래미 시상식 후보에 63번째 올랐다. 이 곡은 '베스트 랩/송 컬래버레이션' 부문의 후보였다.

〈룩 왓 유 메이드 미 두〉에 나오는 스위프트의 모습이다. 2017년 발표한 〈레퓨테이션〉 앨범 중 가장 먼저 나온 영상으로, 전 세계에서 1위를 기록했다.

크라우드펀드로 데뷔 싱글을 만든 최초의 중동 가수

파이아 유난(시리아)은 아랍의 크라우드펀딩 플랫폼 줌알을 통해 첫 싱글 〈오헤보우 야다이카(난 네 손이 좋아)〉를 제작했다. 이 앨범은 119명의 후원을 받아 목표 금액 2만 5,000달러를 모았고 2015년 4월 19일 발표됐다.

◀ 데뷔부터 최다 연속 싱글 1위를 기록한 일본 가수

도모토 코이치와 도모토 츠요시로 구성된 킨키 키즈는 1997년 7월 28일 발표한 데뷔 싱글 〈유리의 소년〉이 오리콘 싱글 차트에서 1위를 기록한 이후 발표하는 싱글마다 1위를 기록하고 있다(39번). 〈토파즈 러브/데스티니〉는 39번째 1위 싱글로 2018년 2월 5일 1위를 했다.

유로비전 송 콘테스트 최고점

2017년 5월 13일 살바도르 소브랄(포르투갈)은 〈아마르 펠로스 도이스〉로 조국에 최초의 유로비전 우승을 안겼다. 심사위원 점수(382점) 및 대중 투표(376점)로 총 758점을 받았으며 30개 부분에서 최고점인 12점을 받았다. 소브랄은 2016년 자말라(우크라이나)가 〈1944〉로 세운 534점의 기록을 박살냈다.

음악: 최고의 팝송 Top Of The Pops

최초의 100만 장 판매 기록

최초로 100만 장 이상을 판매한 음반은 레온카발로의 오페라 〈팔리아치〉의 〈의상을 입어라〉로 이탈리아 오페라 가수 엔리코 카루소(1873-1921)가 노래했다. 이 음반은 1902년 11월 녹음됐으며, 빅터 토킹머신 컴퍼니를 통해 발매됐다.

가장 많이 팔린 싱글

빙 크로스비의 〈화이트 크리스마스〉는 전 세계에서 5,000만 장 이상 팔린 것으로 추정된다. 어빙 벌린이 1940년 작곡한 축제 곡으로 1942년 5월 29일 18분 만에 녹음이 완료됐다고 한다. 이 곡은 크로스비와 프레드 애스테어가 주연을 맡은 벌린의 뮤지컬 영화 〈홀리데이 인〉(미국, 1942)에 삽입됐다. **차트가 생긴 이후 가장 많이 팔린 싱글**은 1950년대 엘튼 존의 〈섬씽 어바웃 더 웨이 유 룩 투나잇〉과 〈캔들 인 더 윈드 1997〉이며 전 세계에서 3,300만 장이 판매됐다.

가장 많이 팔린 앨범

1982년 첫 발매된 마이클 잭슨의 〈스릴러〉는 전 세계 누적판매량이 6,600만 장 이상이다. 2017년 2월 16일 미국 레코드산업협회(RIAA)로부터 33번째 플래티넘 증서를 받았다. 이는 미국에서 3,300만 장 이상이 판매됐다는 증거로, 미국 최다 판매 앨범에 올랐다.

동일 멤버로 가장 오래 활동 중인 그룹(현재 활동)

더스티 힐(보컬/베이스, 사진 왼쪽), 빌리 깁슨(보컬/기타, 사진 가운데), 프랭크 비어드(드럼, 사진 오른쪽)는 1969년~2018년 1월까지 48년 동안 '지지-탑'(미국)으로 함께 활동하고 있다. 이 중 깁슨만 1년 먼저 밴드 초창기 멤버로 활동했다. 〈김미 올 유어 러빙〉 등의 히트곡이 있는 이 털보 로커들은 2004년 로큰롤 명예의 전당에 헌액됐다.

연간 수입이 가장 많은 유명인(역대)

포브스에 따르면, 마이클 잭슨(미국, 1958~2009)은 2016년 10월 1일까지 8억 2,500만 달러를 벌었다. 이 '팝의 황제'가 벌어들인 수입 대부분은 2016년 3월 그가 보유하고 있던 소니/ATV 뮤직 퍼블리싱의 지분을 7억 5,000만 달러에 팔면서 발생했다.

가장 빨리 팔린 앨범(한 나라에서)

닐슨 뮤직에 따르면 아델(영국)의 〈25〉는 첫 주에 미국에서만 337만 8,000장을 팔아 2015년 11월 26일 빌보드 200 앨범 차트에 1위로 진입했다. 역사상 어떤 앨범도 발매 첫 주에 한 나라에서 이렇게 많이 팔린 기록은 없다.

가장 빨리 팔린 앨범은 비틀즈(영국)의 〈1〉로 2000년 11월 13일 발매 첫날 360만 장이 나갔고, 첫 달 전 세계에서 1,350만 장이 팔렸다.

가장 높은 수익을 올린 콘서트 투어

아일랜드 밴드 U2는 2009년 6월 30일~2011년 7월 30일에 '360도 투어'로 110번 무대에 올라 7억 3,613만 7,344달러를 벌어들였다. 700만 명이 넘는 팬들이 이 엄청난 공연을 관람했다.

US 핫 컨트리 송 차트 최다 수록 아티스트(여자)

2016년 돌리 파튼(미국)은 1974년 히트곡 〈졸린〉을 아카펠라 5인조 펜타토닉스와 새로운 버전으로 만들어 빌보드 핫 컨트리 송 차트에 107번째로 올렸다. 컨트리 음악의 살아 있는 전설 돌리는 **US 핫 컨트리 송 차트에 가장 오래 탑 20곡을 올린 가수**(10년 단위)에 등극했다. 1960년대~2010년대까지 60년 동안 히트곡을 불렀다.

연간 수입이 가장 많은 밴드(현재)

포브스의 〈셀러브리티 100〉을 보면 록 밴드 콜드플레이(영국)는 2017년 6월 1일까지 12개월 동안 약 8,800만 달러를 벌었다고 한다. 이들은 '어 헤드 풀 오브 드림스 투어'로 5개 대륙을 방문했고, 공연을 펼친 모든 도시에서 500만 달러 이상을 벌어들였다.

록 콘서트를 동시에 가장 많이 본 기록

2005년 7월 2일 약 100만 명이 런던, 필라델피아, 요하네스버그, 모스크바 등 세계 10개 도시에서 '라이브 8'을 관람했다. **록 콘서트 TV 방송 최다 동시 시청 수**는 1985년 7월 13일 2곳에서 진행된 '라이브 에이드' 자선 콘서트 무대로 150개국 19억 명이 시청했다.

영국 싱글 차트에 가장 많은 곡을 올린 작곡가

폴 매카트니 경(영국)은 영국 '오피셜 싱글 차트'가 시작된 이래 단독 또는 공동 작곡한 192곡을 차트에 올렸다. 비틀즈로 히트한 32곡, 윙스의 노래 21곡, 솔로나 듀오, 그룹 참여 36곡이 포함돼 있다.

어디서 들어본 듯한…

◀ 가장 많이 리믹스된 곡을 가진 아티스트

마돈나(미국)의 노래들은 324번이나 리믹스됐다. 〈하드 캔디〉 앨범의 〈기브 잇 2 미〉(퍼렐 윌리엄스 피처링, 2008)는 17번 리믹스됐는데, 하우스 뮤직 DJ 에디 아마도라가 4가지 버전(〈덥〉, 〈하우스 러버스 믹스〉, 〈하우스 러버스 에디트〉, 〈클럽〉)으로 만들어 가장 많다.

가장 많이 커버된 곡을 가진 아티스트

비틀즈 노래들은 4,136번이나 커버됐다. 〈예스터데이〉(1965)가 가장 많이 선택되었다. 레논과 매카트니의 애처로운 이 발라드 곡은 에바 캐시디, 마빈 게이, 엘비스 프레슬리, 프랭크 시나트라, 만화 캐릭터 벅스 버니와 대피 덕까지 수많은 아티스트들이 불렀다.

◀ 가장 많이 커버된 곡

조지 거슈윈(왼쪽 사진) 작곡, 듀보스 헤이워드 작사의 재즈 명곡 〈서머타임〉은 1935년 오페라 〈포기와 베스〉 삽입 곡으로, 소프라노 헬렌 젭슨이 불렀다. 이 버전이 214번이나 커버됐는데 빌리 홀리데이(1936), 마일즈 데이비스(1958), 폴 매카트니(1988), 리오나 루이스(2006), 윌리 넬슨(2016) 등이 불렀다.

2018년 3월 21일 기준 whosampled.com에서 발췌한 수치

ABBA
GOLD

최다 주간 기록

오피셜 앨범 차트(영국): 아바(스웨덴)의 〈골드-그레이티스트 히츠〉(1992)가 2018년 3월 22일 기준 828주를 기록했다.

오피셜 싱글 차트(영국): 더 킬러스(미국)의 〈미스터 브라이트사이드〉(2004)가 2018년 3월 22일 기준 200주를 기록했다.

빌보드 핫 100 싱글(미국): 이매진 드래곤스(미국)의 〈라디오액티브〉(2013)가 2014년 5월 10일까지 87주를 기록했다.

빌보드 200 앨범(미국): 핑크 플로이드(영국)의 〈더 다크 사이드 오브 더 문〉(1973)이 2018년 1월 13일 기준 937주를 기록했다.

GUINNESS WORLD RECORDS

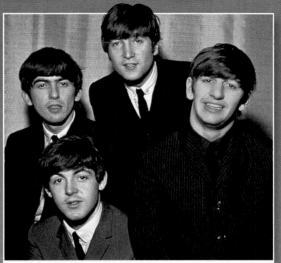

역대 최고 판매량 그룹

비틀즈(영국)는 레코드 회사 EMI에 따르면, 지금까지 약 10억 장이 넘는 디스크와 테이프를 팔았다. 2017년 6월 8일 〈서전트 페퍼스 론리 하트 클럽 밴드〉는 영국 차트에서 1위를 한 지 49년 125일 만에 다시 1위에 올라 **영국에서 가장 오랜 기간을 두고 역주행 1위를 달성한 앨범**에 올랐다.

역대 최고 판매량 솔로 가수(여자)

마돈나(미국)는 1983년부터 약 3억 3,500만 장의 앨범 및 싱글 판매량을 기록했다. 이 중 가장 많이 팔린 앨범은 〈디 이매큘러트 컬렉션〉(1990년 발매, 2,820만 장)이며, 그녀의 싱글 5개도 500만 장 이상 판매됐다. 비틀즈, 엘비스 프레슬리, 마이클 잭슨만 마돈나보다 많은 판매량을 기록했다.

2001년 엘비스는 **명예의 전당 3곳에 헌액된 최초의 음악 아티스트**가 됐다. 그는 로큰롤, 컨트리, 가스펠 장르의 명예의 전당에 올랐다.

역대 최고 판매량 솔로 가수(남자)

음반회사 RCA에 따르면, 엘비스 프레슬리(미국, 1935~1977)는 전 세계에서 10억 장 이상의 판매량을 기록했다. 팝의 '황제'로 로큰롤 대중화에 큰 영향을 줬다. 2018년 3월 21일 기준 미국 레코드산업협회(RIAA)로부터 골드 171번, 플래티넘 94번, 멀티플래티넘 34번 증서를 받아 **RIAA 최다 증서 기록을 보유한 가수**다.

◀ 가장 많이 샘플링된 곡들의 가수

제임스 브라운(미국)의 곡들은 7,094번이나 샘플링됐다. '펑키 드러머'(1969)는 만들고 17년 만에 〈인 더 정글 그루브〉 앨범에 수록되어 가장 많이 샘플링됐다. 퍼블릭 애너미의 〈파이트 더 파워〉, 에드 시런의 〈셔츠슬리브스〉 등 1,440곡에서 이용됐다.

가장 많이 리믹스된 곡

휴먼 리소스(네덜란드)의 1991년 싱글 〈도미네이터〉는 총 41번 리믹스됐다. C J 볼랜드, 빈센트 드 무어, 클럽헤즈, 아민 반 뷰렌이 이 하드코어 곡에 자기 색을 입혔다. 휴먼 리소스도 3번이나 리믹스했는데 1996년에는 〈96〉과 〈해피 투 더 코어〉에서, 2005년에는 〈휴먼 리소스 믹스〉에서 발표했다.

가장 많이 샘플링된 곡 ▶

더 윈스턴스(미국)의 1969년 곡 〈아멘, 브라더〉의 중간에 그레고리 'G C' 콜먼(사진 제일 오른쪽)이 연주한 6초짜리 드럼 솔로 부분은 '아멘 브레이크'라는 별명으로 불린다. 이 부분은 다양한 음악 장르에서 NWA, 루페 피아스코, 오아시스, 비요크, 나인 인치 네일스 같은 아티스트가 2,835번 샘플링했다.

TV

현재 출연 중인 연간 최고 수입 TV 남자 배우

〈포브스〉에 따르면 CBS 시트콤 〈빅뱅이론〉의 짐 파슨스(미국, 셸든 쿠퍼 역)는 2016년 6월 1일~2017년 6월 1일에 약 2,750만 달러를 벌었다고 한다. 그는 3년째 TV 배우 중 최고 수입을 올리고 있다.

현재 출연 중인 연간 최고 수입 TV 여자 배우

ABC 모큐멘터리 시트콤 〈모던 패밀리〉의 소피아 베르가라(콜롬비아)는 2년째 TV에 나오는 여배우 중 가장 많은 수입을 올렸다. 〈포브스〉에 따르면 2017년 6월 1일까지 12개월 동안 4,150만 달러의 수입을 올렸다.

전 세계에서 가장 인기 있는 TV 쇼(현재)

패럿 애널리틱스에 따르면 HBO 〈왕좌의 게임〉(미국)의 2017년 평균 '요청 건수'가 1,631만을 기록했다. 이 수치는 관련 블로그, 소셜 미디어 채팅, 불법 다운로드 등을 포함한다. 이 중 다운로드 횟수는 페이스북의 '좋아요'보다 더 강한 지표다. 다운로드 모니터링 웹사이트 '토렌트프릭(TorrentFreak)'에 따르면 〈왕좌의 게임〉은 6년 연속 가장 많이 불법 복제된 TV 쇼다. 2017년 8월 27일 방송된 시즌 7 마지막 회는 토렌트에 40만 건 이상이 일제히 공유됐다.

평점이 가장 높은 TV 시리즈(현재)

2017년 4월 16일 처음 방송된 HBO 드라마 〈레프트오버〉(미국)는 2018년 2월 19일 기준 메타크리틱 평점 100점 만점에 98점, 시청자 평점 10점 만점에 9.1점을 기록 중이다. 메타크리틱 평점은 〈할리우드 리포터〉, 〈뉴욕타임스〉, 〈버라이어티〉, 〈살롱〉, 〈뉴욕〉 같은 잡지의 전문 평론가 및 할리우드 리포터 17명이 매긴 점수다.

프라임타임 에미 상 최다 수상 TV 시리즈

NBC 〈새터데이 나이트 라이브〉가 2017년 에미 상을 9개 더 추가해 총 59회 수상했다. 론 마이클스가 기획하고 딕 에버솔이 발전시킨 심야 코미디 쇼로, 1975년 처음 방송됐다.

가장 많이 구독하는 TV와 영화 스트리밍 서비스

넷플릭스(미국)는 190개국에 1억 1,700만 구독자를 보유하고 있다. 2018년에는 프로그램 제작에 80억 달러를 투자한다고 한다.

출연료가 가장 높은 TV 진행자

〈포브스〉에 따르면 닥터 필(필 맥그로, 미국)은 2017년 6월 1일까지 12개월 동안 7,900만 달러를 벌었다. 또 엘런 드제너러스(미국)는 같은 기간 7,700만 달러로 **출연료가 가장 높은 여자 TV 진행자**에 등극했다.

최고령 TV 정규 아나운서들

영국의 채널 포(C4)는 2018년 2월 3일 100세 이상 여자 3명을 정규 아나운서로 고용했다. 밀리, 비티, 마가렛(영국)은 30세 이상 여자에게 투표권이 처음 부여된 1918년에 태어났다.

TV 커리어가 가장 오래된 연예인

1939년 TV에 데뷔한 베티 마리언 화이트 루덴(베티 화이트, 미국, 1922년 1월 17일생)은 79년 뒤인 2018년 2월 10일 96세 24일의 나이에도 여전히 인기 쇼에 출연하고 있다. 그녀가 맡았던 가장 유명한 역할은 〈더 골든 걸스〉(NBC, 1985~1992)의 로즈 닐룬트 역이다.
TV 커리어가 가장 오래된 연예인(남자)은 브루스 포사이스 경(영국, 1928~2017)으로 1939~2015년까지 76년 동안 TV에 나왔다.

가장 성공한 TV 음식방송 포맷

엔데몰 샤인(네덜란드)이 제작한 〈마스터 셰프〉는 2005년 2월 21일 다시 방송을 시작한 뒤 52개국에 포맷이 판매됐다. 이 쇼의 영국 버전은 존 토로드와 그렉 월러스(위 사진 왼쪽, 오른쪽)가 진행하고, 미국 버전은 크리스티나 토시와 고든 램지(왼쪽 사진)가 출연한다. 프로그램은 처음 영국에서 1990~2001년 로이드 그로스만의 진행으로 방송됐다. 파생된 프로그램으로는 〈셀러브리티 마스터 셰프〉와 〈주니어 마스터 셰프〉가 있다.

〈닥터 후〉의 닥터를 맡은 최초의 여자

조디 휘테커(영국)는 BBC의 전통 깊은 인기 공상과학 시리즈 〈닥터 후〉에서 닥터 후 역을 맡은 최초의 여자다. 조디는 이 역할을 맡은 13번째 배우로, 2017년 말 크리스마스 특집 방송으로 처음 모습을 드러냈다.

〈닥터 후〉는 1963년 11월 23일~1989년 12월 6일에 26시즌 694개 에피소드로 역대 가장 길게 방영된 TV 공상과학 시리즈다.

TV 최장기 방영

▲ 토크쇼

NBC 〈더 투나잇 쇼〉는 1954년 9월 27일 스티브 앨런(미국)의 진행으로 처음 방송돼 2018년까지 64년째 이어지고 있다. 2014년부터는 진행자 이름을 넣어 〈지미 펄론의 더 투나잇 쇼〉로 나온다. 2016년 9월에는 대통령 후보 도널드 트럼프가 출연했다.

음악적 재능을 뽐내는 쇼

일본의 NHK가 제작한 가라오케 프로그램 〈노도 지만(노래자랑)〉은 1953년 3월 15일 처음 방송되어 2018년 4월 8일 현재까지 여전히 방영되고 있다. 아마추어 가수가 1분 동안 노래를 부르면 전문가의 조언과 함께 점수가 매겨지고, 프로그램이 끝날 때 매회 우승자가 선정된다.

◀ 어린이 매거진 프로그램

1958년 10월 16일 BBC 〈블루 피터〉(영국)는 런던의 라임 글로브 스튜디오에서 처음 전파를 타 2018년 10월까지 60년째 방영되고 있다. 존 녹스(영국)가 최장기 진행자로 1965~1978년 공동 진행을 맡았다. 사진은 현 진행자인 린제이 러셀과 라디지 치냥안야가 기네스 편집장과 만난 모습이다.

1. 〈기묘한 이야기 2〉: 윌을 찾는 이야기는 마무리됐지만, 업사이드 다운이 여전히 악영향을 끼치고 있다.

2. 〈루머의 루머의 루머〉: 한 상자의 카세트테이프 속에 한 10대의 죽음에 대한 13가지 동기와 거짓이 숨겨져 있다.

3. 〈오렌지 이즈 더 뉴 블랙〉: 여자 감옥에서 벌어지는 폭동, 모의재판, 재능 발현을 그린 코미디 드라마. 5번째 시즌이다.

GUINNESS WORLD RECORDS

인터넷에서 가장 많이 검색된 TV 쇼

공상과학 호러 시리즈 〈기묘한 이야기〉(넷플릭스)는 2년 연속 가장 자주 검색된 TV 프로그램이다. 맷과 로스 더퍼 형제가 기획, 각본, 감독을 맡은 이 프로그램은 1980년대를 배경으로 당시 문화를 표현하고 있다. 특히 스티븐 스필버그의 영화와 스티븐 킹의 으스스한 소설이 주를 이룬다. 아래 사진은 이 드라마에 나오는 4명의 어린 주연들이다. 왼쪽부터 노아 슈납(미국), 핀 울프하드(캐나다), 게이튼 마타라조, 케일럽 맥러플린(둘 다 미국)이다.

2017년 10월 27일 〈기묘한 이야기 2〉가 넷플릭스를 통해 서비스된 지 3일 만에 미국 뉴욕 시의 인구와 비슷한 880만 명이 시청했다.

▼ 스케치 쇼(현재)
카라콜 텔레비전(콜롬비아)이 제작한 〈행복한 토요일〉은 1972년 2월 5일~2018년 4월 2일까지 이어지고 있다. 콜롬비아에서 가장 오래된 TV 쇼로 많은 코미디언이 이 프로그램에서 배출됐다.

▲ 1명이 가장 오래 진행한 쇼
패트릭 무어는 BBC 천문학 프로그램 〈더 스카이 앳 나이트〉를 1957년부터 2012년 12월 9일 사망하기까지 55년간 진행했다. 달에 최초로 방문한 인류인 닐 암스트롱과 버즈 올드린도 출연했다(23쪽 참조).

▶ 1명이 가장 오래 진행한 스포츠 프로그램
후안 카를로스 타피아 로드리게스(파나마)의 〈최고의 복싱〉은 1975년 1월 9일~2018년 4월 2일 현재 43년 83일째 방송 중이다. 무하마드 알리와 플로이드 메이웨더 주니어 등 많은 유명 복서의 경기를 방영했다.

비디오게임

편 종 집

익살스러운 마리오부터 〈그랜드 테프트 오토(GTA)〉의 불쾌한 암흑 세계까지, 게임 산업은 다양한 플랫폼의 변화를 거치며 엄청난 규모로 성장했다. 플랫폼의 수도 많아져 가장 높은 판매를 기록한 타이틀을 찾는 일이 점점 복잡해지고 있다.

8,262만

위(Wii) 스포츠

VGChartz에 따르면 5가지 게임이 복합된 닌텐도 〈위 스포츠〉는 2006년 출시되어 2017년 1월 8일까지 8,262만 장이 팔려 최다 판매를 기록한 스포츠 게임으로 이름이 올랐다.

'가장 성공한 비디오게임'은 어떻게 정의할 수 있을까? 전 세대 최고 판매량일까? 그렇다면 영광은 〈위 스포츠〉에 돌아가야 한다. VGChartz에 따르면 이 게임은 8,264만 장의 판매를 기록했다. 하지만 또 다른 궁극의 게임과 비교하면 판매 1위의 자리에는 약간 변동이 생긴다. 바로 〈테트리스〉 때문이다.

〈테트리스〉는 1989년 닌텐도 게임보이에 기본 게임으로 제공된 버전이 가장 유명한데 약 1억 7,000만 장이라는 놀라운 판매량을 올린 것으로 추정된다. 하지만 플랫폼이 너무 다양해(아케이드 게임기부터 스마트폰까지 모든 플랫폼 포함) 판매 수치를 증명하기 어렵다.

모든 게임이 유명 게임기에 탑재되어 판매되는 행운을 누릴 수 없음을 감안해 기록의 영광은 스스로 일어선 게임에게 양보하면 어떨까? 그 기준이면 영광의 주인공은 〈포켓몬스터 적·녹〉&〈포켓몬스터 청〉(1996)이다. 당시 누구도 시도하지 않았던 '모두 수집하기' 형식의 게임으로, 2가지 타이틀로 판매됐지만 사실 한 작품에 가까운 '게임프리크 사(社)' 원작의 포켓몬스터 게임이다. VGChartz에 따르면, 전 세계적으로 3,137만 장이 판매돼 콘솔 기기에 기본으로 제공되지 않은 게임 중 최다 판매를 기록했다.

이쯤 되면 〈마인크래프트〉의 팬들은 이 엄청나게 인기 있는 집짓기 게임이 아직도 언급되지 않는 이유를 의아해할 수도 있다. 현존하는 모든 플랫폼을 통해 판매 중인 〈마인크래프트〉는 제작사 모장에 따르면 지금까지 1억 4,400만 장이 판매됐다고 한다. 하지만 PC 기반의 판매량은 공식으로 집계되

그랜드 테프트 오토 V

2013년 9월 17일 출시된 락스타 사의 이 게임은 최단 기간 10억 달러 수익을 기록했다(3일). VGChartz에 따르면, 2018년 5월 4일까지 6,306만 장이 판매돼 액션 어드벤처 게임 중 가장 판매고가 높다.

슈퍼마리오 브라더스

1985년 출시된 이래 4,024만 장을 팔아치운 이 전설적인 닌텐도의 게임은 가장 많이 팔린 플랫폼 비디오게임으로 기록됐다. 엄청난 인기로 콘솔 기기 NES의 성공을 도왔으며, 주인공 마리오는 상징적인 캐릭터가 됐다.

지 않아 총판매량 또한 신뢰할 수 없다. 어마어마하게 많이 판매됐다는 사실만 인정하자.

이제 가장 많이 판매된 시리즈를 알아보자. 〈슈퍼마리오〉, 〈그랜드 테프트 오토〉, 〈젤다의 전설〉, 〈콜 오브 듀티〉, 〈더 심즈〉는 누구나 아는 게임인데, 이 중에서 과연 가장 많이 팔린 게임 시리즈는 무엇일까? 힌트는 바로 옆에 있다. 페이지 한가운데 기쁨의 점프를 하고 있는 캐릭터가 기록의 영광을 차지했다. 1981년 〈동키 콩〉을 통해 마리오가 처음 모습을 드러낸 뒤 〈슈퍼마리오〉 시리즈는 지금까지 5억 7,700만 장이라는 놀라운 판매 기록을 세웠다.

가장 성공한 게임을 구분하는 마지막 방법은 영화 산업과의 비교이다. 〈어벤져스: 인피니티 워〉(미국, 180~181쪽 참조)는 2018년 4월 27~29일 6억 4,030만 달러의 수익을 올려 전 세계에서 개봉 첫 주말에 가장 높은 수익을 기록한 영화가 됐다. 하지만 〈그랜드 테프트 오토 V〉가 겨우 24시간 만에 8억 1,570만 달러의 수익을 낸 기록과 비교하면 귀여운 수준이다. 이는 모든 엔터테인먼트 콘텐츠 중 1일 최대 수익 기록이다.

콜 오브 듀티: 모던 워페어3

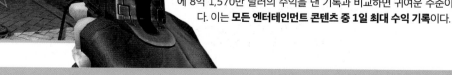

2011년 출시된 〈콜 오브 듀티: 모던 워페어3〉(액티비전 사)는 2017년 11월 13일까지 3,098만 장이 판매돼 1인칭 슈팅 게임(FPS) 중 가장 많은 판매를 기록했다. 이 시리즈는 FPS 장르를 장악하고 있는데, 역대 판매 순위 상위 10개 중 이 시리즈가 6개나 된다.

◀ 가장 큰 아케이드 게임기

제이슨 캠베리즈(미국)가 만든 '아케이드 디럭스'는 2015년 3월 23일 벤슨빌에서 측정 결과 높이 4.39m, 폭 1.93m, 측면 길이 1.04m로 확인됐다. 〈팩맨〉 같은 250가지 이상의 클래식 게임을 할 수 있는데 가운데 박힌 40cm짜리 유리 트랙볼은 볼링공 제작사가 만들었다.

가장 큰 게임보이

일한 위날(벨기에)이 만든 게임보이 콘솔은 높이 1.01m, 폭 0.62m, 측면 0.2m로 2016년 11월 13일 인증됐다. 외부 연결 소켓을 통한 라즈베리파이(싱글보드 컴퓨터의 일종)로 작동한다. 일반보다 6배 이상 크지만, 〈포켓몬스터 적·녹〉&〈포켓몬스터 청〉, 〈테트리스〉 등을 할 수 있다.

가장 작은 게임보이

제룬 돔뷔르흐(네덜란드)가 제작한, 한 손에 들어오는 54mm 크기의 콘솔은 2016년 12월 15일 중국 상하이에서 기록을 인정받았다. 열쇠고리에 딱 맞는데 게임보이의 원작 게임들이 들어 있어 더욱 인상적이다. 제룬 혼자 디자인하고, 초소형 부품을 이용해 직접 만들었다.

가장 큰 〈테트리스〉 게임기

2009년 12월 발표된 일본의 아케이드 게임기 '테트리스 자이언트'는 정식 라이선스를 획득한 것 중 가장 크다(높이 2.2m, 폭 1.6m, 측면 길이 1.7m, 2개의 대형 컨트롤러 스틱과 177cm 화면 포함). 가장 많이 수출된 비디오게임인 〈테트리스〉는 65개 이상의 플랫폼에서 할 수 있다.

MINECRAFT

1억 4,400만 장 판매

가장 많이 팔린 PC용 비디오게임

기네스 세계기록의 비디오게임 판매 기록은 VGChartz의 자료를 참조했는데, 이 데이터에는 PC 판매는 포함되지 않는다. 모장은 2018년 1월 블록버스터 블록 쌓기 게임 〈마인크래프트〉의 판매량이 총 1억 4,400만 장이라고 발표했다. 하지만 판매량의 큰 부분을 PC가 차지해 그 기록은 검증이 힘들다. 그래도 〈마인크래프트〉는 엑스박스(Xbox) 플랫폼에서 출시 첫 5일 동안 100만 장이 팔려, **최단기간 100만 장 판매를 기록한 엑스박스 라이브 아케이드 게임**이 됐다.

11,888,347,943 뷰views

가장 많은 뷰를 기록한 〈마인크래프트〉 채널

2012년 7월 14일 시작한 대니얼 미들턴(영국)의 'DanTDM' 채널은 2018년 1월 19일까지 구독자 1,752만 6,286명, 총누적 시청 수 118억 8,834만 7,943뷰를 기록했다. 이는 **하나의 비디오게임만 보여주는 채널 중 가장 많은 뷰** 기록이며, 유튜브에 방송되는 게임 채널 중 가장 많은 뷰 기록이다.

3,280,569

가장 오래 진행된 〈마인크래프트〉 여행

커트 J 맥은 2011년 3월부터 〈마인크래프트〉에서 기부를 위해 전설로 알려진 '파 랜드(Far Lands)'를 찾아 여행하고 있다. 그는 정확히 7년째인 2018년 3월 6일까지 328만 569개의 블록을 지나왔다.

게이머 에디션 2019

여기 두 쪽은 현재 출판된 **기네스 세계기록 게이머 에디션 2019**의 영향을 받아 구성됐다. 기네스 게이머 에디션에는 비디오게임계의 최고 기록, 스피드 런, 최다 판매 게임, 기술적 업적 등이 나와 있다. 또 게이머가 직접 만든 게임을 기록한 챕터도 마련돼 있다. www.guinnessworldrecords.com/gamers에 방문해보자.

◀ 가장 큰 조이패드

기존의 컨트롤러보다 30배 크지만 완벽히 작동하는 366×159×51cm 크기의 NES 패드가 2011년 8월 기록으로 인정받았다. 이 작품은 대학생 벤 알렌이 스테판 반트 호프, 미첼 페르홀스트 외 네덜란드 델프트 공과대학 학생들의 도움을 받아 만들었다.

▶ 가장 작은 아케이드 기기

2009년 컴퓨터엔지니어 마크 슬레빈스키(캐나다)는 온전히 작동되는 124×52×60mm 크기의 아케이드 게임기를 제작했다. 그는 운영체제 FunkOS도 직접 만들었다. 마크의 아내 에스터가 색을 칠했다.

인스타그램 Instagram

최초의 사진 업로드

2010년 7월 16일 인스타그램의 공동 창립자이자 CEO인 케빈 시스트롬(미국)이 '코드네임'으로 알려진 앱에 골든 리트리버의 사진을 올렸다. 개의 이름이나 주인에 관한 단서는 없었지만, 시스트롬 여자친구의 발이 사진에 있었다. 그 사진은 멕시코 토도스산토스에 있는 '타코스 칠라코스'라는 타코 가판대에서 촬영됐다. 이 앱은 그 해 10월 '인스타그램'으로 이름이 바뀌어 대중에 공개됐다.

인스타그램이 해시태그를 도입한 날인 2011년 1월 27일, 제니퍼 리(미국)가 자신이 11일 전 올린 사진에 '#셀피' 태그를 추가하며 **최초의 해시태그된 셀피** 이미지를 만들었다. 지금까지 '#셀피' 태그는 3억 2,940만 번 이상 사용됐다.

팔로어 1억 명을 넘긴 최초의 인물

2016년 9월 25일 배우이자 가수인 셀레나 고메즈(미국)의 인스타그램이 팔로어 1억 명을 넘어섰다. 팬들은 1억 명 돌파가 가까워지자 '#셀레나가 인터넷의 트렌드를 바꾸고 있다'라는 해시태그를 달아 단합된 힘을 보여줬다.

고메즈의 다른 인스타그램 업적 중에는 **최다 팔로어를 보유한 여자 뮤지션, 최다 팔로어를 보유한 여자 배우**(오른쪽 참조) 등이 있다. 캐나다의 가수 저스틴 비버는 팔로어 9,833만 6,586명으로 **최다 팔로어를 보유한 뮤지션**(남자)으로 기록됐다.

최단시간 팔로어 100만 명 돌파

'@franciscus' 프란치스코 교황(본명 호르헤 마리오 베르고글리오, 아르헨티나)은 2016년 3월 19일 인스타그램에 가입한 지 12시간 만에 팔로어 100만 명을 돌파하는 기염을 토했다. 그는 이전 기록 보유자인 데이비드 베컴(영국)이 2015년 3월 2일 가입한 지 24시간 만에 100만 명을 돌파한 기록을 절반으로 단축했다. 530만 명의 팔로어를 보유한 교황은 536개의 포스트를 남겼다.

가장 인기 있는 해시태그(현재)

2017년 12월 기준 인스타그램에서 가장 널리 쓰이는 해시태그는 '#러브(love)'다. 언제나 인기 있는 해시태그로, 인스타그램 연말 결산에서 1위를 몇 번이나 차지했다. 그 뒤를 '#패션(fashion)'이 차지했고, '#오늘의 사진(photooftheday)'이 3위를 기록했다. 최근 몇 년간 인기가 많이 오른 해시태그는 '#사진(photography)'과 '#여행사진(travelphotography)', '#밈(memes)' 등이 있다.

이모지를 가장 많이 쓰는 나라

인스타그램의 조사원들이 한 2015년 연구에 따르면 이모지를 가장 많이 쓰는 국가는 핀란드였다. 사진 공유 앱의 글을 분석해보니 핀란드 사용자들은 문장의 63%가 하나 이상의 이모지를 포함하고 있었다. 2위는 50%의 프랑스였고, 48%의 영국이 그 뒤를 이었다. 독일은 47%, 이탈리아와 러시아는 45%로 동률을 기록했다. 최하위를 기록한 탄자니아는 문장의 10%에만 이모지를 사용했다.

인스타그램에 가장 많이 나온 장소

사진 공유 애플리케이션 인스타그램에서 2017년 가장 인기가 많았던 장소는 미국 캘리포니아 주 애너하임의 디즈니랜드다. 2위와 3위는 미국 뉴욕 시의 타임스퀘어와 센트럴파크였고, 그 외 미국 내 4곳이 10위 안에 포함됐다.

인스타그램에 가장 많이 나온 도시

미국 뉴욕 시는 2017년 12월 기준 인스타그램에서 가장 인기 있는 도시다. 러시아 모스크바가 2위, 영국 런던이 3위를 차지했다. 2017년 인스타그램에서 위치 정보가 태그된 도시 중 미국과 러시아의 도시들이 거의 절반을 차지했다.

별다른 표시가 없다면 모든 기록은 2018년 4월 3일 기준

최다 팔로어

인스타그램에서 가장 인기 있는 사람은 셀레나 고메즈로 지금까지 팔로워가 1억 3,545만 8,041명이다. 그녀를 뛰어넘는 유일한 계정은 '인스타그램' 자체 계정으로 팔로워가 2억 3,389만 8,533명이다. **최다 팔로어**(남자)를 보유한 레알 마드리드의 축구선수 크리스티아누 호날두(포르투갈)는 1억 2,332만 8,883명의 팔로어가 있다. 그에 가장 근접한 라이벌은 배우 '더 락'이다(아래 참조).

우주에서 한 최초의 인스타그램

나사의 우주비행사 스티브 스완슨(미국)은 2014년 4월 7일 지구 궤도를 도는 국제우주정거장에서 'ISS 복귀, 즐거운 인생'이라는 인스타그램 포스트를 올렸다. 사진 속 그는 미국의 공상과학 드라마 <파이어플라이>의 그림이 프린트된 티셔츠를 입고 있었다.

가장 많은 팔로어

◀ 운동선수(여자)

어떤 여자 선수도 1,013만 5,847명의 팔로어를 가진 WWE의 슈퍼스타 론다 로우지(@rondarousey, 미국)보다 팬이 많지 않을 것이다. 여자 운동선수 라이벌은 테니스 스타 세리나 윌리엄스(@serenawilliams, 미국)로 팔로어가 789만 3,232명이다.

배우

'더 락'(드웨인 존슨, @therock, 미국)은 인스타그램 팔로어가 총 1억 267만 7,668명이다. 최근 프로레슬러로는 활동이 뜸하지만 성공한 프랜차이즈 영화 <분노의 질주> 외에 <스니치>(미국/아랍에미리트, 2013), <허큘리스>(미국, 2014), <모아나>(미국, 2016, 목소리 출연), <램페이지>(미국, 2018) 등 여러 편에 출연했다.

◀ 돼지

미니 돼지 프리실라(@prissy_pig)는 인스타그램 팔로어가 69만 516명으로 가장 인기 있는 돼지에 등극했다. 프리실라는 계정을 파플레톤, 프라임로즈, 핑커톤과 공유하고 있다. 이 돼지 4총사는 미국 플로리다 주 폰테베드라비치에서 주인 멜리사 니콜슨과 함께 살고 있다.

인스타그램 스냅숏
매일 인스타그램을 사용하는 사람은 약 5억 명이다. 3억 건 정도의 글이 공유되며 약 9,500만 장의 사진이 올라온다.

월 실사용자:
8억 명

지금까지 공유된 사진:
400억 장

1일 '좋아요' 수:
42억 건

* 2017년 12월 기준

아트 & 미디어

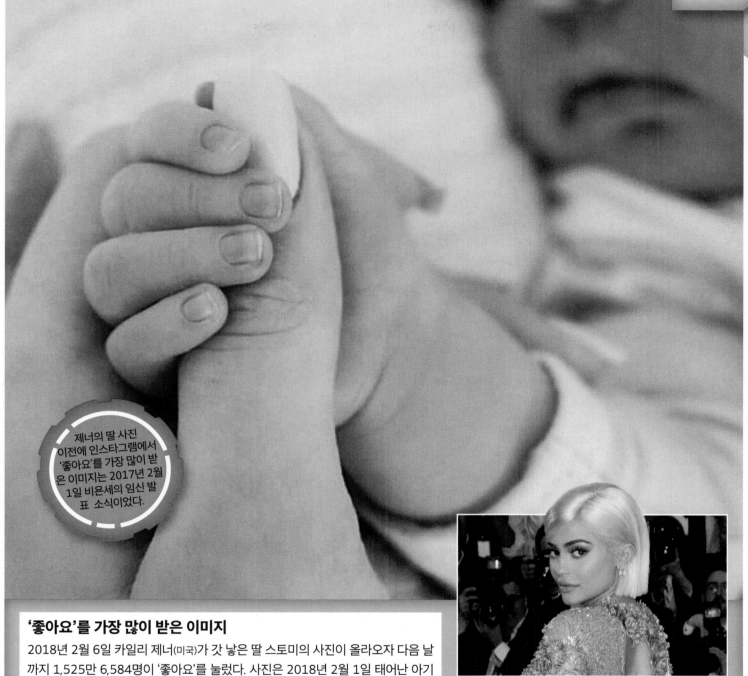

제너의 딸 사진 이전에 인스타그램에서 '좋아요'를 가장 많이 받은 이미지는 2017년 2월 1일 비욘세의 임신 발표 소식이었다.

'좋아요'를 가장 많이 받은 이미지

2018년 2월 6일 카일리 제너(미국)가 갓 낳은 딸 스토미의 사진이 올라오자 다음 날까지 1,525만 6,584명이 '좋아요'를 눌렀다. 사진은 2018년 2월 1일 태어난 아기가 엄마의 엄지손가락을 쥐고 있는 모습이다. 지금까지 인스타그램에서 가장 많이 사랑받은 이미지 3장은 모두 스토미와 관련돼 있다.

미국의 리얼리티 TV 쇼 〈키핑 업 위드 더 카다시안〉에 10년 이상 출연한 제너는 현재 개인 사업을 이끌어가고 있다.

▲ 가수(그룹)
비록 공백기가 있지만 '원디렉션'(@onedirection, 영국/아일랜드)의 팔로어는 1,722만 9,071명으로 다른 어떤 밴드보다 많다. 전 멤버인 제인 말릭(@zayn)의 개인 계정 팔로어도 2,771만 2,098명이나 된다.

▼ 스포츠 팀
경기장 밖에서 벌인 인스타그램 팬 대결에서 스페인의 레알 마드리드(@realmadrid)가 5,666만 1,661명의 팔로어로 선두에 올랐다. 가장 근접한 상대는 숙적 FC 바르셀로나(@fcbarcelona)로 5,579만 3,211명이다.

▶ 비디오게임 코스플레이어
제시카 니그리(@jessicanigri, 미국)는 코스플레이어이자 게이머로, 인스타그램 팔로어가 289만 5,679명이다. 다양한 게임 속 캐릭터를 코스프레하는 제시카는 게임 캐릭터 '슈퍼 소니코'와 만화의 성우이기도 하다.

트위터 Twitter

최초의 트윗

트위터는 2006년 잭 도시(미국)가 마이크로블로깅 및 소셜 네트워킹 툴로 개발했다. 최초의 트윗은 2006년 3월 21일 태평양표준시 오후 9시 50분 도시가 남긴 '내 트위터의 설치가 끝났다'였다. 트위터 CEO 딕 코스톨로(미국)는 2013년 1월 23일 최초의 비디오 트윗을 남겼다. 그가 스테이크 타르타르를 만드는 모습이 담긴 영상이다.

우주에서 남긴 최초의 트윗

나사의 우주비행사 티머시 J 크리머(미국)는 2010년 1월 22일 최초로 우주에서 이렇게 트윗을 남겼다. '안녕하세요, 트위터 세계의 여러분! 지금 국제우주정거장에서 실시간 트위터를 하고 있어요. 우주에서 남기는 1번째 트윗입니다! :) 조만간 ?를 보내주세요.'

계정을 만든 최초의 교황

베네딕토 16세(본명 요제프 알로이스 라칭거, 독일)는 트위터에 처음 아이디를 만든 교황이다. @Pontifex(라틴어로 '다리 놓는 사람') 계정으로 2012년 12월 12일 첫 메시지를 남겼다. '친구들에게, 트위터로 여러분과 연락하게 돼 기쁩니다. 친절한 답장에 감사드립니다. 모두의 마음에 축복이 있길.'

팔로어가 가장 많은 비디오게임 캐릭터

2K의 게임 〈보더랜드〉 시리즈에 나오는 로봇 클랩트랩(@ECHOcasts)의 '개인' 트위터 계정은 팔로어가 12만 3,390명으로 비디오게임 캐릭터 중 가장 많다. 그는 '쓸데없는 말'이란 뜻의 이름과는 상반되게 2015년 4월 2일 이후 딱 1번 트윗을 남겼다.

'좋아요'를 가장 많이 받은 메시지

미국의 전 대통령 버락 오바마의 트윗이 458만 6,103개의 '좋아요'를 받았다. 오바마는 남아공의 전 대통령 넬슨 만델라의 말을 인용해 인종 차별이 팽배한 세상에 경종을 울렸다. "피부색이나 배경, 혹은 종교를 이유로 다른 사람을 미워하도록 태어나는 사람은 없습니다." 오바마는 트위터에서 3번째로 인기가 많은 사람이자 **팔로어가 가장 많은 정치인**이다(1억 197만 1,379명).

가장 열띤 토론을 한 스포츠 경기

2014 FIFA 월드컵은 6억 7,200만 개의 트윗을 남겼다. 홈 팀 브라질과 독일의 준결승전 관련 트윗이 3,560만 개로 모든 경기 중 가장 많았다. 독일과 아르헨티나 결승전의 트윗 수는 더 적었지만 1분 간 최고 61만 8,725개의 트윗을 생성해 **분당 최다 트윗**을 기록했다.

팔로어가 가장 많은 비디오게임

EA의 축구 시리즈 〈FIFA〉(@EASPORTSFIFA)는 팔로어가 640만 8,784명으로 전체 비디오게임 계정 중 6번째로 많고, 단일 게임 중 가장 많다. 〈FIFA〉는 〈리그 오브 레전드〉(448만 928명), 〈어쌔신 크리드〉(426만 5,063명), 〈콜 오브 듀티〉(355만 5,586명)보다 팔로어가 많다.

다른 표기가 없으면 2018년 4월 23일 기준

최다 인게이지먼트(평균 리트윗)

대한민국의 BTS(@BTS_twt)는 트위터에서 33만 624 인게이지먼트를 기록했다. 이 7명의 대표 트위터 계정인 @bts_bighit와 @bts_love_myself는 각각 9만 3,522, 8만 8,281의 인게이지먼트를 기록했다. 같은 날 14만 7,653건을 기록한 원디렉션의 해리 스타일스(@Harry_styles)에 앞섰다.

최고령 사용자(역대)

1905년 9월 8일생인 아이비 빈(영국)은 2010년 7월 28일 104세 323일의 나이로 세상을 떠났다. 2009년 5월 트위터에 가입해 1,000개 이상의 트윗을 남겼고, 팔로어는 5만 6,000명이었다.

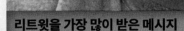

리트윗을 가장 많이 받은 메시지

웬디스의 치킨너깃을 1년 동안 공짜로 먹고 싶었던 16세 소년 카터 윌커슨(미국)은 2017년 1,800만 리트윗을 받는 데 도전했다. 그는 엘런 드제너러스가 찍은 '오스카 셀피'보다 더 많은 365만 1,498번의 리트윗을 받았고, 원하는 대로 너깃을 먹을 수 있었다.

최단시간 100만 팔로어

리얼리티 TV 스타 케이틀린 제너(미국)는 2015년 6월 1일 트위터를 시작한 지 겨우 4시간 3분 만에 100만 팔로어를 달성했다. 오후 12시 17분 1번째 트윗으로 자신이 나온 〈베니티 페어〉 표지 사진(위)을 올렸다. 동부표준시 오후 4시 20분 100만 팔로어를 넘겼다.

최다 팔로어

◀ 기업가

마이크로소프트의 공동 창업자 빌 게이츠(@BillGates)의 트위터 계정 팔로어가 4,584만 6,749명으로 21번째로 인기가 많다. 비록 도널드 트럼프 대통령이 5,100만 명으로 더 많지만, 정치인으로 커리어의 정점을 찍고 난 뒤 팔로어가 늘어났다.

▲ 배우(남자)

영화 〈라이드 어롱〉(미국, 2014)과 〈주만지: 새로운 세계〉(미국, 2017)로 유명한 배우 겸 코미디언 케빈 하트(@KevinHart4real, 미국)는 팔로어가 3,518만 8,999명이다.

▶ 배우(여자)

연기 경력이 탄탄한 여배우 중 팔로어가 가장 많은 사람은 셀레나 고메즈(@selenagomez, 미국)로 5,651만 6,652명을 보유하고 있다. 고메즈는 소셜 미디어에서 굉장히 인기가 많은데, **인스타그램 최다 팔로어**도 기록 중이다(194쪽 참조).

모든 것을 트윗하다
트위터는 계정을 1,800경 개까지 만들 수 있다. 유엔 가입국의 83%가 이 사이트에 공식 계정을 가지고 있다.

월 실사용자:
3억 3,000만 명

1일 트윗 수:
5억 건

80%

모바일로 트위터를 사용하는 비율:
80%
OmnicoreAgency.com 수치

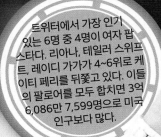

트위터에서 가장 인기 있는 6명 중 4명이 여자 팝스타다. 리아나, 테일러 스위프트, 레이디 가가가 4~6위로 케이티 페리를 뒤쫓고 있다. 이들의 팔로어를 모두 합치면 3억 6,086만 7,599명으로 미국 인구보다 많다.

최다 팔로어

팝스타이자 배우인 케이티 페리(본명 캐서린 허드슨, 미국)는 트위터 팔로어가 1억 933만 720명이다. 2017년 6월 16일 트위터는 그녀가 **최초로 1억 팔로어를 달성**했다고 발표했다. 케이티는 고작 212개의 계정을 팔로우해, 팔로어 대 팔로잉 비율이 51만 5,710대 1이나 된다.

최다 팔로어(남자)

저스틴 비버(캐나다)는 팔로어가 1억 628만 929명으로 케이티 페리에 이어 전체 2위에 올랐다. 2009년 3월 가입해 3만 개 이상의 트윗을 남겼고 31만 5,022개의 계정을 팔로우해 팔로어 대 팔로잉 비율이 337.37 대 1이다.

◀ **패션계 인물**
모델이자 리얼리티 TV 스타인 킴 카다시안 웨스트(@KimKardashian, 미국)는 트위터 팔로어가 5,972만 1,292명으로 전체 12위다. 2009년 3월 계정을 만들어 2만 6,000개 이상의 포스트를 남겼다.

▲ **DJ**
'EDM의 할아버지' 데이비드 게타(@davidguetta, 프랑스)는 팔로어가 2,220만 5,936명으로 캘빈 해리스(@CalvinHarris)의 1,332만 9,541명보다 많다.

▶ **운동선수(여자)**
메이저 대회에서 23회 우승한 테니스 선수 세리나 윌리엄스(@serenawilliams, 미국)는 팔로어가 1,089만 5,119명이고, 트윗을 1만 4,000개 이상 남겼다. 인스타그램에서도 여자 선수 중 팔로어가 2번째로 많다(194쪽 참조).

유튜브 Youtube

'좋아요'를 가장 많이 받은 비디오게임 영상

2016년 5월 6일 EA가 공개한 1차 세계대전 게임 '배틀필드 1'의 공식 트레일러는 유례없는 화제를 일으켰다. 4일간 190만 개의 '좋아요'를 받았고, 지금은 219만 4,348개로 늘어났다.

가장 많이 본 영화 트레일러(공식)

마블의 〈어벤져스: 인피니티 워〉(미국, 2018, 180~181쪽 참조) 트레일러가 2017년 11월 29일 유튜브에 공개되어 지금까지 1억 7,020만 6,979번 재생됐다. 그다음은 〈스타워즈: 깨어난 포스〉(미국, 2015)로 1억 138만 7,836뷰를 기록했다.

별다른 표기가 없을 시 2018년 4월 24일 기록

최초로 업로드된 영상

2005년 4월 23일 유튜브 공동 창업자 조드 카림(미국, 독일 출생)이 '동물원에 간 내 모습'이라는 18초짜리 영상을 이 사이트에 최초로 공유했다. 2018년 3월 27일 기준 4,722만 8,525뷰를 기록했다.

가장 많이 검색된 키워드

키워드 '음악(Music)'은 2017년 9월 기준 유튜브에서 7억 8,900만 번 검색됐다. '노래(Songs)'가 4억 5,300만 번으로 그 뒤를 이었고, '마인크래프트(Minecraft)'가 8,340만 번으로 3위에 올랐다.

최다 구독자

유명 게임 리뷰 채널 '퓨디파이(PewDiePie)' 구독자는 6,229만 5,689명이다. 펠릭스 셸버그(스웨덴)는 직접 게임을 하면서 상식을 벗어난 평가 영상을 올리는데, 가끔 논란 많은 코미디 영상도 올린다. 영상은 총 176억 3,172만 2,806뷰를 기록했다. 이 중 '웃기는 짜깁기 컷(A Funny Montage)'이 8,000만 뷰로 가장 많다. 퓨디파이는 2016년 12월 8일 최초의 5,000만 구독자를 보유한 유튜버에 등극했다.

가장 빨리 10억 뷰에 도달한 영상

2015년 10월 22일 업로드된 아델(영국)의 〈헬로〉 뮤직비디오는 2016년 1월 17일, 87일 만에 10억 뷰를 기록했다. 2012년 싸이(대한민국)의 〈강남 스타일〉이 세운 158일 기록을 경신했다.

최다 뷰

동물 영상

'말하는 동물들' 채널의 앤드루 그랜섬(캐나다)이 자신의 독일 셰퍼드 '클라크'와 찍어 2011년 5월 1일 올린 '강아지 약 올리기 종결판'은 1억 9,234만 7,992뷰를 기록했다.

만화/애니메이션 영화 영상

〈마샤와 곰: 재앙을 부르는 레시피(에피소드 17)〉가 29억 9,521만 9,745뷰를 기록했다. 아니마코르트 애니메이션 스튜디오가 제작한 이 만화는 2012년 1월 31일 겟 무비스(둘 다 러시아)가 유튜브에 업로드했다. 말썽꾸러기 아이와 은퇴한 서커스 곰 '미시카'(러시아어로 '곰')가 나오는 어린이 TV 시리즈다.

게임 영상

덴마크의 킬루게임즈가 2012년에 올린 '서브웨이 서퍼스-구글 플레이' 공식 트레일러가 3억 5,876만 1,216뷰를 기록했다. 모바일 게임 영상으로 최다 뷰를 기록한 트레일러지만, 라이벌인 영화 트레일러에 그 빛을 잃었다(왼쪽 참조).

밴드 가수의 채널

마룬 5(미국)의 'Maroon5VEVO' 채널 영상들이 90억 3,597만 802뷰를 기록했다. 최고 유명 영상은 〈슈가〉로, 25억 뷰 이상이다.

온라인으로 가장 많이 본 영상

루이스 폰시(본명 루이스 알폰소 로페스 세페로, 사진 오른쪽)와 데디 양키(라몬 로드리게스, 사진 왼쪽), 2006년 미스 유니버스 술레이카 리베라(모두 푸에르토리코)가 출연한 〈데스파시토〉의 오리지널 스페인어 버전은 2018년 4월 4일 유튜브에서 최초로 50억 뷰를 기록한 영상이 됐다. 2017년 8월 3일에는 30억 뷰를 넘어서며 유튜브 역사상 가장 많이 시청한 클립이 됐다.

'포스트-포스트-밀레니엄 세대'를 위한 채널

2015년 3월 16일 시작한 '라이언 토이스리뷰(Ryan ToysReview)'는 2010년 이후 태어난 아이들을 위한 채널 중 가장 많은 뷰를 기록했다(211억 2,085만 7,370뷰). 이 채널에는 7세 라이언(미국, 2010년 10월 6일생)이 장난감이나 게임을 가지고 놀며 리뷰한 영상들이 업로드된다. 같은 날 기준 이 채널의 구독자는 1,349만 9,980명을 기록 중이다.

100만 구독자를 달성한 최초의 유튜버

루카스 크루생크(미국)의 채널 '프레드(Fred)'는 2009년 4월 100만 구독자를 달성했다. 6세 소년 프레드 캐릭터의 재미있는 에피소드가 올라온다. 2006년 10월 30일 업로드된 첫 에피소드 '핼러윈에 간 프레드'부터 2018년 3월 28일 올라온 '식료품점에 간 프레드(피처럼 엽기 발랄 오렌지)'까지 총 8,513만 2,180뷰를 기록했다.

최다 구독자

▲ 뮤지션(남자)
저스틴 비버(캐나다)의 베보(VEVO) 채널 구독자는 3,459만 4,144명이다.

▲ 뮤지션(여자)
테일러 스위프트(미국)의 베보 채널 구독자는 2,850만 6,973명이다.

▲ 게임 채널
루이스 페르난도 플로레스 알바라도(엘살바도르)는 2,765만 9,478명이다.

▲ TV 쇼
엘런 드제너러스(미국)의 〈더 엘런 쇼〉 구독자는 2,479만 3,504명이다.

유튜브 사용자 수
2017년 6월 유튜브는 월 실사용자가 15억 명이라고 발표했다. 최대 규모 영상 공유 웹사이트다.

1일 실사용자:
2018년 1월 24일 기준 3,000만 명 이상이다.

지금까지 공유된 영상:
2018년 1월 24일 기준 50억 건 이상이다.

분당 업로드 영상량:
2018년 1월 24일 기준 300시간 정도다.

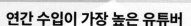

연간 수입이 가장 높은 유튜버

〈포브스〉에 따르면 'DanTDM'(다니엘 미들턴, 영국)은 2017년 12월까지 1년 동안 유튜브 영상으로 약 1,650만 달러의 수입을 올렸다. 이전에는 '더다이아몬드마인카트(TheDiamond-Minecart)'로 활동했으나, 2012년 7월 14일 연 마인크래프트 기반 채널로 110억 뷰 이상을 기록하고 있다. 전 세계 투어 쇼도 열었는데, 호주 시드니 오페라하우스에서 연 공연은 매진됐다.

'유튜버스 라이프 2편-엄마가 내 컴퓨터를 훔쳤어!!'(위 작은 사진) 영상은 유튜브 '유튜버스 라이프' 영상 중 가장 많은 뷰를 기록했다. 가상 게임에서 온라인 명성을 얻기 위한 댄의 노력이 담긴 이 영상은 2018년 3월 12일까지 738만 703뷰를 기록 중이다.

▲ 실패 영상 채널
주킨 미디어(미국)의 '페일아미(FailArmy)'는 구독자가 1,364만 876명이다.

▲ 과학 채널
마이클 스티븐스(미국)의 '비소스(Vsauce)'는 구독자가 1,319만 1,372명이다.

▲ 동물
미국에 사는 레몬 비글 '메이모'는 구독자가 139만 272명이다.

▲ 고양이
미국에 사는 은빛 사바나고양이 '닐라'는 구독자가 74만 3,442명이다.

아트 & 미디어 전반 Round-Up

눈 위에 그린 가장 큰 그림

통화 와인산업개발&촉진센터(중국)는 2018년 1월 20일 중국 지린성 통화에 2,221.74m² 넓이의 눈 그림을 그렸다. 가로와 세로의 길이는 59.95×37.06m로 측정됐다. 꽁꽁 언 훈장 강 위에 23명이 밤낮으로 작업해 작품을 완성했다.

가장 긴 곡 (음악)

〈롱플레이어〉는 펑크-포크 밴드 '더 포그스'의 밴조 연주자 젬 피너가 쓴 1000년짜리 곡이다. 피너는 영국 런던 트리니티 부이 워프 등대에 있는 컴퓨터들을 사용해 자신이 작곡하고 티벳 싱잉볼로 연주한 6개의 짧은 곡을 끊임없이 섞어 연주하게 했다. 이 곡은 2000년 1월 1일 새로운 천 년이 시작되면서 시작해 2999년 12월 31일 마지막 1초까지 같은 형태를 반복하지 않으면서 연주를 하게 되어 있다.

2018년 2월 27일 현재 〈롱플레이어〉는 총 1000년 중 18년 57일째로 **가장 긴 연주**를 기록하고 있다.

뱃고동이 가장 많이 사용된 음악

2013년 6월 22일 총 55척의 배가 북해에 모여 〈포그혼 레퀴엠(무적 진혼곡)〉을 연주했다. 예술가 리즈 아우토제노(덴마크)와 조슈아 포트웨이가 작곡가 올란도 고프(둘 다 영국)와 합작해 쓴 곡으로 영국에서 무적(안개가 끼었을 때 선박의 충돌을 막기 위해 울리는 고동)을 울리며 마무리된다. 〈포그혼 레퀴엠〉은 3팀의 브라스 밴드(금관악기 악단)와 바다에 있는 55척의 배, 퇴역을 앞둔 영국 수터 등대의 무적으로 연주됐으며, 각각의 배에 GPS를 연결해 컴퓨터로 '실행'됐다.

최대 규모 동물 소리 저장소

2017년 9월 기준 미국 뉴욕 주 코넬대학 조류학 연구소의 매콜리 도서관에는 온라인으로 검색 가능한 데이터베이스에 동물 9,000종 이상의 소리가 27만 9,106건 녹음돼 있다. 이 '소리 도서관'은 10테라바이트의 저장공간에 총재생시간 7,513시간에 이르는 자료들이 있다. 1929년 수집을 시작해 전 세계 거의 모든 새, 고래, 곤충, 곰, 코끼리, 영장류 등 지구에 사는 동물의 거의 절반에 달하는 소리가 기록돼 있다.

로런스 올리비에 상 최다 후보에 오른 작품

2018년 3월 6일 린-마누엘 미란다가 작사, 작곡 집필한 〈해밀턴〉이 로런스 올리비에 상 13개 부문에 후보로 오르며 전례 없는 기록을 세웠다. 이 작품은 뮤지컬 신작상, 감독상을 비롯해 뮤지컬 연기상 후보에 다수 이름을 올렸다. 이 중 7개의 상을 받으며 2017년 **로런스 올리비**에 상 최다 수상작인 〈해리 포터와 저주받은 아이〉보다 겨우 2개 적은 수상 기록을 세웠다.

토니 상 최다 수상 뮤지컬

2001년 6월 3일 〈프로듀서스〉는 토니 상 15개 부문에 후보로 올라 최고의 뮤지컬 상을 포함한 12개 상을 휩쓸었다. 수잔 스트로만(미국)이 감독하고 매튜 브로데릭과 네이단 레인(둘 다 미국)이 출연한 이 작품은 1964년 이후 아무도 깨지 못한 〈헬로, 돌리!〉의 10개 기록을 넘었다. **토니 상 최다 후보에 오른 작품**은 16개 부문에 오른 〈해밀턴〉으로 2016년 5월 3일 미국 뉴욕 시 리처드 로저스 극장에서 공연됐다.

가장 큰 플루트

2014년 12월 25일 인도 잠나가르에서 바라트 신 파르마르, 카룬 수단 제이 바야니, 스리 5 나브탄푸리 담 사원(모두 인도)이 연주가 가능한 3.63m 길이의 플루트를 공개해 인도의 국가를 연주했다.

최고령 비디오게임 음악 작곡가

일본의 스기야마 고이치(1931년 4월 11일생)는 2017년 7월 29일 비디오게임 〈드래곤 퀘스트 XI〉(스퀘어 에닉스)가 닌텐도 3DS와 플레이스테이션4로 출시될 당시 86세 109일의 나이였다.

가장 큰 흉상

이샤 재단(인도)은 2017년 3월 11일 인도 타밀나두에 높이 34.24m, 가로 24.99m, 세로 44.9m의 흉상을 세웠다. 이 상은 아디요기 시바의 모습을 나타낸 것인데, 힌두교의 신 시바는 1번째 요기(요가 수행자)로 알려져 있다.

웨이보 최다 팔로어

중국의 소셜미디어이자 마이크로 블로깅 사이트인 웨이보는 월 실사용자 수가 3억 4,000만 명으로 트위터보다 많다.

중국의 TV 진행자이자 가수, 배우인 셰나는 2018년 4월 9일 기준 1억 39만 6,561명의 팔로어를 보유해 트위터에서 가장 높은 영향력을 발휘했다. 그녀는 **웨이보에서 처음으로 1억 팔로어를 넘긴 사람**이다. **웨이보 팔로어가 가장 많은 남자**는 허지웅(중국)이다. 같은 날 기준 9,268만 6,353명의 팔로어가 있다.

9월 10일 과테말라 과테말라시티에서 착색된 물로 유리잔 10만 5,000개를 채워 603.47m² 넓이에 만든 모자이크를 공개했다. 이 작품은 티칼 피라미드와 과테말라 국가의 2개의 상징인 케찰 새, 라카스테 속 스키네리 알바 난초를 표현하고 있다.

죽은 자들의 날 제단

2017년 10월 28일 멕시코 이달고 주 정부는 죽은 자들의 날을 기념해 파추카 시에 846.48m² 크기의 제단을 마련했다. 이 제단은 1,000명 이상의 자원봉사자들이 4주 이상 작업해 만들었으며, '셈파수칠'로 부르는 메리골드 9,200송이와 해골 모양의 사탕, 양초, 국기, 멕시코 전통의상을 입은 해골로 장식했다.

LED 영화 스크린

삼성전자(대한민국)가 대한민국 서울 롯데월드타워 내 롯데시네마에 슈퍼 S 스크린을 설치했다. 크기는 55.296m²로 측정됐다.

브로드웨이가 가장 큰 수익을 올린 해

'더 브로드웨이 리그'에 따르면, 브로드웨이 극장들이 가장 큰 수익을 남긴 해는 2017년으로 1,373만 6,000명에게 표를 팔아 16억 3,700만 달러를 벌었다. **브로드웨이가 가장 큰 수익을 남긴 주**는 12월 마지막 주(5,030만 달러)며, 한 주 동안 가장 큰 수익을 남긴 작품은 〈해밀턴〉으로 385만 달러를 기록했다. 그 외 〈웨이트리스〉(왼쪽 사진)와 〈스프링스틴 온 브로드웨이〉(오른쪽 사진)가 큰 성공을 거뒀다.

스냅챗에서 가장 유명한 이름(음악)

2018년 3월 1일 기준 소셜미디어 플랫폼 스냅챗에서 가장 유명한 뮤지션은 스눕독(미국 @snoopdogg213)이다. 래퍼, 가수, 음악 프로듀서, 배우로 활동한다. 밴드 '서티 세컨즈 투 마스'의 간판이자 배우인 자레드 레토, DJ 칼리드, 음악방송 MTV, 힙합 아티스트 스쿨보이 Q가 뒤를 이었다.

단편영화 최다 제작

에피파니 모건과 칼 메이슨(둘 다 호주)이 70개 도시에서 365편의 단편영화를 제작한 사실이 2016년 6월 7일 확인됐다. 둘은 1년 동안 5개 대륙을 여행하며 '365 도코바이츠' 프로젝트의 일환으로 영화를 만들었다. 〈이방인의 하루〉라는 짧은 다큐멘터리로 전 세계를 소개하는 게 둘의 목표다.

최대 규모…

착색된 물로 만든 모자이크

YUS 데 토키(과테말라)는 2017년

한 빌딩에서 진행된 빛과 소리의 쇼

2018년 1월 1일 에마르 프로퍼티스(UAE)는 UAE 두바이에 있는 높이 828m의 세계에서 가장 높은 빌딩 부르즈 칼리파에서 10만 9,252m² 크기의 혼합 매체 쇼를 선보였다. 새해맞이 행사의 일부로 조명과 프로젝션, 레이저, LED 스크린, 소리와 분수가 합쳐진 쇼였다.

파피에 마세 조각

과달라하라 상공회의소(멕시코)는 파피에 마세(나무나 풀을 먹인 종이)로 마리아치 악사 모양의 조각을 만들었다. 이 작품은 높이 3.82m, 세로 3.46m, 가로 1.15m였다.

2017년 8월 25일 멕시코 할리스코 과달라하라에서 열린 XXIV 국제 마리아치 및 차레리아 축제를 기념해 제작됐다.

경매에서 가장 비싸게 팔린 그림

2017년 11월 15일 미국 뉴욕 시에서 열린 크리스티 경매에서 레오나르도 다 빈치의 〈살바토르 문디〉가 경매 수수료를 포함해 4억 5,031만 2,500달러에 판매됐다. 이 경매에는 1,000명 이상의 미술 수집가, 고문, 중개인, 언론인들이 참석했으며 수천 명이 생중계로 시청했다. 몇몇 전문가는 "다빈치의 견습생이 그린 작품"이라 주장하며 그림의 가치에 의문을 제기했다.

〈살바토르 문디〉는 다빈치가 프랑스 왕가를 위해 직접 그린 원작일 가능성도 있다. 하지만 이 작품은 수세기 동안 여러 수집가가 소유하다 1763년 이후 행방이 묘연해졌다. 1900년 영국의 수집가가 사들이며 다시 존재를 드러냈다.

밀레니엄 팔콘 MILLENNIUM FALCON

〈스타워즈 4: 새로운 희망〉(미국, 1977)에서 루크 스카이워커가 '고철 덩어리'라고 부른 개조된 YT-1300 코렐리안 경량 화물선은 '밀레니엄 팔콘'으로 더 잘 알려진, 영화 역사상 가장 사랑받은 비행선이다. 2017년 레고 사는 한 솔로의 밀수 비행선을 7,500피스로 구성된 역대 가장 큰 세트의 출시로 기념했다.

비밀 비행선

실제 크기의 밀레니엄 팔콘은 스타워즈 영화사상 딱 1번 제작됐다. 〈스타워즈 에피소드 5: 제국의 역습〉을 위해 1979년 영국 펨브룩 독의 격납고에서 3개월에 걸쳐 만들었다. 이 비밀 프로젝트의 암호명은 '마법의 회전목마'였다.

밀레니엄 팔콘은 코렐리안 엔지니어링 사가 제작하고 밀수업자 한 솔로, 털북숭이 단짝 츄바카가 조종하는 화물 운송 우주선이다. 〈스타워즈 에피소드 3: 시스의 복수〉에 카메오 출연을 비롯해 스타워즈 영화 6편에 나왔으며, 반란군의 전투에 중요한 역할을 한다. 효과예술가 조 존스톤이 디자인했다. 원 디자인이 TV 쇼 〈스페이스: 1999〉의 '이글 트렌스포터'와 너무 비슷하다는 평을 들은 뒤 4주 만에 새 디자인을 만들어냈다(처음 디자인은 수정 후 레아 공주의 탄티브 IV로 사용됐다). 밀레니엄 팔콘은 독특한 조종석과 짐칸 구조로 영화 효과 디자인계에 새로운 지평을 열었다.

팔콘 청사진

2017년 최근 발견된 스타워즈와 스타트렉 영화의 청사진들이 경매에 올라왔다. 여기에는 〈스타워즈 에피소드 5: 제국의 역습〉(미국, 1980)에 나오는 밀수선, 밀레니엄 팔콘의 내외부를 묘사한 자세한 도식이 포함돼 있었다. 다스베이더가 명령을 내리던 방과 츄바카와 레아 공주의 수갑 원안도 포함돼 있었다.

"우키가 이길 거야"

레고 밀레니엄 팔콘의 중심부에는 조종석과 기계실이 있다. 영화 팬이라면 모두 기억하는 츄바카와 R2-D2가 〈스타워즈 4: 새로운 희망〉에서 15cm 크기의 홀로그래픽으로 전투를 벌였던 둥근 데야릭 판(위 사진 왼쪽)도 들어 있다. 클래식 영화의 캐릭터(위 사진 오른쪽)부터 최근 작품의 캐릭터인 레이와 핀의 미니 피겨도 포함돼 있다.

조종석이 외부로 돌출돼 있어 화물이 짐칸으로 운송되는 모습을 직접 볼 수 있다.

그거 알아?

2013년 5월 레고 사는 미국 뉴욕 시 타임스퀘어에 스타워즈 X-윙 스타파이터를 실물 크기로 제작해 공개했다. 여기에는 533만 5,200개의 블록이 사용돼 **내부 지지대가 사용된 가장 큰 레고 스타워즈 구조물(블록의 수 기준)**로 기록됐다. 날개 끝에서 끝까지 길이가 13.4m였으며, 내부 철 지지대를 포함한 무게는 2만 856kg이었다.

레고 세트에는 교체 가능한 센서 판이 포함돼 있어 오리지널 팔콘부터 에피소드 7과 8에 나오는 약간 다른 모습의 팔콘까지 모두 만들 수 있다.

기록을 위해

시중에서 판매한 가장 큰 레고 세트는 7,541피스로 구성된 밀레니엄 팔콘(세트 번호 75192)으로 레고 제조사(덴마크)가 2017년 9월 13일 자정을 1분 남겨두고 발매했다. 완성하면 높이 20cm, 길이 84cm, 폭 56cm에 달한다.

레고는 다양한 버전의 팔콘을 출시했다. 이전 세트는 스타워즈 USC(궁극의 수집가 시리즈)였는데 5,195피스로 구성돼 2007년 발매 당시 가장 큰 세트였다. 하지만 2008년 5,922피스의 타지마할이 출시되며 기록은 경신됐다.

정면 부리 모양의 구조에 화물을 끼워 이동한다.

동계 올림픽 스노보드 최연소 금메달리스트(여자)

클로이 김(미국, 2000년 4월 23일생)은 2018년 2월 13일, 17세 296일의 나이로 동계 올림픽 여자 하프파이프 종목에서 우승을 거뒀다. 클로이는 대한민국 평창 피닉스파크에서 열린 결선에서 백투백 1,080도 회전 기술에 성공해 2위보다 8.5점이나 앞선 98.25점을 받았다. 2014년 소치 대회 당시 나이 제한으로 출전하지 못한 클로이는 2016년에 15세 309일의 나이로 **최연소 X게임 금메달 3관왕**에 올랐다.

GUINNESS WORLD RECORDS

클로이 김은 2016년 2월 6일 미국 그랑프리 결선 마지막 런에서 백투백 1,080도 회전 기술을 처음으로 성공시켰다. 그녀는 이 기술로 여자 최초 하프파이프 100점을 기록했다.

미식축구 American Football

캐나다 풋볼 리그(CFL) 그레이컵 최다 우승

토론토 아르고나우츠는 2017년 11월 26일에 열린 CFL 챔피언십 캘거리 스탬피더스와의 경기에서 27 대 24로 승리하며 17번째 그레이컵을 차지했다. 쿼터백 리키 레이의 4번째 우승으로, **그레이컵 주전 쿼터백 최다 승**을 기록했다.

*모두 미국의 팀과 선수들로, 그렇지 않을 때만 따로 표시했다.

NFL 500야드 패싱 게임을 가장 많이 한 선수

피츠버그 스틸러스의 쿼터백 벤 로슬리스버거는 500야드 패싱 게임을 3번 기록했다. 2009년 12월 20일 그린베이 패커스를 상대로, 2014년 10월 26일 인디애나폴리스 콜츠를 상대로, 2017년 12월 10일 볼티모어 레이븐스를 상대로 성공했다.

NFL 시즌 최고 패스 성공률

2017년 뉴올리언스 세인츠의 쿼터백 드류 브리스는 536번의 패스 중 72%인 386번을 성공시켰다. 2016년 샘 브래드포드가 세운 71.6% 기록을 경신했다.

슈퍼볼에서 터치다운 패스와 리시브를 기록한 최초의 선수

쿼터백 닉 폴스는 2018년 2월 4일 필라델피아 이글스를 슈퍼볼 우승 팀으로 이끌었다(41 대 33). 타이트 엔드 포지션인 트레이 버튼의 패스를 받아 득점하고 터치다운 패스도 3번 성공해 슈퍼볼 MVP에 등극했다.

NFL 50야드 필드골 최다 연속 성공

스티븐 하우쉬카는 2014~2017년 시애틀 시호크스와 버펄로 빌스에서 뛰며 50야드 이상 거리에서 필드골을 13번 연속 기록했다. 2017년 11월 19일 로스앤젤레스 차저스와의 경기에서 50야드 킥에 성공하며 블레어 월시, 로비 굴드, 저스틴 터커, 매트 프라터가 기록한 12번 연속 기록을 경신했다.

NFL 포스트 시즌 최장거리 필드골

캐롤라이나 팬서스의 그레이엄 가노(영국)는 2018년 1월 7일 NFL 와일드카드 플레이오프 게임에서 뉴올리언스 세인츠를 상대로 58야드 필드골을 성공시켜 31 대 26 승리에 기여했다. 그는 1991년 1월 5일 마이애미 돌핀스의 피트 스토야노비치가 캔자스시티 치프스를 상대로 기록한 58야드 골과 같은 기록을 세웠다.

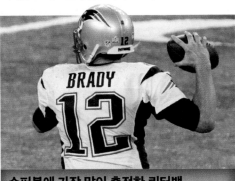

슈퍼볼에 가장 많이 출전한 쿼터백

톰 브래디는 2001~2018년 뉴잉글랜드 패트리어츠 소속으로 슈퍼볼에 8번 출전했다. 포스트 시즌 37경기에 선발로 출전해 **NFL 포스트 시즌 최다 출전**도 기록했다.
또 2018년 2월 4일 슈퍼볼 한 경기 최장 야드 패스(누적)를 달성했지만, 경기는 패했다(505야드, 아래 참조). 그는 **슈퍼볼 최다 터치다운 패스** 기록도 세웠다 (18번).

NFL 최다 연속 시즌 100리셉션 이상 기록

피츠버그 스틸러스의 안토니오 브라운은 2017년 5시즌 연속 100리셉션(패스를 받는 것) 이상을 기록했다. NFL에서 몸값이 가장 높은 와이드 리시버인 브라운은 마빈 해리슨이 1999~2002년 인디애나폴리스 콜츠에서 기록한 4번을 뛰어넘는 기록을 세웠다.

NFL 커리어 최다 터치다운을 기록한 타이트 엔드

안토니오 게이츠는 2003~2017년 샌디에이고/로스앤젤레스 차저스로 뛰며 터치다운을 114번 성공했다. 2017년 9월 17일 37세 나이로 차저스가 마이애미 돌핀스에게 19 대 17로 지고 있던 3쿼터에 출전해 터치다운을 성공시키며 토니 곤잘레스의 기록을 1번 넘어섰다.

NFL 첫 출전에 스크리미지 최다 전진

2017년 9월 7일 신인 러닝백 카림 헌트는 캔자스시티 치프스로 출전해 뉴잉글랜드 패트리어츠를 상대로 총 246야드를 전진하며 42 대 27 승리에 기여했다. 그는 러싱으로 148야드, 리시브로 98야드를 기록했다.

*스크리미지 - 킥오프, 프리킥을 제외하고 게임이 시작되는 방식

NFL 시즌 최다 패배 팀

클리블랜드 브라운스는 2017년 시즌을 무승 16패로 마감했다. NFL에서 0승 16패를 기록한 팀은 2008년 디트로이트 라이온스가 유일했다.

슈퍼볼에 가장 많이 출전한 팀

뉴잉글랜드 패트리어츠는 1986년부터 슈퍼볼에 10번 출전했고 전적 5승 5패로 덴버 브롱코스와 함께 **슈퍼볼 최다 패**를 기록했다. **슈퍼볼 최다 승** 기록 팀은 피츠버그 스틸러스다(1975~1976년, 1979~1980년, 2006년, 2009년이다).

CFL 최다 야드(모든 방법)

오타와 레드블랙스의 디온테 스펜서는 2017년 10월 28일 해밀턴 타이거-캣츠(둘 다 캐나다)를 상대로 41 대 36으로 이기며, 총 496야드를 기록했다. 리시빙으로 133야드, 킥오프 리턴으로 165야드, 펀트 리턴으로 169야드, 놓친 필드골 리턴으로 29야드다.

양 팀 합계 최장 야드 전진을 기록한 NFL 경기

2018년 2월 4일 열린 52회 슈퍼볼 필라델피아 이글스와 뉴잉글랜드 패트리어츠의 경기에서 양 팀 합계 1,151야드 전진이 기록됐다. 경기는 41 대 33으로 이글스가 승리했다. 양 팀 합계 74점은 1995년 샌프란시스코 포티나이너스가 샌디에이고 차저스를 49 대 26으로 꺾으며 기록한 **슈퍼볼 양 팀 최다 득점 기록**보다 단 1점 모자란다.

야구 Baseball

*모두 미국의 팀과 선수들이며, 그렇지 않을 시 따로 표기했다.

메이저리그 야구(MLB) 한 시즌 최다 삼진 투수진
클리블랜드 인디언스의 투수진은 2017시즌 총 1,614개의 삼진을 잡았다. 9이닝 평균 10.1개의 삼진으로 MLB 역대 최고 기록이다.

최소 이닝 1,500삼진을 기록한 투수
크리스 세일은 2010~2017년에 시카고 화이트 삭스와 보스턴 레드삭스 소속으로 1,290이닝을 투구해 1,500삼진을 잡았다. 이전 기록은 케리 우드의 1,303이닝이었다.

1번의 월드 시리즈에서 가장 많이 출전한 투수
단 2명의 투수만 월드 시리즈 7경기에 모두 출장했다. 1973년 오클랜드 애슬레틱스의 대럴드 노울즈와 2017년 로스앤젤레스 다저스의 브랜든 모로다.

MLB 최다 연승 기록
2017년 8월 24일~9월 14일 클리블랜드 인디언스는 22경기 연속 승리했다. 이 팀은 9월 15일 캔자스시티 로열스에 마침내 패했는데, 인디언스는 연승 기록 중 로열스를 상대로 4승이나 거뒀었다. 뉴욕 양키스는 1916년 9월 7~30일, 27경기에서 26승을 거뒀지만, 9월 18일 피츠버그 파이어리츠와의 9이닝 무승부가 포함돼 있다.

MLB 한 경기에 가장 많은 포지션을 소화한 선수
2017년 9월 30일 디트로이트 타이거스의 앤드루 로마인은 미네소타 트윈스에 3 대 2로 패한 경기에서 9개 포지션을 모두 소화했다. 좌익수로 선발 출장, 7회 포수로, 8회 투수로 경기에 나섰다. 오직 4명의 MLB 선수만 같은 기록을 세웠다. 버트 캄파네리스(쿠바), 세자르 토바(베네수엘라), 스콧 셀던(미국), 셰인 홀터(미국)다.

한 경기 최다 홈런
1894년 바비 로 이후 18명의 선수가 MLB 단일 경기에서 4홈런을 기록했다. 2017년에는 이 기록이 2번 재현됐는데, 신시내티 레즈의 스쿠터 게넷(왼쪽)이 6월 6일, 애리조나 다이아몬드백스의 J D 마르티네스가 9월 4일에 달성했다.

양 팀에서 홈런이 가장 많이 나온 월드 시리즈
휴스턴 애스트로스 대 로스앤젤레스 다저스의 2017년 월드 시리즈 시합에서 양 팀 합계 25개 홈런이 나왔다. 이전 최고 기록인 2002년 월드 시리즈보다 4개나 많다. 2017년 10월 25일에 열린 2차전 경기에서는 **월드 시리즈 단일 경기 양 팀 최다 홈런**이 기록됐다(양 팀 4개씩, 8개).

MLB 한 경기 최다 장타
호세 라미레스(도미니카공화국)는 2017년 9월 3일 클리블랜드 인디언스로 출전해 디트로이트 타이거스를 상대로 5개의 장타(2루타, 3루타, 홈런)를 기록하며 팀이 11 대 1로 승리하는 데 기여했다. 2개의 홈런과 3개의 2루타를 때렸다. 1885년 6월 25일 처음으로 한 경기 장타 5개를 때린 조지 스트리프 이후 라미레스는 MLB 역사에서 같은 기록을 작성한 13번째 선수가 됐다. **MLB 커리어 최다 장타**를 친 선수는 행크 아론으로 1954~1976년 1,477개의 장타를 쳤다.

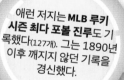

애런 저지는 **MLB 루키 시즌 최다 포볼 진루**도 기록했다(127개). 그는 1890년 이후 깨지지 않던 기록을 경신했다.

MLB 포수 보크로 최다 1루 진루
2017년 9월 11일 뉴욕 양키스 제이코비 엘스버리는 2017년 커리어 통산 30번째 포수 보크로 1루에 나가며 생일을 축하했다. 그는 피트 로즈가 1963~1986년 달성한 29번을 앞질렀다. 포수 보크는 포수가 미트로 타자의 배트를 건드리는 등의 방해 행위를 말한다.

MLB 한 경기에서 사구에 가장 많이 맞은 선수
시애틀 매리너스의 제로드 다이슨은 2017년 5월 16일 오클랜드 어슬레틱스와의 경기에서 3번이나 투구를 맞았다. MLB 자료를 보면 1923년 5월 15일 월리 상이 처음 기록한 이후 24차례나 같은 일이 있었다.

월드 시리즈 최다 홈런(한 시즌)
휴스턴 애스트로스의 조지 스프링어는 로스앤젤레스 다저스를 상대로 펼쳐진 7경기에서 5개의 홈런을 때리며 2017년 월드 시리즈 MVP에 등극했다. 1977년 레지 잭슨, 2009년 체이스 어틀리와 동률이다. 그 외 2개의 월드 시리즈 기록을 더 세웠는데, **최다 누적 베이스(29)**와 **최다 장타 기록(8개)**이다.

MLB 루키 시즌 최다 홈런
뉴욕 양키스의 애런 저지는 2017년 52개의 홈런을 때렸다. 한 시즌 동안 많은 장타를 날린 키 201cm의 거구 저지는 신인 첫해 50홈런을 기록하며 언론에 대서특필됐다. 2017년 9월 25일 캔자스시티 로열스를 상대로 2개의 홈런을 때려내며 1987년 오클랜드 애슬레틱스의 마크 맥과이어가 기록한 49개 기록을 넘어섰다.

농구 Basketball

플레이오프 후반 최다 점수 차 역전 경기

클리블랜드 캐벌리어스는 2017년 4월 20일 인디애나 페이서스와의 동부 컨퍼런스 플레이오프 1라운드 3경기에서 전반 25점 차를 극복하고 119 대 114로 승리했다. 전 최다 점수 차 역전 경기는 1948년 4월 13일 볼티모어 블렛츠가 필라델피아 워리어스를 상대로 기록한 21점 차 역전승이다.

플레이오프 전반 최다 점수 차 경기

클리블랜드 캐벌리어스는 2017년 5월 19일 미국 매사추세츠 주 보스턴에서 열린 동부 컨퍼런스 결승 보스턴 셀틱스와의 2경기에서 전반에만 41점 차를 만들었다. 클리블랜드는 **플레이오프 최다 점수 차 승리**인 58점에는 못 미치는 130 대 86으로 승리하며 경기를 마쳤다. 기록은 미니애폴리스 레이커스가 1956년에, 덴버 너게츠가 2009년에 기록했다.

한 시즌 최다 트리플더블

오클라호마시티 선더의 러셀 웨스트브룩은 2016~2017 시즌에 트리플더블을 42번 기록했다. 1961~1962 시즌부터 깨지지 않던 오스카 로버트슨의 기록(41번)을 경신했고 2017년 10월 28일 **모든 NBA 팀을 상대로 트리플더블을 기록한 최초의 선수**다.

WNBA 커리어 최다 득점

가드인 다이애나 터라시는 2004~2017년 WNBA 시즌까지 피닉스 머큐리 팀으로 출전해 7,867점을 기록했다. 총 398경기에 나서서 평균 19.76점을 기록했다.
그녀는 '화이트 맘바'라는 별명을 가졌는데 **WNBA 커리어 최다 3점 기록**(996개)도 가지고 있다.

전미농구협회(NBA) 기록. 별도 표기가 없으면 미국 국적.

최연소 트리플더블

필라델피아 세븐티식서스 가드 마켈 펄츠(1998년 5월 29일생)는 2018년 4월 11일 밀워키 벅스와의 경기에서 19세 317일의 나이로 13득점, 10리바운드, 10어시스트를 기록했다. 론조 볼의 20세 15일 기록을 깬 펄츠는 **NBA에서 트리플더블을 기록한 최초의 10대**가 됐다.

르브론 제임스(1984년 12월 30일생)는 2018년 1월 23일 33세 24일의 나이로 **최연소 커리어 3만 득점을 돌파**했다.

한 시즌 최다 3점 슛

휴스턴 로케츠는 2016~2017 시즌에 1,181개의 3점 슛을 성공시켰다. 이는 3,306번의 시도 끝에 얻어낸 결과로 **한 시즌 최다 3점 슛 시도 기록**도 가지고 있다.
결승전 최다 3점 기록은 24번으로, 클리블랜드 캐벌리어스가 2017년 6월 9일 골든스테이트 워리어스를 상대로 세웠다.

최단 경기 200승 기록(감독)

스티브 커(미국, 레바논 출생) 감독은 단 238경기 만에 200승 고지에 올랐다. 골든스테이트 워리어스를 이끄는 그는 2017년 3월 28일 휴스턴 로케츠를 113 대 106으로 꺾으며 기록을 달성했다.

WNBA 커리어 최다 어시스트

시애틀 스톰의 수 버드는 2017년 12월 18일 전미 여자 농구협회(WNBA)에서 총 2,610번 어시스트를 기록했다. WNBA 올스타전 최다 어시스트도 기록했는데, 2017년 7월 22일 서부 올스타로 출전, 11개의 어시스트를 기록하며 동부를 130 대 121로 꺾는 데 일조했다.

포스트시즌 커리어 최다 득점

르브론 제임스는 2017 NBA 시즌까지 클리블랜드 캐벌리어스와 마이애미 히트 소속으로 포스트시즌 총 217경기에 출전해 6,163점을 득점했다. 2017년 5월 25일 마이클 조던(5,987점)의 기록을 경신했고 2017년 결승 시리즈에서 최초로 평균 트리플더블을 기록했다. 그는 골든스테이트 워리어스를 상대로 33.6점, 12리바운드, 10어시스트를 기록했다.

포스트시즌 최다 연승(팀)

골든스테이트 워리어스는 2017년 4월 16일~6월 7일 NBA 챔피언으로 향하는 플레이오프 15경기에서 승리했다. 5월 14일 샌안토니오에게 25점 차로 지던 경기를 역전하고 6월 9일 결승에서 클리블랜드에게 1경기만 패해 포스트시즌을 16승 1패로 끝냈다.

WNBA 정규시즌 최다 점수 차 승리

미네소타 링크스는 2017년 8월 18일 인디애나 피버를 상대로 111 대 52, 59점 차 승리를 거뒀다. 시애틀 스톰이 2010년에 세운 기록보다 13점 많다. 또 링크스는 이 경기에서 **WNBA 팀 최다 연속 득점을 기록했다**(37점). 미네소타는 2017년 10월 4일 **WNBA 최다 챔피언 타이틀을 기록했다**(4회). 휴스턴 코메츠가 1997~2000년에 세운 기록과 동률이다.

아이스하키 Ice Hockey

에는 한 팀당 3명의 스케이터만 출전할 수 있다.

정규시즌 한 피리어드 개인 최다 득점

산호세 샤크스의 패트릭 말루(캐나다)는 2017년 1월 23일 콜로라도 애벌랜치와의 경기 3번째 피리어드에서 혼자 4점이나 득점했다. 이는 NHL 선수 11명이 이전에 세운 기록과 동률이다. **정규시즌 한 피리어드 팀 최다 득점**은 9점으로 버팔로 세이버스가 1981년 3월 19일 토론토 메이플 리프스(캐나다)를 상대로 세웠다.

커리어 최다 결승 골

야로미르 야그르(체코)는 1990~2017년 9개 팀에서 결승 골 135번, 통산 765골을 넣었다.

포스트시즌 신인 최다 득점

피츠버그 펭귄스의 제이크 궨첼은 1번째 포스트시즌에서 13득점 8어시스트로 공격 포인트를 21개나 기록했다. 그는 1981년 디노 치카벨리(캐나다, 14골 7어시스트), 2010년 빌 레이노(핀란드, 7골 14어시스트)의 기록과 동률이다.

웨인 그레츠키(894골), 고르디 하우(801골)에 이은 3위 기록이다.

커리어 최다 정규시즌 연장전 골

워싱턴 캐피털스의 알렉스 오베츠킨(러시아)은 2017년 10월 20일 디트로이트 레드윙스와의 경기에서 자신의 20번째 연장 결승 골을 넣으며 4 대 3으로 승리를 이끌었다. 그는 야로미르 야그르(체코, 오른쪽 참조)의 기록과 동률을 이뤘다.

미국과 캐나다에서 열리는 북아메리카 프로아이스하키 리그(NHL) 기록. 모든 팀과 선수는 별도 표기가 없으면 미국 국적.

한 시즌 최다 연장전 득점

NHL 한 시즌에 연장전 득점을 5번이나 기록한 선수는 3명뿐이다. 템파베이 라이트닝의 스티븐 스탬코스(캐나다) 2011~2012 시즌, 시카고 블랙호크스의 조나단 테이스(캐나다) 2015~2016 시즌, 몬트리올 캐나디언스(캐나다) 알렉스 갈체니우크가 2016~2017 시즌에 기록했다.

단일 포스트시즌 최다 연장전 득점

애너하임 덕스의 코리 페리(캐나다)는 2017 스탠리 컵 플레이오프에서 연장전 득점을 3번이나 기록했다. 1939년 보스턴 브루인스의 멜 힐(캐나다), 1951년 몬트리올 캐나디언스의 모리스 리처드(둘 다 캐나다)와 동률이다.

연장전 최단시간 득점

2018년 1월에 2명의 선수가 연장 시작 단 6초 만에 골을 기록했다. 디트로이트 레드윙스의 안드레아스 아타나시우(캐나다)가 1월 3일에, 토론토 메이플 리프스의 윌리엄 닐란더(스웨덴, 캐나다 출생)가 1월 24일에 기록했다. 이는 1995년 매츠 선딘(스웨덴), 2006년 데이비드 레그완드와 알렉스 오베츠킨의 기록과 동률이다. 2015년부터 연장

최다 연속 시즌 20승 이상 올린 골텐더

2명의 골텐더(골키퍼)가 NHL에서 12시즌 연속 20승 이상을 달성했다. 뉴저지 데블스 마틴 브로듀어(캐나다) 1995~2008년, 뉴욕 레인저스 헨릭 룬드크비스트(스웨덴) 2005~2017년이다. 룬드크비스트는 데뷔 시즌부터 12시즌 연속 20승 이상을 기록한 최초 선수가 됐다. 2017년 2월 11일 콜로라도 애벌랜치를 상대로 4 대 2 승리를 거두며 727번째 경기에서 400승을 달성하여 **골텐더 최단 경기 400승**을 기록했다. 마틴 브로듀어의 이전 기록을 8경기 차이로 경신했다.

개막 최다 연패 기록

애리조나 코요테스는 2017년 10월 28일 뉴저지 데블스에 4 대 3으로 패하며 시즌 0승 11패를 기록했다(한 경기는 연장전 패배). 개막 11연패는 NHL 역사상 1943~1944 시즌 뉴욕 레인저스가 세운 기록과 동률이다. **개막 최다 연승**은 10승으로 버팔로 세이버스가 2006년 10월 4~26일, 토론토 메이플 리프스가 1993년 10월 7~28일 기록했다.

신생 팀 최다 승

베가스 골든 나이츠는 2018년 2월 1일 위니펙 제츠를 3 대 2로 꺾으며 시즌 34번째 승리를 했다. 새로 창설한 팀의 데뷔 시즌 최다 승으로 애너하임 덕스와 플로리다 팬서스가 1993~1994년 기록한 33승을 경신했다. 2018년 3월 22일까지 나이츠는 47승을 올렸다.

애너하임 덕스의 라이언 밀러는 2018년 1월 25일 59번째 숏아웃 승리를 챙기며 **최다 선방을 기록한 골텐더**에 등극했다.

커리어 최다 숏아웃 골 (승부 샷)

디트로이트 레드 윙스 프란스 닐슨(덴마크)은 2017년 12월 29일 47번째 숏아웃 골에 성공하며 뉴욕 레인저스를 3 대 2로 물리치고 팀을 승리로 이끌었다. 닐슨의 21번째 결승 골로 **커리어 최다 숏아웃 결승 골 기록**이다. 94번 시도에서 47번 성공해 2006~2007 시즌부터 NHL 최고 성공률인 50%를 기록 중이다.

축구 Soccer

FIFA 해변 축구 월드컵 최다 우승
브라질은 FIFA 해변 축구 월드컵에서 2006~2009년, 그리고 2017년까지 5회 우승했다. 중간에 8년 동안 우승이 뜸했지만 2017년 대회에서 5월 7일 타히티를 6 대 0으로 물리치고 5번째 우승을 차지했다.

UEFA 유러피언컵/챔피언스 리그 최다 우승
레알 마드리드(스페인)는 2017년 6월 3일 열린 챔피언스 리그 결승에서 유벤투스(이탈리아)를 4 대 1로 꺾고 유럽 축구의 왕좌에 12번째로 올랐다. 이 우승으로 레알은 **챔피언스 리그에서 연속 우승한 최초의 팀**이 됐다. 이 대회가 1992년 형식을 바꾸기 전인 1956~1960년 5회 연속 우승을 거둬 **유러피언컵 최다 연속 우승 팀** 기록도 보유하고 있다.
2018년 4월 23일까지 레알 마드리드는 **UEFA 챔피언스 리그 최다 승**을 기록 중이다. 22번의 대회에서 248경기를 치러 149승을 챙겼다.

UEFA 여자 챔피언스 리그 최다 우승
올림피크 리옹 여자 팀(프랑스)은 2017년 6월 1일 영국 카디프시티 스타디움에서 파리 생제르맹을 7 대 6 승부차기로 꺾고 UEFA 여자 챔피언스 리그 타이틀을 차지했다. 이들은 2002년, 2006년, 2008년, 2015년 우승한 1. FFC 프랑크푸르트와 동률을 이뤘다.

UEFA 챔피언스 리그에 가장 많은 팀으로 출전한 선수
즐라탄 이브라히모비치(스웨덴)는 2002년 9월 17일 이후 유럽 최고의 대회에 7개 클럽 소속으로 출전했다. 아약스(네덜란드), 유벤투스, 인터밀란(둘 다 이탈리아), 바르셀로나(스페인), AC 밀란(이탈리아), 파리 생제르맹(프랑스), 맨체스터 유나이티드(영국)로 대회에 나섰다.

UEFA 챔피언스 리그 조별 예선 최다 골
파리 생제르맹은 UEFA 챔피언스 리그 2017/2018 대회 조별 예선 6경기에서 평균 4골 이상인 25득점을 기록했다. 이 팀은 그룹 B에서 골득실 +21로 1위를 차지했다. 챔피언스 리그 2016/2017 대회에서 보루시아 도르트문트(독일)는 **UEFA 챔피언스 리그 최다 선수 득점 팀** 기록을 세웠다. 도르트문트 선수 중 15명이 상대 팀의 골망을 흔들었다.

UEFA 챔피언스 리그 홈 최다 연승
바이에른 뮌헨(독일)은 2014년 9월 17일~2017년 2월 15일 홈인 알리안츠 아레나에서 열린 16경기에서 모두 승리했다. 위 사진은 주장 필립 람(왼쪽)과 토마스 뮐러(오른쪽)가 기네스 세계기록 증서를 든 모습이다.

EPL 최다 연승 기록 팀
맨체스터 시티(영국)는 2017년 8월 26일~12월 27일 프리미어 리그 18경기를 연속으로 승리하며 영국 축구의 역사를 다시 썼다. 이 팀은 2017년 12월 13일 스완지를 4 대 0으로 완파하며 아스널의 2002년 14연승 기록을 경신했다. 2017년 12월 31일 크리스털 팰리스와 0 대 0으로 승부를 가리지 못하며 연승 행진을 마감했다.

프리미어 리그(EPL) 한 시즌 최다 골
리버풀의 모하메드 살라(이집트)는 2017/2018 EPL 시즌, 리그 32골을 기록했다. 또 EPL 시즌 38경기 동안 최다 경기 득점 기록도 달성했다(24경기). 살라의 기록은 **EPL 한 시즌이 42경기이던 시절 최다 골**(34골)을 기록한 1993/1994 시즌의 앤디 콜과 1994/1995 시즌의 앨런 시어러보다 단 2골 부족하다.

라 리가 최다 무패 기록
FC 바르셀로나는 2017년 4월 15일~2018년 5월 9일 34승 9무를 기록하며 스페인 리그에서 43경기 무패를 달성했다. 하지만 바르셀로나는 2018년 5월 13일 레반테에 5 대 4로 지며 기록을 마감했다.

라 리가 최다 골 선수
리오넬 메시(아르헨티나)는 2005년 5월 1일~2018년 5월 13일, 스페인 1부 리그에 FC 바르셀로나 선수로 출장해 383골을 넣었다. 라 리가에서 총 417경기에 출전해 경기당 평균 0.91골을 기록했다.
메시는 2018년 1월 28일 열린 알라베스와의 경기에서 자신의 2017/2018 시즌 20번째 골을 넣으며 2 대 1 승리를 이끌었다. 이 골로 **라 리가 최다 연속 시즌 20골 이상 득점**을 기록했다(10시즌).

세리에 A 최다 연속 시즌 득점 선수
2016/2017 시즌을 끝으로 은퇴한 프란체스코 토티(이탈리아)는 이탈리아 세리에 A에서 23시즌 연속 최소 1골 이상을 득점했다. 1993년 3월 28일 리그 최고 팀인 AS 로마에서 데뷔전을 치렀고, 1994년 9월 4일 포지아를 상대로 리그 첫 골을 넣었다.
토티는 커리어 중 세리에 A 최다 페널티킥 득점도 기록했다. 총 71골 득점으로 로베르토 바조의 68골보다 많다.

세리에 A에서 가장 우승을 많이 한 선수
2018년 5월 13일 골키퍼 잔루이지 부폰(이탈리아)은 세리에 A에서 최초로 9번 우승한 선수가 됐다. 모두 유벤투스로 우승을 거뒀는데 2002~2003년, 2013~2018년 시즌에서 달성했다.

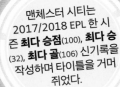
맨체스터 시티는 2017/2018 EPL 한 시즌 **최다 승점**(100), **최다 승**(32), **최다 골**(106) 신기록을 작성하며 타이틀을 거머쥐었다.

EPL 한 클럽에서 최다 골 선수

웨인 루니(영국)는 2017년 5월 14일 런던 화이트 하트 레인 경기장에서 열린 토트넘 홋스퍼와의 경기에서 맨체스터 유나이티드 소속으로 183번째 골을 넣었다. 맨유 소속에서의 마지막 골로, 다음 시즌부터 유스 시절을 보냈던 에버턴으로 돌아갔다.

2018년 5월 13일까지 루니는 EPL에서 커리어 208골을 기록해 **EPL 최고의 골잡이**인 앨런 시어러(영국)의 260골에 이어 2위에 올라 있다.

EPL 최다 출장

가레스 배리(영국)는 1998년 5월 2일~2018년 5월 13일 영국 최고 리그에서 653경기에 출장했다. 그는 라이언 긱스가 세운 632경기를 2017년 9월 25일 경신했는데 애스턴 빌라, 맨체스터 시티, 에버턴, 웨스트 브로미치 앨비언 등 4개 클럽에서 이 기록을 달성했다.

북중미축구연맹 (CONCACAF) 골드컵 최연소 득점 선수

2017년 7월 7일 알폰소 데이비스(캐나다, 2000년 11월 2일생)는 16세 247일의 나이로 프랑스령 기아나를 상대로 2골을 뽑아내며 4 대 2 승리를 이끌었다. 그는 골드컵 공동 득점왕 '베스트 영 플레이어' 상에 이름을 올렸다.

UEFA 챔피언스 리그 최다 득점

2018년 5월 8일까지 크리스티아누 호날두(포르투갈)는 120골을 득점했다. 4월 12일 유벤투스를 상대로 페널티 골을 넣으며 레알 마드리드를 준결승으로 이끌고 자신의 **UEFA 챔피언스 리그 최다 연속 경기 득점** 기록을 11경기로 늘렸다.

CONIFA 유러피언 풋볼컵 최다 우승

파다니아는 CONIFA 유러피언 풋볼컵이 열린 2015년, 2017년 모두 우승했다. 비공식 이탈리아 북부 지방 팀 파다니아는 2017년 6월 10일 니코시아 아타튀르크 스타디움에서 북키프로스를 페널티킥으로 4 대 2로 꺾고 타이틀을 유지했다. CONIFA는 분단국, 속국, 미승인 국가, 소수민족 등 국제적 승인을 받지 못한 지역 및 단체로 구성된 국제 축구 연맹이다.

한 국가대표 팀으로 최다 승을 기록한 감독

독일 국가대표 팀을 이끄는 요아힘 뢰브(독일) 감독은 2017년 6월 25일 FIFA 컨페더레이션스컵에서 카메룬을 3 대 1로 꺾으며 100번째 승리를 달성했다. 2018년 5월 13일까지 뢰브는 106승을 기록 중이다.

EPL 한 해 최다 득점

토트넘 홋스퍼 스트라이커 해리 케인(영국)은 2017년 1월 1일~12월 26일, EPL 경기에서 39골을 넣었다. 박싱데이에 열린 사우샘프턴과의 경기에서 해트트릭으로 기록했는데 해트트릭만 2017년 6번째로 **EPL 한 해 최다 해트트릭**도 기록했다.

경쟁력 있는 리그에서 골을 기록한 최고령 선수

요코하마 FC의 미우라 가즈요시(일본, 1967년 2월 26일생)는 2017년 3월 12일 일본 요코하마 닛파츠 미츠자와 스타디움에서 열린 자스파구사츠 군마와의 경기에서 50세 14일의 나이로 1 대 0 승리를 이끌었다.

UEFA 여자 유러피언 챔피언십 결선 최다 골 차 승리

잉글랜드는 2017년 7월 19일 네덜란드 위트레흐트 주 할겐바르트 스타디움에서 열린 여자 유로 2017 대회 그룹 D 경기에서 라이벌 스코틀랜드를 6 대 0으로 제압했다. 조디 테일러는 잉글랜드 여자 선수 최초로 주요 대회에서 해트트릭을 기록했다.

CONCACAF 골드컵 최다 승 기록 팀

미국은 1991년 이후 열린 CONCACAF 골드컵 14번의 대회에서 56승을 기록했다. 2017년 7월 26일에는 결승에서 자메이카를 2 대 1로 꺾으며 6번째 타이틀을 차지했다. 대회 73경기에서 56승 9무 8패를 기록 중이다. 최다 승은 미국이 기록했지만, **CONCACAF 골드컵 최다 우승 기록**은 라이벌 멕시코가 가지고 있다. 1993년부터 2015년까지 7번 우승했다.

이적료가 가장 비싼 선수

파리 생제르맹은 2017년 8월 3일 FC 바르셀로나의 브라질 공격수 네이마르 주니어를 팀으로 이적시키는 데 2억 6,280만 달러를 주기로 합의했다. 이 계약으로 **가장 비싼 선수**(이적료 합계)가 된 네이마르는 커리어 통산 이적료가 3억 6,480만 달러에 달한다.

NWSL 정규 시즌 커리어 최다 골

2018년 5월 13일까지 사만다 커(호주)는 미국 여자 프로축구 리그(NWSL)에서 45골을 넣었다. 2017년 스카이 블루 FC로 출장해 17골을 넣어 **NWSL 시즌 최다 득점**을 했고 8월 19일 시애틀 레인을 상대로 **NWSL 한 경기 최다 골**(4골)을 기록했다.

자국 리그 최다 우승(2017 시즌 우승 팀만)

팀	자국 리그	최초 우승	우승 횟수
올림피아코스	그리스	1931	44
알 아홀리	이집트	1949	39
S L 벤피카	포르투갈	1936	36
RSC 안데를레흐트	벨기에	1947	34
유벤투스	이탈리아	1905	33
레알 마드리드	스페인	1932	33
바이에른 뮌헨	독일	1932	27
ASEC 미모사	코트디부아르	1963	25
로센보르그	노르웨이	1967	25
말뫼 FF	스웨덴	1944	20

*2016/2017 시즌 기준

럭비 Rugby

성공시켰다. 이는 2000년 4월 16일 사라센 팀의 라이언 컨스터블(호주, 남아공 출생)이 세운 기록과 같다.

럭비 리그 월드컵 최다 트라이

발렌틴 홈스(호주)는 2017 럭비 리그 월드컵 호주 트라이엄펀트 캠페인 대회에서 6경기 동안 12번의 트라이를 성공시켰다. 홈스는 **럭비 리그 월드컵 1경기 최다 트라이**도 기록했는데, 피지를 상대로 6번 성공했다. 홈스의 팀 동료 빌리 슬레이터는 2008~2017년에 **럭비 리그 월드컵 최다 대회 연속 트라이**를 기록했다.

럭비 리그 국제대회 최다 득점 기록

조나단 서스턴(호주)은 2006년 5월 5일~2017년 5월 5일에 열린 국제대회에서 382점을 득점했다. 13번의 트라이를 성공시켰고, 킥으로 165골을 기록했다.

내셔널 럭비 리그 최다 출장

캐머런 스미스(호주)는 2002년~2017년 10월에 멜버른 스톰 소속으로 내셔널 럭비 리그(NRL)에서 358경기 출장기록을 세웠다. 프리미어십 2회 우승자로 NRL 개인 최다 승리 기록도 가지고 있다(254승).

대서양 건너편 최초의 프로럭비 리그 팀

캐나다의 토론토 울프팩은 2017년 2월 25일 시달 팀을 상대로 영국 프로럭비 리그에서 데뷔전을 치렀다. 챌린지컵 3라운드 경기였다.

브리티시 앤드 아이리시 라이온스 팀 최다 투어 주장

웨일스의 샘 워버튼은 브리티시 앤드 아이리시 라이온스 팀의 주장으로 2017 뉴질랜드 투어에 참여했다. 그가 주장을 맡고 2번째 투어였다. 이는 잉글랜드의 마틴 존슨의 기록(1997년, 2001년)과 동률이다.

여자 럭비월드컵 최다 우승

뉴질랜드 여자 대표팀은 2017년 8월 26일 잉글랜드를 41 대 32로 꺾으며 럭비월드컵 5번째 우승을 확정지었다. 이 '블랙펀스' 군단은 초반에 17 대 5로 끌려갔으나 후반에 31점을 몰아쳐 경기를 뒤집었다. 양 팀 득점 73점은 **여자 럭비월드컵 결승전 사상 최다 점수**다.

슈퍼럭비 최다 우승

2017년 8월 5일, 크루세이더스(뉴질랜드)는 슈퍼럭비 클럽 대회 결승전에서 라이언스(남아공)를 25 대 17로 꺾으며 8번째 타이틀을 확정 지었다.

슈퍼럭비 정규시즌 한 팀 최다 트라이 득점

웰링턴에 홈을 둔 허리케인스(뉴질랜드)는 2017년 슈퍼럭비 정규시즌에서 89번의 트라이*를 기록했다. 이들은 개막전에서 선울브즈를 상대로 시작과 함께 13번의 트라이를 기록했다. 허리케인스의 느가니 라우마페(뉴질랜드)는 총 15번의 트라이를 기록해 **슈퍼럭비 한 시즌 개인 최다 트라이 기록**을 세웠다. 이는 조 로프(호주, 1997년), 리코 기어(뉴질랜드, 2005년)와 동률이다.

*트라이: 상대방의 골 지점 땅에 공을 갖다대 득점하는 방법(5점), 트라이 후 추가 킥(컨버전스 킥, 2점).

잉글리시 프리미어십 정규시즌 최다 트라이 득점

와스프스의 크리스티안 웨이드(영국)는 잉글리시 프리미어십 2016~2017 시즌에서 트라이를 17번 성공시켰다. 도미닉 채프먼(영국)이 리치먼드 팀에서 1997~1998 시즌에 세운 기록과 동률이다.

2016년 4월 16일 웨이드는 잉글리시 프리미어십 한 경기 최다 트라이 기록도 세웠는데, 우스터를 상대로 6번

슈퍼리그 최단시간 해트트릭

2017년 5월 29일 캐슬퍼드의 그렉 에덴(영국)이 리 센투리온스를 상대로 4분 59초 만에 3번의 트라이를 성공시켰다. 그는 경기 시각 32분 43초에 첫 득점을 올린 뒤 37분 42초에 해트트릭을 완성했다. 놀랍게도, 에덴의 슈퍼리그 4경기 연속 해트트릭이었다.

슈퍼럭비 최다 출장

2018년 3월 3일까지 크루세이더스 소속으로 슈퍼럭비 189경기에 출전한 와이엇 크로켓(뉴질랜드)은 2017년 4월 14일 케빈 메알라무가 세운 175경기 출전 기록을 넘었다. 그는 **국제대회 개인 최다 연승기록**도 달성했다(2014~2017년 뉴질랜드 팀으로 32승).

사라센은 2017년 5월 13일 챔피언스컵 우승을 거두며 트로피뿐 아니라 **챔피언스컵 연속 무패 기록**도 챙겼다. 사라센은 2015년 11월 14일~2017년 10월 21일 20경기에서 패하지 않았으나 결국 클레르몽 오베르뉴에 지며 기록을 마감했다.

유로피언 럭비챔피언십컵 개인 최다 트라이

2018년 1월 20일 크리스 애슈턴(영국)은 유럽 최고의 럭비 대회에 프랑스 툴롱 팀으로 출장해 자신의 38번째 트라이를 성공시켰다. 앞서 29번의 트라이를 사라센(영국) 팀에서 성공한 그는 2017년 결승에서 트라이 득점을 올리며 빈센트 클레르의 36회 기록을 뛰어넘었다. 애슈턴은 2009~2012년 노샘프턴 세인츠 팀에서 하이네켄컵으로 알려진 토너먼트 대회에 출장해 8개를 성공시켰다.

럭비 월드컵 Rugby World Cup

스포츠

최다 점수 차 승리
호주는 2003년 10월 25일 호주 애들레이드에서 나미비아를 142 대 0으로 꺾었다. 총 22번의 트라이를 성공시켰고, 추가로 주어진 킥(컨버전스)에서 크리스 래섬이 5번, 맷 로저스가 16번 성공했다.

양 팀 최다 득점 경기
뉴질랜드는 1995년 6월 4일 남아프리카 블룸폰테인에서 일본을 상대로 거침없는 경기력을 선보이며 145 대 17로 승리했다. 윙어인 마르크 엘리스는 6번의 트라이를 성공시켜 **한 경기 개인 최다 트라이**를 기록했다.

최다 출장
제이슨 레너드(잉글랜드, 1991~2003)와 리치 맥카우(뉴질랜드, 2003~2015)는 럭비월드컵에서 22경기를 출장했다. 레너드는 2003년 우승자로, 16승 6패를 기록했다. **국제럭비연맹 경기 최다 출장자**(148경기) 맥카우는 총 20승을 거둬 **개인 최다 승도** 기록했다.

최다 우승
*럭비의 창시자로 알려진 인물

뉴질랜드는 1987년, 2011년, 2015년 총 3회 윌리엄 웹 엘리스* 위너스 트로피를 들어 올렸다. 2015년 10월 31일에 호주를 34 대 17로 꺾으며 대회 최초 연속우승팀이 됐다. 결승전 상대 프랑스의 뢰블레 군단은 **결승전 최다 패배**의 불명예를 안았다(3회).

클린 브레이크 최다 기록
월드럭비 기록에 따르면, 데이비드 캠피지(호주)는 1987~1995년 상대 팀의 수비진을 총 37번이나 깔끔하게 돌파했다. 캠피지는 15경기에서 10번의 트라이를 기록했으며, 1991년에는 우승 메달도 목에 걸었다. 그는 수비수를 제칠 때 사용하는 일명 '구스 스텝', 히치 킥 동작으로 유명하다.

다음 승리까지 가장 오래 걸린 시간
일본은 2015년 9월 19일 영국 브라이턴에서 남아공을 34 대 32로 꺾었다. 이 용감한 벚꽃 부대는 1991년 10월 14일 이후 23년 340일 만에 승리를 거뒀다.

최연소 선수
바실 로브자니드제(조지아)는 2015년 9월 19일 영국 글로스터 킹스홈에서 열린 통가와의 경기에 18세 340일의 나이로 출장했다.

최연소 트라이 득점 선수는 윙어 조지 노스(웨일스)로, 2011년 9월 26일 나미비아와의 경기 당시 19세 166일의 나이였다.

최고령 선수는 디에고 오마에치아(우루과이)다. 1999년 10월 15일 영국 햄던 파크에서 열린 우루과이 대 남아공의 경기에 40세 26일의 나이로 출장했다.

최단시간 트라이
2003년 10월 18일 엘턴 플랫틀리(호주)는 루마니아를 상대로 18초 만에 트라이에 성공했다.

이곳의 모든 기록은 국제럭비연맹/월드럭비 남자 럭비월드컵 제공

단일 토너먼트 최다 득점
그랜트 폭스(뉴질랜드)는 1987년 최초로 열린 월드컵에서 126점을 득점했다. 그는 30번의 컨버전스 킥에 성공해 **단일 토너먼트 최다 컨버전스 기록**을 세웠다.

최다 페널티 골
곤잘로 케사다(아르헨티나)는 1999년에 열린 월드컵에서 페널티 킥을 31번 성공시켰다. 이 푸마 군단의 플라이 하프 포지션 선수는 총 102점을 득점하며 대회 득점왕에 올랐다.

최다 컨버전스
대니얼 카터(뉴질랜드)는 2003~2015년 월드컵 16경기에서 58번의 컨버전스 킥을 찼다. 이 선수는 **국제럭비연맹 경기 최다 컨버전스 기록자**다(293회).

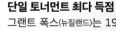

단일 대회 최다 트라이

조나 로무(뉴질랜드, 위 사진, 1999), 브라이언 하바나(남아공, 2007), 줄리언 사베아(뉴질랜드, 2015)가 월드컵 단일 대회에서 8번의 트라이를 기록했다. 로무는 1995년과 1999년 월드컵에서 총 15번의 트라이를 성공시켰다. 하바나는 2007년, 2011년, 2015년 똑같이 기록해 이 둘은 **최다 트라이 기록**을 공유한다.

조니 윌킨슨은 럭비월드컵 2번의 결승전에서 득점한 유일한 선수다. 그는 2003년 15점, 2007년에 2번의 페널티 득점을 추가했다.

최다 득점
조니 윌킨슨(잉글랜드)은 1999~2011년 19경기에서 277점을 득점했다. 또 **최다 페널티 골**(58개)과 **최다 드롭 골**(14개) 기록도 가지고 있다. 윌킨슨은 28번의 컨버전스 킥에 성공했으며, 1999년에는 이탈리아를 상대로 트라이도 1번 성공시켰다.

격투기 Combat Sports

종합격투기 대회 UFC 타이틀 최다 방어

플라이급의 드미트리우스 존슨(미국)은 2013년 1월 26일~2017년 10월 7일 UFC의 타이틀을 11회 연속 방어하는 데 성공했다. 그는 UFC 216 5라운드에서 스플렉스 암바를 성공시키며 레이 보그를 꺾고 앤더슨 실바의 10회 연속 기록을 넘었다.

UFC 헤비급 최다 방어

스티페 미오치치(미국)는 2016년 5월 25일~2018년 1월 20일 UFC 헤비급 타이틀을 3회 방어하는 데 성공했다. 그는 미국 매사추세츠 주 보스턴에서 열린 UFC 220에서 프란시스 은가누를 심판 전원일치 판정승으로 꺾으며 3차 방어에 성공했다.

UFC 최다승

도널드 세로니(미국), 조르주 생 피에르(캐나다), 마이클 비스핑(영국) 등 3명의 파이터가 UFC에서 20승을 거뒀다. 뒤에 언급된 2명은 2017년 11월 4일 UFC 217에서 대결을 펼쳤고, 옥타곤에 4년 만에 복귀한 생 피에르가 3라운드에서 리어 네이키드 초크 기술로 승리를 거뒀다. 전 웰터급 챔피언인 생 피에르는 UFC

에서 단 4명만 달성한 2체급 세계 챔피언이 됐다. 그는 22번 싸워 20번 이겼고, 단 2번만 패했다.

생 피에르는 이로써 13번째 타이틀전 승리를 거둬 **UFC 타이틀전 최다 승리**를 기록했다. 2018년 3월 15일까지 그는 이 부문에서 드미트리우스 존슨에게 1승 앞서 있었다.

마이클 비스핑은 2017년 11월 25일 다시 옥타곤에 올라 **UFC 최다 출전**(29전)을 기록했으나 켈빈 가스텔럼에게 패했다.

ONE 챔피언십 타이틀 최다 방어(여자)

ONE 챔피언십 여자 아톰급 초대 챔피언 안젤라 리(싱가포르, 1996년 7월 8일 캐나다 출생)는 2017년 11월 22일까지 타이틀 방어에 2번 성공했다. 그녀는 2016년 5월 6일 싱가포르 칼랑에서 메이 야마구치를 꺾으며 19세 303일의 나이로 **최연소 종합격투기 세계 챔피언**에 올랐다. 리는 2017년 5월 26일 'ONE 챔피언십 55: 다이너스티 오브 히어로즈' 대회에서 이스텔라 누네즈를 아나콘다 초크 기술로 제압하며 2번째 방어에 성공했다.

최연소 복싱 슈퍼미들급 세계 챔피언

데이비드 베나비데즈(미국, 1996년 12월 17일생)는 2017년 9월 8일 미국 네바다 주 라스베이거스의 하드록 호텔&카지노에서 열린 WBC 슈퍼미들급 세계 챔피언전에서 로널드 가브릴을 판정승으로 꺾고, 20세 265일의 나이로 세계 챔피언에 올랐다.

AIBA 복싱 챔피언십 라이트헤비급 최다 금메달

훌리오 세자르 라 크루즈(쿠바)는 국제아마추어복싱연맹(AIBA)이 주최한 비엔날레 아마추어 복싱대회에 출전해 라이트헤비급 금메달을 4회 연속 획득했다. 그는 2011년, 2013년, 2015년, 2017년에 우승했으며, 이 중 2번의 결승에서 같은 상대인 조 워드(아일랜드)를 꺾으며 금메달을 목에 걸었다.

AIBA 월드 복싱 챔피언십 최다 금메달은 6개로 쿠바의 헤비급 복서 펠릭스 사본이 1986~1997년에 달성했다.

최장기간 벨트 4개를 유지한 통합 세계 챔피언

세실리아 브락후스(노르웨이)는 2018년 3월 15일까지 WBO, WBC, WBA, IBF 여자 웰터급 타이틀을 3년 183일 동안 유지했다. 32번 싸워 모두 이겼다. 2014년 9월 13일 통합 챔피언에 올라 2017년 10월 21일 6번째 벨트 방어에 성공했다(IBO 타이틀 포함).

UFC 타이틀 매치 최다 유효타격

2017년 5월 13일 요안나 예드제칙(폴란드)은 미국 텍사스 주 댈러스의 아메리칸 에어라인 센터에서 열린 UFC 211, 여자 스트로급 챔피언 결정전에서 제시카 안드라데와 5라운드까지 접전을 벌이며 유효타격 225회 적중으로 심판 전원 일치 판정승을 거뒀다.

같은 경기에서 예드제칙은 **UFC 한 경기 최다 레그킥**을 적중시키는 데도 성공했다. 총 75회로 자신의 이전 기록 70회를 넘겼으며, 2018년 1월 22일까지 8승을 거둬 아만다 누네스(브라질)와 함께 **UFC 최다승**(여자)을 기록 중이다.

UFC 한 경기 최다 유효타격은 238회로 네이트 디아즈(미국)가 2011년 12월 30일 UFC 141 대회에서 도널드 '카우보이' 세로니를 상대로 3라운드 동안 기록했다.

세계 헤비급 복싱 타이틀전 최다 출전

블라디미르 클리츠코(우크라이나, 오른쪽)는 2017년 4월 29일 영국 런던 웸블리 스타디움에서 앤서니 조슈아(영국)를 상대로 29번째 헤비급 타이틀전을 치렀다. 처음으로 WBO 헤비급 챔피언의 왕관을 차지한 것은 2000년 10월 14일이다. 그는 조슈아와의 박진감 넘치는 경기 끝에 11라운드에서 TKO를 당했고, 그 후 은퇴를 선언했다.

클리츠코는 헤비급 챔피언에 2번 올라 총 4,382일 동안 유지해 **최장기 헤비급 복싱 챔피언**으로 기록됐다.

카 워크던(영국)이 모두 우승했다. 그녀는 모스크바, 라바트, 런던에서 우승한 뒤 2017년 12월 2일 코트디부아르 아비장에서 열린 그랑프리 결승전에서도 금메달을 목에 걸었다. 1년 동안 그랑프리 전 대회를 지배한 선수는 워크던이 처음이다. 그녀는 2017 세계 태권도 선수권대회 +73kg급에서도 타이틀 방어에 성공했다.

세계 태권도 선수권대회 최다 메달 국가

대한민국은 1973년 5월 25일~2017년 6월 30일 세계 태권도 선수권대회에서 232개의 메달을 획득했다. 2017년 대한민국 무주에서 열린 대회에서도 금메달 5개를 포함한 총 10개의 메달을 획득해 최고의 자리에 올랐다.

월드게임 무에타이 최다 금메달 국가

폴란드 브로츠와프에서 열린 무에타이 2017 월드게임 첫 대회에서 우크라이나가 3개의 금메달을 획득했다. 2017년 7월 30일 열린 11개의 결승 중 우크라이나는 남자 91kg급(올레 프리마초프), 남자 67kg급(세르히 쿠리아바), 남자 63.5kg급(이고르 리브첸코)에서 타이틀을 획득했다. 은메달도 1개 획득한 우크라이나는 'TWG 2017 무에타이 팀'으로 선정됐다.

유도 세계선수권대회 개인 최다 금메달(남자)

2017년 11월 11일 테디 리네르(프랑스, 과들루프 출생, 위 흰색 도복)는 모로코 마라케시에서 열린 유도 대회 무제한급에서 승리, 10번째 세계 타이틀을 차지했다. 그는 결승에서 토마 니키포로프를 상대로 승리를 거두며 공식 대회 144경기 무패 행진을 이어갔다. 그의 2번째 무제한급 타이틀이다. 2007~2017년 유도 세계선수권대회 +100kg급에서 금메달을 8개 획득했다.

IBJJF 세계 챔피언십 개인 최다 금메달

마커스 알메이다(브라질, 위 파란 도복)는 국제 브라질리언 주짓수 연맹(IBJJF) 세계 챔피언십 대회에서 개인 금메달을 10개나 획득했다. 그는 2017년 6월 1일~4일 열린 세계대회 +100kg급과 무제한급에서 승리를 거뒀다. 이로써 마커스는 2004~2010년 무제한급과 +100kg급에서 10개의 금메달을 딴 호저 그레이시와 동률을 이뤘다.

복싱 세계 타이틀전 최단시간 KO승

졸라니 테테(남아공)가 2017년 11월 18일 영국 북아일랜드 벨파스트의 SSE 아레나에서 열린 WBO 밴텀급 타이틀전에서 시보니소 고냐를 상대로 11초 만에 승리를 거뒀다. 그는 시작 6초 만에 상대방에게 첫 훅을 날렸고, 그대로 KO가 되며 경기가 끝났다.

세계 태권도 비치선수권대회 최다 금메달 국가

2017년 5월 5일~6일 그리스 로도스 섬에서 열린 세계태권도연맹(WTF)의 제1회 세계 태권도 비치선수권대회에서 태국이 7개의 금메달을 획득했다. 선수 간 스파링이 없는 이 대회는 격파나 품새 같은 26개 종목에서 실력을 겨룬다. 개인 혹은 팀으로 '다수의 공격에 대항해 효과적인 대처 동작들을 선보이는' 경기가 주를 이룬다.

스모 커리어 최다승

하쿠호 쇼(몽골)는 2017년 11월 26일 일본 규슈 스모 대회에서 커리어 통산 1,064승을 달성했다. 대회 14승 1패의 기록은 그가 40번째 왕좌에 오르기에 충분한 성적이었다. 그는 **스모 최고 계급 챔피언십 최다 승리**를 기록했다. 2017년 11월 25일 후쿠오카 고쿠사이 센터에서 엔도 쇼타를 넘어 타이틀을 확정 지었다. 2018년 3월 15일까지 총 승리를 1,066승으로 늘렸다.
하쿠호는 2017년 5월 28일 일본 도쿄에서 열린 여름대회에서 15승 0패를 기록하며 대회에서 한 번도 패하지 않고 우승하는 '젠쇼-우쇼(전승우승)'를 13번째 달성했다. 이는 **스모 최고 계급 최다 무패 우승** 기록이다.

국제유도연맹(IJF) 그랑프리 최연소 우승자

우타 아베(일본, 2000년 7월 14일생)는 2017년 2월 24일 독일 뒤셀도르프에서 열린 IJF 뒤셀도르프 그랑프리 여자 -52kg급에서 16세 225일의 나이로 우승을 거뒀다. 아베는 결승에서 프랑스의 아망디네 부샤

르를 허벅다리 걸기로 꺾으며 타이틀을 획득했다. 그녀의 오빠 히후미도 유도선수인데, 겨우 스무 살의 나이로 2017 세계 챔피언십 남자 66kg급에서 금메달을 목에 걸었다.

세계 태권도 그랑프리 최다 승(1년 기준)

2017년 한 해 동안 열린 세계 태권도 그랑프리 4개 대회의 여자 +67kg급에서 비앙

플로이드 메이웨더 주니어는 2005년 6월 25일~2017년 8월 26일 16회의 경기를 페이퍼 뷰(PPV)로 방영했고 총 2,398만 건이 판매돼 17억 달러의 PPV 수익을 올렸다. 그는 **커리어 통산 가장 많은 PPV 판매를 기록한 복서**로 이름이 올랐다.

커리어 전적 최다 무패를 기록한 복싱 세계 챔피언

5체급 챔피언 플로이드 메이웨더 주니어(미국, 오른쪽)는 1996년 10월 11일~2017년 8월 26일에 선수 생활을 하며 50승 무패로 커리어를 마감했다. 40세 때 은퇴를 번복하고 미국 네바다 주 라스베이거스 T-모바일 아레나에서 UFC 2체급 챔피언 코너 맥그리거와 싸워 10라운드 승리를 거뒀다.

크리켓 Cricket

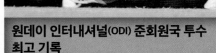

U19 월드컵 최다 위켓 선수

역동적인 투구 폼의 호주 선수 로이드 포프는 2018년 1월 23일 뉴질랜드 퀸스타운에서 열린 ICC 19세 이하 월드컵 4강전 잉글랜드와의 경기에서 35점을 내주는 동안 8개의 위켓을 잡아냈다. 같은 날 스리랑카의 선두타자 하시타 보야고다는 케냐를 상대로 U19 월드컵 선수 개인 최다 득점인 191점을 기록했다.

양손잡이 강속구 투수

속구 투수인 야시르 얀(파키스탄)은 구속이 오른손 투구는 시속 145km, 왼손 투구는 시속135km에 이른다. 투수는 한 오버 내에서 손을 바꿔 던질 수 있는데, 먼저 심판에게 알려야 한다.

ICC 월드컵 결승 최다 위켓

잉글랜드의 아냐 슈럽솔은 2017년 7월 23일 영국 로즈에서 열린 결승에서 인도에 46점을 내주고 6개의 위켓을 잡았다. 이는 남녀 월드컵 결승 최다 위켓으로, 그녀는 19번의 투구에서 5개의 위켓을 잡기도 했다.

원데이 인터내셔널(ODI) 준회원국 투수 최고 기록

아프가니스탄의 래시드 칸은 2017년 6월 9일 세인트 루시아 그로스이슬레에서 열린 서인도와의 경기에서 18런을 내주는 동안 7개의 위켓을 잡아 ODI 역대 최고 기록을 세운 4번째 선수가 됐다. 13일 뒤 아프가니스탄은 정회원국이 됐다.

트웬티20(T20) 커리어 최다 득점

크리스 게일(자메이카)이 2018년 3월 4일까지 T20 323 경기에 출전해 1만 1,068점을 득점했다. 세인트 키츠네비스 패트리어트(위)에서 뛰었던 이 왼손잡이 강타자는 웨스트 인디즈로 옮겨 1,589점을 기록하고, 2017년 12월 12일 방글라데시 프리미어리그 결승전에서는 랑푸르 라이더스로 출전해 아웃당하지 않고 146점을 올렸다. T20 이닝 최다 식세스*(남자)를 기록하기도 했다(18개). *야구의 홈런으로 6점이 주어진다.

이닝 최다 득점

잉글랜드의 선두타자 알라스테어 쿡은 2017년 12월 27~28일 호주 멜버른 MCG에서 열린 포스 애쉬스 테스트 경기에서 호주를 상대로 아웃당하지 않고 244점을 올렸다. 정식 룰로 치러진 경기에서 기록된 선두타자 역대 최다 득점으로, 동료들이 나설 기회도 주지 않고 이닝을 끝내버렸다.

테스트 매치* 최다 개최

영국과 서인도의 135회 더 서드 테스트 경기가 2017년 9월 7~9일 영국 런던 로즈 크리켓 경기장에서 열렸다. 이 상징적인 경기장은 1884년 7월 21~23일 잉글랜드와 호주의 1번째 테스트 매치가 열렸던 곳이다.

*국가대표 공식 시합

인도 프리미어 리그에서 가장 비싼 선수

인도 멀티 플레이어 비라트 콜리는 2018년 1월 5일 267만 달러에 로열 챌린저스 방갈로르에 영입됐다.

'부상 타석' 최다 득점

에빈 루이스(트리니다드토바고)는 2017년 9월 27일 영국 런던의 디 오발에서 열린 원데이 인터내셔널(ODI) 잉글랜드와의 경기에서 발에 공을 맞아 부상으로 퇴장하기 전까지 176점을 올렸다. 그는 140년 전인 1877년 3월 15~16일 열린 최초의 테스트 매치에서 찰스 배너먼(호주)이 부상 전까지 세운 165점을 경신했다.

T20 경기 최다 점수 차 역전

2018년 2월 16일 호주 팀은 뉴질랜드 오클랜드의 에덴파크에서 열린 T20 트라이 시리즈 경기에서 뉴질랜드에 243점을 내준 뒤 245점을 내 역전했다. 8.3오버 동안 121점을 올린 다르시 쇼트와 데이비드 워너가 승리의 주역이다.

국제대회 최다 해트트릭

2017년 4월 6일 라시스 말링가(스리랑카)는 방글라데시를 상대로 T20 경기에서 자신의 4번째 국제대회 해트트릭(3번의 투구로 위켓을 3번 잡는 것)을 기록했다. 그는 1989~1999년 4번의 해트트릭을 기록한 와심 아크람(파키스탄)과 동률을 이뤘다.

ODI 최다 득점(여자)

1999년 데뷔한 인도의 주장 미타리 라즈는 2018년 3월 4일까지 ODI 189경기(170이닝)에 출전해 6,259점을 기록했다.
라즈는 2017년 2월 7일~6월 24일 ODI 최다 연속 50점 기록(여자)을 세웠다(7회). 잉글랜드의 샬럿 에드워즈와 함께 ODI 커리어 최다 50점(여자)도 기록했다(55회).

가장 빠른 T20 100타점(남자)

로히트 샤르마(인도)는 2017년 12월 22일 인도 인도르에서 단 35구 만에 8개의 식세스와 11개의 포스*를 포함해 100타점을 올렸다. 이로써 2개월 전 35구 만에 100타점을 기록한 데이비드 밀러(남아공)와 동률을 이뤘다. 밀러는 10월 29일 남아프리카 포체프스트룸에서 기록을 세웠다. *타구가 4점 한계선을 넘으면 4득점 인정

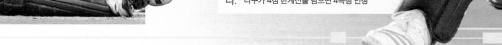

테니스 Tennis

US 오픈에서 우승한 최저 랭킹 선수

슬론 스티븐스(미국)는 2017년 9월 9일 세계 랭킹 83위로 US 오픈 우승 트로피를 들어 올렸다. 그녀는 부상으로 11개월 동안 경기에 출장하지 못해 한때 랭킹이 957위까지 곤두박질쳤다. 스티븐스는 복귀한 지 69일 만에 메이저 대회에서 우승을 거두는 기염을 토했다.

메이저 대회 최다 우승(남자)

로저 페더러(스위스)는 2018년 1월 28일 호주 오픈에서 우승하며 자신의 20번째 메이저 타이틀을 획득했다. 36세의 페더러는 놀랍게도 1968년부터 열린 200회의 메이저 대회 중 20번, 즉 10%를 우승했다(메이저 대회란 윔블던을 포함한 미국, 프랑스, 호주 오픈을 말한다).

메이저 대회 최다 우승은 24번으로, 마거릿 코트(결혼 전 성은 스미스, 호주)가 1960~1973년 달성했다.

ATP 월드 투어 최다 출전

로저 페더러는 2018년 3월 4일까지 남자 프로 테니스(ATP) 월드 투어 1,394경기에 연속으로 출전했다. 그는 오래전인 1998년 7월 스위스 그슈타드에서 16세의 나이로 데뷔전을 치렀는데 루카스 아놀드 커에게 패했다.

클레이코트 최다 우승(역대)

2017년 4월 23일 라파엘 나달은 몬테카를로

커리어 최다 상금(여자)

세레나 윌리엄스(미국)는 2018년 3월 4일까지 커리어 통산 상금이 8,446만 3,131달러에 이른다. 메이저 우승을 23번이나 차지한 그녀는 2017년 1월 28일 딸 알렉시스를 임신(8주차)한 채 7번째 호주 오픈 우승을 차지했다.

최초의 메이저 단일 대회 10승(역대)

클레이코트의 왕 라파엘 나달(스페인)은 2017년 6월 11일 스타니슬라스 바브린카를 3 대 0으로 제압하고 10번째 프랑스 오픈 타이틀을 차지했다. 2005~2008년, 2010~2014년에도 우승했다. 프랑스 오픈에서 2017년 결승까지 79승 2패라는 위대한 전적을 기록했는데 2009년 로빈 소더링, 2015년 노박 조코비치에게 진 게 전부다.

마스터스에서 50번째 클레이코트 우승을 거머쥐었다. 나달은 기예르모 빌라스(아르헨티나)가 1973~1983년 기록한 49번 우승 기록을 넘어서게 됐다. 나달의 몬테카를로 마스터스에서만 우승을 10번 거둬 **최초의 ATP 월드 투어 동일 대회 10회 우승(역대)**을 기록했다(위 참조).

메이저 대회 휠체어 복식 최다 우승(남자)

데이비드 와그너(미국)는 2017년 9월 9일 열린 US 오픈에서 16번째 메이저 대회 복식 타이틀을 차지했다. 그는 파트너 앤드루 랍손과 함께 딜럿 올컷, 브라이언 바턴 복식 팀을 7 대 5, 6 대 2로 물리쳤다.

와그너는 **메이저 대회 휠체어 개인 최다 우승(남자)**도 기록했다. 총 6번으로 피터 노퍽(영국)과 동률이다.

최장시간 US 오픈 여자 경기

셸비 로저스(미국)는 2017년 8월 31일 2번이나 연장하는 마라톤 경기 끝에 다리아 가브릴로바(호주)를 물리쳤다. 경기는 3시간 33분 동안 진행됐다. 로저스는 7 대 6(8 대 6), 4 대 6, 7 대 6(7 대 5)로 승리를 거뒀지만, 매치 포인트를 따는 데 4번이나 실패했다.

넥스트 젠 ATP 초대 우승자

정현(대한민국)은 2017년 11월 11일 이탈리아 밀라노에서 처음 열린 '넥스트 젠 ATP' 결승에서 안드레이 루블레프를 3 대 4, 4 대 3, 4 대 2, 4 대 2로 꺾고 우승을 했다.

윔블던 최다 우승(남자)

로저 페더러(스위스, 위 참조)는 2017년 7월 16일 마린 실리치를 6 대 3, 6 대 1, 6 대 4로 꺾고 8번째 윔블던 타이틀을 획득했다. 이로써 7회 우승자인 피트 샘프라스(미국), 윌리엄 렌쇼(영국)보다 한 발짝 앞서게 됐다.

윔블던 최다 우승은 9번으로 마르티나 나브라틸로바(미국, 체코 출생)가 1978~1989년, 1982~1987년, 1990년에 기록했다.

메이저 대회 4강 최장신 선수 간 경기

2017년 9월 5일 US 오픈 4강에서 키 203cm의 케빈 앤더슨(남아공, 아래 사진 왼쪽)과 198cm의 샘 쿼리(미국)가 맞붙었다. 합친 키가 401cm인 거인 대결에서 앤더슨이 7 대 6, 6 대 7, 6 대 3, 7 대 6으로 승리를 거뒀다.

오토 스포츠 Auto Sports

모터사이클 월드 챔피언십 모터 GP/500cc 커리어 최다승

발렌티노 롯시(이탈리아)는 2000년 7월 9일~2017년 6월 25일에 혼다, 두카티, 야마하 팀으로 월드 챔피언십에 참가해 89승을 거뒀다.

TT 레이스 사이드카 최고 속도

벤과 톰 버챌 형제(둘 다 영국)는 2017년 6월 5일 LCR 혼다 600cc 사이드카를 타고 TT 레이스 경기장을 19분 19초 746 만에 주파했다. 사이드카 최초로 시속 188.485km 이상의 평균 속도를 기록했다.

NHRA 드래그 레이스 커리어 최다승

존 포스(미국)는 2017년 3월 19일 미국 플로리다 주 게인즈빌 레이스웨이에 있는 아말리에 모터오일 NHRA 게토내셔널에서 열린 NHRA 드래그 레이스 퍼니카 결승에서 조니 린드버그를 물리치고 148승을 기록했다. 이날 포스의 나이는 67세 319일이었다(1949년 5월 4일생).

포뮬러 1 최다 폴 포지션

루이스 해밀턴(영국)은 2018년 3월 26일까지 포뮬러 1에서 폴 포지션(예선 1위)을 73번 차지했다. 2017년 9월 2일 이탈리아 그랑프리에서 마이클 슈마허의 기록을 뛰어넘고 2017년 10월 7일 일본 스즈카 인터내셔널 레이싱 코스에서도 예선 1위를 기록해 가장 많은 포뮬러 1 서킷에서 폴 포지션을 차지한 선수가 됐다.

연습 주행 최다 뷰

포뮬러1 드라이버 페르난도 알론소(스페인)가 2017년 3월 3일 안드레티 오토스포츠의 인디카를 처음으로 시험 주행했다. 페이스북과 유튜브를 통해 방송된 이 장면은 214만 9,000명이라는 유례없이 많은 사람이 시청했다. 알론소는 비공식 모터스포츠 트리플 크라운인 F1 모나코 그랑프리, 인디애나폴리스 500, 르망 24시 우승을 목표로 했다. 모터스포츠에서 트리플 크라운을 최초로 달성한 사람은 그레이엄 힐로 1972년 르망 경기에서 우승하며 기록을 세웠다. 힐의 1972년 업적에 대적할 기록을 세운 드라이버는 아직 없다.

포뮬러 1 시상대에 오른 최연소 루키

랜스 스트롤(캐나다, 1998년 10월 29일생)은 2017년 6월 25일 아제르바이잔 바쿠에서 열린 그랑프리에서 18세 239일의 나이로 3위를 기록했다. 맥스 페르스타펜에 이어 F1 사상 2번째로 어린 선수인 스트롤은 윌리엄스 팀이 데뷔 시즌에 영입했다.

월드 챔피언십 모터사이클 레이스에서 우승한 최초의 여자 선수

아나 카라스코(스페인)는 2017년 9월 17일 포르투갈 알가르베 서킷에서 열린 FIM 슈퍼스포츠 300 월드 챔피언십 7번째 라운드에서 승리를 거뒀다. 가와사키 닌자 300을 탄 20세의 카라스코는 11번째 바퀴 마지막 직선 구간에서 0초053 차이로 가장 먼저 결승선을 통과했다.

워싱턴 산 힐클라임 오토 레이스 최고 기록

2017년 7월 9일 '스바루 랠리 팀 USA'의 트래비스 파스트라나(미국)가 미국 뉴햄프셔 주에 있는 워싱턴 산 정상까지 5분 44초72 만에 올랐다. 그는 이 12.2km 코스의 이전 최고 기록을 24초37이나 앞당겼다.

데이토나 500에서 가장 근소한 차이로 우승한 사람

오스틴 딜런(미국)은 2018년 2월 18일 전미 스톡자동차 경주협회(NASCAR)의 데이토나 500 대회에 참가해 마지막 바퀴에 체커드 플래그(흑백 체크무늬 깃발. 우승자에게 내보이는 깃발이다)를 받았다. 2017년 우승자 커트 부쉬(미국)도 같은 기록을 세웠다.

NHRA 퍼니카 레이스 최고 속도

퍼니카 2회 우승자 로버트 하이트(미국)는 2017년 7월 29일 미국 캘리포니아 주 소노마 레이스웨이에서 시속 546.96km를 기록했다. NHRA 프로 드래그 레이스 역사상 가장 빠른 속도다.
하이트는 2017년 8월 18일 **NHRA 퍼니카 대회 사상 최단시간**인 3초793으로 우승을 거뒀다.

슈퍼바이크 월드 챔피언십 최다 연속 우승

조나단 리아(영국)는 2017년 9월 30일 프랑스 마그니-쿠르에서 50번째 레이스 승리와 함께 슈퍼바이크 월드 챔피언십 3연속 최종 우승을 확정했다. 11월 3~4일 카타르에서 2승을 추가하며 총 556점으로 시즌을 마친 그는 **슈퍼바이크 월드 챔피언십 시즌 최다 점수**를 기록했다.

르망 24시 한 바퀴 최고 평균 속도

카무이 고바야시(일본)는 2017년 6월 16일 르망 24시 예선에서 토요타 TS050 하이브리드를 타고 평균 시속 251.882km로 질주해 폴 포지션을 차지했다. 그의 랩 타임 3분 14초791은 1989년 라 샤르트 서킷의 뮬산 직선로에 시케인(속도를 줄이게 하기 위한 2중 커브 길)이 설비된 이후 가장 빠른 기록이다.

포르쉐가 2017년 르망 24시에서 우승을 거뒀다. 이 독일 제조사는 3회 연속 우승과 함께 총 19회 우승을 달성해 **르망 24시 최다 우승 팀**으로 기록됐다.

익스트림 스포츠 Extreme Sports

서머 X게임 최다 출전
스케이트보드의 전설 밥 번퀴스트(브라질)는 2017 X게임을 자신의 마지막 대회로 선언했다. 그는 1995년 첫 대회부터 26번 출전했다. 번퀴스트는 1997~2015년 금메달 14개, 은메달 8개, 동메달 8개 등 총 30개로, **서머 머X게임 최다 메달**을 획득했다.

X게임 최다 메달(여자)
제이미 앤더슨(미국)은 2018년 1월 27일 열린 X게임 여자 스노보드 빅에어 대회에 참가해 15번째 메달을 획득했다. 금메달 5개, 은메달 7개, 동메달 3개를 딴 그녀는 2006~2018년 스노보드 슬로프 스타일 종목에서 출전한 모든 대회의 3위 내에 입상하는 업적을 세웠다.

서머 X게임 BMX 스트리트 최다 금메달(남자)
가렛 레이놀즈(미국)는 2017 서머 X게임 BMX 스트리트 종목에서 9번째 금메달을 목에 걸었다. 그는 2013년 로스앤젤레스 X게임에서 딱 1번 타이틀 획득에 실패했다.

니트로 월드 게임 다관왕
라이언 윌리엄스(호주)는 2017년 6월 24일 니트로 월드 게임 최초로 다관왕에 올랐다. 'R-윌리'라고도 불리는 윌리엄스는 미국 유타 주 솔트레이크에서 열린 BMX 베스트 트릭 종목과 스쿠터 베스트 트릭 종목에서 우승했다.

X게임 최연소 금메달 2관왕
켈리 실다루(에스토니아, 2002년 2월 17일생)는 2017년 1월 29일 X게임 여자 스키 슬로프 스타일에서 14세 347일의 나이로 2번째 금메달을 목에 걸었다. **서머 X게임 최연소 금메달리스트(여자)**인 브라이튼 제우너(미국, 2004년 7월 14일생)는 2017년 7월 15일 스케이트보드 파크에서 13세 1일의 나이로 우승했다.

FAI 스우프 프리스타일 월드 챔피언십 최초 우승자
데이비드 '주니어' 루드빅(미국)은 2017년 8월 25~26일 덴마크 코펜하겐에서 처음 열린 국제항공연맹(FAI) 스우프 프리스타일 월드 챔피언십의 초대 챔피언에 올랐다. 1,500m 상공에서 낙하산을 매고 최대 시속 150km로 낙하한 뒤 물 위에 착륙하기 전까지 다양한 묘기를 펼치는 이 종목은 정확한 동작과 스타일로 점수를 매긴다.

윙슈트 최장거리 비행(FAI 인정)
2017년 5월 27일 아나스타시스 폴리카르푸(키프로스)는 영국 윌트셔에서 열린 UK 윙슈트 퍼포먼스 내셔널스 2017 대회 1라운드에서 윙슈트를 입고 5.192km를 비행했다.
같은 날 재키 하퍼(영국)는 **윙슈트 최장거리 비행(여자, FAI 인정)** 기록을 작성했다(4.359km). 그녀는 시속 254.2km의 속도로 비행하며 기록을 세웠다.

최장거리 캐너피 파일로팅(FAI 인정)
2017년 7월 22일 스카이다이빙 강사인 세드릭 베이가리오스(프랑스)는 폴란드 브로츠와프에서 열린 월드 게임에서 캐너피 파일로팅 196.52m를 기록했다.
다음날, 코르넬리아 미하이(UAE, 루마니아 출생)는 월드 게임에서 175.77m로 **최장거리 캐너피 파일로팅*(여자, FAI 인정)**을 기록했다. *낙하산을 매고 낙하하며 착지점(호수 등 물)에 신체 일부를 대고 수평으로 멀리 이동하는 종목

> 조 파슨스는 2017 스노모빌 베스트 트릭 결선에서 동메달을 획득해 총 17개의 메달을 가져갔다. 그는 손 화이트(미국)가 기록한 **윈터 X게임 최다 메달**(18개)에 단 1개 차이로 따라붙었다.

윈터 X게임 스노모빌 프리스타일 종목 최다 연속 우승
조 파슨스(미국)는 2017년 1월 28일 미국 콜로라도 주 애스펀에서 열린 윈터 X게임 21 스노모빌 프리스타일 종목에서 최초로 2연패를 달성했다. 그는 스노모빌을 타고 경사면을 점프해 공중에서 좌석을 360도 돌아앉는 묘기를 선보여 93점을 획득했다. 이번 2연패를 포함해 프리스타일에서 총 3회 타이틀을 차지했다.

레드불 암벽 다이빙 최다 우승(여자)
리아난 이플란트(호주)는 2017년 열린 레드불 암벽 다이빙 월드 시리즈 6개 대회 중 4개 대회에서 우승해 '킹 카헤킬리 트로피'를 다시 가져갔다. 트램펄린을 전문적으로 했던 이플란트는 2016년 와일드카드로 출전한 데뷔 시즌부터 우승을 차지했다. 그녀는 2회 우승을 기록해 레이철 심슨(미국)과 동률을 이뤘다.

과녁 스포츠 Target Sports

실외 리커브 양궁 70m 72발 최다 득점(여자)

최민선(대한민국)은 2017년 8월 20일 대만 2017 유니버시아드대회 여자 리커브에서 720점 만점에 687점을 기록했다.

실외 리커브 장애인양궁 50m 72발 최다 득점(W1, 여자)

제시카 스트레톤(영국)은 2017년 9월 14일 중국 베이징에서 열린 2017 세계장애인양궁 선수권대회 50m W1 랭킹 라운드 결선에서 720점 만점에 657점을 획득했다. 그녀가 세운 그 해 10번째 세계 기록으로, 하루에 신기록을 4번이나 작성한 적이 2번이나 있다.

ISSF 공기총 10m 최고 득점(여자)

2017년 2월 24일 중국의 시 멍야오가 인도 뉴델리 국제사격연맹(ISSF) 월드컵에서 252.1점으로 금메달을 땄다. 당시 19세였기에 ISSF 주니어 세계기록이기도 하다.

ISSF 공기권총 10m 최고 기록(남자)

2018년 3월 3일 멕시코 과달라하라에서 열린 ISSF 월드컵에 처음으로 출전한 샤흐자르 리즈비(인도)는 10m 공기권총 종목에서 242.3점으로 신기록을 수립하며 금메달을 목에 걸었다. **ISSF 공기권총 10m 최고 기록(여자)**은 조라나 아루노비치(세르비아)가 2017년 3월 11일 슬로베니아 마리보르에서 열린 유러피언 10m 사격 챔피언십에서 기록한 246.9점이다.

초대 페탕크 세계챔피언십 혼합복식 금메달

나디아 벤 압데살렘과 할레드 라칼(튀니지)은 2017년 4월 16일 벨기에 겐트에서 열린 페탕크 세계챔피언십 혼합복식 결승에서 캄보디아의 듀오 스리앙 소라킴과 넴 보라를 13 대 7로 격파했다. 페탕크는 2명이나 3명으로 팀을 이뤄 시합하기도 한다.

실내 리커브양궁 18m 60발 최다 득점(남자)

2017년 1월 20일 브래디 엘리슨(미국)은 프랑스 님에서 열린 실내양궁 월드컵대회에서 600점 만점에 599점을 획득, 자신이 2개월 전에 세운 598점을 경신했다. **실내 컴파운드양궁 18m 60발 최다 득점(남자)**은 2015년 1월 24일 마이크 로스(네덜란드)가 기록한 600점 만점에 600점이다.

라파 월드게임 남자 복식 최다 금메달 획득 국가

이탈리아는 2017년 7월 24일 폴란드 브로츠와프의 라파 월드게임 남자 복식 경기에서 산마리노를 12 대 7로 꺾으며 2009년, 2013년에 이어 3번째 금메달을 차지했다. 라파는 페탕크와 비슷한 종목으로, 카펫이나 클레이 바닥 위에서 플라스틱 공으로 경기한다.

스누커에서 147 브레이크를 기록한 최연소 선수

션 매드독(영국, 2002년 4월 10일생)은 2017년 7월 9일 영국 웨스트요크셔 리즈에서 열린 라이트테스크 프로암 시리즈에서 15세 90일의 나이로 맥시멈 브레이크(1명이 공을 모두 다 넣어 147점을 얻는 것)를 기록했다. 그는 스누커의 전설 로니 오설리반의 기록을 8일 차로 경신했다.

프로대회에서 147점을 기록한 최고령 선수는 마크 데이비스(영국, 1972년 8월 12일생)로, 2017년 3월 2일 44세 202일의 나이로 챔피언십 리그에서 자신의 2번째 맥시멈 브레이크를 기록했다. 그는 그보다 2개월 전인 1월 10일 1번째 맥시멈 브레이크를 기록했다.

모스코니컵 최연소 출전 선수

조슈아 필러(독일, 1997년 10월 2일생)는 2017년 12월 4일 당구 모스코니컵 유럽 대 미국 대항전에서 20세 63일의 나이로 데뷔했다. 그는 유럽팀이 11대 4로 승리하는 데 기여하며 최우수선수(MVP)에 선정되는 영예를 안았다. 유럽은 미국을 상대로 역대 12번째 승리를 거두며 **모스코니컵 최다 우승**을 기록했다. 미국은 11번 우승했으며, 2006년에 무승부가 1번 있었다.

> 필 테일러는 마이클 반 거윈과 함께 단일 경기에서 '나인 다트 피니시(최소 다트 승리)'를 2번이나 성공한 단 2명의 선수 중 하나다.

필 테일러

필 '더 파워' 테일러(영국)는 2018년 1월 1일 프로페셔널 다트 코포레이션(PDC) 월드챔피언십에서 롭 크로스에게 7 대 2로 패한 뒤 은퇴를 선언했다. 테일러의 전설적인 행보에는 **월드챔피언십 최다 우승**을 포함해(총16회. 영국 다트협회 대회 2번 우승, PDC 대회 14번 우승), **프리미어 리그 다트 최다 우승(6번), 월드매치플레이 타이틀 최다 획득(16번)**이 있다. '더 파워' 테일러는 2017년 7월 30일 월드매치플레이 결승에서 피터 라이트를 18 대 8로 꺾으며 16번째 왕관을 머리에 썼다.

골프 — Golf

최연소 유럽여자프로골프투어 우승 골퍼

아타야 티티쿨(태국, 2003년 2월 20일생)은 2017년 7월 6~9일 유럽여자프로골프투어 태국 챔피언십에서 14세 139일의 나이로 우승을 거뒀다. 그녀는 5언더파 283타를 쳐 1위로 대회를 마쳤으나 아마추어 자격으로 출전해 상금 5만 1,322달러는 받지 못했다.

US 오픈 단일 라운드 최저 언더파

저스틴 토마스(미국)는 2017년 6월 17일 미국 위스콘신 에린 힐에서 열린 US 오픈 3라운드에서 63타 9언더파를 기록했다. 조니 밀러(미국)가 같은 대회에서 1973년 달성한 8언더파(63타)를 경신한 기록이다.
하지만 타수로 비교하면 토마스와 밀러는 **US 오픈 라운드 최저타**로 동률이다. 둘 외에도 잭 니클라우스와 톰 웨이스코프(둘 다 미국)가 1980년 6월 12일에, 비제이 싱(피지)이 2003년에 63타를 기록했다.

US 오픈 최저 언더파

브룩스 코엡카(미국)가 2017 US 오픈에서 6월 15~18일에 16언더파를 기록했다. 이는 로리 매킬로이(영국)가 2011 US 오픈에서 세운 기록과 같다.

월드골프챔피언십 대회 최종 라운드 최저타 우승자

마쓰야마 히데키(일본)는 2017년 8월 6일 미국 오하이오 주 애크런에서 열린 브리지스톤 인비테이셔널 최종 라운드에서 버디 7개, 이글 1개로 61타를 기록하며 우승을 거뒀다. 메이저 대회를 제외하면 매년 열리는 월드골프챔피언십(WGC) 4개 대회가 가장 중요하게 평가된다.

PGA 투어 커리어 최다 홀인원

PGA 공식 통계에 따르면, 2017년 11월 28일까지 할 서턴(미국)과 로버트 앨런비(호주)가 10번의 홀인원을 기록했다. **유러피언 투어에서 커리어 최다 홀인원**을 기록한 선수는 미구엘 앙헬 히메네즈(스페인)로 똑같이 10번이다.

더 플레이어스 챔피언십 최연소 우승자

김시우(대한민국, 1995년 6월 28일생)는 2017년 5월 14일 플로리다에서 열린 더 플레이어스 챔피언십에서 21세 320일의 나이로 우승을 거뒀다. PGA 투어 대회에서 22세 이하의 나이로 우승한 4번째 골퍼가 됐는데 3명은 조던 스피스, 세르히오 가르시아, 타이거 우즈다.

LPGA 투어 최단기간 상금 100만 달러 달성 선수

박성현(대한민국)은 2017년 3월 2일~7월 16일 단 136일 만에 LPGA 투어에서 100만 달러를 벌어들였다. US 여자 오픈의 우승을 포함해 단 14경기 만에 달성한 기록이다. 박성현은 2017년 11월 루키 시즌에 세계랭킹 1위에 오른 최초의 LPGA 골퍼가 됐다. 그녀는 유소연(대한민국)과 함께 'LPGA 롤렉스 올해의 선수상'을 공동 수상했다. 1966년 이 상이 시작된 이후 처음 있는 일이었다.

골프식시스 초대 우승

덴마크(루카스 베르가드와 토르비에른 올레센)는 2017년 5월 6~7일 영국 하트퍼드셔 세인트올번스의 센트리온 클럽에서 열린 골프식시스 유러피언 투어 첫 대회에서 우승했다. 16개국에서 출전한 선수들이 2명씩 한 팀으로 6홀 코스에서 경쟁을 펼쳤으며, 샷을 늦게 하면 페널티

PGA 투어 단일 라운드 최다 버디

애덤 해드윈(캐나다)은 2017년 1월 21일 커리어빌더 챌린지대회에 출전해 총 18개 홀에서 버디를 13개 잡아냈다. 이는 칩 백(미국)이 1991년 라스베이거스 인터내셔널에서 세운 기록과 동률이다.
2017년 6월 15일 해드윈은 **US 오픈 최다 연속 버디**를 기록했는데(6개), 1982년에 조지 번즈가, 1992년에 앤디 딜라드(둘 다 미국)가 세운 기록과 같다.

가 부과되는 규칙이 적용됐다.

PGA 투어 챔피언스 메이저 대회 최다 승

베른하르트 랑거(독일)는 2017년 8월 14일까지 50세 이상만 출전하는 PGA 챔피언스 대회에서 메이저 10승을 달성했다.
그의 9번째 우승은 2017 시니어 PGA 챔피언십으로, 이로써 랑거는 5개 메이저 대회를 모두 석권하는 기록을 세웠다. **PGA 투어 챔피언스 대회 최다 승**은 45회로 1995~2007년 미국의 헤일 어윈이 기록했다.

메이저 챔피언십 단일 라운드 최저 타(남자)

2017년 7월 22일, 브랜든 그레이스(남아공)는 영국 머지사이드 사우스포트의 로열 버크데일 골프클럽에서 열린 디오픈 챔피언십 3번째 라운드에서 8언더파 62타를 기록했다. 보기를 1번도 기록하지 않고 버디만 8개를 잡아냈다. 이전 메이저대회 라운드 최저 타는 63타로, 29명의 골퍼가 총 31번 달성했다.

메이저 대회 우승까지 가장 많이 출장한 기록

세르히오 가르시아(스페인)는 74번째 출장한 메이저 대회인 2017 마스터스대회에서 처음으로 우승을 거뒀다. 이는 1992년 톰 카이트가 72회 메이저 대회 출장 끝에 US 오픈에서 우승한 기록보다 2번 더 많다.
그는 4월 9일 미국 조지아 주 오거스타 내셔널 골프 클럽에서 열린 대회에서 영국의 저스틴 로즈를 단판 경기로 물리치고 우승을 차지했다. 2018년 3월 16일까지 **메이저 대회 무승 최다 출전 기록(현재)**은 리 웨스트우드(영국)가 기록한 79번이다. **메이저 대회 무승 최다 출전 기록**은 제이 하스(미국)가 1974~2008년 기록한 87번이다.

트랙 & 필드 Track & Field

스타디움에서 열린 장애인 육상 세계선수권대회 F52 남자부 원반던지기 경기에서 23.80m의 기록을 세웠다. 전 헌병대 장교인 로차는 임무를 수행하던 중 척수에 부상을 입었다.

그는 같은 시즌에 6개 이상의 세계 신기록을 세웠으며, 이 중에는 2017년 10월 28일 브라질 상파울루에서 세운 **투포환 최고 기록**(F52, 남자)이 포함돼 있다.

가장 빠른 400m 기록(T63, 여자)

기테 헤넨(벨기에)은 2017년 6월 5일 스위스 노트빌에서 열린 그랑프리 대회 400m 종목에서 1분 28초76을 기록했다. 전 킥복서인 헤넨은 훈련 중 부상으로 무릎 위를 절단했다. 놀랍게도 그녀는 처음 출전한 400m 경주에서 기록을 달성했다.

가장 빠른 400m 기록(T37, 여자)

조지나 허미티지(영국)는 2017년 7월 20일 영국 런던에서 열린 세계선수권대회 여자부 T37 400m 경기에서 1분 0초29의 기록으로 우승했다.

허미티지는 2016년 9월 9일 **가장 빠른 100m 기록**(T37, 여자)도 세웠다(13초13).

가장 빠른 200m 기록(T38, 여자)

소피 한(영국)은 2017년 7월 15일 영국 런던에서 열린 장애인 육상 세계선수권대회 T38 여자부 200m 경기에서 26초11로 우승을 차지했다.

2017년 7월 22일에는 자신이 가지고 있던 **100m 최고 기록**(T38, 여자)을 경신하며 금메달을 획득했다(12초44).

최초의 1마일 3분대 기록

의대생인 로저 베니스터(영국)는 1954년 5월 6일 영국 옥스퍼드 대 이플리 로드 트랙에서 1마일(약 1.61km)을 3분 59초4에 주파해 최초로 4분의 벽을 무너뜨렸다. 이 기록은 겨우 46일 뒤에 새로 쓰였지만, 스포츠 역사에 이정표로 남아 있다(현재 기록은 232쪽 참조). 당시 트랙 아나운서였던 노리스 맥허터는 쌍둥이 로스와 함께 《기네스 세계기록》을 처음으로 편찬한 사람이다. 로저 베니스터는 2018년 3월 3일 88세의 나이로 세상을 떠났다.

IAAF 육상 세계선수권대회 최다 메달 국가

미국은 영국 런던에서 열린 2017 IAAF 육상 세계선수권대회에서 전례 없이 30개의 메달을 획득했다. 금메달 10개, 은메달 11개, 동메달 9개였다. 또 미국 팀은 1983년 이 대회가 처음 열린 이후 **가장 많은 세계선수권대회 금메달** 획득을 기록했다(155개).

IAAF 세계선수권대회 4×400m 계주 압도적 1위

쾨네라 헤이스, 앨리슨 펠릭스, 샤카마 웜블리, 필리스 프란시스로 구성된 미국 팀은 2017년 8월 13일 여자 4×400m 계주에서 3분 19초02의 기록으로 2위를 한 영국보다 5초98이나 앞서며 금메달을 획득했다.

원반던지기 최고 기록
(F52, 남자)

안드레 로차(브라질)는 2017년 7월 18일 영국 런던의 올림픽

IAAF 육상 세계선수권대회 최다 메달(남자)

2017년 은퇴한 우사인 볼트(자메이카)는 2009년 이후 세계선수권대회에서 14개의 메달을 획득했다. 그는 11개의 금메달과 2개의 은메달을 땄으며, 마지막으로 런던에서 100m 동메달을 추가했다. 볼트가 2009 세계선수권대회에서 기록한 100m 9초58은 지금도 **가장 빠른 100m**(남자) 기록으로 남아 있다.

IAAF 육상 세계선수권대회 최다 메달

앨리슨 펠릭스(미국)는 2005~2017년 세계선수권대회에서 16개의 메달을 획득해 남녀 선수 중 최다 메달을 기록했다. 그녀는 우사인 볼트와 함께 **세계선수권 최다 금메달**(11개) 기록도 보유하고 있다. 2017년 펠릭스는 4×100m, 4×400m 계주에서 금메달, 개인 400m에서 동메달을 목에 걸었다.

휠체어 1,500m 최고 기록(T54, 남자)

캐나다의 브랜트 라카토스는 2017년 6월 3일 스위스 노트빌에서 열린 남자부 1,500m T53-54 경기에 출전해 2분 51초84를 기록했다. 그가 열흘 동안 세운 5개의 세계기록에 방점을 찍는 질주였다.

5월 27일, 라카토스는 자신이 세운 **휠체어 100m 최고 기록**(T53, 남자)을 3일 만에 경신했다. 그는 스위스 아르본의 스위스국립경기장에서 결승선을 14초10 만에 통과했다. 다음날 라카토스는 **200m 휠체어 최고 기록**(T53, 남자, 25초04)과 **800m 휠체어 최고 기록**(T53, 남자, 1분 31초91)을 세웠다.

휠체어 100m 최고 기록(T34, 여자)

한나 코크로프트(영국)는 2017년 7월 14일 영국 런던에서 열린 장애인 육상 세계 선수권대회에서 17초18로 금메달을 획득했다. 3종목에서 기록을 세운 그녀가 처음 딴 금메달로, 이후 400m와 800m에서도 금메달을 목에 걸었다. 2017년 6월 3일에는 스위스 노트빌에서 3분 50초22로 휠체어 **1,500m 최고 기록**(T34, 여자)을 달성했다. 그녀는 3년 전 기록을 11초나 경신했다.

코크로프트는 용접공인 아버지가 만들어준 첫 휠체어를 타고 13세에 경주를 시작했다. 2010년 처음 세계기록을 세웠고 그해 6월, 단 8일 만에 역대 기록을 7개나 깼다!

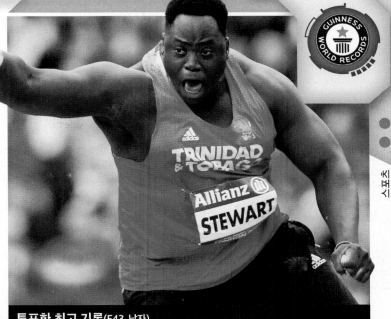

IAAF 다이아몬드 레이스 최다 타이틀(여자)

2012~2017년 다이아몬드 리그 원반던지기에서 산드라 퍼코비치(크로아티아)는 6회 연속 타이틀을 차지했다. 퍼코비치는 2017년에 열린 5개 대회 중 4개 대회에서 우승을 차지했는데 상하이, 오슬로, 버밍엄과 시리즈의 클라이맥스인 브뤼셀에서 승리했다. 그녀는 2017년 9월 1일까지 원반던지기에서 38회 우승해 다이아몬드 리그 **최다 우승**을 기록 중이다.

IAAF 다이아몬드 레이스 최다 우승(남자)은 7회로, 르노 2010~2016년 라빌레니(프랑스)가 장대높이뛰기에서 기록했다(235쪽 참조).

IAAF 해머던지기 대회 최다 우승

아니타 브워다르치크(폴란드)는 2013~2017년 IAAF 해머던지기 대회에서 5회 연속 우승을 거뒀다. 그녀는 2017년 시즌을 포함해 3시즌 연속 무패행진 중이다.

IAAF 해머던지기 대회 최다 우승(남자)은 파베우 파흐덱(폴란드)으로 2013년, 2015년, 2016년, 2017년에 우승했다. 파흐덱은 가장 최근 대회에서 248.48점으로 **역대 최고 점수**를 기록하며 승리를 거뒀다. 그는 IAAF 세계선수권대회에서 금메달을 목에 걸었다.

IAAF 육상 세계선수권대회 가장 압도적인 1위

요한 디니츠(프랑스, 1978년 1월 1일생)는 2017년 8월 13일 남자 50km 경보에서 2위와 8분 5초 차이로 우승해 세계선수권 역사상 가장 압도적인 우승을 거뒀다. 디니츠는 역대 2번째 기록인 3시간 33분 12초로 결승선을 통과했다. 그는 39세 224일의 나이로 **IAAF 최고령 금메달리스트**(남자)에 올랐다.

투포환 최고 기록(F43, 남자)

아킴 스튜어트(트리니다드토바고)는 2017년 7월 23일 영국 런던 국제패럴림픽위원회(IPC) 세계 장애인 육상선수권대회 투포환 종목에 출전해 19.08m의 기록으로 금메달을 땄다. 7월 18일엔 **투창 종목 최고 기록**(F43, 남자) 57.61m로 우승했다.

300m 최고 기록(남자)

2017년 6월 28일 웨이드 반 니커크(남아공)가 체코 IAAF 월드챌린지 미팅 300m 종목에서 세계기록인 30초81로 결승선을 통과했다. 마이클 존슨(미국)을 넘어선 신기록이다. 2016년 **400m 최고 기록**(남자)도 세웠다(43초03).

IAAF 세계 크로스컨트리 선수권대회 팀 최다 우승(여자)

케냐는 2017 IAAF 세계 크로스컨트리 선수권대회에서 3월 26일 12번째 여자 시니어 타이틀을 거머쥐었다. 전체 1위를 기록한 아이린 셰페트 셰프타이가 이끈 케냐 선수들은 1위부터 6위까지 모두 차지해 전례 없는 최고 기록으로 팀 우승을 확정했다. 케냐는 1991~1993년, 1995~1996년, 1998년, 2001년, 2009~2013년 우승을 차지했다.

IAAF 세계 크로스컨트리 선수권대회 챔피언십 팀 최다 우승(남자)도 케냐로 1986~2011년 타이틀을 24회 차지했다.

1마일 경보 최고 기록

톰 보스워스(영국)는 2017년 7월 9일 영국 런던 올림픽스타디움에서 열린 애니버서리 게임 1마일 경보 종목에서 5분 31초08의 기록으로 우승을 거뒀다. 그는 27년 전 알지스 그리갈루나스가 세운 기록을 6초 가까이 단축했다.

IAAF 육상 세계선수권대회 개인 최다 금메달(여자)

브리트니 리스(미국)는 2017년 8월 11일 열린 세계선수권대회 멀리뛰기 3회전에서 7.02m를 기록하며 자신의 4번째 타이틀을 확정했다. 그녀는 앞서 2009년, 2011년, 2013년에 우승을 차지했지만 2015년에는 결선 진출에 실패했다. 리스는 2007~2013년 세계선수권대회 **개인 최다 연속 금메달**(여자, 4개)을 획득한 발레리 아담스(뉴질랜드)와 동률을 이뤘다.

리스와 아담스는 세계선수권대회 개인 종목 최다 금메달리스트다. 앨리슨 펠릭스(옆 페이지 참조)는 4×400m 계주에서 4개의 금메달을 땄다. 나타샤 헤이스팅스는 금메달을 5개나 획득했지만 헤이스팅스는 2007~2011년 예선에만 출전했다.

마라톤 Marathons

런던 마라톤 최다 우승 (남자)

엘리우드 키프쵸게(케냐)가 2018년 4월 22일 2시간 4분 17초를 기록하며 3번째 우승을 차지했다. 안토니오 핀토(포르투갈), 디오니시오 세론(멕시코), 마틴 렐(케냐)에 이어 3회 우승자다. 2016년 4월 24일에는 런던 마라톤 최고 기록인 2시간 3분 5초로 우승했다. 런던 마라톤 여자 최다 우승은 4회로 잉그리드 크리스티안센(노르웨이)이 1984~1985년, 1987~1988년 기록했다.

스리 친모이 셀프-트랜센던스 3100마일 레이스 최단시간 완주 (여자)

미국 뉴욕에서 열리는 울트라마라톤 대회 '스리 친모이 셀프 트랜센던스 3100마일' 경기는 **매년 열리는 마라톤 대회 중 코스가 가장 길다.** 2017년 8월 6일 카니니카 야나코바(슬로바키아)는 이 코스를 48일 14시간 24분 10초에 완주했다. 1일 평균 101km 이상 2개월 동안 달려 전 여자부 기록을 17시간 이상 단축했다. **스리 친모이 셀프-트랜센던스 3100마일 레이스 최고 기록**은 40일 9시간 6분 21초로, 아시프리하날 알토(핀란드)가 2015년 7월 24일에 기록했다. 1일 평균 122km 이상을 달려 8번째 우승과 함께 신기록을 작성했다.

울트라트레일 몽블랑 최다 우승 (남자)

2017년 9월 2일 프랑수아 드헤네(프랑스)는 2017 울트라트레일 몽블랑 대회에서 우승을 거두며 2012년, 2014년에 이어 3번째 우승을 기록했다. 킬리안 요르넷(스페인, 2008~2009년, 2011년 우승)과 동률이다. 2003년부터 매년 열리는 이 대회는 프랑스, 스위스, 이탈리아의 알프스 산맥을 지나는 167km 코스에서 펼쳐진 **울트라트레일 몽블랑 최다 우승**은 5번으로 리지 호커(영국)가 2005년, 2008년, 2010~2012년에 기록했다.

철인 3종 월드 챔피언십 최고 기록 (남자)

패트릭 랑에(독일)는 2017년 10월 14일 미국 하와이 빅아일랜드에서 열린 철인 3종 월드챔피언십 경기에서 8시간 1분 40초의 기록으로 우승했다. 3.8km 수영을 48분 45초에, 자전거 180km를 4시간 28분 53초에, 42.1km 마라톤을 2시간 39분 59초에 주파했다.

24시간 달리기 최장거리 기록 (여자)

파트리치야 베레즈노프스카(폴란드)는 2017년 7월 1~2일 영국 벨파스트에서 열린 제12회 IAU 24시간 월드 챔피언십에서 24시간 동안 259.99km를 달렸다. 2017년에 세운 2번째 기록으로, 앞서 4월 8~9일 폴란드 우치에서 열린 24시간 폴란드 챔피언십에서 작성한 256.27km를 경신했다. **24시간 달리기 최장거리 기록**은 303.50km로 야니스 쿠로스(그리스)가 1997년 10월 4~5일 호주 애들레이드에서 달성했다.

6시간 달리기 최장거리 기록 (여자)

넬레 알더-바에렌스(독일)는 2017년 3월 11일 독일 뮌스터에서 열린 뮌스터 6시간 울트라 장거리 레이스에서 6시간 동안 85.49km를 달렸다. 알더-바에렌스는 13세 이후 청력을 완전히 잃었으며, 시각도 온전하지 않다.

12시간 달리기 최장거리 기록 (여자)

카밀 헤론(미국)은 2017년 12월 9~10일 미국 애리조나 주 피닉스에서 열린 데저트 솔스티스 트랙 미팅 대회에서 12시간 동안 149.13km를 달렸다. 앤 트라손이

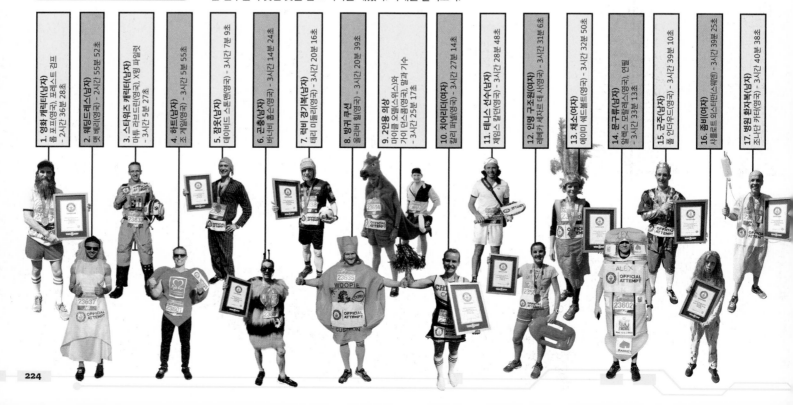

2018년 4월 22일 열린 38회 영국 런던 마라톤에 4만 명의 주자가 출발선에 섰다. 기네스 세계기록이 함께하는 11번째 대회로, 발 빠른 선수들이 멋진 옷을 입고 기록을 세웠다. 아래를 살펴보자.

LONDON MARATHON 2018 — Virgin money

1. 영화 캐릭터(남자) 룰 포피(영국), 포레스트 검프 – 2시간 36분 28초
2. 웨딩드레스(남자) 맷 베리(영국) – 2시간 55분 52초
3. 스타워즈 캐릭터(남자) 마투 라브드린(영국), X윙 파일럿 – 3시간 5분 27초
4. 허튼(남자) 조 게일(영국) – 3시간 5분 55초
5. 잠옷(남자) 데이비드 스톤(영국) – 3시간 7분 9초
6. 곤충(남자) 바네사 홀튼(영국) – 3시간 14분 24초
7. 타투 경기복(남자) 테리 미들(영국) – 3시간 20분 16초
8. 뱅커 쿠션(남자) 엘리자 휘슬(영국) – 3시간 20분 39초
9. 2인용 의상 가이 하산/아하 마이클 올슨(영국), 알파 기수 – 3시간 25분 17초
10. 치어리더(여자) 힐리 파벨(영국) – 3시간 27분 14초
11. 테니스 선수(남자) 제임스 칼던(영국) – 3시간 28분 48초
12. 인명 구조원(여자) 레베카 세지르크(영국) – 3시간 31분 6초
13. 채소(여자) 에이미 헤드볼스(영국), 완두 – 3시간 32분 50초
14. 무기류(남자) 윌렘스 모팔레스(영국), 로빈 – 3시간 33분 13초
15. 군주(남자) 폴 인디우드(영국) – 3시간 39분 10초
16. 좀비(여자) 사를로트 외스타인(스웨덴) – 3시간 39분 25초
17. 병원 환자복(남자) 조나단 카타(영국) – 3시간 40분 38초

시카고 휠체어 마라톤 최고 기록(여자)

2017년 10월 8일 타티아나 맥패든(미국, 러시아 출생)은 미국 일리노이 주에서 열린 시카고 휠체어 마라톤에서 1시간 39분 15초의 기록으로 우승을 거뒀다. 그녀는 같은 국적의 아만다 맥그로리와 거의 동시에 결승선을 통과했으나 간발의 차이로 승리했다. 맥패든의 시카고 대회 7연속 우승이자 총 8번째 우승이다.

1991년에 세운 147.60km를 경신했다.

보스턴 푸시림 휠체어 최고 기록

마르셀 허그(스위스)는 2017년 4월 17일 미국 매사추세츠에서 열린 세계 마라톤 메이저 휠체어 대회에서 1시간 18분 4초로 우승했다. 이 '은색 탄환'은 이로써 3연속 대회 우승을 달성했다. 같은 날 마누엘라 샤르는 **보스턴 푸시림 휠체어 최고 기록(여자)**을 세웠다(1시간 28분 17초).

휠체어 영국 런던 마라톤 최다 우승

데이비드 위어(영국)가 2018년 4월 22일 8번째 타이틀을 가져갔다. 어떤 휠체어 선수도 이루지 못한 기록이다.

최대 규모 여자 마라톤

2018년 3월 11일 일본 아이치 현에서 열린 나고야 여자 마라톤 대회에 2만 1,915명의 주자가 참가했다. 이 대회는 2012년 이후 기록이 매년 향상되고 있다. IAAF에서 골드라벨로 분류한 38회 대회는 에티오피아 메스케렘 아세파가 2시간 21분 45초 기록으로 우승을 거뒀다.

그레이트 노스 런 최다 우승

모하메드 파라(영국, 소말리아 출생)는 2017년 9월 10일 영국 뉴캐슬어폰타인에서 열린 그레이트 노스 하프마라톤 대회에서 4회 연속 타이틀을 차지했다. 1991~1992년, 1994년, 1996년 우승한 벤슨 마샤(케냐)와 동률이다.
그레이트 노스 런 최다 우승(여자)은 3회로, 리사 마틴(호주)이 1986~1987년과 1989년에, 리즈 맥콜건(영국)이 1992년과 1995~1996년에, 마리 케이타니(케냐)가 2014~2015년과 2017년에 달성했다.

파리 마라톤 최고 기록(여자)

퓨리티 리오노리포(케냐)는 2017년 4월 9일 프랑스 파리 마라톤에서 2시간 20분 55초로 우승을 거뒀다. 2013년 타데세 페이세(에티오피아)가 작성한 대회 기록을 11초 앞당겼으며, 자기 최고 기록을 거의 4분이나 경신했다. 리오노리포의 남편 폴 롱얀가타도 같은 날 남자부 대회에서 우승했다. 둘이 함께 작성한 기록은 90쪽에 나온다. **파리 마라톤 최고 기록**은 2시간 5분 4초로 케네니사 베켈레(에티오피아)가 2014년 4월 6일에 작성했다. 베

마라톤 데뷔전 최고 기록

구예 아돌라(에티오피아, 사진)는 2017년 9월 24일 독일에서 열린 베를린 마라톤에서 2시간 3분 46초를 기록하며 2위로 결승선을 통과했다. 이는 역대 마라톤 중 11번째로 빠른 기록이다. 아돌라는 1마일(약 1.6km)을 평균 4분 43초3에 달렸다. 2011년 모세스 모소프(케냐)는 데뷔전인 보스턴 마라톤에서 역대 2위 기록인 2시간 3분 6초로 결승선을 통과했다. 하지만 국제육상연맹(IAAF)은 보스턴 대회는 시작선과 결승선이 너무 멀리 떨어져 있고, 코스의 표고(標高) 감소가 허용 범위를 벗어나 정식 기록으로 인정하지 않았다.

두바이 마라톤 최고 기록(남자)

모시넷 게르마우(에티오피아)는 2018년 1월 26일 두바이 마라톤에서 2시간 4분으로 우승했다. 막판 스퍼트로 6명의 선두 그룹을 따돌렸는데 이들은 최종 기록이 모시넷과 15초도 차이가 안 났다. 마라톤 역사상 2시간 5분 안에 7명의 주자가 결승선을 통과한 첫 대회다.

켈레의 마라톤 데뷔 무대였다.

두바이 마라톤 최고 기록(여자)

로자 베켈레(에티오피아)는 2018년 1월 26일 열린 두바이 마라톤에서 여자 역대 12번째 기록인 2시간 19분 17초로 우승했다. 4위까지 2시간 20분 안에 결승선을 통과했는데, 여자 마라톤 역사상 처음 있는 일이었다.

사막 마라톤 최고 기록(여자)

엘리자베스 반스(스웨덴)는 2017년 4월 9~15일 사하라 사막 250km를 가로지르는 울트라마라톤 대회에서 23시간 16분 12초로 2번째 우승을 차지했다. 2007년 로렌스 프리코또-클라인이 세운 기록을 거의 15분이나 앞당겼다. **사막 마라톤 최고 기록**은 16시간 22분 29초로 모하메드 아한살(모로코)이 1998년에 작성했다.

18. 저물쇠(남자) 에드워드 로(영국) - 3시간 51분 18초

19. 나무(남자) 팀 퍼킨스(영국) - 3시간 52분 35초

20. 엘비스(여자) 스테이시 하퍼(영국) - 3시간 53분 56초

21. 런드마크(남자) 조지 라데페드 존-스완슨, 빅벤(영국) - 3시간 54분 43초

22. 정장(여자) 마들린 카이로마츠-어나더(영국) - 3시간 57분 57초

23. 용(여자) 베단 도버츠(영국) - 3시간 58분 53초

24. 2인 3각 루이스 앤드루, 닐 셔먼(둘 다 영국) - 3시간 59분 56초

25. 무타이를 입고(남기(가족) 데이비드 스미스(영국) - 4시간 11초

26. 전시 동물 의상(여자) 피오나 베드워드(영국) - 4시간 13분 25초

27. 이모지(여자) 박토리아 할(영국) - 4시간 18분 06초

28. 동화 속 캐릭터(여자) 줄리 건우드(영국), 《머머미 아수의 켈》 - 4시간 24분 7초

29. 임페 장난감(남자) 밥 손슨(영국) - 4시간 59분 30초

30. 임페 식물(남자) 어윈 윌리스(영국) - 4시간 59분 39초

31. 가전제품을 매고(여자, 세탁 가전) 리처드 그레임(영국) - 5시간 49분 37초

32. 스키 부츠를 신고(남자) 콜린 헤더슨(영국) - 5시간 52분 16초

33. 6인용 의상 메라 위리, 케이론 우즈, 엔드루 샤프, 홀리 비숍, 프레이(모두 영국), 리차드 스캔들버리(그스트밴스터스) Ecto-1의 캐데터 - 6시간 20분 49초

34. 죽마를 타고 미벨 프로스트(영국) - 6시간 37분 38초

수영 Swimming

FINA 세계선수권 단일대회 최다 금메달

카엘렙 드레셀(미국)은 2017 국제수영연맹(FINA) 세계선수권대회에서 7개의 금메달을 목에 걸어 마이클 펠프스(미국)의 2007년 기록과 동률을 이뤘다. 그는 50m, 100m 자유형, 100m 접영, 4×100m 자유형 및 혼성계영, 4×100m 혼영 및 혼성혼계영에서 금메달을 땄고, 이 중 2개 종목에서 세계신기록을 세웠다(아래 참조).

롱코스 계영 4×100m 자유형 최고 기록(혼성)

2017년 7월 29일 카엘렙 드레셀, 네이선 아드리안, 시몬 마누엘, 말로리 코머포드로 이루어진 미국 팀이 세계선수권대회 4×100m 자유형 혼성계영에서 3분 19초 60의 기록으로 우승을 차지했다.

롱코스 계영 4×100m 혼영(혼성) 최고 기록은 미국 팀이 2017년 7월 26일 세계선수권대회에서 기록한 3분 38초56이다. 팀은 매튜 그레버스, 릴리 킹, 카엘렙 드레셀, 시몬 마누엘로 구성되었다.

롱코스 계영 4×100m 혼영(여자) 최고 기록은 3분 51초 55로 미국의 캐슬린 베이커(배영), 릴리 킹(평영), 켈시 워렐(접영), 시몬 마누엘(자유형)이 2017년 7월 30일 달성했다.
*롱코스 - 50m 수영장, 숏코스 - 25m 수영장

FINA 세계선수권대회 최다 금메달 선수(여자)

케이티 레데키(미국)는 2013~2017년 세계선수권대회에서 14개의 금메달을 목에 걸었다. 2017년 부다페스트 대회에서 5개를 획득했는데 400m, 800m, 1,500m, 4×100m, 4×200m 자유형 종목이었다.

FINA 세계선수권대회 최다 금메달 선수(전체)는 마이클 펠프스(미국)로 2001~2011년 26개를 획득했다.

핀수영 100m 바이핀 최고 기록(여자)

2017년 7월 22일, 페트라 세난스키(헝가리)는 폴란드 브로츠와프에서 열린 월드게임 2017 대회 100m 바이핀 종목에서 45초16으로 우승했다. 이 대회에서 세운 그녀의 2번째 세계기록으로, 전날 **핀수영 50m 바이핀 최고 기록(여자)**인 20초52를 달성했다. 바이핀 종목은 마스크와 스노클, 한 쌍의 핀(오리발)을 사용한다.

숏코스 200m 자유형 최고 기록(여자)

사라 요스트롬(스웨덴)은 2017년 8월 12일 네덜란드 에인트호번에서 열린 FINA 월드컵 숏코스 200m 자유형 종목에 출전해 1분 50초43의 기록으로 우승했다. 그녀가 2017년에 세운 5번째 세계신기록이다(238쪽 참조).
요스트롬은 **숏코스 100m 자유형 최고 기록(여자)**은 케이트 캠벨(호주)에게 빼앗겼다. 캠벨은 2017년 10월 26일 호주 숏코스 챔피언십에서 50초25를 기록했다.

100m 접영 최고 기록-S13(여자)

2017년 12월 4일 카를로타 질리(이탈리아)는 세계장애인 수영 선수권대회에서 1분 2초64의 기록으로 금메달을 땄다. 16세의 나이로 데뷔시즌을 보낸 그녀는 7월 9일 **50m 접영 최고 기록-S13**(여자, 27초98) 및 **200m 개인 혼영 최고 기록-SM13**(여자, 2분 23초62)도 달성했다.
*지체장애(S1~10), 시각장애(S11~13), 지적장애(S14)

50m 배영 최고 기록-S4(남자)

아르노슈트 페트라섹(체코)은 2017년 7월 7일 독일 베를린에서 50m 배영 종목에 출전, 41초63를 기록했다. 페트라섹이 3개월 만에 세운 2번째 신기록으로 해표지증으로 위팔뼈가 없음에도 가장 빠른 기록을 냈다.

롱코스 50m 평영 최고 기록(남자)

2017년 7월 25일 헝가리 부다페스트에서 열린 국제수영연맹(FINA) 세계선수권대회 평영 50m 준결승에서 애덤 피티(영국)가 25초95 만에 터치패드를 찍었다. 이 종목에서 26초의 벽을 넘은 건 그가 처음이었다. 피티는 같은 날 자신의 기록을 2번이나 경신했는데, 앞선 경기에서는 26초10을 기록했다.

롱코스 100m 배영 최고 기록(여자)

카일리 마스(캐나다)는 2017년 7월 25일 100m 배영 결선에서 58초10의 기록으로 터치패드를 찍으며 캐나다인 최초로 FINA 세계수영선수권대회 챔피언에 올랐다. 그녀는 여자 수영 역사상 가장 오랫동안 깨지지 않은 젬마 스포포스의 58초12(2009년)를 경신했다.

국제구명연맹(ILSF) 핀수영 100m 마네킹 구조 최고 기록(남자)

야코포 무쏘(이탈리아)는 2017년 7월 22일 열린 2017 월드게임 남자 핀수영 100m 마네킹 구조 종목에서 49초02로 금메달을 목에 걸었다. 참가자들은 핀과 구명튜브를 착용하고 50m를 자유형으로 수영해 간 뒤 반환지점 수면에 떠다니는 마네킹을 튜브로 고정하고 끌고 와야 한다. 같은 날, 저스틴 웨이더(프랑스)는 **ILSF 핀수영 100m 마네킹 구조 최고 기록(여자)**인 57초18로 우승했다. 이 월드게임 대회는 폴란드 브로츠와프에서 열렸다.

애덤 피티는 **롱코스 100m 평영의 최고 기록(남자)**만 가지고 있는 게 아니다(57초13). 이 종목 역대 10위까지의 기록을 모두 차지하고 있다.

수상 스포츠 Water Sports

VINCENT-LAPOINTE L

C1 정수 속도 경기 200m 최고 기록 (여자)

로렌스 빈센트-라프앙트(캐나다)가 2017년 8월 27일 체코 라치스에서 열린 국제카누연맹(ICF) 세계선수권대회 싱글(C1) 200m 결선에서 45초478로 우승했다. 전날에는 케이티 빈센트(캐나다)와 함께 더블(C2) 정수 속도 경기 500m에서 최고 기록을 달성했다(1분 56초752).

K1 정수 속도 경기 200m 최고 기록 (남자)

2017년 7월 16일 리암 히스(영국)는 불가리아 플로브디프에서 열린 유럽카누연맹(ECA) 카누 스프린트 유러피언 챔피언십 K1(카약 싱글) 남자부 200m 경기에서 33초38의 기록으로 우승했다. K2(카약 더블) 정수 속도 경기 남자 1,000m 최고 기록은 3분 5초624로, 2017년 5월 27일 헝가리 세게드에서 프란시스코 쿠벨로스와 이니고 페냐(둘 다 스페인)가 달성했다.

윈드서핑 최고 속도 (여자)

2017년 11월 22일 자라 데이비스(영국)는 나미비아 뤼데리츠에서 윈드서핑을 타고 500m 코스를 평균 속도 시속 86.09km로 질주했다. 이 기록은 세계 세일링 속도위원회(WSSRC)에서 인정받았다.

유니버시티 보트레이스 최고 기록 (여자)

2017년 4월 2일 케임브리지대학의 여자 팀이 18분 33초의 기록으로 옥스퍼드대학 팀을 이기고 조정 트로피를 가지고 왔다. 이는 2015년 경기 장소를 런던의 템스 강으로 옮긴 뒤 나온 최고 기록이며 2014년, 2016년 같은 코스에서 남자 우승 팀보다 빠르다.

*유니버시티 보트 레이스 - 케임브리지대학과 옥스퍼드대학의 경기

장애인조정 싱글스컬 최고 기록 (여자)

2017년 6월 16일 비르기트 스칼스테인(노르웨이)은 폴란드 포즈난에서 열린 장애인조정 여자 싱글스컬 경기에서 10분 49초940의 기록으로 우승했다. 스칼스테인은 2014 패럴림픽 크로스컨트리 스키 종목에도 출전했다. 장애인조정 남자 싱글스컬 최고 기록은 9분 39초480으로, 2017 세계조정선수권대회에서 에릭 호리(호주)가 10월 1일 작성했다.

싱글스컬 최고 기록 (남자)

로버트 맨슨(뉴질랜드)은 2017년 6월 18일 폴란드 포즈난에서 열린 조정 세계선수권대회 남자 싱글스컬 결승에서 6분 30초740의 기록으로 우승을 거뒀다. 그는 2009년 마헤 드라이스데일(뉴질랜드)가 2,000m 코스에서 세운 최고 기록을 거의 3초 가까이 앞당겼다.

최연소 APB 드롭니 보디보딩 세계챔피언

새미 모레티노(미국, 1996년 11월 29일생)는 2017년 9월 17일 20세 292일의 나이로 프로보디보더협회(APB)에서 인정하는 드롭니 보디보딩 세계챔피언이 됐다. 그는 신트라 프로대회 결승에서 7회 우승인 데이브 허버드를 꺾고 타이틀을 차지했다. *보디보딩 - 서핑의 일종

프리다이빙 다이내믹 애프니어 최고 기록 (여자, 핀 없이)

마그달레나 솔리치-탈란다(폴란드)는 2017년 7월 1일 폴란드 오폴레에서 열린 폴란드 프리다이빙 풀 챔피언십에 출전해 1번의 호흡으로 191m까지 잠수해 내려갔다.

FINA 세계수영선수권대회 다이빙 종목 2번째 금메달까지 가장 오래 걸린 시간 (남자)

토마스 데일리(영국)는 2017년 7월 22일 FINA 세계수영선수권대회 남자 10m 플랫폼 종목에서 금메달을 목에 걸었다. 이는 그가 2009년 15세의 나이로 같은 종목에서 우승한 지 8년 1일 만의 일이다.

한편 율리아 파칼리나(러시아)는 1998년 1월 18일 3m 싱크로나이즈드 스프링보드 종목에서 시상대 가장 높은 곳에 오른 뒤 11년 182일 후인 2009년, 1m 스프링보드 종목에서 금메달을 목에 걸었다. 이는 FINA 세계수영선수권대회 다이빙 종목 2번째 금메달까지 가장 오래 걸린 시간이다.

수구 세계선수권대회 최다 우승 (여자)

1986년 FINA 세계수영선수권대회가 처음 생긴 이래 미국 여자 수구 팀은 2003년, 2007년, 2009년, 2015년, 2017년까지 총 5번 우승을 거뒀다. 미국 팀은 2017년 7월 28일 헝가리 부다페스트 허요시 알프레드 국립수영경기장에서 열린 스페인과의 경기에서 13 대 6으로 승리하며 5번째 우승을 확정했다. 공격수 카일리 뉴설은 4득점을 올렸다.

프리다이빙 콘스턴트 웨이트 최고 기록 (여자)

알레시아 제키치니(이탈리아)는 2017년 5월 10일 바하마 딘스블루홀에서 열린 버티컬 블루 컴피티션 대회에서 104m까지 잠수해 들어갔다. 그녀는 4일 동안 기록을 2번 세웠는데, 5월 6일에 같은 종목에서 102m를 기록했다. 그 후 하나코 히로세가 103m로 경신했으나 바로 몇 분 뒤 타이틀을 되찾았다.

동계 올림픽 Winter Olympics

올림픽 알파인 스키 최고령 금메달리스트
2018년 2월 15일 악셀 룬 스빈달(노르웨이, 1982년 12월 26일생)은 35세 51일의 나이로 남자 활강 종목에서 우승했다. 정선 알파인 센터에서 열린 경기에서 동료 셰틸 얀스루드를보다 0초12 앞선 기록으로 노르웨이 역대 최초의 금메달을 목에 걸었다.

알파인 스키 최고령 여자 올림픽 메달리스트는 린지 본(미국, 1984년 10월 18일생)으로 2018년 2월 21일 33세 126일의 나이로 여자 활강 종목에서 동메달을 획득했다.

동계 패럴림픽 스노보드 최다 금메달

비비안 멘텔 스피(네덜란드)는 2018년 3월 16일 스노보드 여자 뱅크드 슬라롬 SB-LL2 종목에서 3번째 패럴림픽 스노보드 금메달을 획득했다. 앞서 3월 12일 스노보드 여자 크로스 SB-LL2 종목에서 타이틀 방어에도 성공했다. 9번째 암 진단을 받은 지 1년도 채 안 돼 기록을 작성했다. 2002년 동계 올림픽 예선을 치르던 중 뼈암 종양을 제거하기 위해 무릎 아래를 절단했다.

동계 올림픽 최다 메달 획득 국가

노르웨이는 2018년 2월 9~25일 대한민국 평창에서 열린 제23회 동계 올림픽에서 39개의 메달을 획득했다. 금메달 14개, 은메달 14개, 동메달 11개다.
노르웨이가 차지한 14개의 금메달은 **동계 올림픽 최다 금메달 기록(국가)**으로 독일(2018), 캐나다(밴쿠버 2010 개최국)와 동률이다.

메달 획득 국가가 가장 많이 나온 동계 패럴림픽 대회

2018년 3월 9~18일 대한민국 평창에서 열린 제12회 동계 패럴림픽에서는 무려 26개국이 메달을 획득했다. 21개국이 금메달을 딴 유례없는 대회로 중국, 크로아티아, 카자흐스탄, 그리고 개최국 대한민국이 최초로 금메달을 획득했다.

동계 올림픽 스피드스케이팅 최다 메달

이레인 뷔스트(네덜란드, 아래 사진)는 2006~2018년 11개의 메달을 획득했다. 금메달 5개, 은메달 5개, 동메달 1개다. 그녀는 평창에서 1,500m 금메달, 3,000m와 팀 추월에서 은메달을 획득해 올림픽 역사상 수상경력이 가장 화려한 스피드스케이팅 선수가 됐다. 뷔스트는 4년 전 소치에서 5개 메달을 획득한 대회 최다 메달 수상자였다. 동료 스벤 크라머는 평창에서 자신의 9번째 메달을 따 **동계 올림픽 스피드스케이팅 최다 메달(남자)**을 기록했다.

올림픽 피겨스케이팅 최다 메달

테사 버츄와 스캇 모이어(둘 다 캐나다)는 2010~2018년 5개의 올림픽 메달을 획득했다. 아이스댄스로 평창에서 메달을 추가해 버츄는 소냐 헤니(노르웨이)와 **동계 올림픽 여자 피겨스케이팅 최다 금메달(3개)** 동률을 이뤘고, 모이어는 일리스 그라프스트룀(스웨덴)과 **올림픽 남자 피겨스케이팅 최다 금메달(또 3개)** 동률을 이뤘다.

동계 올림픽 최연소 스노보드 금메달리스트(남자)

2018년 2월 11일 레드몬드 '레드' 제라드(미국, 2000년 6월 29일생)는 17세 227일의 나이로 남자 슬로프스타일 종목에서 금메달을 획득했다. 그는 2차 런까지 10위에 머물렀으나, 마지막 시도에서 그날 최고 기록인 87.16점을 기록했다.
줄리아 페레이라 마빌로(프랑스, 2001년 9월 20일생)는 2018년 2월 16일 16세 149일의 나이로 스노보드 여자 크로스 종목에서 은메달을 획득하며 **동계 올림픽 최연소 스노보드 메달리스트(여자)**에 등극했다.

동계 올림픽 스노보드 최다 금메달

숀 화이트(미국)는 남자 하프파이프 종목에서 2006년, 2010년, 2018년 우승을 거뒀다. 평창에서 최초로 1,440도 연속 회전에 성공하며 97.75점으로 금메달을 확정한 그는 **동계 올림픽 스노보드 최다 메달 기록(3개)**을 달성함으로써 2002~2014년 1개의 금메달과 2개의 동메달을 획득한 켈리 클라크(미국)와 동률을 이뤘다.
동계 올림픽 스노보드 슬로프스타일 최다 금메달은 2개로 제이미 앤더슨이 2014~2018년 기록했다(앤더슨의 X게임 신기록들은 219쪽 참조).

동계 올림픽 최다 메달

크로스컨트리의 마리트 뵈르겐(노르웨이)은 2018년 2월 25일 평창 올림픽 크로스컨트리 여자 30km 단체 출발 클래식에서 금메달을 획득해 동계 올림픽 최다인 15개 메달을 목에 걸었다. 또 5개 대회 연속 메달을 획득했는데 금메달 8개, 은메달 4개, 동메달 3개다. **동계 올림픽 최다 금메달 획득으로** 크로스컨트리 동료 뵈른 달리(노르웨이)와 동률이다.

동계 패럴림픽 아이스하키 최다 득점(남자)

디클랜 파머(미국)는 2018 동계 패럴림픽 아이스하키 결승전에서 캐나다를 상대로 연장전 득점 골을 포함해 총 11골을 넣었다. 이는 2002년 실베스터 플리스(미국, 폴란드 출생)가 세운 기록과 동률이다. 파머는 겨우 20세의 나이로 동계 패럴림픽 2번째 금메달을 목에 걸었다. 팀 동료 스티브 캐시, 아담 페이지, 조시 폴, 니코 란데로스는 모두 3번째 금메달을 획득해 **동계 패럴림픽 아이스하키 최다 금메달** 기록을 달성했다.

스켈레톤 사상 가장 압도적인 승리

2018년 2월 16일 윤성빈(대한민국)이 평창 올림픽 남자 스켈레톤 종목에서 2위와 1초63 차이로 금메달을 차지했다. 개최국 선수인 그는 4번의 주행에서 모두 1위를 기록했으며, 마지막 시도에서 50초02로 트랙 최고 기록을 달성했다.

동계 올림픽 아이스하키 최단시간 2골
조슬린 라무르(미국)는 2018년 2월 13일 러시아 출신 올림픽 선수들을 상대로 6초 만에 2골을 넣었다. 그녀는 1960년 2월 21일 미국 캘리포니아 주 스쿼밸리에서 칼-고란 오버그(스웨덴)가 기록한 8초를 경신하며 신기록을 세웠다.

동계 올림픽 루지 최다 금메달
나탈리 가이젠베르거, 토비아스 아를트, 토비아스 벤들(모두 독일)은 2018년 2월 15일 그들의 4번째 올림픽 루지 팀 계주 금메달을 획득했다. 모두 소치 올림픽 독일 팀으로 출장했는데, 가이젠베르거는 이 외에도 여자부 싱글 2회 챔피언에 등극했고, 아를트와 벤들은 더블 2회 우승을 거뒀다.

동계 올림픽 바이애슬론 최다 금메달(여자)
다르야 돔라체바(벨라루스)는 2018년 2월 22일 평창에서 열린 바이애슬론 여자 계주 4×6km 종목에서 벨라루스를 우승으로 이끌며 자신의 금메달을 총 4개로 늘렸다. 돔라체바의 남편은 **동계 올림픽 남자 바이애슬론 최다 금메달 획득 선수**(남자.

최연소 올림픽 프리스타일스키 메달리스트(남자)
니코 포르테우스(뉴질랜드, 2001년 11월 23일생)는 2018년 2월 22일 16세 91일의 나이로 하프파이프 종목에서 동메달을 땄다. 동계 올림픽 개인 종목 메달 획득 남자 선수 중 역대 3번째로 어리다. 2번째는 스노보드 선수로 2014년 히라노 아유무다. 스콧 앨런(미국, 1949년 2월 8일생)은 1964년 2월 6일 14세 363일의 나이로 남자 피겨스케이팅 싱글에서 동메달을 따 **동계 올림픽 개인 종목 최연소 메달리스트**다.

동계 올림픽 최다 출전
스키점프 선수 가사이 노리아키(일본)는 1992년~2018년 대회까지 8번 연속 출전했다. 2026년 자국 일본 올림픽을 고대하며 선수생활을 이어가겠다고 한다. 1998년 12월 17일~2018년 3월 25일에 국제스키연맹(FIS) 월드컵 개인 최다 스키점프 기록도 가지고 있다(543번). 위 사진은 기네스 세계기록 증서를 받는 모습.

8개인 올레 에이나르 비에른달렌(노르웨이)이다.

우 다징은 동계 올림픽 500m 모든 경기에서 단 한 번도 선두를 내주지 않고 타이틀을 차지했다.

동계 패럴림픽 크로스컨트리 스키 최다 금메달(남자)
브라이언 매키버(캐나다)는 2002~2018년 5개 패럴림픽 대회에서 13개의 금메달을 획득했다. 평창에서 3개의 타이틀을 거머쥐었는데 20km 프리스타일, 1.5km 스프린트, 10km 클래식 시각장애 종목이다. **동계 패럴림픽 바이애슬론 최다 금메달**은 6개로 비탈리 루키야넨코(우크라이나)가 2006~2018년 기록했다.

쇼트트랙 3,000m 계주 최고 기록(여자)
2018년 2월 20일 네덜란드의 수잔 슐팅, 요리엔 테르 모르스, 라라 판 라이벤, 야라 반 케르코프가 여자 3,000m 계주 B 파이널에서 4분 3초471을 기록했다. 네덜란드 팀은 A 파이널 경기에서 중국과 캐나다가 실격되며 동메달을 차지했다.

쇼트트랙 500m 최고 기록
2018년 2월 22일 강릉 아이스 아레나에서 열린 올림픽 남자 500m 결승에서 쇼트트랙 선수 우 다징(중국)이 39초584로 금메달을 목에 걸었다. 우 다징은 이 대회를 치르며 J. R. 셀스키가 세운 6년 묵은 이전 최고 기록(39초937)을 2번이나 경신했다.

2개 이상 개인 종목 금메달 최초 획득(여자)
2018 동계 올림픽에서 에스터 레데카(체코)는 2월 17일 알파인 스키 여자 슈퍼대회전과 2월 24일 스노보드 여자 평행대회전에서 모두 금메달을 따내며 새로운 역사를 썼다. 스노보드 월드 챔피언인 레데카는 빌린 스키를 신고 스키 슈퍼대회전에 출전해 디펜딩 챔피언 안나 베이스(오스트리아)를 0초01 차이로 꺾는 파란을 일으켰다. 심지어 그녀는 그전까지 국제 스키 경기에서 시상대에 오른 적이 없었다.

스포츠

스포츠 전반 Round-Up

가장 빠른 15m 스피드 클라이밍(여자)

이율리아 카프리나(러시아)는 2017년 7월 22일 폴란드 브로츠와프에서 열린 월드 게임에서 7초32의 기록으로 여자부 스피드 클라이밍 금메달을 목에 걸었다. 그 해 그녀가 경신한 3번째 세계 신기록으로, 중국 충칭과 난징에서 열린 국제스포츠클라이밍연맹(IFSC) 대회에서도 기록을 세웠다.

가장 빠른 15m 스피드 클라이밍

레자 아리포어세나잔디라프(이란)는 2017년 4월 30일 중국 난징에서 열린 IFSC 대회 남자부 스피드클라이밍 준결승에서 5초48을 기록했다. 이전 최고 기록은 2014년 다닐 볼드이레프가 세운 5초60이다.

가장 많은 1세트 점수가 난 배구 국제대회

2017년 6월 11일 열린 국제배구연맹 월드리그 카타르와 베네수엘라 경기에서 1세트에 45 대 43까지 가는 접전이 벌어졌다. 에스토니아 탈린 칼레우 스포츠 홀에서 49분간 진행된 이 마라톤 세트는 카타르의 승리로 끝났다. 카타르는 세트 스코어 3 대 1로 최종 승리했다(27 대 29, 25 대 16, 45 대 43, 25 대 13).

차지했다.

옥스 최단시간 우승

2017년 6월 2일 이네이블이 영국 서리 엡솜다운스 경마장에서 열린 옥스 스테이크스에서 2분 34초13의 기록으로 우승을 차지했다. 프랭키 데토리가 기수로 나서(아래 사진) 비가 오는 와중에 기록을 달성했다.

슈퍼네트볼 정규시즌 최다 득점(개인)

콜링우드 맥파이 네트볼 팀의 케이틀린 드와이츠(둘 다 호주)는 2017 슈퍼네트볼 정규시즌에서 647번 슛을

그룹1/그레이드1 평지 경기 최다 우승 트레이너(1년간)

에이단 오브라이언(아일랜드)은 2017 그룹1/그레이드1 평지 경기에서 28번 우승했다. 그의 말 색슨 워리어가 10월 28일 영국 사우스요크셔 동커스터에서 열린 레이싱 포스트 트로피에서 우승하며 2003년 25번 우승한 바비 프랭클의 기록을 넘어섰다. 가장 많이 우승한 말 윈터는 그룹 1 레이스에서 4번 우승했고, 롤리 폴리와 하일랜드 릴은 3번씩 이겼다. 그는 브리티시&아이리시 클래식 10번의 레이스에서 전례 없는 8번의 승리를

유럽 개선문상 경마 대회 최다 우승 기수

프랭키 데토리(이탈리아)는 개선문상 경마 대회에서 5번이나 우승을 거뒀다. 람타라(1995), 사키(2001), 마리앙바드(2002), 골든 혼(2015), 이네이블(2017)을 타고 승리를 한 프랭키는 2017년 10월 1일 프랑스 우아즈 샹티 경마장에서 5번째 우승을 확정했다.

슈퍼네트볼 초대 우승 팀

2017년 6월 17일 호주 브리즈번에서 열린 슈퍼네트볼 결승전에서 선샤인 코스트 라이트닝이 자이언트 네트볼(둘 다 호주)을 65 대 48로 꺾었다. 올해의 선수에 선정된 골키퍼 게바 멘토(호주, 사진 오른쪽)는 **슈퍼네트볼 정규시즌 최다 선방**을 기록했다(90번).

던져 594번 성공했다.

장애인 파워리프팅 최고 기록(-49kg, 남자)

레반꽁(베트남)은 2017년 12월 4일 멕시코 멕시코시티에서 열린 세계장애인 파워리프팅 대회에서 183.5kg을 성공적으로 들어 올렸다. 같은 날 같은 대회에서 링링구오(중국)는 110kg을 성공해 **장애인 파워리프팅 최고 기록(-45kg, 여자)**을 달성했다. 그녀는 주요 대회 첫 출전에서 신기록을 작성했다.

폴 케힌데(나이지리아)는 UAE 두바이에서 2018년 2월 19일 자신이 세운 이전 **장애인 파워리프**

IWRF 유럽 챔피언십 최다 우승 팀

영국의 휠체어 럭비 팀은 2017년 7월 1일 독일 코블렌츠에서 열린 국제휠체어럭비연맹(IWRF) 유럽 챔피언십 대회 결승에서 스웨덴을 49 대 41로 꺾고 6번째 타이틀을 가져갔다. '머더볼'로도 알려진 휠체어 럭비는 농구장 크기와 비슷한 실내경기장에서 4명이 팀을 이뤄 공을 가지고 정해진 선을 넘으면 득점하는 시합이다.

UCI 산악자전거 다운힐 월드컵 최다 연속 우승

2017년 4월 30일 레이철 애서턴(영국)은 프랑스 루르드에서 열린 UCI 산악자전거 다운힐 월드컵에서 우승하며 14번 연속 우승을 기록했다. 그녀는 2016년에 열린 7개 대회에서 모두 우승하며 완벽한 시즌을 보냈다. 애서턴은 연습주행 중 어깨가 탈골되는 부상으로 우승 질주를 멈추게 됐다.

팅 최고 기록(-65kg, 남자)을 경신해 221kg을 들어 올렸다.

UCI 산악자전거 다운힐 월드컵 최다 우승(남자)

아론 그윈(미국)은 2017년 8월 26일 이탈리아 발 디 솔레에서 열린 시즌 마지막 경기에서 5번째 다운힐 월드컵 타이틀을 확정 지었다. 2011~2012 시즌과 2015~2016 시즌에도 우승을 거둬 아론은 5번 우승자인 니콜라스 부요(프랑스, 1995~1996 우승, 1998~2000 우승)와 동률이 됐다.

파리-루베 사이클 경기 평균 최고 속도 기록

2017년 4월 9일 그렉 반 아버맛(벨기에)은 파리-루베 경기에서 평균 시속 45.2km로 우승을 차지했다. 257km 코스를 5시간 41분 7초 만에 완주했는데 이전 최고 기록은 1964년 피터 포스트가 작성한 시속 45.1km다. '북부의 지옥'으로 알려진 파리-루베 대회는 자갈이 깔린 거리와 지독한 날씨로 유명하다.

라크로스 월드컵 최다 승(여자)

국제라크로스연맹(FIL) 월드컵 대회에서 1982년, 1989년, 1993년, 1997년, 2001년, 2009년, 2013년 우승한 미국은 2017년 7월 22일 영국 서리 길퍼드에서 캐나다를 10 대 5로 꺾으며 8번째 우승을 확정했다.

폴로 월드 챔피언십 최다 승

아르헨티나는 2017년 10월 29일 호주 국제폴로연맹(FIP) 월드 챔피언십에서 칠레에 8 대 7로 승리를 거두며 5번째 우승을 차지했다. 루시우 페르난데스 오캄포라 추가 시간에 금메달을 결정짓는 골을 넣었다.

호주식 풋볼(AFL) 정규시즌 최다 태클 회피

더스틴 마틴(호주, 사진 왼쪽)은 2017 AFL 정규시즌에 리치몬드 팀으로 출전해 태클 회피를 68번이나 기록했다. 강력한 팔의 힘으로 수비를 벗어나기로 유명해 '싸우지 않는 자'라는 별명이 있는 더스틴은 브라운로 메달과 놈 스미스 메달, 프리미어십 우승 메달을 1주 만에 모두 받으며 2017년 가장 뛰어난 선수에 등극했다.

최연소 아메리카컵 우승 키잡이

2017년 6월 26일 키잡이 피터 버링(뉴질랜드, 1991년 1월 1일생)이 26세 176일의 나이로 뉴질랜드 에미레이트 팀을 이끌며 오라클 팀(미국)을 7 대 1로 이겼다. 1851년 처음 시작된 아메리카컵은 가장 오래된 국제 요트 경기다.

고든 베넷컵 최다 우승(개인)

1906년 첫 대회가 열린 고든 베넷 컵은 가장 오래된 비행 대회로 1,000m³ 열기구를 타고 시작점에서 가장 멀리까지 비행하는 비행사가 승리하는 경기다. 2017년에는 빈센트 레이스와 크리스토프 후버(둘 다 프랑스)가 스위스 프리부르에서 에스토니아까지 1,834.72km를 비행해 1위에 올랐다. 후버는 총 9번이나 우승했다.

로빈슨의 1마일 달리기는 매년 가장 남쪽에서 열리는 마라톤 대회인 남극 아이스 마라톤 대회의 일부로 진행됐다.

남극 1마일 직선 코스 달리기 최고 기록

폴 로빈슨(아일랜드)은 2017년 11월 25일 남극에서 1마일을 4분 17초9에 주파했다. 유니온 빙하 옆에 마련된 코스에서 진행됐으며, 기록 측정 전 GPS 위성으로 4번이나 거리가 정확한지 확인했다. 당시 차가운 바람이 불어 기온은 영하 25도까지 떨어졌다.

자신의 이름을 딴 기술이 가장 많은 체조 선수(남자)

시라이 겐조(일본)는 국제체조연맹의 채점 규칙에 자신의 이름을 딴 기술이 6개나 등록돼 있다. 3개는 도마, 3개는 뜀틀이다. 그의 6번째 기술은 뜀틀 종목의 시라이 3으로, 비탈리 셰르보의 기술을 변형했다. 2017년 2월 25일 처음으로 대회에서 선보였다.

2013 세계기계체조 선수권 대회에서 오리지널 기술을 3개나 가지고 데뷔한 시라이 겐조는 메이저 체조대회 결선에서 최초로 4단 비틀기에 성공했다. 당시 그는 고작 17세였다.

육상 경기 Athletics

육상경기-실외 트랙 종목

남자	시간/거리	이름&국적	장소	날짜
100m	09초58	우사인 볼트(자메이카)	독일 베를린	2009년 8월 16일
200m	19초19	우사인 볼트(자메이카)	독일 베를린	2009년 8월 20일
400m	43초03	웨이드 반 니커크(남아프리카공화국)	브라질 리우데자네이루	2016년 8월 14일
800m	1분 40초91	다비드 루디샤(케냐)	영국 런던	2012년 8월 9일
1,000m	2분 11초96	노아 느게이(케냐)	이탈리아 리에티	1999년 9월 5일
1,500m	3분 26초00	히샴 엘 게루즈(모로코)	이탈리아 로마	1998년 7월 14일
1마일(약 1,600m)	3분 43초13	히샴 엘 게루즈(모로코)	이탈리아 로마	1999년 7월 7일
2,000m	4분 44초79	히샴 엘 게루즈(모로코)	독일 베를린	1999년 9월 7일
3,000m	7분 20초67	다니엘 코멘(케냐)	이탈리아 리에티	1996년 9월 1일
5,000m	12분 37초35	케네니사 베켈레(에티오피아)	네덜란드 헹엘로	2004년 5월 31일
10,000m	26분 17초53	케네니사 베켈레(에티오피아)	벨기에 브뤼셀	2005년 8월 26일
20,000m	56분 26초00	하일레 게브르셀라시에(에티오피아)	체코 오스트라바	2007년 6월 27일
1시간	21,285m	하일레 게브르셀라시에(에티오피아)	체코 오스트라바	2007년 6월 27일
25,000m	1시간 12분 25초40	모세스 체루이옷 모소프(케냐)	미국 유진	2011년 6월 3일
30,000m	1시간 26분 47초40	모세스 체루이옷 모소프(케냐)	미국 유진	2011년 6월 3일
3,000m 장애물 경주	7분 53초63	사이프 사에드 샤힌(카타르)	벨기에 브뤼셀	2004년 9월 3일
110m 허들	12초80	에리스 메리트(미국)	벨기에 브뤼셀	2012년 9월 7일
400m 허들	46초78	케빈 영(미국)	스페인 바르셀로나	1992년 8월 6일
4×100m 계주	36초84	자메이카(요한 블레이크, 우사인 볼트, 마이클 프레터, 네스타 카터)	영국 런던	2012년 8월 11일
4×200m 계주	1분 18초63	자메이카(요한 블레이크, 니켈 애쉬미데, 와렌 웨어, 제르메이네 브라운)	바하마 나소	2014년 5월 24일
4×400m 계주	2분 54초29	미국(앤드루 밸먼, 퀸시 와츠, 해리 레이놀즈, 마이클 존슨)	독일 슈투트가르트	1993년 8월 22일
4×800m 계주	7분 02초43	케냐(조셉 무투아, 윌리암 이암포이, 이스마엘 콤비치, 윌프레드 분게이)	벨기에 브뤼셀	2006년 8월 25일
4×1,500m 계주	14분 22초22	케냐(콜린스 체보이, 실라스 키플라갓, 제임스 키플라갓 마겟, 아스벨 키프롭)	바하마 나소	2014년 5월 25일

여자	시간/거리	이름&국적	장소	날짜
100m	10초49	플로렌스 그리피스 조이너(미국)	미국 인디애나폴리스	1988년 7월 16일
200m	21초34	플로렌스 그리피스 조이너(미국)	대한민국 서울	1988년 9월 29일
400m	47초60	마리타 코흐(동독)	호주 캔버라	1985년 10월 6일
800m	1분 53초28	자밀라 크라토치빌로바(체코)	독일 뮌헨	1983년 7월 26일
1,000m	2분 28초98	스베틀라나 마스테르코바(러시아)	벨기에 브뤼셀	1996년 8월 23일
1,500m	3분 50초07	젠제베 디바바(에티오피아)	모나코 퐁비에유	2015년 7월 17일
1마일(약 1,600m)	4분 12초56	스베틀라나 마스테르코바(러시아)	스위스 취리히	1996년 8월 14일
2,000m	*5분 23초75	젠제베 디바바(에티오피아)	스페인 사바델	2017년 2월 7일
3,000m	8분 06초11	왕쥔샤(중국)	중국 베이징	1993년 9월 13일
5,000m	14분 11초15	티루네시 디바바(에티오피아)	노르웨이 오슬로	2008년 6월 6일
10,000m	29분 17초45	알마즈 아야나(에티오피아)	브라질 리우데자네이루	2016년 8월 12일
20,000m	1시간 05분 26초60	테글라 로루페(케냐)	독일 보르크홀츠하우젠	2000년 9월 3일
1시간	18,517m	디레 투네(에티오피아)	체코 오스트라바	2008년 6월 12일
25,000m	1시간 27분 05초90	테글라 로루페(케냐)	독일 메너스키르헨	2002년 9월 21일
30,000m	1시간 45분 50초00	테글라 로루페(케냐)	독일 바르슈타인	2003년 6월 6일
3,000m 장애물 경주	8분 52초78	루스 제벳(바레인)	프랑스 파리	2016년 8월 27일
100m 허들	12초20	켄드라 해리슨(미국)	영국 런던	2016년 7월 22일
400m 허들	52초34	율리야 페촌키나(러시아)	러시아 툴라	2003년 8월 8일
4×100m 계주	40초82	미국(티아나 메디슨, 앨리슨 펠릭스, 비안카 나이트, 카멜리타 지터)	영국 런던	2012년 8월 10일
4×200m 계주	1분 27초46	미국 '블루'(라타샤 젠킨스, 라타샤 콜랜더-리차드슨, 낸신 페리, 마리온 존스)	미국 필라델피아	2000년 4월 29일
4×400m 계주	3분 15초17	구소련(타티야나 레도프스카야, 올가 나자로바, 마리아 피니기나, 올가 브리즈기나)	대한민국 서울	1988년 10월 1일
4×800m 계주	7분 50초17	구소련(나데즈다 올리자렌코, 리우보프 구리나, 리오드밀라 보리소바, 이리나 포디알로프스카야)	러시아 모스크바	1984년 8월 5일
4×1,500m 계주	16분 33초58	케냐(머시 체로노, 아이린 제라가트, 페이스 킵예곤, 헬렌 오비리)	바하마 나소	2014년 5월 24일

*실내 육상 경기(234쪽 참조)
2018년 4월 4일 기준

1마일 최고 기록(남자)

히샴 엘 게루주(모로코)는 1999년 7월 7일 이탈리아 로마에서 열린 1마일 경기에 출전해 3분 43초13의 기록으로 우승을 차지했다. 엘 게루주는 로마의 올림피코경기장에서 특히 잘했는데, 1998년에는 이곳에서 **1,500m 남자 최고 기록(3분 26초)**도 세웠다.

2,000m 최고 기록

젠제베 디바바(에티오피아)는 2017년 2월 7일 스페인 사바델에서 열린 2,000m 실내경기에서 5분 23초75의 기록으로 우승했다. 2,000m 실내경기는 정식 기록으로 인정받지는 못하지만, 디바바의 기록은 충분히 가치가 있다.

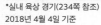

육상 경기-실내 트랙 종목

남자	시간	이름 & 국가	장소	날짜
50m	05초56	도노반 베일리(캐나다)	미국 리노	1996년 2월 9일
60m	06초34	크리스티안 콜먼(미국)	미국 앨버커키	2018년 2월 18일
200m	19초92	프랭키 프레더릭스(나미비아)	프랑스 리에뱅	1996년 2월 18일
400m	44초52	마이클 노먼 주니어(미국)	미국 칼리지스테이션	2018년 3월 10일
800m	1분 42초67	윌슨 킵케터(덴마크)	프랑스 파리	1997년 3월 9일
1,000m	2분 14초20	아얀레 소울레이만(지부티)	스웨덴 스톡홀름	2016년 2월 17일
1,500m	3분 31초18	히샴 엘 게루주(모로코)	독일 슈투트가르트	1997년 2월 2일
1마일	3분 48초45	히샴 엘 게루주(모로코)	벨기에 겐트	1997년 2월 12일
3,000m	7분 24초90	다니엘 코멘(케냐)	헝가리 부다페스트	1998년 2월 6일
5,000m	12분 49초60	케네니사 베켈레(에티오피아)	영국 버밍엄	2004년 2월 20일
50m 허들	06초25	마크 맥코이(캐나다)	일본 고베	1986년 3월 5일
60m 허들	07초30	콜린 잭슨(영국)	독일 진델핑엔	1994년 3월 6일
4×200m 계주	1분 22초11	영국 & 북아일랜드 (린포드 크리스티, 대런 브레이스웨이트, 아데 마페, 존 레기스)	영국 글래스고	1991년 3월 3일
4×400m 계주	**3분 01초77	폴란드(카롤 잘레프스키, 라파우 오멜코, 우카시 크라프트쉬크, 야쿱 크셰비나)	영국 버밍엄	2018년 3월 4일
4×800m 계주	7분 13초11	미국 올스타(리처드 존스, 데이비드 토렌스, 두엔 솔로몬, 에릭 소윈스키)	미국 보스턴	2014년 2월 8일
5,000m 경보	18분 07초08	미하일 슈헨니코프(러시아)	러시아 모스크바	1995년 2월 14일

여자	시간	이름 & 국가	장소	날짜
50m	05초96	이리나 프리발로바(러시아)	스페인 마드리드	1995년 2월 9일
60m	06초92	이리나 프리발로바(러시아)	스페인 마드리드	1993년 2월 11일 1995년 2월 9일
200m	21초87	멀린 오티(자메이카)	프랑스 리에뱅	1993년 2월 13일
400m	49초59	자밀라 크라토치빌로바(체코)	이탈리아 밀라노	1982년 3월 7일
800m	1분 55초82	조란다 바타겔(슬로베니아)	오스트리아 빈	2002년 3월 3일
1,000m	2분 30초94	마리아 데 로데스 무토라(모잠비크)	스웨덴 스톡홀름	1999년 2월 25일
1,500m	3분 55초17	젠제베 디바바(에티오피아)	독일 카를스루에	2014년 2월 1일
1마일	4분 13초31	젠제베 디바바(에티오피아)	스웨덴 스톡홀름	2016년 2월 17일
3,000m	8분 16초60	젠제베 디바바(에티오피아)	스웨덴 스톡홀름	2014년 2월 6일
5,000m	14분 18초86	젠제베 디바바(에티오피아)	스웨덴 스톡홀름	2015년 2월 19일
50m 허들	06초58	코르넬리아 오스츠케나트(동독)	독일 베를린	1988년 2월 20일
60m 허들	07초68	수사나 칼루어(스웨덴)	독일 카를스루에	2008년 2월 10일
4×200m 계주	1분 32초41	러시아(예카테리나 콘드라트예바, 이리나 카바로바, 율리아 페초니카나, 율리아 구슈치나)	영국 글래스고	2005년 1월 29일
4×400m 계주	3분 23초37	러시아(율리아 구슈치나, 올가 코트리야로바, 올가 자이트세바, 올레스야 크라스노모베츠)	영국 글래스고	2006년 1월 28일
4×800m 계주	8분 06초24	모스크바 팀(알렉산드라 불라노바, 예카테리나 마르티노바, 옐레나 코파노바, 안나 발라키시나)	러시아 모스크바	2011년 2월 18일
3,000m 경보	11분 40초33	클라우디아 스테프(루마니아)	루마니아 부쿠레슈티	1999년 1월 30일

60m 실내경기 최고 기록(남자)

2018년 2월 18일 크리스티안 콜먼(미국)은 USA 실내 트랙필드 챔피언십에서 60m를 6초34만에 주파했다. 2017 IAAF 세계육상선수권대회 100m 경기에서 은메달을 획득한 이 21세의 스프린터는 60m에서 모리스 그린의 기록 6초39를 거의 20년 만에 경신했다.

** 표시는 관련 기관의 승인을 기다리는 기록

100마일 울트라 레이스 최고 기록(여자)

지나 슬래비(미국)는 2016년 12월 10~11일까지 미국 애리조나 주 피닉스에서 열린 초장거리 레이스에 참가해 100마일을 13시간 45분 49초 만에 달렸다. 슬래비는 고등학교 400m 트랙에서 경주를 펼쳤는데, 1마일을 평균 8분 15초에 주파했다.

육상경기-울트라 장거리

남자	시간/거리	이름 & 국적	장소	날짜
50km	2시간 43분 38초	톰슨 마가와나(남아공)	남아공 케이프타운	1988년 4월 12일
100km	6시간 10분 20초	도널드 리치(영국)	영국 런던	1978년 10월 28일
100miles	11시간 28분 03초	올레그 카리토노프(러시아)	영국 런던	2002년 10월 20일
1,000km	5일 16시간 17분 00초	이아니스 코우로스(그리스)	호주 콜락	1984년 11월 26일~12월 1일
1,000miles	10일 10시간 30분 36초	이아니스 코우로스(그리스)	미국 뉴욕	1988년 5월 20~30일
6시간	97.2km	도널드 리치(영국)	영국 런던	1978년 10월 28일
12시간	163.785km	자흐 비터(미국)	미국 피닉스	2013년 12월 14일
24시간	303.506km	이아니스 코우로스(그리스)	호주 애들레이드	1997년 10월 4~5일
48시간	473.495km	이아니스 코우로스(그리스)	프랑스 슈흐제흐	1996년 5월 3~5일
6일	1,036.8km	이아니스 코우로스(그리스)	호주 콜락	2005년 11월 20~26일

여자	시간/거리	이름 & 국적	장소	날짜
50km	3시간 08분 39초	프리드 반 데르 멀리(남아공)	남아공 케이프타운	1989년 3월 25일
100km	6시간 33분 11초	아베 토모에(일본)	일본 도코로	2000년 6월 25일
100miles	13시간 45분 49초	지나 슬래비(미국)	미국 피닉스	2016년 12월 10~11일
1,000km	7일 1시간 28분 29초	엘리노어 로빈슨(동독)	호주 낭상고	1998년 3월 11~18일
1,000miles	12일 14시간 38분 40초	산드라 바워(뉴질랜드)	미국 뉴욕	1991년 10월 16~28일
6시간	85.492km	넬레 앨더 바에런스(독일)	독일 뮌스터	2017년 3월 11일
12시간	149.130km	카밀레 헤론(미국)	미국 피닉스	2017년 12월 9~10일
24시간	259.990km	파트리시아 베레즈노프스카(폴란드)	영국 벨파스트	2017년 7월 1~2일
48시간	397.103km	이나가키 스미에(일본)	프랑스 슈흐제흐	2010년 5월 21~23일
6일	883.631km	산드라 바워(뉴질랜드)	호주 캠벨타운	1990년 11월 18~24일

육상 경기 & 사이클 Athletics & Cycling

육상 경기-로드 레이스

남자	시간	이름&국적	장소	날짜
10km	26분 44초	레오나드 패트릭 코몬(케냐)	네덜란드 위트레흐트	2010년 9월 26일
15km	41분 13초	레오나드 패트릭 코몬(케냐)	네덜란드 네이메헌	2010년 11월 21일
20km	55분 21초	제르세나이 타데세(에리트레아)	포르투갈 리스본	2010년 3월 21일
하프마라톤	58분 23초	제르세나이 타데세(에리트레아)	포르투갈 리스본	2010년 3월 21일
25km	1시간 11분 18초	데니스 킵루토 키메토(케냐)	독일 베를린	2012년 5월 6일
30km	1시간 27분 13초	엘리우드 키프초게(케냐) 스탠리 키플레팅 비워트(케냐)	영국 런던	2016년 4월 24일
마라톤	2시간 02분 57초	데니스 킵루토 키메토(케냐)	독일 베를린	2014년 9월 28일
100km	6시간 13분 33초	타카히로 스나다(일본)	일본 도쿄	1998년 6월 21일
로드 릴레이	1시간 57분 06초	케냐(조세파트 느남비리, 마틴 마타티, 다니엘 므완기, 메쿠보 모구수, 오네스무스 느예레레, 존 카리우키)	일본 치바	2005년 11월 23일

여자	시간	이름&국적	장소	날짜
10km	29분 43초	조이실린 젭코스게이(케냐)	체코 프라하	2017년 9월 9일
15km	45분 37초	조이실린 젭코스게이(케냐)	체코 프라하	2017년 4월 1일
20km	1시간 01분 25초	조이실린 젭코스게이(케냐)	체코 프라하	2017년 4월 1일
하프마라톤	1시간 04분 51초	조이실린 젭코스게이(케냐)	스페인 바르셀로나	2017년 10월 22일
25km	1시간 19분 53초	마리 젭코스게이 케이타니(케냐)	독일 베를린	2010년 5월 9일
30km	1시간 36분 05초	마리 젭코스게이 케이타니(케냐)	영국 런던	2017년 4월 23일
마라톤	2시간 15분 25초	폴라 래드클리프(동독)	영국 런던	2003년 4월 13일
100km	6시간 33분 11초	아베 토모에(일본)	일본 도쿄	2000년 6월 25일
로드 릴레이	2시간 11분 41초	중국(지앙보, 동 얀메이, 자오 펭팅, 마 자이제, 란리신, 리나)	중국 베이징	1998년 2월 28일

10km 로드 레이스 최고 기록(여자)

2017년 9월 9일 조이실린 젭코스게이(케냐)는 체코 프라하에서 열린 그랑프리 10km 경기에서 29분 43초만에 결승선을 통과했다. 여자 선수가 이 종목에서 30분 벽을 무너뜨린 건 처음이었으며, 이 기록은 그 해 젭코스게이가 세운 5번째 세계신기록이었다.

국제육상경기연맹(IAAF)은 1998년부터 경기 장소에 '지붕이 있는지 없는지'에 따라 세계기록을 구분하고 있다. 실내에서 세운 높이 및 거리(시간) 기록도 특정 조건만 충족하면 실외 기록으로 인정될 수 있다. 이는 옆 페이지에 나오는 르노 라빌레니(프랑스)의 장대높이뛰기와 232쪽에 나오는 젠제베 디바바(에티오피아)의 2,000m 세계기록에 적용됐다.

육상 경기-실외 필드 종목

남자	거리/점수	이름&국적	장소	날짜
높이뛰기	2.45m	하비에르 소토마요르(쿠바)	스페인 사라망카	1993년 7월 27일
장대높이뛰기	*6.16m	르노 라빌레니(프랑스)	우크라이나 도네츠크	2014년 2월 15일
멀리뛰기	8.95m	마이크 파월(미국)	일본 도쿄	1991년 8월 30일
세단뛰기	18.29m	조나단 에드워즈(영국)	스웨덴 예테보리	1995년 8월 7일
포환던지기	23.12m	랜디 반즈(미국)	미국 LA	1990년 5월 20일
원반던지기	74.08m	쥐르겐 슐트(동독)	독일 노이브란덴부르크	1986년 6월 6일
해머던지기	86.74m	유리 세디흐(구소련)	독일 슈투트가르트	1986년 8월 30일
창던지기	98.48m	얀 젤레즈니(체코)	독일 예나	1996년 5월 25일
10종경기†	9,045점	애슈턴 이튼(미국)	중국 베이징	2015년 8월 28~29일

†100m, 10초23; 멀리뛰기, 7.88m; 포환던지기, 14.52m; 높이뛰기, 2.01m; 400m, 45초00; 110m 허들, 13초69; 원반던지기, 43.34m; 장대높이뛰기, 5.20m; 창던지기, 63.63m; 1,500m, 4분 17초52

여자	거리/점수	이름&국적	장소	날짜
높이뛰기	2.09m	스테프카 코스타디노바(불가리아)	이탈리아 로마	1987년 8월 30일
장대높이뛰기	5.06m	엘레나 이신바예바(러시아)	스위스 취리히	2009년 8월 28일
멀리뛰기	7.52m	갈리나 크리스야코바(구소련)	구소련 레닌그라드	1988년 6월 11일
세단뛰기	15.50m	이네사 크라베츠(우크라이나)	스웨덴 예테보리	1995년 8월 10일
포환던지기	22.63m	나탈리야 리소프스카야(구소련)	러시아 모스크바	1987년 6월 7일
원반던지기	76.80m	가브리엘레 라인쉬(동독)	독일 노이브란덴부르크	1988년 7월 9일
해머던지기	82.98m	아니타 브워다르치크(폴란드)	폴란드 바르샤바	2016년 8월 28일
창던지기	72.28m	바르보라 스포타코바(체코)	독일 슈투트가르트	2008년 9월 13일
7종경기††	7,291점	재키 조이너-커시(미국)	대한민국 서울	1988년 9월 23~24일

††100m 허들, 12초69; 높이뛰기, 1.86m; 포환던지기, 15.80m; 200m, 22초56; 멀리뛰기, 7.27m; 창던지기, 45.66m; 800m, 2분 08초51

10종경기†††	8,358점	오스트라 스쿠지테(리투아니아)	미국 미주리 컬럼비아	2005년 4월 14~15일

†††100m 달리기, 12초49; 멀리뛰기, 6.12m; 포환던지기, 16.42m; 높이뛰기, 1.78m; 400m, 57초19; 100m 허들, 14초22; 원반던지기, 46.19m; 장대높이뛰기, 3.10m; 창던지기, 48.78m; 1,500m, 5분 15초86

* 표시는 실내 기록

멀리뛰기 최고 기록 (남자)

1991년 마이크 파월(미국)은 세계육상선수권대회 멀리뛰기 종목에서 8.95m의 기록으로 금메달을 목에 걸었다. 파월은 라이벌 칼 루이스와의 숨 막히는 대결 끝에 승리를 거두면서 동시에 가장 오래된 기록 중 하나인 1968년 밥 비몬의 기록 8.90m까지 경신했다.

육상 경기-실내 필드 종목

남자	거리/점수	이름&국적	장소	날짜
높이뛰기	2.43m	하비에르 소토마요르(쿠바)	헝가리 부다페스트	1989년 3월 4일
장대높이뛰기	6.16m	르노 라빌레니(프랑스)	우크라이나 도네츠크	2014년 2월 15일
멀리뛰기	8.79m	칼 루이스(미국)	미국 뉴욕	1984년 1월 27일
세단뛰기	17.92m	테디 탐고(프랑스)	프랑스 파리	2011년 3월 6일
포환던지기	22.66m	랜디 반스(미국)	미국 로스앤젤레스	1989년 1월 20일
7종경기†	6,645점	애쉬튼 이튼(미국)	터키 이스탄불	2012년 3월 9~10일

† 60m, 06초79; 멀리뛰기, 8.16m; 포환던지기, 14.56m; 높이뛰기, 2.03m; 60m 허들, 07초68; 장대높이뛰기, 5.20m; 1,000m, 2분 32초77

여자	거리/점수	이름&국적	장소	날짜
높이뛰기	2.08m	카즈사 베르그크비스트(스웨덴)	독일 아른슈타트	2006년 2월 4일
장대높이뛰기	5.02m	제니퍼 슈어(미국)	미국 앨버커키	2013년 3월 2일
멀리뛰기	7.37m	하이케 드렉슬러(동독)	오스트리아, 빈	1988년 2월 13일
세단뛰기	15.36m	타니아나 레베데바(러시아)	헝가리 부다페스트	2004년 3월 6일
포환던지기	22.50m	헬레나 피빈게로바(체코)	체코 야블로네츠	1977년 2월 19일
5종경기††	5,013점	나탈리아 도브린스카(우크라이나)	터키 이스탄불	2012년 3월 9일

†† 60m 허들, 08초38; 높이뛰기, 1.84m; 포환던지기, 16.51m; 멀리뛰기, 6.57m; 800m, 2분 11초15

장대높이뛰기(남자, 실내)

르노 라빌레니(프랑스)는 2014년 2월 15일 우크라이나 도네츠크에서 열린 '장대높이뛰기 스타(Pole Vault Stars)' 대회에서 6.16m를 넘는 데 성공했다. 1994년 세르게이 부브카가 세운 6.14m를 뛰어넘는 기록으로 IAAF에 등재된 모든 실내, 실외 기록 중 최고다.

실외 경보 최고 기록 (여자)

이네스 헨리케스(포르투갈)는 2017년 8월 13일 영국 런던에서 열린 IAAF 세계육상선수권대회 50km 경보 경기에 출전해 4시간 5분 56초의 기록으로 금메달을 목에 걸었다. 세계선수권에서 처음 열린 이 종목은 7명이 출전해 4명의 선수만 결승선을 통과했다. 헨리케스는 자신이 보유했던 세계 기록을 2분 경신했다.

육상 경기-경보

남자	시간	이름&국적	장소	날짜
20,000m	1시간 17분 25초6	베르나르도 세구라(멕시코)	노르웨이 베르겐	1994년 5월 7일
20km(실외)	1시간 16분 36초	유스케 스즈키(일본)	일본 노미	2015년 3월 15일
30,000m	2시간 01분 44초1	마우리지오 다밀라노(이탈리아)	이탈리아 쿠네오	1992년 10월 3일
50,000m	3시간 35분 27초2	요한 디니츠(프랑스)	프랑스 랭스	2011년 3월 12일
50km(실외)	3시간 32분 33초	요한 디니츠(프랑스)	스위스 취리히	2014년 8월 15일

여자	시간	이름&국적	장소	날짜
10,000m	41분 56초23	나데즈다 리아슈키나(구소련)	미국 시애틀	1990년 7월 24일
20,000m	1시간 26분 52초3	올림피아다 이바노바(러시아)	호주 브리즈번	2001년 9월 6일
20km(실외)	1시간 24분 38초	류훙(중국)	스페인 라코루냐	2015년 6월 6일
50km(실외)	4시간 05분 56초	이네스 헨리케스(포르투갈)	영국 런던	2017년 8월 13일

사이클링-앱솔루트 트랙

남자	시간/거리	이름&국적	장소	날짜
200m (플라잉 스타트)	09초347	프랑스와 페비스(프랑스)	멕시코 아과스칼리엔테스	2013년 12월 6일
500m (플라잉 스타트)	24초758	크리스 호이(영국)	볼리비아 라파스	2007년 5월 13일
750m 단체전 (스탠딩 스타트)	41초871	독일(요아힘 아일러스, 르네 엔더스, 로베르트 푀르스테만)	멕시코 아과스칼리엔테스	2013년 12월 5일
1km (스탠딩 스타트)	56초303	프랑스와 페비스(프랑스)	멕시코 아과스칼리엔테스	2013년 12월 7일
4km (스탠딩 스타트)	4분 10초534	잭 보브리지(호주)	호주 시드니	2011년 2월 2일
4km 단체전 (스탠딩 스타트)	3분 50초265	영국(에드워드 클랜시, 오웬 덜, 브래들리 위긴스, 스티븐 버크)	브라질 리우데자네이루	2016년 8월 12일
1시간	54.526km	브래들리 위긴스(영국)	영국 런던	2015년 6월 7일

여자	시간/거리	이름&국적	장소	날짜
200m (플라잉 스타트)	10초384	크리스티나 보겔(독일)	멕시코 아과스칼리엔테스	2013년 12월 7일
500m (플라잉 스타트)	28초970	크리스티나 보겔(독일)	독일 프랑크푸르트	2016년 12월 17일
500m (스탠딩 스타트)	32초268	제시카 살라자르 바예스(멕시코)	멕시코 아과스칼리엔테스	2016년 10월 7일
500m 단체전 (스탠딩 스타트)	32초034	중국(진지에 공, 티안시 종)	프랑스 이블린생캉탱	2016년 8월 12일
3km (스탠딩 스타트)	3분 20초060	클로에 디거트 오웬(미국)	네덜란드 아펠도른	2018년 3월 3일
4km 단체전 (스탠딩 스타트)	4분 10초236	영국(케이티 아치볼드, 로라 트롯, 엘리너 바커, 조애나 로셀 샨드)	브라질 리우데자네이루	2016년 8월 13일
1시간	47.980km	이블린 스티븐스(미국)	미국 스프링스	2016년 2월 27일

사이클 500m 최고 기록(플라잉 스타트, 여자)

2016년 12월 17일 크리스티나 보겔(독일)은 독일 프랑크푸르트에서 사이클 500m 경기를 플라잉 스타트로 시작해 28초970 만에 마쳤다. 여성 선수 최초로 29초의 벽을 무너뜨린 기록이다. **200m 사이클 플라잉 스타트 여성 최고 기록**(10초384)도 가지고 있다.

다이빙, 조정 & 스케이트 Diving, Rowing & Skating

프리 이머전* 다이빙 최고기록

윌리엄 트루브리지(뉴질랜드)는 2016년 5월 2일 바하마 인근의 딘스 블루홀에서 124m 깊이까지 잠수했다. 2011년 자신이 세운 기록(121m)을 깨기 위해 목표지점에 태그를 붙여두고 도전해 총 4분 24초 동안 잠수했다.

*밧줄만 의지해 하는 잠수

프리다이빙

남자 잠영	깊이	이름&국적	장소	날짜
고정 웨이트, 핀 사용	129m	알렉세이 몰차노바(러시아)	멕시코 에스피리투산토 섬	2016년 10월 28일
고정 웨이트, 핀 제거	102m	윌리엄 트루브리지(뉴질랜드)	바하마 롱아일랜드	2016년 7월 20일
변화 웨이트	146m	스타브로스 카스트리나키스(그리스)	그리스 칼라마타	2015년 11월 1일
무제한	214m	허버트 니치(오스트리아)	그리스 스페체스	2007년 6월 14일
프리 이머전	124m	윌리엄 트루브리지(뉴질랜드)	바하마 롱아일랜드	2016년 5월 2일

남자 유동 무호흡	깊이	이름&국적	장소	날짜
핀 사용	300m	마테우스 말리나(폴란드) 지오르고스 파나지오타키스(그리스)	핀란드 투르쿠	2016년 7월 3일
핀 제거	244m	마테우스 말리나(폴란드)	핀란드 투르쿠	2016년 7월 2일

남자 정지 무호흡	시간	이름&국적	장소	날짜
지속	11분 54초	브란코 페트로빅(세르비아)	UAE 두바이	2014년 10월 7일

여자 잠영	깊이	이름&국적	장소	날짜
고정 웨이트, 핀 사용	104m	알레시아 제키니(이탈리아)	바하마 롱아일랜드	2017년 5월 10일
고정 웨이트, 핀 제거	72m	키노시타 사유리(일본)	바하마 롱아일랜드	2016년 4월 26일
변화 웨이트	130m	난자 반 덴 브로에크(네덜란드)	이집트 샤름 엘-셰이크	2015년 10월 18일
무제한	160m	타냐 스트리터(미국)	터크스 케이커스 제도	2002년 8월 17일
프리 이머전	92m	지닌 그라스메이어(네덜란드)	네덜란드령 카리브 보나이러	2016년 9월 6일

여자 유동 무호흡	깊이	이름&국적	장소	날짜
핀 사용	237m	나탈리아 몰차노바(러시아)	이탈리아 칼리아리	2014년 9월 26일
핀 제거	191m	마그달레나 솔리치-탈란다(폴란드)	폴란드 오폴레	2017년 7월 1일

여자 정지 무호흡	시간	이름&국적	장소	날짜
지속	9분 02초	나탈리아 몰차노바(러시아)	세르비아 벨그라드	2013년 6월 29일

조정(모든 종목은 2,000m 코스 이상에서 열렸다)

† 콕스를 두고 2명이 한 쪽씩 노를 젓는 방식

남자	시간	이름&국적	장소	날짜
싱글 스컬	6분 30초74	로버트 맨슨(뉴질랜드)	폴란드 포즈난	2017년 6월 18일
더블 스컬	5분 59초72	크로아티아(발렌트 신코빅, 마틴 신코빅)	네덜란드 암스테르담	2014년 8월 29일
쿼드러플 스컬	5분 32초26	우크라이나(모로조프, 도브고드코, 나드토카, 미카이)	네덜란드 암스테르담	2014년 8월 30일
무타 페어	6분 08초50	뉴질랜드(에릭 머레이, 해미시 본드)	영국 런던	2012년 7월 28일
무타 포	5분 37초86	영국(리드, 제임스, 트리그스-호지, 그레고리)	스위스 루체른	2012년 5월 25일
유타 페어**†	6분 33초26	뉴질랜드(칼레브 셰퍼드, 에릭 머레이, 해미시 본드)	네덜란드 암스테르담	2014년 8월 29일
유타 포	5분 58초96	독일(운게마흐, 아이츠홀츠, 바이라우흐, 라베, 데더딩)	오스트리아 비엔나	1991년 8월 24일
에이트	5분 18초68	독일(자크쉬크, 자우어, 슈미트, 바이센펠트, 요한슨, 슈나이더, 플레이너, 오식, 윈버거)	폴란드 포즈난	2017년 6월 18일

경량급	시간	이름&국적	장소	날짜
싱글 스컬**	6분 43초37	마르첼로 미아니(이탈리아)	네덜란드 암스테르담	2014년 8월 29일
더블 스컬	6분 05초36	남아공(존 스미스, 제임스 톰슨)	네덜란드 암스테르담	2014년 8월 30일
쿼드러플 스컬**	5분 42초75	그리스(마그다니스, 기안나로스, E 콘솔라스, G 콘솔라스)	네덜란드 암스테르담	2014년 8월 29일
무타 페어**	6분 22초91	스위스(시몬 니엡만, 루카스 트라머)	네덜란드 암스테르담	2014년 8월 29일
무타 포	5분 43초16	덴마크(바르소, 조르겐센, 라르센, 윈테르)	네덜란드 암스테르담	2014년 8월 29일
에이트**	5분 30초24	독일(알테나, 다히케, 코보르, 스톰포로프스키, 멜게스, 뫼르츠, 부치하이트, 폰 바르부르그, 카스카)	캐나다 몬트리올	1992년 8월 13일

여자	시간	이름&국적	장소	날짜
싱글 스컬	7분 07초71	룸야나 네이코바(불가리아)	스페인 세비야	2002년 9월 21일
더블 스컬	6분 37초31	호주(샐리 케호에, 올림피아 알데르세이)	네덜란드 암스테르담	2014년 8월 29일
쿼드러플 스컬	6분 06초84	독일(안네카트린 티에레, 카리나 뵈르, 줄리아 리에르, 리사 슈미드라)	네덜란드 암스테르담	2014년 8월 30일
무타 페어	6분 49초08	뉴질랜드(그레이스 프렌더가스트, 케리 가울러)	폴란드 포즈난	2017년 6월 18일
무타 포**	6분 14초36	뉴질랜드(프렌더가스트, 프랫, 가울러, 베반)	네덜란드 암스테르담	2014년 8월 29일
에이트	5분 54초16	미국(레간, 폴크, 스나이더, 시몬즈, 룩작, 로빈스, 슈메터링, 오피츠, 린드)	스위스 루체른	2013년 7월 14일

경량급	시간	이름&국적	장소	날짜
싱글 스컬**	7분 24초46	조 맥브라이드(뉴질랜드)	이탈리아 바레세	2015년 6월 20일
더블 스컬	6분 47초69	네덜란드(마이케 헤드, 일서 파울리스)	폴란드 포즈난	2016년 6월 19일
쿼드러플 스컬**	6분 15초95	네덜란드(보에네르, 파울리스, 크라아이캄프, 헤드)	네덜란드 암스테르담	2014년 8월 29일
무타 페어**	7분 18초32	호주(엘리자 블레어, 저스틴 조이스)	프랑스 애그블레트 호수	1997년 9월 6일

** 표시는 비올림픽 보트 종목

무타 페어* 최고 기록(남자)

에릭 머리와 해미시 본드(뉴질랜드)는 2012년 런던 올림픽에서 무타 페어로 6분 08초50만에 결승선을 통과하며 10년 묵은 기록을 깨뜨렸다. 이 둘은 머리가 2017년 5월 은퇴하기 전까지 69경기 연속 우승을 거뒀다.

*콕스 없이 2명이 한 쪽씩 노를 젓는 방식

무타 페어 최고 기록(여자)

2017년 6월 18일 케리 골러와 그레이스 프렌더가스트(뉴질랜드)는 조정월드컵 여자부 페어 경기 결선에서 6분 49초08을 기록했다. 이날 폴란드 포즈난에서는 세계신기록이 3개나 나왔다.

스피드스케이팅- 롱트랙

남자	시간/점수	이름&국적	장소	날짜
500m	33초98	파벨 쿨리즈니코프(러시아)	미국 솔트레이크시티	2015년 11월 20일
2×500m	1분 08초31	제레미 워더스푼(캐나다)	캐나다 캘거리	2008년 3월 15일
1,000m	1분 06초42	샤니 데이비스(미국)	미국 솔트레이크시티	2009년 3월 7일
1,500m	1분 41초02	데니스 유스코프(러시아)	미국 솔트레이크시티	2017년 12월 9일
3,000m	3분 37초28	에스킬 에르빅(노르웨이)	캐나다 캘거리	2005년 11월 5일
5,000m	6분 01초86	테드-잔 블로에멘(캐나다, 네덜란드 태생)	미국 솔트레이크시티	2017년 12월 10일
10,000m	12분 36초30	테드-잔 블로에멘(캐나다, 네덜란드 태생)	미국 솔트레이크시티	2015년 11월 21일
스프린트 콤비네이션	136.065점	카이 베르비(네덜란드)	캐나다 캘거리	2017년 2월 25~26일
스몰 콤비네이션	146.365점	에르벤 웨네마르스(네덜란드)	캐나다 캘거리	2005년 8월 12~13일
빅 콤비네이션	145.742점	샤니 데이비스(미국)	캐나다 캘거리	2006년 3월 18~19일
팀 추월(8바퀴)	3분 35초60	네덜란드(블룩휴이센, 크라머, 베르와이즈)	미국 솔트레이크시티	2013년 11월 16일

여자	시간/점수	이름&국적	장소	날짜
500m	36초36	이상화(대한민국)	미국 솔트레이크시티	2013년 11월 16일
2×500m	1분 14초19	헤더 리처드슨(미국)	미국 솔트레이크시티	2013년 12월 28일
1,000m	1분 12초09	고다이라 나오(일본)	미국 솔트레이크시티	2017년 12월 10일
1,500m	1분 50초85	헤더 리처드슨 베르흐스마 (미국)	미국 솔트레이크시티	2015년 11월 21일
3,000m	3분 53초34	신디 클라센(캐나다)	캐나다 캘거리	2006년 3월 18일
5,000m	6분 42초66	마르티나 사블리코바(체코)	미국 솔트레이크시티	2011년 2월 18일
스프린트 콤비네이션	146.390점	고다이라 나오(일본)	캐나다 캘거리	2017년 2월 25~26일
미니 콤비네이션	155.576점	신디 클라센(캐나다)	캐나다 캘거리	2001년 3월 15~17일
빅 콤비네이션	154.580점	신디 클라센(캐나다)	캐나다 캘거리	2006년 3월 18~19일
팀추월(6바퀴)	2분 50초87	일본(타카기 미호, 타카기 나나, 사토 아야노)	미국 솔트레이크시티	2017년 12월 8일

스피드스케이팅 스프린트 콤비네이션*
최저 점수(남자)
*2번의 500m와 2번의 1,000m 레이스 경기

2017년 2월 25~26일 카이 베르비(네덜란드)는 캐나다 캘거리에서 열린 대회에서 스프린트 콤비네이션 종목에 출전해 136.065점으로 우승을 차지했다.

쇼트트랙 5,000m 계주(남자)

2017년 11월 12일, J R 셀스키(사진 오른쪽), 토마스 홍, 존 헨리 크루거, 키스 캐롤로 구성된 미국 팀이 중국 상하이에서 열린 ISU 쇼트트랙 월드컵 5,000m 계주 경기에서 6분 29초 052를 기록했다. 이들은 라이벌 대한민국을 0초024 차이로 이기며, 2012년 캐나다가 기록한 세계기록을 경신했다.

스피드 스케이팅-쇼트트랙

남자	시간	이름&국적	장소	날짜
500m	**39초584	우 다징(중국)	대한민국 강릉	2018년 2월 22일
1,000m	1분 20초875	황대현(대한민국)	미국 솔트레이크시티	2016년 11월 12일
1,500m	2분 07초943	싱키 크네흐트(네덜란드)	미국 솔트레이크시티	2016년 11월 13일
3,000m	4분 31초891	노진규(대한민국)	폴란드 바르샤바	2011년 3월 19일
5,000m 계주	6분 29초052	미국(존 J R 셀스키, 존 헨리 크루거, 키스 캐롤, 토마스 홍)	중국 상하이	2017년 11월 12일

여자	시간	이름&국적	장소	날짜
500m	42초335	엘리스 크리스티(영국)	미국 솔트레이크시티	2016년 11월 13일
1,000m	1분 26초661	심석희(대한민국)	캐나다 캘거리	2012년 10월 21일
1,500m	2분 14초354	최민정(대한민국)	미국 솔트레이크시티	2016년 11월 12일
3,000m	4분 46초983	정은주(대한민국)	중국 하얼빈	2008년 3월 15일
3,000m 계주	**4분 03초471	네덜란드(수잔 슐팅, 야라 반 케르코프, 라라 판 라이벤, 요리엔 테르 모르스)	대한민국 강릉	2018년 2월 20일

** 표시는 관련 기관의 승인을 기다리는 기록

피겨 스케이팅

남자	점수	이름&국적	장소	날짜
합계 점수	330.43	유즈루 하뉴(일본)	스페인 바르셀로나	2015년 12월 12일
쇼트 프로그램	112.72	유즈루 하뉴(일본)	캐나다 몬트리올	2017년 9월 22일
프리 스케이팅	223.20	유즈루 하뉴(일본)	핀란드 헬싱키	2017년 4월 1일

여자	점수	이름&국적	장소	날짜
합계 점수	241.31	예브게니아 메드베데바(러시아)	일본 도쿄	2017년 4월 20일
쇼트 프로그램	82.92	알리나 자기토바(러시아)	대한민국 강릉	2018년 2월 21일
프리 스케이팅/ 롱 프로그램	160.46	예브게니아 메드베데바(러시아)	일본 도쿄	2017년 4월 20일

페어	점수	이름&국적	장소	날짜
합계 점수	245.84	알리오나 사브첸코 & 브루노 마소트(독일)	이탈리아 밀라노	2018년 3월 22일
쇼트 프로그램	84.17	타티아나 볼로소자 & 막심 트란코프(러시아)	러시아 소치	2014년 2월 11일
프리 스케이팅	162.86	알리오나 사브첸코 & 브루노 마소트(독일)	이탈리아 밀라노	2018년 3월 22일

아이스댄스	점수	이름&국적	장소	날짜
합계 점수	207.20	가브리엘라 파파다키스 & 기욤 시즈롱(프랑스)	이탈리아 밀라노	2018년 3월 24일
쇼트 댄스	83.73	가브리엘라 파파다키스 & 기욤 시즈롱(프랑스)	이탈리아 밀라노	2018년 3월 23일
프리 댄스	123.47	가브리엘라 파파다키스 & 기욤 시즈롱(프랑스)	이탈리아 밀라노	2018년 3월 24일

피겨 스케이팅 쇼트 프로그램 최고 점수(여자)

2018년 2월 21일 알리나 자기토바(러시아)가 대한민국 강릉에서 열린 동계올림픽 여자 싱글 경기에서 82.92점을 기록했다. 음악 '블랙 스완'에 맞춰 연기를 펼친 이 15세 소녀는 같은 국적의 동료 예브게니아 메드베데바가 세운 81.61점의 세계신기록을 단 몇 분 만에 경신했다. 자기토바는 이 대회에서 금메달을 목에 걸었다.

수영 Swimming

국제수영연맹(FINA) 최다 기록(현재)

수영의 전설 마이클 펠프스(미국)는 은퇴한 지 1년이 넘은 2018년 4월 4일까지도 7개 기록을 보유하고 있다. 가장 오래된 기록은 **롱코스(50m 풀장) 개인 혼영 400m(남자)**로, 2008년 8월 10일 베이징 올림픽에서 4분 03초84로 금메달을 획득했다. 자신이 세운 세계기록을 1초 이상 경신한 기록이다.

롱코스 100m 평영 최고 기록(여자)

릴리 킹(미국)은 2017년 7월 25일 헝가리 부다페스트에서 열린 2017 FINA 세계선수권대회 여자 평영 100m 결선에서 1분 4초13의 기록으로 우승을 차지했다. 5일 뒤, 29초40의 기록으로 **롱코스 50m 평영 최고 기록(여자)**을 세우며 또 하나의 금메달을 땄다.

수영-롱코스(50m 풀장)

남자	시간	이름&국적	장소	날짜
50m 자유형	20초91	세자르 시엘루 필류(브라질)	브라질 상파울루	2009년 12월 18일
100m 자유형	46초91	세자르 시엘루 필류(브라질)	이탈리아 로마	2009년 7월 30일
200m 자유형	1분 42초00	파울 비더만(독일)	이탈리아 로마	2009년 7월 28일
400m 자유형	3분 40초07	파울 비더만(독일)	이탈리아 로마	2009년 7월 26일
800m 자유형	7분 32초12	장린(중국)	이탈리아 로마	2009년 7월 29일
1,500m 자유형	14분 31초02	쑨양(중국)	영국 런던	2012년 8월 4일
4×100m 자유형 계영	3분 08초24	미국(마이클 펠프스, 개릿 웨버-게일, 컬린 존스, 제이슨 레작)	중국 베이징	2008년 8월 11일
4×200m 자유형 계영	6분 58초55	미국(마이클 펠프스, 리키 베렌스, 데이비드 월터스, 라이언 록티)	이탈리아 로마	2009년 7월 31일
50m 접영	22초43	라파엘 무뇨스(스페인)	스페인 말라가	2009년 4월 5일
100m 접영	49초82	마이클 펠프스(미국)	이탈리아 로마	2009년 8월 1일
200m 접영	1분 51초51	마이클 펠프스(미국)	이탈리아 로마	2009년 7월 29일
50m 배영	24초04	리엄 탠콕(영국)	이탈리아 로마	2009년 8월 2일
100m 배영	51초85	라이언 머피(미국)	브라질 리우데자네이루	2016년 8월 13일
200m 배영	1분 51초92	아론 페어졸(미국)	이탈리아 로마	2009년 7월 31일
50m 평영	25초95	애덤 피티(영국)	헝가리 부다페스트	2017년 7월 25일
100m 평영	57초13	애덤 피티(영국)	브라질 리우데자네이루	2016년 8월 7일
200m 평영	2분 06초67	와타나베 이페이(일본)	일본 도쿄	2017년 1월 29일
200m 혼영	1분 54초00	라이언 록티(미국)	중국 상하이	2011년 7월 28일
400m 혼영	4분 03초84	마이클 펠프스(미국)	중국 베이징	2008년 8월 10일
4×100m 혼영 계영	3분 27초28	미국(아론 페어졸, 에릭 센토, 마이클 펠프스, 데이비드 월터스)	이탈리아 로마	2009년 8월 2일

여자	시간	이름&국적	장소	날짜
50m 자유형	23초67	사라 요스트롬(스웨덴)	헝가리 부다페스트	2017년 7월 29일
100m 자유형	51초71	사라 요스트롬(스웨덴)	헝가리 부다페스트	2017년 7월 23일
200m 자유형	1분 52초98	페데리카 펠레그리니(이탈리아)	이탈리아 로마	2009년 7월 29일
400m 자유형	3분 56초46	케이티 레데키(미국)	브라질 리우데자네이루	2016년 8월 7일
800m 자유형	8분 04초79	케이티 레데키(미국)	브라질 리우데자네이루	2016년 8월 12일
1,500m 자유형	15분 25초48	케이티 레데키(미국)	러시아 카잔	2015년 8월 4일
4×100m 자유형 계영	3분 30초65	호주(브론테 캠벨, 브리타니 엘름슬리, 엠마 맥키언, 케이트 캠벨)	브라질 리우데자네이루	2016년 8월 6일
4×200m 자유형 계영	7분 42초08	중국(위양, 주 첸 웨이, 류징, 팡 지아잉)	이탈리아 로마	2009년 7월 30일
50m 접영	24초43	사라 요스트롬(스웨덴)	스웨덴 부로스	2014년 7월 5일
100m 접영	55초48	사라 요스트롬(스웨덴)	브라질 리우데자네이루	2016년 8월 7일
200m 접영	2분 01초81	류쯔거(중국)	중국 지난	2009년 10월 21일
50m 배영	27초06	자오징(중국)	이탈리아 로마	2009년 7월 30일
100m 배영	58초10	카일리 마스(캐나다)	헝가리 부다페스트	2017년 7월 25일
200m 배영	2분 04초06	미시 프랭클린(미국)	영국 런던	2012년 8월 3일
50m 평영	29초40	릴리 킹(미국)	헝가리 부다페스트	2017년 7월 30일
100m 평영	1분 04초13	릴리 킹(미국)	헝가리 부다페스트	2017년 7월 25일
200m 평영	2분 19초11	리키 페더슨(덴마크)	스페인 바르셀로나	2013년 8월 1일
200m 혼영	2분 06초12	카틴카 호스주(헝가리)	러시아 카잔	2015년 8월 3일
400m 혼영	4분 26초36	카틴카 호스주(헝가리)	브라질, 리우데자네이루	2016년 8월 6일
4×100m 혼영 계영	3분 51초55	미국(캐슬린 베이커, 릴리 킹, 켈시 워렐, 시몬 마누엘)	헝가리 부다페스트	2017년 7월 30일

롱코스 50m 자유형 최고 기록(여자)

사라 요스트롬(스웨덴)은 2017년 7월 29일 FINA 세계선수권대회 50m 자유형 준결승에서 23초67로 신기록을 수립했다. 요스트롬은 같은 대회의 여자부 4×100m 자유형 계영에 스웨덴 팀으로 참가해 **롱코스 100m 자유형 최고 기록(여자)**도 달성했다(51초71).

숏코스 100m 접영 최고 기록 (남자)

채드 르 클로스(남아공)는 2016년 12월 8일 국제수영연맹(FINA) 세계선수권대회 남자부 100m 접영 경기에서 48초08로 자신의 이전 기록(48초44)을 경신하며 우승했다. 이로써 앞선 올림픽에서의 실망스러운 결과를 만회하는 데 성공했다. 당시 2개의 은메달을 획득했지만, 경쟁이 치열했던 200m 접영 결선에서는 4위를 기록했었다. 그는 2013년 11월 5일 싱가포르에서 숏코스 200m 접영 최고 기록도 세웠다(1분 48초 56).

수영-숏코스(25m 풀장)

남자	시간	이름&국적	장소	날짜
50m 자유형	20초26	플로랑 마나우두(프랑스)	카타르 도하	2014년 12월 5일
100m 자유형	44초94	아마우리 레베옥스(프랑스)	크로아티아 리예카	2008년 12월 13일
200m 자유형	1분 39초37	파울 비더만(독일)	독일 베를린	2009년 11월 15일
400m 자유형	3분 32초25	야닉 아넬(프랑스)	프랑스 앙제	2012년 11월 15일
800m 자유형	7분 23초42	그랜트 해킷(호주)	호주 멜버른	2008년 7월 20일
1,500m 자유형	14분 08초06	그레고리오 팔트리니에리(이탈리아)	이스라엘 네타니아	2015년 12월 4일
4×100m 자유형 계영	3분 03초30	미국(네이선 아드리안, 매튜 그레버스, 개릿 웨버-게일, 마이클 펠프스)	영국 맨체스터	2009년 12월 19일
4×200m 자유형 계영	6분 49초04	러시아(니키타 로빈체프, 다닐라 이조토프, 예브게니 라구노프, 알렉산더 수코루코프)	UAE 두바이	2010년 12월 16일
50m 접영	21초80	스테펜 다이블러(독일)	독일 베를린	2009년 11월 14일
100m 접영	48초08	채드 르 클로스(남아공)	캐나다 윈저	2016년 12월 8일
200m 접영	1분 48초56	채드 르 클로스(남아공)	싱가포르 싱가포르	2013년 11월 5일
50m 배영	22초22	플로랑 마나우두(프랑스)	카타르 도하	2014년 12월 6일
100m 배영	**48초90	클리멘트 콜레스니코프(러시아)	러시아 상트페테르부르크	2017년 12월 22일
200m 배영	1분 45초63	미치 라킨(호주)	호주 시드니	2015년 11월 27일
50m 평영	25초25	카메론 판 데르 부르흐(남아공)	독일 베를린	2009년 11월 14일
100m 평영	55초61	카메론 판 데르 부르흐(남아공)	독일 베를린	2009년 11월 15일
200m 평영	2분 00초44	마르코 코흐(독일)	독일 베를린	2016년 11월 20일
100m 혼영	50초30	블라디미르 모로조프(러시아)	독일 베를린	2016년 8월 30일
200m 혼영	1분 49초63	라이언 록티(미국)	터키 이스탄불	2012년 12월 14일
400m 혼영	3분 55초50	라이언 록티(미국)	UAE 두바이	2010년 12월 16일
4×100m 혼영 계영	3분 19초16	러시아(스타니슬라프 도네츠, 세르게이 게이벨, 에브게 코로티쉬킨, 다닐라 이조토프)	러시아 상트페테르부르크	2009년 12월 20일

숏코스 400m 혼영 최고 기록 (여자)

미레아 벨몬테(스페인)는 2017년 8월 12일 네덜란드 에인트호번 FINA 세계선수권대회 숏코스 400m 혼영 경기에서 4분 18초94를 기록했다. 벨몬테는 레이스를 이끌던 카틴카 호스주에게 2초 차이로 뒤지다가 평영에서 따라잡은 뒤 자유형에서 앞서나갔다. 그녀는 불과 2주 전에 열린 FINA 세계선수권대회 400m 혼영에서는 호스주에게 패했다.

여자	시간	이름&국적	장소	날짜
50m 자유형	22초93	라노미 크로모위드조조(네덜란드)	독일 베를린	2017년 8월 7일
100m 자유형	50초25	케이트 캠벨(호주)	호주 애들레이드	2017년 10월 26일
200m 자유형	1분 50초43	사라 요스트롬(스웨덴)	네덜란드 에인트호번	2017년 8월 12일
400m 자유형	3분 54초52	미레아 벨몬테(스페인)	독일 베를린	2013년 8월 11일
800m 자유형	7분 59초34	미레아 벨몬테(스페인)	독일 베를린	2013년 8월 10일
1,500m 자유형	15분 19초71	미레아 벨몬테(스페인)	스페인 사바델	2014년 12월 12일
4×100m 자유형 계영	3분 26초53	네덜란드(펨케 힘스케르크, 잉케 데커, 라노미 크로모위드조조, 마우드 반 데르 미어)	카타르 도하	2014년 12월 5일
4×200m 자유형 계영	7분 32초85	네덜란드(펨케 힘스케르크, 잉케 데커, 라노미 크로모위드조조, 샤론 판 루벤달)	카타르 도하	2014년 12월 3일
50m 접영	24초38	테레세 알샤마르(스웨덴)	싱가포르 싱가포르	2009년 11월 22일
100m 접영	54초61	사라 요스트롬(스웨덴)	카타르 도하	2014년 12월 7일
200m 접영	1분 59초61	미레아 벨몬테(스페인)	카타르 도하	2014년 12월 3일
50m 배영	25초67	에티에네 메데이로스(브라질)	카타르 도하	2014년 12월 7일
100m 배영	55초03	카틴카 호스주(헝가리)	카타르 도하	2014년 12월 4일
200m 배영	1분 59초23	카틴카 호스주(헝가리)	카타르 도하	2014년 12월 5일
50m 평영	28초64	알리아 앳킨슨(자메이카)	일본 도쿄	2016년 10월 26일
100m 평영	1분 02초36	루타 메일루타이테(리투아니아)	러시아 모스크바	2013년 10월 12일
		알리아 앳킨슨(자메이카)	카타르 도하	2014년 12월 6일
			프랑스 샤르트르	2016년 8월 26일
200m 평영	2분 14초57	레베카 소니(미국)	영국 맨체스터	2009년 12월 18일
100m 혼영	56초51	카틴카 호스주(헝가리)	독일 베를린	2017년 8월 7일
200m 혼영	2분 01초86	카틴카 호스주(헝가리)	카타르 도하	2014년 12월 6일
400m 혼영	4분 18초94	미레아 벨몬테(스페인)	네덜란드 에인트호번	2017년 8월 12일
4×100m 혼영 계영	3분 45초20	미국(코트니 바솔로뮤, 케이티 메일리, 켈시 워렐, 시몬 마누엘)	미국 인디애나폴리스	2015년 12월 11일

** 표시는 관련 기관의 승인을 기다리는 기록

숏코스 50m 자유형 최고 기록 (여자)

라노미 크로모위드조조(네덜란드)는 2017년 8월 7일 독일 베를린에서 열린 FINA 세계선수권대회 50m 자유형 경기에서 22초93을 기록했다. 그녀는 불과 5일 전 사라 요스트롬이 세운 23초10의 기록을 경신했다. 크로모위드조조는 50m, 100m, 4×100m에서 금메달을 획득한 올림픽 3관왕으로, 50m 종목에서는 2013년 8월에도 신기록을 세웠다.

역도 Weightlifting

남자	종목	무게	이름&국적	장소	날짜
56 kg	인상	139kg	우징뱌오(중국)	미국 휴스턴	2015년 11월 21일
	용상	171kg	엄윤철(북한)	미국 휴스턴	2015년 11월 21일
	통합	307kg	룽칭취안(중국)	브라질 리우데자네이루	2016년 8월 7일
62 kg	인상	154kg	김은국(북한)	대한민국 인천	2014년 9월 21일
	용상	183kg	첸리준(중국)	미국 휴스턴	2015년 11월 22일
	통합	333kg	첸리준(중국)	미국 휴스턴	2015년 11월 22일
69 kg	인상	166kg	랴오후이(중국)	카자흐스탄 알마티	2014년 11월 10일
	용상	198kg	랴오후이(중국)	폴란드 브로츠와프	2013년 10월 23일
	통합	359kg	랴오후이(중국)	카자흐스탄 알마티	2014년 11월 10일
77 kg	인상	177kg	루샤오쥔(중국)	브라질 리우데자네이루	2016년 8월 10일
	용상	214kg	니자트 라히모프(카자흐스탄)	브라질 리우데자네이루	2016년 8월 10일
	통합	380kg	루샤오쥔(중국)	폴란드 브로츠와프	2013년 10월 24일
85 kg	인상	187kg	안드레이 리바코우(벨로루시)	태국 치앙마이	2007년 9월 22일
	용상	220kg	키아누시 로스타미(이란)	이란 테헤란	2016년 5월 31일
	통합	396kg	키아누시 로스타미(이란)	브라질 리우데자네이루	2016년 8월 12일
94 kg	인상	188kg	아카키오스 카키아스빌리스(그리스)	그리스 아테네	1999년 11월 27일
	용상	233kg	소흐랍 무하디(이란)	미국 애너하임	2017년 12월 3일
	통합	417kg	소흐랍 무하디(이란)	미국 애너하임	2017년 12월 3일
105 kg	인상	200kg	안드레이 아람나우(벨로루시)	중국 베이징	2008년 8월 18일
	용상	246kg	일리야 일린(카자흐스탄)	러시아 그로즈니	2015년 12월 12일
	통합	437kg	일리야 일린(카자흐스탄)	러시아 그로즈니	2015년 12월 12일
105+ kg	인상	220kg	라쇼 탈라카제(조지아)	미국 애너하임	2017년 12월 5일
	용상	263kg	후세인 레자자데(이란)	그리스 아테네	2004년 8월 25일
	통합	477kg	라쇼 탈라카제(조지아)	미국 애너하임	2017년 12월 5일

역도 94kg급 합계 최고 기록

2017년 12월 3일 소흐랍 무하디(이란)는 미국 캘리포니아 주 애너하임에서 열린 국제역도연맹(IWF) 세계선수권대회에서 통합 417kg을 들어 올렸다. 인상으로 184kg을 들어 올린 뒤 94kg급 용상 최고 기록에 성공해 통합 233kg을 드는 데 성공했다.

여자	종목	무게	이름&국적	장소	날짜
48 kg	인상	98kg	양리안(중국)	도미니카공화국 산토도밍고	2006년 10월 1일
	용상	121kg	누르칸 타일란(터키)	터키 안탈리아	2010년 9월 17일
	통합	217kg	양리안(중국)	도미니카공화국 산토도밍고	2006년 10월 1일
53 kg	인상	103kg	리핑(중국)	중국 광저우	2010년 11월 14일
	용상	134kg	줄피야 친샨로(카자흐스탄)	카자흐스탄 알마티	2014년 11월 10일
	통합	233kg	후슈칭(대만)	대한민국 인천	2014년 9월 21일
58 kg	인상	112kg	보얀카 코스토바(아제르바이잔)	미국 휴스턴	2015년 11월 23일
	용상	142kg	싱 춘 쿠오(대만)	대만 타이베이	2017년 8월 21일
	통합	252kg	보얀카 코스토바(아제르바이잔)	미국 휴스턴	2015년 11월 23일
63 kg	인상	117kg	스베틀라나 차루카에바(러시아)	프랑스 파리	2011년 11월 8일
	용상	147kg	덩웨이(중국)	브라질 리우데자네이루	2016년 8월 9일
	통합	262kg	덩웨이(중국)	브라질 리우데자네이루	2016년 8월 9일
69 kg	인상	123kg	옥사나 슬리벤코(러시아)	도미니카공화국 산토도밍고	2006년 10월 4일
	용상	157kg	자레마 카사에바(러시아)	카타르 도하	2005년 11월 13일
	통합	276kg	옥사나 슬리벤코(러시아)	태국 치앙마이	2007년 9월 24일
75 kg	인상	135kg	나탈리아 자보로트냐야(러시아)	러시아 벨고로드	2011년 12월 17일
	용상	164kg	김은주(북한)	대한민국 인천	2014년 9월 25일
	통합	296kg	나탈리아 자보로트나야(러시아)	러시아 벨고로드	2011년 12월 17일
90 kg	인상	130kg	빅토리아 샤이마르다노바(우크라이나)	그리스 아테네	2004년 8월 21일
	용상	160kg	흐립심 쿠르슈디안(아르메니아)	터키 안탈리아	2010년 9월 25일
	통합	283kg	흐립심 쿠르슈디안(아르메니아)	터키 안탈리아	2010년 9월 25일
90+ kg	인상	155kg	타티아나 카시리나(러시아)	카자흐스탄 알마티	2014년 11월 16일
	용상	193kg	타티아나 카시리나(러시아)	카자흐스탄 알마티	2014년 11월 16일
	통합	348kg	타티아나 카시리나(러시아)	카자흐스탄 알마티	2014년 11월 16일

58kg급 용상 최고 기록(여자)

2017년 8월 21일 싱 춘 쿠오(대만)는 대만 타이베이에서 열린 제29회 하계유니버시아드에 출전해 용상으로 142kg을 들어 올렸다. 10년 묵은 기록을 갈아치운 그녀는 세계신기록에 겨우 3kg 모자란 통합 249kg에 성공했다.

90kg급 인상 최고 기록(여자)

빅토리아 샤이마르다노바(우크라이나)는 그리스 아테네에서 열린 2004년 올림픽에 출전해 여자 역도 +75kg급에서 인상으로 130kg을 들어 올리는 데 성공했다. 국제역도연맹은 2016년 9월부터 여자 90kg급을 만들어 세계기록을 따로 기록하기 시작했다.

수상스키 Waterskiing

남자	기록	이름&국적	장소	날짜
슬라롬	2.5부이/9.75m 라인/시속 58km	네이트 스미스(미국)	미국 코빙턴	2013년 9월 7일
맨발 슬라롬	30초에 20.6웨이크 크로싱	키스 세인트 온게(미국)	남아공 브롱크호스트스프루트	2006년 1월 6일
트릭스	12,570점	알렉시 자르나세크(벨라루스)	미국 핸콕 호수 섬	2011년 4월 29일
맨발 트릭스	12,500점	데이비드 스몰(영국)	미국 위스콘신 주 블루무 호수	2016년 8월 4일
점프	77.4m	라이언 도드(캐나다)	미국 플로리다 주 팜베이	2017년 7월 1일
맨발 점프	29.9m	데이비드 스몰(영국)	독일 브란덴부르크	2010년 8월 11일
스키 플라이	95.09m	프레드 크뤼거(미국)	미국 미시간 주 그랜드래피즈	2015년 8월 7일
종합	2,812.71점*	아담 세드마이어(체코)	미국 핸콕 호수 섬	2017년 4월 20일

여자	기록	이름&국적	장소	날짜
슬라롬	3.5부이/10.25m 라인/시속 55km	레기나 재퀴스(미국)	미국 핸콕 호수 섬	2016년 11월 5일
맨발 슬라롬	30초에 17.2웨이크 크로싱	애슐리 스테빙스(호주)	호주 퍼스	2014년 10월 8일
트릭스	10,610점	애나 게이(미국)	미국 그루 호수	2016년 10월 14일
맨발 트릭스	10,100점	애슐리 스테빙스(호주)	호주 물왈라	2014년 3월 13일
점프	60.3m	하신타 캐롤(호주)	미국 그루 호수	2016년 9월 27일
맨발 점프	23.4m	애슐리 스테빙스(호주)	호주 카눈그라	2017년 2월 19일
스키 플라이	69.4m	엘라나 밀라코바(러시아)	미국 파인산	2002년 5월 26일
종합	3,126.52점**	나탈리아 레르드니코바(벨라루스)	미국 그로브랜드	2012년 5월 19일

*4@10.25m, 10,640 트릭스, 65.7m 점프 **3@11.25m, 9,740 트릭스, 58.0m 점프

수상스키 합계 최고 점수

2017년 4월 20일 아담 세드마이어(체코)는 미국 플로리다 윈터가든에서 열린 국제워터스키연맹(IWWF) 스프링 인비테이션 대회에 출전해 2,812.71점을 기록했다(IWWF의 새로운 채점 방식 적용). 그는 슬라롬에서 10.25m 줄로 4부이, 시속 58km, 트릭스 1만640점, 점프 65.7m를 기록했다.

스포츠 마라톤 Sports Marathons

종목	시간	이름&국적	장소	날짜
에어로빅	39시간 59분	일렉트릭 일레븐(미국)	미국 프리몬트	2016년 12월 30~31일
야구	74시간 26분 53초	미국 미조리 아레나 아마추어 야구선수 56명	미국 소젯	2017년 5월 26~29일
농구	120시간 1분 7초	왈랑 이와난, 바운스 백(필리핀)	필리핀 마닐라	2014년 3월 24~29일
농구(휠체어)	27시간 32분	사우스 웨스트 스콜피온스 휠체어 농구클럽(영국)	영국 브리스틀	2012년 8월 11~12일
볼링(텐 핀)	134시간 57분	스티븐 샤나브룩(미국)	미국 플라노	2010년 6월 14~19일
볼링(실내)	52시간	케이 번, 글레니스 카터, 하스 커크호프, 밥 페린, 알리스테어 카터, 브라이언 앨런(뉴질랜드)	뉴질랜드 케임브리지 센트럴 볼링 클럽	2016년 10월 21~23일
볼링(실외)	172시간 7분	폴 크롤리, 앨런 뷰캐넌, 라이언 맥고완, 닐 니콜, 수 레콤트, 알리스테어 카터(모두 뉴질랜드)	뉴질랜드 케임브리지 센트럴 볼링 클럽	2016년 3월 19~26일
크리켓	150시간 14분	러프버러대학 교직원 크리켓 클럽(영국)	영국 러프버러	2012년 6월 24~30일
컬링	100시간 3분 25초	스위스 컬링협회(스위스)	스위스 비엘/비엔	2015년 12월 16~20일
다트(복식)	49시간 29분 18초	게리 픽포드, 애덤 디킨슨, 폴 픽포드, 마크 웨버(모두 영국)	영국 알제거	2016년 2월 12~14일
다트(단식)	50시간 50분 50초	마크 다이, 웨인 미첼(영국)	영국 브롬리	2014년 3월 13~15일
피구	41시간 3분 17초	라이트 투 플레이@캐슬턴클럽(미국)	미국 캐슬턴	2012년 4월 27~29일
플로어볼	28시간	메일엣토맛(핀란드)	핀란드 세이내요키	2016년 6월 12~13일
하키(아이스)	250시간 3분 20초	브랜트 사익 박사와 친구들(캐나다)	캐나다 앨버타	2015년 2월 6~16일
하키(실내)	62시간 2분	프레리 캣 프로덕션(캐나다)	캐나다 리자이나	2016년 7월 29~31일
하키(인라인/롤러)	36시간 56초	스콜피온스 인라인 하키 클럽(나미비아)	나미비아 오티와롱고	2016년 9월 10~11일
하키(스트리트)	105시간 17분	몰슨 캐나다, 캐나다 타이어 팀(캐나다)	캐나다 레스브리지	2008년 8월 20~24일
헐링	24시간 14분 2초	클로본 GAA 클럽(아일랜드)	아일랜드 캐슬보로	2012년 6월 22~23일
코프볼	30시간 2분	킹피셔 코프볼 클럽(영국)	영국 라크필드	2008년 6월 14~15일
네트볼	72시간 5분	제너레이션 네트볼 클럽(호주)	호주 론세스턴	2015년 7월 9~12일
페탕크(불)	52시간	길스 데 브하인쉬 회원 12명(벨기에)	벨기에 토에르니치	2009년 9월 18~20일
풀(단식)	105시간	데런 스톡스, 그레이엄 커스버트(영국)	영국 킹스턴턴	2017년 2월 22~26일
스키	202시간 1분	닉 윌리(호주)	호주 스레드보	2005년 9월 2~10일
스노보드	180시간 34분	베른하르트 마이어(오스트리아)	오스트리아 바트 클라인키르히하임	2004년 1월 9~16일
축구	108시간 2분	허트비트 유나이티드 FC(영국)	영국 워딩	2016년 5월 26~30일
실내 축구(파이브-어-사이드)	70시간 3분	리 나이트 재단(영국)	영국 위럴	2015년 7월 30일~8월 2일
테이블 축구(복식)	61시간 17분	알렉산더 쿠엔, 마누엘 라허, 베른트 노이루러, 디트마 노이루러(오스트리아)	오스트리아 인스브루크	2012년 8월 29일~9월 1일
탁구(복식)	101시간 1분 11초	랜스, 마크, 필 워렌, 빌 위어(모두 미국)	미국 새크라멘토	1979년 4월 9~13일
탁구(단식)	132시간 31분	랜디 누네스, 태니 프라이스(미국)	미국 체리 힐	1978년 8월 20~26일
테니스(복식)	57시간 32분 27초	스파이크 디 후프, 롭 하메르스마, 위차드 하이데캄프(네덜란드)	네덜란드 쥐들라런	2013년 8월 16~18일
테니스(단식)	63시간 27분 40초	데니스 그로이슬, 니클라스 안(독일)	독일 바르그테하이데	2015년 7월 7~9일
배구(비치)	25시간 39분	마테우즈 바카, 보이치에흐 쿠르치리스키, 세바스티안 뢰케, 토마스 올스작(모두 독일)	독일 괴를리츠	2010년 7월 3~4일
배구(실내)	101시간	SVU 발리볼(네덜란드)	네덜란드 암스테르담	2017년 1월 2~6일
위플볼	25시간 39분 33초	크리스 콘라드, 줄리안 코들, 개리 돈, 도니 가이, 톰 메르시에 vs. 바비 하이켄, 조시 맥더웃, 제프 물타넨, 리치 로젠탈, 카메론 윌리엄스(미국)	미국 메드포드	2013년 8월 10~11일

신기록 보유자가 되는 방법

기네스 세계기록의 증서를 받을 만큼 독특한 재주가 있는가? 그렇다면 우리에게 연락하자! 혹시 마땅한 아이디어가 없으면 다음 페이지에 나오는 기록에 도전해보자. 행운을 빈다!

생각이 비슷한 사람이 모여 기네스 세계기록을 세울 수도 있다! 2018년 3월 8일 〈툼 레이더〉 팬 316명이 **최대 규모 라라 크로프트 코스프레** 기록을 작성했다. 워너브라더스 픽처스(중국)가 중국 베이징에서 기획한 행사였다.

기록 보유자가 되는 법

1. 온라인 신청

기네스 세계기록의 영광을 얻는 첫걸음은 우리의 웹사이트 www.guinness-worldrecords.com에서 시작한다. '기존 기록 깨기 혹은 새로운 기록에 지원하기'를 클릭하고 자기가 생각하는 도전을 충분히 설명하면 된다. 우리는 누가, 언제, 어디서, 무엇을, 어떻게, 왜 하고 싶은지 보고 기네스 세계기록에 이름을 올릴 만한지 판단한다!

2. 설명서 받기

당신의 아이디어가 마음에 들거나 혹은 당신이 현재 기록에 도전하겠다고 선언하면 지켜야 할 공식 설명서를 보내준다. 당신의 제안을 거절할 때도 이유를 설명해주며, 모든 회신은 약 12주 안에 이뤄진다. 반드시 모두 같은 규칙에 따라야 하며, 모든 도전은 공평하게 판정돼야 한다.

3. 기록에 도전하기

이제 연습, 연습 또 연습할 시간이다! 결전의 시간이 다가오면 이걸 명심해야 한다. 모든 준비를 마치면 도전의 결실을 영상으로 담고, 최대한 많은 사진을 찍어야 한다. 최소 2명 이상의 목격자와 진술이 필요하다. 규칙은 가이드라인에 포함돼 있다.

맥스 페르스타펜(네덜란드, 1997년 9월 30일생)이 2016년 5월 15일 **최연소 F1 월드 챔피언십 우승** 기록을 세우고 기네스 세계기록 증서를 받고 있다(스페인 그랑프리에서, 18세 228일).

4. 증거 보내기

가이드라인에 따라 증거를 수집했으면 기네스 본사에 발송하거나 업로드한다. 우리의 기록관리 팀이 당신의 영상, 사진, 목격자 진술, 등록증 등을 낱낱이 파헤쳐 판정을 내린다. 도전이 성공이라 판단되면 공식 기네스 세계기록 증서가 우편으로 전달된다. 당신의 대담함이 공식적으로 인정받는 셈이다!

타이-팅 챙(대만)처럼 신기록 수집가가 되고 싶은가? 그는 **파이널 판타지 기념품 최다 수집**을 기록했다. 2017년 7월 22일 기준 3,782개를 모았다.

- 최고의 팁 -

기록을 등록하려면 다음 증거들이 모두 있어야 한다.
영상, 사진, 시간 기록, 서명된 목격자의 진술, 기록 달성을 증명할 수 있는 모든 것.
증거가 불충분하면 기록 인정이 늦어진다!

고무줄 피겨

일반 고무줄로도 형형색색의 3차원 인형을 만들 수 있다.
친구와 함께 세계 최대 규모의 고무줄 피겨 전시회를
열어보자!

1

고무밴드 20개 정도를 한데 묶어 피겨에 사용할 블록
을 만든다.

2

이 뭉치에 밴드를 더 감아 고정한다. 피겨의 팔과
다리, 몸통의 수에 맞게 반복해 만든다.

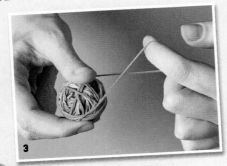

3

동그란 고무줄 공을 만든다(133쪽 참조).

4

만들 때는 반드시
비율을 생각하자.
사람은 평균적으로
7~8등신이다. 피겨도
비슷한 비율을 유지
해야 한다.

고무줄을 사용해
몸통에 팔과 다리를 붙인다.
서로 연결될 때까지
계속 감는다.

설명서

- 이 도전은 **한 장소에 가장 많이 고무줄 피겨 전시하기**다.
- 피겨들은 개인 혹은 팀으로 제작한다.
- 각각의 피겨들은 고무줄만 사용해야 한다. 내부에 지지대를 쓰면 안 되고, 풀
  등의 접착제도 사용할 수 없다.
- 고무줄은 시중에서 구매할 수 있는 일반 고무줄을 사용한다. 크기나 색상은
  상관없다.
- 피겨의 크기는 다양해도 된다. 하지만 최소한 머리, 몸통, 두 다리, 양팔이 있
  는 인간의 모습을 갖춰야 한다. 피겨의 비율도 평범한 신체비율에 맞춰 제작한
  다. 기네스 세계기록은 피겨들이 일반적인 신체비율로 만들어지지 않으면 실
  격 처리할 권한이 있다.
- 기록을 달성하려면 완성된 모든 피겨들을 공개된 장소에 전시해야 한다.
- 2명의 증인이 최종 검수에 참관해야 한다.
- 전체 가이드라인을 보거나 도전 신청서를 등록하고 싶다면 www.
  guinnessworldrecords.com/2019에
  방문하자.

- 준비물 -

고무줄이 아주 아주 많이 필요하
다. 일반적으로 구매할 수 있는
보통 고무줄이어야 한다.

캔 뚜껑 목걸이

음료수 캔을 모으거나, 분리수거장에서 캔을 찾아 이 짤랑거리는 목걸이를 만들어보자. 이걸 저~엉말 길게 만든다면 당신도 기네스 세계기록 증서를 받을 수 있다!

음료수 뚜껑에 달린 손잡이를 조심스레 떼어내서 잘 드는 가위로 끝을 자른 뒤에 모두 연결하면 된다. 간단하다! 당신에게 야망이 있다면 세계에서 가장 긴 캔 뚜껑 목걸이를 못 만들 것도 없다!

설명서

1. 구멍이 2개 있는 캔 뚜껑 손잡이를 사용한다. 구멍이 1개인 손잡이는 사용할 수 없다. 이렇게 생긴 손잡이만 캔에서 떼어내자.

2. 손잡이 3개를 아래 설명을 따라 연결한다.

3. 목걸이는 반드시 손으로 직접 만들어야 기록으로 인정된다. 제작하는 장면을 영상으로 남기자.

4. 기록은 완성된 목걸이의 길이로 측정한다. 평평한 바닥에 길게 펴서 측정해야 하며, 그전에 끝에서 끝까지 연결해야 한다. 측정이 시작되면 추가할 수 없다.

5. 목걸이는 반드시 이어져 있어야 한다. 처음부터 끝까지 일관된 방식으로 만들어 패턴이 통일돼야 한다.

6. 측정이 끝나면 처음과 끝을 연결해 둥근 목걸이로 만든다.

7. 기록은 길이로 측정하지만 만드는 데 사용한 캔 뚜껑 손잡이의 수도 반드시 세야 한다. 현장에 있는 2명의 증인이 정확하게 계산한다.

8. 전체 가이드라인을 보거나, 도전 신청서를 등록하고 싶다면 www.guinnessworldrecords.com/2019에 방문하자.

1

가위를 사용해 구해놓은 모든 캔 손잡이의 끝을 자른다. 이때 끝부분을 자르면 날카로워지니 필요하면 도움을 청하자.

2

캔 뚜껑 손잡이의 자른 부분을 조심해서 충분히 벌려준 뒤에 다른 손잡이의 닫혀 있는 부분에 끼워 연결한다.

3

위 과정을 2번 반복하면 캔 손잡이 3개가 연결된다. 손잡이가 하나 있는 쪽에 2개를 추가하고, 전체 과정을 계속 반복하면 긴 사슬이 된다.

- 준비물 -

캔 뚜껑 손잡이
(많이 필요하다. 최소 수백 개!)

잘 드는 가위
(정원용 가위나 정육점 가위가
이상적이다.)

줄자

풍선 개

막대풍선을 이용해 푸들 만드는 법을 익혀보자. 만드는 속도가 빨라지면 풍선 개 3마리 빨리 만들기에 도전해보자! 풍선 강아지를 터트리지 않도록 조심할 것!

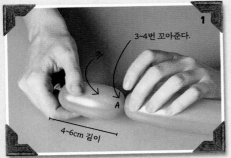

먼저 풍선에 바람을 반쯤 채워 입구를 묶고, 끝을 꽈서 코를 만든다(A).

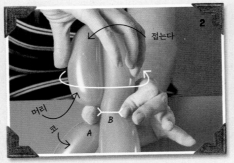

머리 부분을 만들기 위해 코로부터 손가락 4개 정도를 재서 풍선을 접고 A와 B를 함께 꼬아준다.

목과 앞다리, 손이 될 부분을 만든다. 먼저 길게 두 곳을 꼬아준 뒤(C, D) 짧게 2곳(E, F), 그리고 다시 길게 1곳(G)을 꼰다.

강아지의 앞부분은 이런 모습이다. 몸통(H)을 만들어주자.

그리고 뒷다리(I)를 접어서 만든다. 꼬리(J)에는 바람이 안 들어간 부분이 남아 있어야 한다.

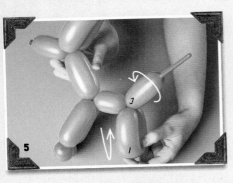

마지막으로 꼬리의 바람이 든 부분을 꼬집어주면 공기가 풍선 끝으로 가 방울(K)처럼 된다. 이 6단계를 3번 반복하면 총 3마리의 강아지를 만들 수 있다.

- 준비물 -

막대풍선 - 다양한 260Q 풍선이 필요하다. 이 풍선은 완전히 불었을 때 크기가 폭 5cm, 길이 152cm다.

───────────────

테이프

───────────────

줄자

설명서

1. 막대풍선 3개로 풍선 개 3마리를 빨리 만드는 종목이다. 다음 사항들을 반드시 따라야 한다.

2. 반드시 260Q 막대풍선을 사용한다. 도전하기 전에 풍선에 바람을 넣고 입구를 묶어 준비해둔다. 풍선에 바람이 들어간 부분이 반드시 44.5cm 이상이어야 한다.

3. 신호에 따라 1번째 풍선을 잡고 만든다. 풍선은 딱 3개만 허용되기 때문에 중간에 터지면 도전은 실패로 끝난다.

4. 모두 3마리가 완성되면 크고 분명한 소리로 끝을 알려야 한다.

5. 완성된 푸들은 다음 규격에 맞아야 한다.

- 코: 4~6cm
- 목: 1.5~2.5cm
- 앞발: 1.5~2.5cm
- 뒷다리: 총 9~12cm
- 바람이 들어간 꼬리 부분: 4~6cm
- 머리: 7~9cm
- 앞다리: 4.5~6.5cm
- 몸통: 5~7cm
- 바람이 안 들어간 꼬리 부분: 5~7cm
- 방울: 3~5cm

6. 전체 가이드라인을 보거나 도전 신청서를 등록하고 싶다면 www.guinnessworldrecords.com/2019에 방문하자.

종이접기 큐브

최단시간 종이접기 큐브 만들기에 도전해보는 것은 어떨까?
이 도전은 종이 1장이 아니라 6장으로 만드는 전통 일본 디자인에서
영감을 받았다.

1 정사각형 색종이 1장을
반으로 접는다.

2 종이를 펴서 양쪽 끝을 가운데 접힌 선에
맞춰 접는다.

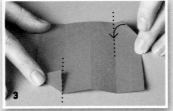

3 다시 모두 펴서 양쪽 대각선 모서리를 접힌
선에 맞춰 접는다.

4 이 상태에서 2단계처럼 다시 접는다.

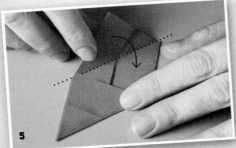

5 3단계에서 접어놓은 귀퉁이에 선을 맞춰 사진처럼 사
선으로 접는다.

넣는다 들어서

6 접은 면을 다시 펴서 이번에는 접히는 쪽이 반대편 종이
아래에 들어가게 만든다.

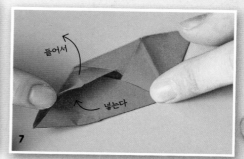

들어서 넣는다

7 다른 한쪽 모서리도 똑같이 접어 아래로 넣는다.

설명서

1. 6장으로 구성된 '소노베' 큐브를 빨리 만드는 종이접기 도전이다.

2. 정사각형 색종이 6장이 필요하다. 모두 유닛을 만드는 데 사용된다.

3. 종이에 미리 표시하거나 접어두면 안 된다.

4. 시작하기 전, 책상에 종이와 양손을 올려둔 상태로 대기한다.

5. 소노베 유닛들을 잘 연결해 큐브가 열린 부분 없이 완성돼야 한다. 가위나
   다른 도구는 사용할 수 없다.

6. 완성된 큐브를 손에서 떨어뜨리면 도전이 종료된다. 큐브가 손에서 떠나는 순간
   시간도 멈춘다. 큐브가 땅에 떨어져 부서지지 않아야 인정된다.

7. 도전 전체가 영상으로 기록돼야 하며, 완성된 큐브의 모든 면이 카메라에 담겨야
   한다.

8. 큐브는 반드시 깔끔하고 분명하게 접혀야 한다. 기네스 세계기록은 큐브
   의 면이 똑같은 크기로 접히지 않았거나 유닛들에 틈이 있을 때 기록을
   취소할 권한이 있다.

9. 전체 가이드라인을 보거나 도전 신청서를 등록하고 싶
   다면 www.guinnessworldrecords.com/2019에 방
   문하자.

8 종이를 뒤집어 양쪽 끝을
접어 올린다. 이제 '소노베'
유닛이 하나 생겼다. 1~8단
계를 6번 반복하면 된다.

주머니 밀어 넣는다

9 각각의 유닛 바깥쪽에 있는 '주머니'에 다른 유닛의
모서리를 넣어 연결한다.

- **준비물** -

정사각형
색종이 6장
(직사각형 종이를 잘라 만들어도 된다.)

초시계

10 마지막 유닛까지 합치면 큐브가 완성된다.

종이 폭죽

시끄러운 종이 폭죽은 선생님을 귀찮게 하고, 부모님을 놀라게 할 수 있다.
기록은 어떻게 세울까? 종이 폭죽을 빨리 만들어서 3번 터뜨리면 된다, 빵!

빵!

알맞은 재료를 사용한 종이 폭죽은 여러 번 사용할 수 있다. '빵' 소리가 나게 하려면 모서리 끝을 잡고 손목으로 빠르게 휘두른다.

1 직사각형 종이를 긴 면을 따라 반으로 접는다.

2 종이의 모서리를 1장만 안쪽을 향하게 사선으로 접은 뒤 뒤집어서 똑같이 접어 사진처럼 만든다.

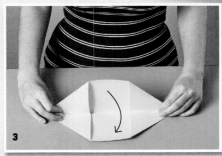

3 모서리를 접은 상태로 종이를 편 뒤에 반대 방향으로 접는다.

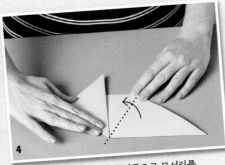

4 사다리꼴 긴 면의 중심선을 기준으로 모서리를 사선으로 접어 사진처럼 되게 한다.

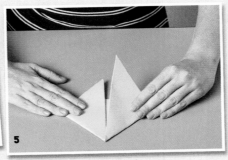

5 반대쪽도 똑같이 접으면 사각형이 된다.

6 종이를 뒤집어 반으로 접으면 삼각형이 된다. 틈이 벌어진 아랫부분을 한 손으로 잡고 휘두르면 폭죽 소리가 난다.

설명서

1. 기록을 세우려면 아래 지시사항에 맞춰 종이 폭죽을 접고, 빠르게 연속으로 3번 터뜨리면 된다.

2. 종이의 크기는 상관없지만 프린터에 사용하는 A4 용지나 편지지가 이상적이다.

3. 종이에 미리 표시하거나 접어두면 안 된다.

4. 시작하기 전, 책상에 종이와 양손을 올려둔 상태로 대기한다. 신호가 떨어지면 최대한 빨리 시작한다!

5. 종이는 반드시 손으로 접어야 한다. 가위나 다른 도구는 사용할 수 없다.

6. 폭죽이 완성되면 휘둘렀을 때 '빵' 소리가 크고 선명하게 들려야 한다. 그리고 튀어나온 부분을 다시 접어 삼각형으로 만들어 2번 더 반복한다. 3번째 소리가 선명하게 들리면 시계를 멈춘다.

7. 폭죽 소리가 나지 않으면 다시 접어 휘둘러야 한다. 소리가 3번 선명하게 들려야 기록으로 인정된다.

8. 전체 가이드라인을 보거나 도전 신청서를 등록하고 싶다면 www.guinnessworldrecords.com/2019 에 방문하자.

- 준비물 -

직사각형 종이 1장
(A4나 편지지면 충분하다.)

초시계

다음 주소에서 영상을 확인할 수 있다. www.guinnessworldrecords.com/2019

찾아보기 Index

도움을 준 사람들 Acknowledgements

편집장 크레이그 글렌데이
선임 편집 주간 스티븐 폴
레이아웃 에디터 톰 베커리지, 롭 디메리
선임 프로젝트 에디터 아담 밀워드
프로젝트 에디터 벤 홀링엄
게이밍 에디터 마이크 플랜트
정보 & 연구 선임 매니저 카림 발레리오
교열/사실 확인 제임스 프루트, 매튜 화이트
출판 책임자 제인 보트필드
VP 출판 제니 헬러
사진 & 디자인 책임 마이클 휘티
사진 에디터 프란 모라레스
사진 조사 사프론 프래들리
재능 조사 제니 랭그리지
삽화 빌리 워커르
디자인 폴 윌리-디콘, 맷 벨,

롭 윌슨(55design.co.uk)
표지 개발 폴 윌리 디콘
오리지널 일러스트레이션 몰팅스 파트너십, 샘 골린
조달책임 패트리셔 마길
제작 보조 토마스 맥커디
제작 컨설턴트 로저 호킨스, 토비아스 로나
그래픽 복사 레스 카흐라만(본 그룹)
원본 사진 크리스 알란, 리처드 브래드버리, 제임스 엘러커, 오를리앙 푸코, 샌디 호퍼커, 폴 마이클 휴스, 신스케 카미오카, 라날드 마케크니, 홀리 몽고메리, 제임스 몰리, 조슈아 폴, 올리비에 라몬테, 케빈 스콧 라모스, 게타우, 스튜어트 윌슨
색인 작업 마리 로리마
인쇄, 제본 독일 귀터슬로에 소재 몬 미디어 몬

두르크 GmbH
표지 제작 스펙트라텍 테크놀로지 사(테리 콘웨이와 마이크 포스터, 롭 J M J 해링), 셀로그라피카 게로사 S.p.A, GT 프로덕션(베른트 살레프스키)
자문 랜돌프 아루 박사, 마크 애스톤 박사, 톰 베커레그, 이언 보든 교수, 랜든 세르베니 교수, 니콜라스 추, 스티븐 데일, 조슈아 다울링, 딕 피디, 데이비드 피셔, 데이브 호크셍, 에버하드 유르갈스키, 브루스 내시(더 넘버스), 국제대양조정협회, 폴 파슨스 박사, 클라라 피시릴로 박사, 제임스 프라우드, 칼 P N 셔커 박사, 토마스 스페들(국제 슬랙라인 협회), 매튜 화이트, 로버트 D 영

[한국]
펴낸이 이범상
펴낸곳 이덴슬리벨
번역 신용우
기획 이경원
편집 심은정 유지현 김승희 조은아 김다혜 배윤주
디자인 김은주 조은아 임지선
마케팅 한상철
전자책 김성화 김희정 김재희
관리 이성호 이다정

Guinness World Records 2018
Copyright © Guinness World Records Limited All rights reserved.
Korean Translation Copyright © Korean language translation Guinness World Records limited 2018
This edition is published by arrangement with Guinness World Records Limited through BC Agency, Seoul.

이 책의 한국어판 저작권은 BC에이전시를 통한 저작권자와의 독점 계약으로 (주)비전 B&P에 있습니다.
저작권법에 의해 한국 내에서 보호를 받는 저작물이므로 무단전재와 무단복제를 금합니다.

초판 1쇄 발행 2018년 11월 12일
주소 우)04034 서울 마포구 잔다리로7길 12 (서교동)
전화 02)338-2411 **팩스** 02)338-2413
홈페이지 www.visionbp.co.kr
이메일 editor@visionbp.co.kr
등록번호 제2009-000096호
한국 979-11-88053-29-2 04030
979-11-88053-28-5 (SET)

기록은 언제든 경신 가능한 것입니다. 사실 이 책의 중요한 목적 중의 하나입니다. 당신이 새롭게 세울 만한 기록이 있으면, 도전하기 전에 우리에게 연락을 주시기 바랍니다.

www.guinnessworldrecords.com을 방문해 기록 경신 소식과 기록 도전 비디오 영상을 살펴보십시오. 기네스 세계기록 온라인 커뮤니티의 회원이 되면 모든 정보를 제공 받으실 수 있습니다.

영국도서관 출판 데이터 카탈로그: 이 책의 기록에 관한 카탈로그는 영국도서관에서 볼 수 있습니다.

환경에 무해한 종이 사용
이 책에 사용된 종이는 독일 UPM 플라틀링 사에서 만든 것으로, 삼림 무해 인증서를 받았습니다. 또한 환경에 무해한 종이를 만들기 위해 ISO14001 환경 관리 시스템과 EMAS 표준 규격을 엄수하였습니다.

UPM 종이는 재생과 재활용이 가능한 소재로 만들어지는 바이오포(Biofore) 제품입니다.

기네스 세계기록협회는 정확한 기록 검증을 위해 철저한 평가 인증 시스템을 가지고 있습니다. 그러나 많은 노력에도 불구하고 실수는 생기기 마련입니다. 따라서 독자들의 피드백을 늘 환영하는 바입니다.

기네스 세계기록협회는 전통적인 도량법과 미터법을 모두 사용하고 있습니다. 그러나 미터법만이 인정되는 과학적 데이터나 일부 스포츠 데이터의 경우에는 미터법만 사용합니다. 또한 특정 데이터 기록은 그 시기에 맞는 현행가치에 따라 교환율을 계산하였고, 단 한 해의 데이터만 주어진 경우 교환율은 그해의 12월 31일을 기준으로 계산했습니다.

새로운 기록 수립에 도전할 때에는 언제나 주의 사항에 따라야 합니다. 기록 도전에 따르는 위험 부담과 그 책임은 모두 도전자에게 있습니다. 기네스 세계기록은 많은 기록 중 책에 담을 기록을 판단하는 데 신중을 다하고 있습니다. 기네스 세계기록 보유자가 된다 하더라도 반드시 기네스 세계기록에 이름이 실리는 것은 아닙니다.

본사
글로벌 회장 알리스테어 리처즈

프로페셔널 서비스
최고재무책임자 앨리슨 오잔느
재무감사 앤드루 우드
수취 계정 매니저 리자 깁스
재무부장 제스 블레이크, 제이미-리 엘리스, 모로니케 아키니엘레
보조 회계사 요셉 가파르, 조너선 헤일
지급 계정 담당 응웬 난
수취 계정 담당 주스나 베굼
교역 분석 매니저 엘리자베스 비숍
법률 책임자 레이먼드 마셜
시니어 법률 상담 캐서린 로란
법률 상담 카오리 미나미
법률 상담(중국) 폴 나이팅게일
준법률가 미셸 푸아
글로벌 HR 책임자 파멜라 라이언 코거
HR 보조 모니카 틸라니
사무실 매니저 재키 앵커스
정보 & 연구 매니저 알렉산드라 포피스탄
IT 책임자 롭 하우
IT 매니저 제임스 에드워즈
개발자 켄츠 셀림
데스크톱 관리자 알파 세란트-데포
분석/테스트 셀린 베이컨
카테고리 관리 책임자 재클린 세록, 빅토리아 트위디
시니어 카테고리 매니저 애덤 브라운
카테고리 매니저 실라 멜라
카테고리 실무 다니엘 커비, 루크 웨이크햄, 셰인 머피

글로벌 브랜드 전략
SVP 글로벌 브랜드 전략 사만다 페이
브랜드 매니저 줄리엣 도손
VP 크리에이티브 폴 오닐
글로벌 제품 유통 책임자 앨런 픽슬레이

글로벌 제품 마케팅
SVP 글로벌 제품 마케팅 케이티 포르데
글로벌 TV 콘텐츠 & 판매 책임감독 롭 몰로이
시니어 TV 유통 매니저 폴 글린
시니어 TV 콘텐츠 실무 조너선 휘턴
디지털 책임자 베로니카 아이언즈
시니어 콘텐츠 매니저 데이비드 스터빙스
소셜 미디어 매니저 댄 손
온라인 에디터 케빈 린치
온라인 작가 레이첼 스왓먼
프론트 엔드 개발자 알렉스 왈두
비디오 제작 책임자 카렌 길크리스트
디지털 비디오 프로듀서 매트 무손
주니어 영상 프로듀서 세실 타이
고객 개발 책임자 샘 버치-머신
글로벌 제품 유통 책임자 앨런 픽슬레이
마케팅 책임자 헬렌 처칠
브랜드 & 소비자 제품 마케팅 매니저 루시 액필드
B2B 제품 마케팅 매니저(현장 이벤트) 루이스 톰스
B2B 제품 마케팅 매니저(홍보와 광고) 에밀리 오스본
제품 마케팅 책임자 레이첼 스와츠먼
디자이너 레베카 뷰캐넌 스미스

주니어 디자이너 에드워드 딜런

EMEA & APAC
SVP EMEA APAC 나딘 코지
출판 판매 책임자 존 필레이
주요고객 매니저 카롤라인 레이크
출판 라이센싱 및 출판 매니저 헬레네 나바레
출판 배급 책임자 나탈리 오드리
상업 계정 서비스 책임자 샘 프로세르
시니어 계정 매니저 제시카 레이
사업 개발 매니저 앨런 사우스게이트
상업 계정 매니저 사디나 스미스, 페이 에드워즈, 윌리엄 홈-험프리스, 이리나 노하일릭
상업 계정 실무 에이먼 타이
인도 대표 사업 개발 매니저 니힐 슈쿨라
인도 사업 대표 리시 나스
마케팅 책임자 크리스실라 필리진
PR 책임감독 더그 메일
**시니어 PR 앰버-조지나 길
시니어 PR 매니저 로런 코크런
**PR 조지 영
PR 보조 제시카 도스
마케팅 책임자 그레이스 월리
시니어 상업 마케팅 매니저 대니얼 히스 / 마와 로드리게스, 살로니 카나
마케팅 매니저 키 블래킷
콘텐츠 마케팅 책임자 이멜다 익포
APAC 관리 책임자 벤 백하우스
유럽 기록 관리 책임자 샨타 친니아
시니어 기록 매니저 마크 매킨리
기록 매니저 크리스토퍼 린치, 마틸다 하그네, 대니얼 키데인
기록 책임자 루이스 블레이크먼, 타라 엘 카세프
시니어 제작 매니저 피오나 그리쉬-크라벤
프로젝트 매니저 대니 힉슨
중동·북아프리카 국가 매니저 탈랄 오마르
중동·북아프리카 RMT 책임자 사메르 코칼로우프
중동·북아프리카 기록 매니저 호다 카차브
중동·북아프리카 B2B 마케팅 매니저 레일라 이사
디지털 콘텐츠 책임자 아야 알리
중동·북아프리카 상업 계정 매니저 카멜 야신, 개빈 딕슨
VP 일본 에리카 오가와
사무실 매니저 에미코 야마모토
RMT 책임자 가오루 이시카와
기록 매니저 요코 후루야, 라라 테라니시
기록 책임자 코마 사토
시니어 PR 매니저 카자미 카미오카
PR 보조 미나 하워스
디자이너 모모코 사토우
콘텐츠 매니저(디지털) 미사카즈 센다
시니어 프로젝트 매니저 레이코 코즈츠미
상업 책임자 비하그 쿨슈레스타
시니어 회계 매니저 타쿠로 마루야마, 마사미치 야자키
회계 매니저 유미코 나카가와, 유미 오다
상업 마케팅 매니저 아야 맥밀란
공식 심사관 아흐메드 마말 가브르, 안나 옥스퍼드, 브라이언 소벨, 글렌 폴라드, 잭 브록뱅크, 케빈 사담, 레나 쿨만, 로렌조 벨티루, 루시아 시니가글리에시, 마리코 코이케, 파울리나 사핀스카, 피트 페어베언, 프라빈 파텔, 리처드 스테닝, 세이다 수바시 게미치, 소피아 그린에어, 빅토르 페네스, 조안 브렌트, 브리티니 던, 솔베이 말로우프, 스와프닐 단가리카르, 저

스틴 패터슨, 마이 맥밀런, 레이 이와시타, 후미카 후지부미

아메리카
SVP 아메리카 피터 하퍼
VP 마케팅 & 상업 판매 키이스 그린
상업 계정 서비스 책임자 니콜 판도
시니어 회계 매니저 알렉스 앵거트
회계 매니저 매켄지 베리
회계 실무 데이비드 카펠라
주니어 회계 실무 미셸 산투치
VP 아메리카 출판 판매 월터 웨인츠
출판 판매 매니저 밸러리 에스포지토
북아메리카 RMT 책임자 한나 오트만
시니어 상업 마케팅 매니저 매크 푸르나리
북아메리카 기록 매니저 케이틀린 베스퍼, 스펜서 카마라노
북아메리카 기록 매니저 실무 크리스틴 페르난데즈
주니어 북아메리카 기록 매니저 칼리 스미스
마케팅 책임자 소냐 발렌타
시니어 마케팅 매니저 케리 타이
주니어 디자이너 발렌티노 이베 자즈
미국 PR 책임자 크리스틴 오트
북아메리카 PR 매니저 보조 엘리자베스 몬토야
디지털 코디네이터 크리스틴 스티븐스
북아메리카 PR 코디네이터 레이첼 글룩
사무실 보조 빈센트 아젤 베도
서부 브랜드 개발 책임자 킴벌리 패트릭
라틴아메리카 책임감독 카를로스 마르티네스
라틴아메리카 시니어 기록 매니저 라쿠엘 아시스
라틴아메리카 시니어 회계 매니저 랠프 한나
라틴아메리카 기록 매니저 사라 케손
라틴아메리카 회계 매니저 조반니 브루나, 캐롤라이나 구아나바라
라틴아메리카 PR 매니저 엘리스 마리, 파간-산체스
라틴아메리카 마케팅 매니저 로라 앤젤
북아메리카 공식 심사관 마이클 엠프릭, 필립 로버트슨, 크리스티나 플로운더스 코론, 앤드루 글래스, 클레르 스티븐스, 마이크 마르코테, 케이시 데산티스, 캘리 패리스
라틴아메리카 공식 심사관 나탈리아 라미레스 탈레로, 카를로스 타피아 로야스

중화권 국가
글로벌 SVP 기록 & 중화권국가 총감독 마르코 프리가티
글로벌 & 중화권 VP 상업 블라리스 피츠윌리엄
시니어 회계 매니저 캐서린 가오, 재키 위안, 클로이 리우
회계 매니저 징 란, 엘레린 왕, 진 우
RMT 책임자 찰스 와튼
기록 매니저 앨리샤 자오
기록 실무 워니 장
시니어 기록 & 프로젝트 책임자 파이 지앙
PR 책임자 웬디 왕
PR 매니저 이본 장
디지털 책임자 에코 장
마케팅 책임자 캐런 판
마케팅 매니저 제니 왕, 바네사 타오, 트레이시 쿠이
콘텐츠 감독 안젤라 우
HR & 사무실 매니저 티나 시
사무 보조 크리스탈 우
공식 심사관 존 갈란드, 매기 루오, 동 청, 피터 양, 루이 옐리네크, 원 숭, 아이리스 허우

기네스 세계기록은 이 책에 도움을 주신 다음 분들께 감사의 뜻을 표합니다.

알리야 아마다(딥마인드), 레이철 알브레히트 박사(브라질 상파울루 대학교) 카먼 알폰소, 애서 베이커, 안드레아 바피, 바니제이 그룹(스테파노 오르스치, 칼로타 로시 스펜서, 스테파노 토리나), 바텔연구소(T R 매시, 제니퍼 세이모어), 베터 미디어 서비스(수산 벤더, 셀리 트라이벨), 데조세 버치, 블루 캥거루(제이슨 킹나이츠, 폴 리차드), 라이언, 브랜던, 루크 보트필드, 조셉 보트필드, 알렉스 버로 이벤츠, 엘리 볼튼-페이, 헨리 볼튼-페이, 크리스티 진(POD 월드와이드), e중국, 이모젠 중국, 사라 크루즈 박사(캘리포니아 아카데미 오브 사이언스), 디즈니(한나 프라우블록, 로런 시저), 브린 다우닝(INP 미디어), 롭 던케리(커넥션 카), 벤츠자딘 카를로, 베카 폴, 피프티 피프티 포스트(J P 대시), 네이션 모브레이, FJT 로지스틱스 Ltd(레이 하퍼, 게빈 헤네시), 콜린 A 프라이(NASA 역사 프로그램 사무국), 엘리스 기어리, 사라 기어리, 제로사 그룹(조안 마넬 베로칼, 미구엘 로드리게스, 리카르도 베스코비, 토비아스 거스틸, 크리스틴 길모어, 재키 진저(프레스티지 디자인), 더글라스 글렌데이, 실비아 글렌데이, 조단 그린우드, 빅토리아 그림셀, 구터 토머스 프로덕션(데지레 프라츠코비아나, 플로리안 호어, 외르크 플로먼, 티모슈링만, 구터 토머스), 에이미 한나, 소피 한나, 존 홀링엄, 에드 홀링엄, 후크 유나이티드 U9's(선수, 코치, 부모), 재키, 올리버 하우, 리치 하우, 가레스 하우얼스(TUI 그룹), ICM(콜린 버크, 로빈 골드만, 마이클 케이건, 니콜 몰렌하우어, 조던 와이즈), 인티그레이티드 컬러 에디션 유럽(로저 호킨스, 수지 호킨스), 알 잭슨, 루카 자크시(뉴온 솔라 팀), 피터 제메르 박사(젠켄베르크대학교), 일본 우주항공연구개발기구, 리처드 존스턴(햄프셔 스포츠 앤드 프레스티지 카), 두바이 주메이라 영어 말하기 학교(JESS), 하루카 카루토, 제임스 카일러, 킹브리지 센터(션 아넬, 리사 길버트, 시에드 후세인), 무

식 B 코눅, 올라 랭턴, 테아 랭턴, 프레더릭 호러스 라젤, 라이온 텔레비전(사라 클라크, 수잔 쿡, 안나 골드워시, 미셸 티어니, 댄 트렌퍼, 사이먼 웰턴), 조루치반, 남부 티눌루 대학 마린 곤소시엄), 조나단 맥도웰 박사(하버드-스미스소니언 천체물리학연구소, 사라 호 잉 마, 알렉산더, 도미닉 매길, 헨리매터 매길, MOHN 미디어(안케 프로어너, 테오 로커, 크리스티 모엑, 라인홀트 레그라우구의, 플로리안 세이펠트, 저넷 시오, 데니스 선), 소피, 조슈아 몰로이, 플로시 몰로이, 애덤 무어, 도라 모랄레스, 틸리 모랄레스, 마크 몰리(화이트 라이트 LTD), NASA(브랜디 K 딘, 캐슬린 햄볼턴, 메건 섬너), 응우옌(베트남), 크리스티안 니엔하우스, 사이먼 피어스 박사(해양 거대생물 재단), 핑 레저 커뮤니케이션스(데이비드 리처드 앱스, 클레어 오언), Print-Force.com, 프로미넌트 이벤트(앤드류 더슨, 벤 힉스), 레인보우 프로덕션, 잉그 레첸베르크 박사(베를린 공과대학), 라이트스미스(잭 보람, 마사토 가토, 사치에 타카하시), 리플리 엔터테인먼트(에디 고론레이, 리디아 데일, 안타 디서, 메간 골드크릭, 릭 리치모든, 앤디 타일러), 알버트 로빈스, 로봇 오퍼레이션 그룹, JPL(파울로 벨루타, 젠 엔 박사, 가이 웹스터), 밥 로저스, 주식회사 루브 골드버그(조세핀 팰릭스 제니 나피에르코프스키), 토레 샌드, 스콧의 여행관리회사, 가쓰후미 사토 박사(도쿄대학교), 매슈 슐츠(LEGO), 벤 샤이어, 가브리엘 스미스, 스칼렛 스미스, 사무엘 스테들러(패럭 에팀 레티싱스), 스톰 홀런던(스티브 채프먼, 매슈 와트키스), 클리프드 스톨 박사(에크마 클라인 보틀 주식회사), 한나 스톤(호주방송공사), TED 그룹(맷 스펜스, 데릭 레더), 프란시스 테센도르프, 줄리아 타운센드, 유니버설 타운센드, 릭 클로드웰터, 론다 메디나, 다나 랩모트, 크리스토퍼 업다이크), 데이비드 웰스, 그레이엄 웰스, 횟비 모리스, 더 횟튼스, 이사벨라 횟티, 베벌리 화이트, 일리-디콘, 토비아스 휴 와일리-디콘, 엔젤 야나기하라 박사(하와이대학교 마노아캠퍼스), 익스트림 그래픽스

책을 마치며 Stop Press

아래는 올해의 정식 기록 제출 기한이 지난 다음 확인돼 이곳에 추가됐다.

최고 금액의 은행 계좌 경품
걸프 은행(쿠웨이트)은 2017년 1월 5일 쿠웨이트 쿠웨이트시티에 있는 그랜드 애브뉴 몰에서 열린 추첨에서 100만 쿠웨이트디나르(326만 9,680달러)를 상금으로 지급했다.

최장시간 빵 굽기 마라톤(개인)
2017년 1월 26~27일 사라 콜리, 헤일리 크리스틴 핀켈먼, 캐서린 흰리, 체리스 니콜 래글랜드, 소영 신, 에릭 캐스퍼 왕(모두 미국)이 25시간 동안 빵을 구웠다. 이 마라톤 대회는 미국 일리노이 주 시카고에서 열린 '네슬레 톨 하우스 베이크 섬 굿 캠페인'의 일부로 진행됐다.

가장 큰 스무디
캐벗 크리머리 협동조합(미국)은 2017년 3월 3일 미국 플로리다 주 플랜트시티에서 열린 플로리다 딸기 축제에서 3,785리터의 스무디를 만들어 사람들에게 제공했다.

꽃, 식물로 만든 가장 큰 융단
2017년 3월 14일 사우디아라비아 얀부에서 열린 얀부 꽃 축제에서는 14종의 꽃 180만 송이가 1만 6,134.07m² 크기에 전시됐다.

최대 규모 카이코티칼리 춤
2017년 5월 1일 인도 케랄라 키자캄발람에서 6,582명의 카이코티칼리 댄서들이 함께 춤을 췄다. 이 행사는 자선단체인 트웬티20 키자캄발람 협회, 섬유 제조업체 키텍스, 파르바넨두 티루바티라 학교, 샤바라 문화센터(모두 인도)가 함께 기획했다.

최고 광출력 프로젝트 이미지
웨스트젯(캐나다)은 2017년 5월 3일 미국 유타 주 힐데일 상공에서 466만 루멘의 광출력 이미지를 송출했다. 웨스트젯은 캐나다 토론토부터 미국 라스베이거스까지 1일 직항 노선의 취항을 기념해 기록에 도전했다. 하늘을 날던 승객들은 둥글게 돌아가는 영상을 볼 수 있었는데, 영상에 나타난 숫자와 좌석 번호가 일치한 사람은 라스베이거스에서 돌아오는 비행기 티켓을 무료로 받았다.

가장 많은 종의 새가 있는 조류 공원
2017년 5월 6일 스리 가나파티 사치치다난다 스와미지(인도)가 만든 슈카 바나 조류 공원에는 468종의 새가 있는 것으로 확인됐다. 이 공원은 인도 카르나타카 마이수르에 있는 SGS 아바두타 다타 피이탐에 있다.

최다 인원이 동시에 점프 하이파이브를 한 기록
그루포 볼리바르 S. A.(콜롬비아)가 2017년 5월 18일 콜롬비아 수도 보고타에서 2,209쌍의 사람들을 모아 동시에 점프 하이파이브를 하는 행사를 열었다.

리얼 테니스 레이디스 월드 챔피언십 최다 연속 우승
클레어 파이(영국, 결혼 전 성은 비그라스)는 2017년 5월 20일 미국 뉴욕의 턱시도 클럽에서 자매 사라 비그라스를 6 대 0, 6 대 0으로 꺾고 세계 타이틀을 4연속 차지했다.

일반 도로 레이스 평균 최고 속도
네바다 오픈 로드 챌린지는 매년 5월 미국 네바다 318번 국도에서 열린다. 2017년 5월 21일 로버트 알린(드라이버)과 데이비드 바우어(내비게이터, 둘 다 미국)는 2001년식 쉐보레 몬테카를로 차량으로 역대 최고 평균 시속 353.4811km를 기록했다. 실버 스테이트 클래식 챌린지(미국)의 후원을 받는 이 권위 있는 대회는 차들이 145km 코스를 최대 시속 394km로 달린다.

가장 큰 도어 매트
2017년 5월 23일 우즈 히픈스틸(미국)이 미국 테네시 주 개틀린버그에 있는 기네스 세계기록 명소에 39.82m² 크기의 출입구용 매트를 깔았다. 3대의 자동차 주차 공간과 크기가 같다.

전통 야쿠트족 옷을 입고 모인 최다 인원
야쿠츠크의 시장 아이센 니콜라예프(러시아)가 2017년 6월 24일 러시아 연방 사하 공화국 수도에 국가 전통의상을 입은 1만 6,620명의 사람을 모았다.

프로 쇼기 경기 최다 연승
후지이 쇼타(일본)는 2017년 6월 26일 쇼기(일본 장기)에서 29연승을 달성하며 겨우 14세의 나이로 30년 묵은 기록을 경신했다. 프로 쇼기 데뷔전 최다 연승이기도 하다.

최대 규모 농구 수업(여러 장소)
NBA 프라퍼티즈 INC(미국)와 릴라이언스 재단(인도)이 2017년 7월 28일 3,459명을 대상으로 인도 3개 지역에서 농구 수업을 열었다.

배터리를 사용하는 원격 조종 쿼드콥터 최고 속도
2017년 7월 13일 미국 뉴욕 주 퀸즈의 커닝엄 공원에서 열린 드론 레이싱 리그에서 라이언 구리(미국)가 조종한 DRL 드론이 대지 속도 시속 265.87km를 기록했다.

최장거리 고무보트 연결
웰랜드 플로트페스트(캐나다)가 2017년 7월 30일 캐나다 온타리오에 고무보트를 165.74m 길이로 연결했다.

최대 규모 인도 모터사이클 퍼레이드
2017년 8월 19일 인도 모터사이클 274대가 미국 미네소타 주 세인트폴에서 행진했다. 이 행사는 '트윈 시티 미네소타 인도 모터사이클'과 자선단체 웰치(둘 다 미국)가 함께 기획했다.

가장 깊은 장소에서 진행된 하프마라톤
2017년 8월 20일 밀란 루데나(에콰도르)는 남아프리카 가우텡 주 음포넹 광산 지하 3,559.08m에서 하프마라톤을 완주했다. 기록은 2시간 31분 17초43이다.

최대 규모 알파카 행진
2017년 8월 21일 카라바야 지자체(페루)는 페루 푸노 주 마쿠사니 마을에서 460마리의 알파카를 한데 모아 행진을 했다.

가장 높은 모래성
2017년 9월 1일 샤우인슬란트-레이센 유한회사(독일)는 독일 뒤스부르크에 있는 버려진 석탄 공장에 16.68m 높이의 모래성을 쌓았다.

가장 큰 응원용 장난감 손
높이 6.12m, 길이 2.86m, 폭 0.47m 크기의 시합 응원용 장난감 손을 델 테크놀로지(미국)가 만들어 2017년 9월 5일 미국 텍사스 주 그랜드프레리에서 인증했다.

란즈엔드 곶부터 존오그로츠까지 자전거 왕복 최고 기록(남자)
제임스 맥도널드(영국)는 케이스네스 존오그로츠에서 자전거를 타고 콘월 주에 있는 란즈엔드 곶까지 왕복하는 데 5일 18시간 3분이 걸렸다. 2017년 9월 4~10일 영국의 양 끝을 지나간 것이다.

가장 많은 토마토 종 전시
2017년 9월 17일 세계토마토사회재단(미국)이 미국 캘리포니아 주 로스 가토스에 있는 '이어룸 토마토 수확 행사'에서 241종의 토마토를 전시했다.

실내 슬로프 8시간 최장거리 스키 이동
2017년 10월 8일 스키 두바이(UAE)의 강사들이 UAE 두바이에 있는 실내 슬로프에서 8시간 동안 합계 302.3km 거리를 스키로 이동했다.

최다 인원으로 지게차 모양 만들기
2017년 10월 10일 독일 도르마겐에서 694명이 모여 지게차 모양을 만들었다. 코베스트로 도이칠란트 AG(독일)가 새로운 하이베이 창고를 기념해 도전했다.

선적용 컨테이너로 만든 가장 큰 이미지
PSA 코퍼레이션 리미티드(싱가포르)가 2017년 10월 15일 싱가포르 탄종파가르에서 다양한 색상의 선적용 컨테이너 359개로 거대한 사자 머리 모양을 만들었다.

가장 긴 네일 바
2017년 10월 21일 OPI 프로덕츠 사(미국)가 미국 캘리포니아 주 산타모니카에 47.42m 길이의 손톱 관리용 바를 공개했다. 50명의 네일아트 전문가들이 501개의 매니큐어를 사용해 여배우 페이튼 리스트를 포함한 손님들에게 서비스를 제공했다.

넷볼 1시간 최다 득점(개인)
리디아 레드먼(영국)은 2017년 10월 23일 '숏 어 손' 행사에서 60분 동안 넷볼 756골에 성공했다. 겨우 13세 소녀인 레드먼은 영국 레스터셔에 있는 모교 킴워스학교 실외 코트에서 기록을 달성했다.

모래 위에서 펼쳐진 최대 규모 달리기 대회
2017년 11월 5일 서핑 마돈나 오션스 프로젝트(미국)가 미국 캘리포니아 주 엔시니타스에 4,288명의 주자를 모았다. 어른들을 위한 다양한 달리기 경주와 아이들을 위한 짧은 코스 경주가 진행됐다.

서핑한 가장 큰 파도(무제한)
로드리고 코싸(브라질)는 2017년 11월 8일 포르투갈 나자레 해변에서 24.38m 높이의 괴물 같은 파도를 서핑했다. 이 기록은 '퀵실버 XXL 가장 큰 파도 시상식'의 심판위원회가 인증했다.

그린빈 캐서롤을 가장 많이 만든 기록
2017년 11월 16일 그린자이언트(미국)가 미국 뉴욕에 있는 메이시 헤럴드 스퀘어의 스텔라 34 트라토리아에서 288.93kg의 그린빈 캐서롤을 만들어 제공했다. 이 음식은 시티밀스 온 휠스(빈곤노인 급식 자선단체)에 기부되었다.

최대 규모 휠체어 레이스
2017년 11월 18일 두바이 경찰(UAE)이 UAE 두바이에 마련한 행사에 289명의 휠체어 사용자들이 참가했다. 두바이 경찰 본부와 메이단(UAE)은 다음 달인 12월 3일 가장 긴 말 행진도 기획했는데, 총 116마리의 말이 자태를 뽐냈다.

겨우살이 밑에서 키스한 가장 많은 커플(한 장소)
2017년 12월 7일 게이로드 팜 리조트 & 컨벤션 센터(미국)는 미국 플로리다 주 키시미에 겨우살이를 마련해두고 그 아래서 커플 448쌍이 키스하는 행사를 진행했다.

가장 큰 룰렛 휠
2017년 12월 16일 두리반 카지노(레바논)는 레바논 주니에에

서 지름 8.75m의 룰렛 휠을 제작했다.

항공 사고가 가장 적었던 해

독일의 자문회사 To70과 항공안전네트워크(ASN)에 따르면, 2017년은 전 세계에서 여객기 사고가 1건도 없었던, 항공교통이 가장 안전했던 해이다. ASN은 화물 비행기와 소형 사업용 항공기 사고만 10건이 발생해 79명이 사망했다고 전했다. 이는 2016년 16건의 사고로 303명이 사망한 것보다 감소한 수치다. To70에 의하면 사망 비율은 '비행 1,600만 건당 사망 사고 1번'으로 줄었다.

가장 큰 불꽃 놀이 폭죽

알 마잔 아일랜드(UAE)와 파이어웍스 바이 그루치(미국)가 무게 1,087.26kg의 폭죽을 제작했다. 이 불꽃놀이용 폭죽은 2018년 1월 1일 UAE 라스알카이마 알 마잔 섬에서 발사됐다.

가장 많은 사람이 모여 쿠키를 음료에 적신 기록

2018년 1월 6일 미국 그레이터 시카고와 노스웨스트 주 인디애나의 걸스카우트(미국)가 일리노이 주 로즈먼트 올스테이트 아레나에 3,236명의 참가자를 모아 쿠키를 음료에 적시는 행사를 열었다.

4륜 모터사이클(ATV) 앞바퀴 들고 멀리 가기

2018년 1월 12일 압둘라 알 하타위(UEA)는 UAE 두바이에서 4륜 바이크의 앞바퀴를 든 채 60km를 주행했다.

모터사이클 24시간 최장거리 주행(개인)

2017년 2월 25~26일 칼 리즈(미국)는 미국 텍사스 주 유밸디 실험장에서 24시간 만에 3,406.17km를 주행했다. 팀이 타이어를 교체하는 1시간 18분 동안은 멈춰 서 있었다.

3km 트랙 사이클링 최고 속도 (스탠딩 스타트, 여자)

사이클 선수 클로에 디거트 오언(미국)은 2018년 3월 3일 네덜란드 아펠도른에서 열린 UCI 트랙 세계선수권대회 여자 개인 추발에서 3분 20초60으로 금메달을 목에 걸었다. 그녀는 이날 사라 해머(미국)가 2010년 작성한 3분 22초269의 기록을

2번이나 경신했다.

상을 가장 많이 받은 단편영화

후안 파블로 자라멜라 감독의 〈루미나리〉(2011, 아르헨티나)가 상을 324번이나 받은 사실이 2018년 3월 6일 확인됐다. 상영시간 6분인 이 영화는 배우들과 사물들을 스톱모션 애니메이션 형식으로 찍었다.

최초의 천억만장자

매년 억만장자 리스트를 만드는 〈포브스〉가 2018년 3월 6일 발표한 자료에 따르면, e커머스 사업가이자 아마존 CEO 제프 베조스(미국)는 개인 재산이 1,000억 달러를 넘은 최초의 인물이라고 한다. 순자산액이 약 1,120억 달러에 달한다. 〈포브스〉에 따르면 **최고 부자(여자)**는 슈퍼마켓 체인 월마트의 공동 소유주 앨리스 월튼(미국)이다. 2018년 3월 6일 순자산액이 460억 달러로 평가됐다.

경매에서 가장 비싸게 팔린 카메라

2018년 3월 10일 오스트리아 빈에서 열린 베스트리히트 카메라 옥션에서 라이카 35mm 필름카메라 시제품이 아시아의 개인 수집가에게 295만 달러에 판매됐다. 라이카의 초기 모델 중 '0-시리즈 No.122'로 알려진 이 카메라는 1923년 테스트용으로 제작된 25개 중 하나다. 라이카는 2년 뒤 일반인에게 처음으로 카메라를 판매했다.

크라우드펀드로 최고 금액을 기록한 프로젝트(전체)

2012년 9월 클라우드 임페리엄 게임즈가 시작한 〈스타 시티즌〉 비디오게임 프로젝트는 많은 사람의 지지를 얻어 지속적인 화제와 모금을 끌어냈다. 2018년 3월 19일까지 출시되지 않은 이 우주여행 시뮬레이션은 199만 7,150명의 후원자에게 1억 8,038만 6,613달러라는 놀라운 금액을 모금했다.

남아메리카를 자전거로 횡단한 가장 빠른 기록(우수아이아부터 카르타헤나까지)

딘 스캇(영국)은 2018년 2월 1일~3월 21일에 아르헨티나 티에라델푸에고에 있는 우수아이아 경찰서부터 콜롬비아의 도시 카르타헤나에 있는 카사 코체라 델 고베르나도르 호텔까지

자전거로 48일 54분 만에 주파했다. 정신보건 자선단체인 해즈 투게더를 위한 모금활동이었다.

가장 큰 랜턴

우한 동호관광개발(중국)이 중국 후베이 우한에 26.28m 높이의 랜턴을 만들어 2018년 3월 21일 인증했다. 이 구조물의 지름은 28.26m이며, 넓이는 400.59m²다.

NBA 정규시즌 최다 연속 10득점 이상 경기

르브론 제임스(미국)는 2007년 1월 6일~2018년 3월 30일 사이 클리블랜드 캐벌리어스와 마이애미 히트 소속으로 경기에 나서 정규시즌 867경기에서 10득점 이상을 기록했다. 캐벌리어스 소속이었을 때 제임스는 뉴올리언스 펠리컨스를 상대로 107 대 102 승리에 일조하며 마이클 조던의 866경기 기록을 경신했다.

물가가 가장 싼 도시

이코노미스트 인텔리전스 유닛에 따르면 2018년 3월 시리아의 수도 다마스쿠스는 카자흐스탄의 알마티를 제치고 세계에서 물가가 가장 싼 도시에 이름을 올렸다(162쪽 참조). 물가지수 26을 기록해 14단계가 떨어졌는데, 기준은 미국 뉴욕의 100점이다.

가장 높은 모자

여성용 모자 제조업자인 오딜롱 오자르(미국)는 2018년 4월 2일 미국 플로리다 주 탬파에서 4.8m 높이의 모자를 착용했다. 기록으로 인정받기 위해 모자를 쓰고 10m 이상을 걸어야 했다.

스누커 경기 최다 147 브레이크

로니 오설리번(영국)은 2018년 4월 3일 차이나 오픈에서 자신의 14번째 정식 경기 맥시멈 브레이크를 기록했다.

가장 큰 체스 말

세계체스박물관(미국)이 제작한 높이 6.09m, 지름 2.79m의 체스 킹이 2018년 4월 6일 미국 미주리 주 세인트루이스에 전시됐다. 일반 킹보다 53배나 크다.

가장 큰 여객선

2018년 4월 7일 MS 심포니 오브 더 시즈 호가 첫 항해를 떠났

다. 이 배는 길이 362.12m, 폭 65.6m에 달하며, 갑판은 18개, 무게는 총 22만 8,081톤에 이른다. 하모니 오브 더 시즈 호(171쪽 참조)를 제치고 가장 큰 대양 여객선이 됐다.

가슴을 땅에 대고 몸 주위로 다리 회전시키기

9세 된 타누슈리 우두피(인도)는 2018년 4월 7일 인도 카르나타카 우두피에서 60초 동안 바닥에 가슴을 대고 허리를 뒤로 구부려 다리를 머리 앞에 닿게 한 자세로 42번이나 바닥에서 회전했다.

8시간 동안 터번 많이 매기

2018년 4월 7일 뉴욕 시크교 도모임(미국)이 미국 뉴욕에서 세계 터번의 날을 맞아 3,010명의 터번을 맸다.

가장 많이 팔로우하는 트위치 채널

미국 게이머이자 방송인 '닌자'(리처드 타일러 블레빈스)는 2018년 4월 8일 기준 트위치에 514만 4,968명의 팔로어를 보유하고 있다. 2018년 3월 14일에 방송된 올스타 트위치 스트림에 뮤지션 드레이크와 트래비스 스콧, 미식축구 선수 쥬주 스미스 슈스터가 출연하면서 팔로어가 200만 명이나 늘어났다.

가장 큰 시나몬 롤

2018년 4월 10일 울퍼맨(미국)은 미국 오리건 주 메드퍼드에서 521.5kg의 시나몬 롤을 만들어 기록을 세웠다.

NBA 정규 시즌 신인 최다 3점 슛 득점

2018년 4월 11일 유타 재즈의 도노반 미첼(미국)은 187번째 3점 슛에 성공했다. 2012/2013 시즌 데미안 릴라드가 세운 신인 3점 185개의 기록을 경신했다.

US 핫 100에 동시에 가장 많은 곡을 올린 가수(여자)

2018년 4월 16일 래퍼 카디 B(미국, 본명 벨칼리스 알만사르)는 빌보드 핫 100에 동시에 13곡을 올렸다.

역대 최고령 거미

2018년 4월 19일에 발행된 〈태평양 보존생물학〉 저널에 따르면 호주에 서식하는 암컷 문짝거미 16번(#16)은 최소 43년

이상 살았다. 2016년 4월 마지막으로 목격됐다.

루빅큐브 빨리 맞추기

펠릭스 젬덱스(호주)는 2018년 5월 6일 호주 멜버른의 큐브 포 캄보디아 대회에서 3×3×3 큐브를 4초22 만에 맞췄다.

최장거리 축구 드롭킥

골키퍼 에데르손 모라에스(브라질)는 2018년 5월 10일 영국 맨체스터에 있는 에티하드 캠퍼스에서 75.35m 드롭킥을 차며 맨체스터 시티의 리그 우승을 기념했다.

롱코스 1,500m 자유형 최고 기록(여자)

케이티 레데키(미국)는 2018년 5월 16일 미국 인디애나 주 인디애나폴리스에서 1,500m를 자유형으로 15분 20초48 만에 주파하며 우승했다. 자기 기록을 5초 차이로 박살 냈다.

에베레스트 최다 등반

2018년 5월 16일 셰르파 카미 리타(네팔)는 22번째 에베레스트 등정에 성공했다. 같은 날 락파 셰르파(네팔)도 정상을 9번째로 밟으며 자신이 가지고 있던 에베레스트 최다 등반(여자) 기록을 경신했다.

세상에 공개되는
게임 기록들

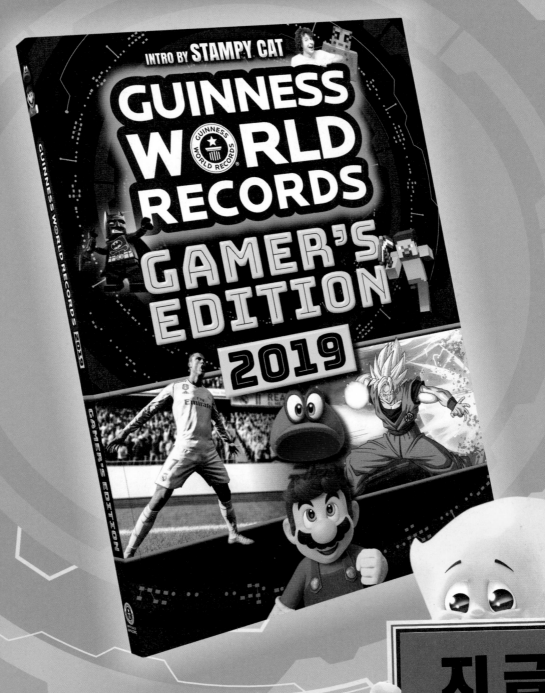

INTRO BY STAMPY CAT

GUINNESS WORLD RECORDS

GAMER'S EDITION 2019

지금 출시!